21 世纪高职高专旅游系列规划教材

餐饮经营与管理

主　编　钱丽娟
副主编　张　丽　李晨婧
参　编　张　强　梁紫瑶
　　　　胡　华

内容简介

本书分为上中下三个篇章。上篇为餐饮知识入门篇，了解餐饮概述和餐饮组织机构与人员的配备；中篇为餐饮接待服务篇，了解零点餐厅服务、宴会服务和酒吧服务等餐饮功能外，还注重强调餐饮接待服务工作流程及服务必备技能的学习；下篇为餐饮经营管理篇，从餐饮市场分析与定位着手，详细阐述餐饮产品及营销策略、餐厅布局与设备用品管理、餐饮原材料管理、餐饮产品生产管理，最后以餐饮服务质量收尾。本书即可作为高等职业教育旅游与酒店管理专业和其他相近专业的教学用书，也可作为旅游职业教育、酒店行业岗位培训和自学的教材，以及酒店管理人员和从业人员的培训及工作参考用书。

图书在版编目(CIP)数据

餐饮经营与管理/钱丽娟主编. —北京：北京大学出版社，2013.9
(21世纪高职高专旅游系列规划教材)
ISBN 978-7-301-23143-2

Ⅰ.①餐… Ⅱ.①钱… Ⅲ.①饮食业—商业经营—高等职业教育—教材②饮食业—商业管理—高等职业教育—教材 Ⅳ.①F719.3

中国版本图书馆 CIP 数据核字(2013)第 210310 号

书　　名	餐饮经营与管理
	CANYIN JINGYING YU GUANLI
著作责任者	钱丽娟　主编
策划编辑	刘国明
责任编辑	刘国明
标准书号	ISBN 978-7-301-23143-2
出版发行	北京大学出版社
地　　址	北京市海淀区成府路 205 号　100871
网　　址	http://www.pup.cn　新浪微博：@北京大学出版社
电子邮箱	编辑部 pup6@pup.cn　总编室 zpup@pup.cn
电　　话	邮购部 010-62752015　发行部 010-62750672　编辑部 010-62750667
印 刷 者	北京虎彩文化传播有限公司
经 销 者	新华书店
	787 毫米×1092 毫米　16 开本　20.5 印张　492 千字
	2013 年 9 月第 1 版　2024 年 1 月第 14 次印刷
定　　价	52.00 元

未经许可，不得以任何方式复制或抄袭本书之部分或全部内容。
版权所有，侵权必究
举报电话：010-62752024　电子邮箱：fd@pup.cn
图书如有印装质量问题，请与出版部联系，电话：010-62756370

前　言

进入 21 世纪以来，我国的旅游高等职业教育加快了发展步伐，规模进一步扩大，质量有了明显提高。旅游高等职业教育的特点是：人才培养起点高，进入行业后的可塑性强；人才的行业性特征明显，供求双方的亲密度高；和旅游发达国家注重职业化教育的特征相吻合，具有鲜明的时代性。正因为如此，旅游高等职业院校的学生受到旅游行业的青睐，拥有广泛的就业市场。而在实际的就业岗位中，进入酒店行业的学生数量大，而餐饮经营与管理这门课程作为旅游管理以及酒店管理专业的一门核心专业课程，对于编写适用于旅游高等职业教育的这本书是非常必要的。

为实现旅游职业教育的进一步发展，以遵循"以就业为导向""以学习者为中心"的职业教育原则，衔接酒店管理 1+X 证书的发展需求，颠覆原有的以理论知识为中心的学科专业体系，进行突破性的教育改革。能够使高等职业教育这一学历层次的旅游管理类学生循序渐进地掌握这门专业课程，用启发、引导的方式激发学生学习兴趣，从而进一步推动学生自我学习，逐步提升与完善自我的专业素养。

本书全面、系统地将餐饮经营与管理融为一体，在编撰过程中，郑州旅游职业学院的教师们结合了自己多年的餐饮经营管理课程的教学所得和在餐饮企业经营的体验，吸取了大量国内外酒店、餐饮先进的经营管理经验、理论与方法。本书最大的特色在于项目课程的设计，项目课程的产生与发展正是职业教育改革的必然要求，是教育改革的一个突破性的成果。这是因为，基于项目的教学活动从根本上解决了传统学科教学模式所造成的理论知识和实践技能条块分割的问题，对学生岗位实践能力的培养有明显的帮助。因此，在我国，项目课程开发已成为今天职业教育课程改革中的一项原创性实践，目前，项目课程改革在理论和实践领域都取得了丰硕的成果，其影响的广度和深度远远超越了我国历次职业教育课程改革。

本书由四大项目支撑，构建餐饮由新手入门学技能，到熟练操作懂服务，继而组织计划能管理，再发展到切入市场会经营，最后升华为全程构思、通盘运作，敢创业这样几个与餐饮职业生涯发展相吻合的项目阶段。每章都设有问题导入、内容导读、学习任务、开篇案例、思考与练习，内容全面、系统、新颖，具有较强的可操作性，便于学生学习和巩固所学内容的同时，又能掌握所学知识与技能，为将来学生的发展奠定一定的基础。

本教材由钱丽娟老师总策划，张丽和李晨婧老师统稿，编写组集体研讨了编写大纲。具体编写分工为：张强编写第一章、第二章；李晨婧编写第三章、第七章、第八章；钱丽娟编写第四章、第五章、第九章、第十二章；梁紫瑶编写第六章；张丽编写第十章、第十一章。

本书的最大特点是，引用大量案例、强调理论与操作的有机结合，既注重与国内外餐饮研究的新趋势结合，又紧扣我国餐饮研究的实际情况；既是教材，又不失为餐饮从业人员拓宽知识，系统、完整理顺思路，建立完整经营管理相关机制的实用手册、案头读物。常备常阅，定会启发多多，获益匪浅。既是旅游管理专业学生、酒店管理专业学生的一本较为实用的教材，也是餐饮经营管理人员的一本有指导意义的参考书。

本书的编者长期从事餐饮经营与管理课程的教学，有扎实的专业功底和丰富的教学经验，但由于时间和编者水平有限，书中难免有不足之处，真诚希望得到各位专家、同行和读者的批评、指正，便于编者今后修订完善。

编　者

2020 年 10 月

目 录

上篇　餐饮基础认知篇

1 餐饮概述 ………………………………… 3
1.1 餐饮与餐饮业 ……………………… 4
1.2 餐厅种类与餐饮产品 ……………… 14
本章小结 …………………………………… 30
思考与练习 ………………………………… 31

2 组织机构设置与人员配备 …………… 33
2.1 餐饮组织结构设置 ………………… 34
2.2 餐饮组织的人员配置 ……………… 37
本章小结 …………………………………… 49
思考与练习 ………………………………… 49

中篇　餐饮接待服务篇

3 餐饮接待服务工作流程及服务必备技能 …………………………………… 55
3.1 餐前准备 …………………………… 56
3.2 接受订餐服务 ……………………… 66
3.3 迎宾服务 …………………………… 67
3.4 就餐服务 …………………………… 69
3.5 用餐结束工作 ……………………… 84
3.6 餐厅个性化服务 …………………… 86
3.7 中餐宴会主题餐台设计 …………… 89
本章小结 …………………………………… 101
思考与练习 ………………………………… 101

4 零点餐厅服务 ………………………… 104
4.1 中餐零点餐厅服务流程 …………… 105
4.2 西餐零点餐厅服务流程 …………… 108
4.3 客房送餐服务流程 ………………… 111
本章小结 …………………………………… 113
思考与练习 ………………………………… 113

5 宴会服务 ……………………………… 116
5.1 宴会概述 …………………………… 117
5.2 中餐宴会服务 ……………………… 125
5.3 西餐宴会服务 ……………………… 130

5.4 自助餐服务 ………………………… 134
5.5 鸡尾酒会服务 ……………………… 136
5.6 会议服务 …………………………… 138
5.7 旅游团队包餐服务 ………………… 140
本章小结 …………………………………… 142
思考与练习 ………………………………… 143

6 酒吧服务 ……………………………… 145
6.1 酒水知识 …………………………… 146
6.2 酒吧概述 …………………………… 155
6.3 酒吧营业前的组织准备工作 ……… 158
6.4 酒吧服务流程及注意事项 ………… 161
6.5 酒吧营业后的结束工作 …………… 175
本章小结 …………………………………… 176
思考与练习 ………………………………… 176

下篇　餐饮经营管理篇

7 餐饮市场分析与定位 ………………… 181
7.1 餐饮消费者需求分析 ……………… 182
7.2 餐饮市场调研及预测 ……………… 186
7.3 餐饮目标市场选择与定位 ………… 189
7.4 餐厅的选址及命名 ………………… 195
本章小结 …………………………………… 203
思考与练习 ………………………………… 204

8 餐饮产品及营销策略 ………………… 206
8.1 餐饮产品的含义 …………………… 207
8.2 餐饮产品的特性 …………………… 207
8.3 餐饮产品的生命周期 ……………… 208
8.4 餐饮产品的价格管理 ……………… 211
8.5 餐饮产品的营销策略 ……………… 216
8.6 餐饮产品销售分析 ………………… 232
本章小结 …………………………………… 233
思考与练习 ………………………………… 233

9 餐饮布局与设备用品管理 …………… 235
9.1 餐厅功能布局设计 ………………… 237
9.2 餐厅装饰与布置 …………………… 242

  9.3 餐厅设备用品的选择与使用 ……… 248
  本章小结 ……………………………… 255
  思考与练习 …………………………… 255

10 餐饮原材料管理 …………………… 257
  10.1 餐饮原材料采购管理 ………… 259
  10.2 餐饮原材料验收管理 ………… 265
  10.3 餐饮原材料库存管理 ………… 267
  10.4 餐饮原材料发放管理 ………… 271
  本章小结 ……………………………… 273
  思考与练习 …………………………… 273

11 餐饮产品生产管理 ………………… 275
  11.1 厨房管理概述 ………………… 276
  11.2 厨房布局与设计 ……………… 280

  11.3 餐饮产品生产部门管理 ……… 286
  11.4 餐饮产品生产质量管理 ……… 289
  本章小结 ……………………………… 291
  思考与练习 …………………………… 291

12 餐饮服务质量管理 ………………… 293
  12.1 餐饮产品质量概述 …………… 294
  12.2 顾客满意理念 ………………… 300
  12.3 顾客调查 ……………………… 307
  12.4 餐饮服务质量分析 …………… 310
  12.5 餐饮服务质量控制 …………… 314
  本章小结 ……………………………… 318
  思考与练习 …………………………… 319

参考文献 ……………………………………… 321

上 篇
餐饮基础认知篇

1 餐饮概述

问题引入

1. "吃"是一门学问吗?
2. 餐饮业对GDP的贡献有多少?
3. 未来的餐饮业是什么状况?

内容导读

餐饮业作为我国第三产业中的一个支柱产业,一直在社会发展和人民生活中发挥着重要作用。随着社会经济和旅游业的快速发展,餐饮业以迅猛的速度向前发展,在国民经济中的地位越来越高,被公认为最具吸引力的行业之一,市场前景广阔。但是,餐饮需求复杂多变,消费口味和消费心理随着社会的发展也不断地变化,餐饮业要想在竞争中获得成功,就必须全面了解餐饮业的发展历史及特点,掌握餐饮发展规律,看清餐饮市场的发展趋势,只有这样才能适应市场变化,满足客户需求,从而获得优良的经济效益。

学习任务

1. 了解餐饮业的概念、特征及在国民经济发展中的地位
2. 了解中外餐饮业的发展概况
3. 理解餐饮业的构成
4. 掌握餐饮业的发展趋势

开篇案例

让吃饭更方便——餐饮O2O

美团网创始人王兴曾经在2013年美团网的年会上说过:"我们给消费者提供更多、更好、更便宜的吃喝玩乐,吃喝玩乐是每个人都需要的,而今天接近一半的人使用互联网,我们有理由相信随着时间的推移,随着我们服务的进一步深入,所有人都可以用互联网、移动互联网的方式去享受他们需要的吃喝玩乐的服务。"跟玩乐相比,吃饭显然是生活中更基础性的需求,今天,互联网正在让我们的餐饮业发生越来越多的变化。

中国是一个"民以食为天"的国家,自古以来有着"食不厌精"的饮食传统。自改革开放以来,中国城市化进程加快,大众的饮食习惯也发生了很大的变化。与此同时,国内餐饮企业也面临着日益变化的外部环境和发展形势。自2012年以来,互联网作为一种先进的工具对传统餐饮行业的渗透作用也更加明显,线上互联网和线下餐饮商户相结合的餐饮行业O2O市场随之走热。那么,到底什么是餐饮市场O2O,它会为中国的餐饮市场带来哪些机遇和挑战呢?

带你走进今日课堂

1.1 餐饮与餐饮业

随着社会生产力的发展,人们生活水平不断提高,整个社会在政治、经济、贸易、旅游、科技、文化等方面的相互交流日益频繁,家务劳动社会化程度提高,使得餐饮业的功能越来越现代化,餐饮正朝着设备优良、环境优美、产品风味突出、服务质量优良的方向发展。

1.1.1 餐饮业的内涵与特征

1. 餐饮业的内涵及构成

(1) 餐饮业的概念。餐饮一词,在《辞海》中的解释是:餐为"饮食",饮为"饮料";中国古代餐饮指"饮食",饮是指"喝",又指"饮料"。食指"吃",又指食物,故"饮食"也就是指"喝饮料,吃食物"。在改革开放之前,中国的酒楼称饮食店,餐饮业称饮食业,随着饭店的增多,新词汇的丰富,中国也诞生了餐饮一词。

餐饮业的内涵应包括三个要素:①食品或饮料;②足够令人放松精神的环境或气氛;③固定场所,能满足顾客差异性的需求与期望,并能实现既定的经营目标和利润目标。

(2) 餐饮业的构成。现代餐饮业主要包括三大类:

1) 宾馆、酒店、度假村、公寓、娱乐场所中的各种餐饮形式。例如各种风味的中、西餐厅,酒吧,咖啡厅,泳池,茶座。

2) 各类独立经营的餐饮服务机构。例如社会餐厅、酒楼、餐馆、餐饮店、快餐店、小吃店、茶馆、酒吧、咖啡屋、冷饮吧。

3) 企事业单位及一些社会保障与服务部门的餐饮服务机构。例如企事业单位的食堂、餐厅,学校、幼儿园的餐厅,监狱的餐厅,医院的餐厅,军营的饮食服务机构。

> **知识链接 1-1**
> Restaurant——有固定的场所，提供饮食和服务的机构。酒楼、酒家、酒馆、饭馆、菜馆、面馆、餐厅、饭厅、快餐店、饮食店、小吃店、小吃部、饭铺、食堂等，都属于 Restaurant。各种形式的餐馆店名有很多，常见的有以下字号：
> 居：如美膳居、同合居、砂锅居；楼：如登瀛楼、燕春楼、鸿宾楼；春：如满堂春、雁翎春；阁：如聚宾阁、画萃阁；堂：如聚英堂；台：如鱼花台；顺：如贵发顺、东来顺、鸿起顺；斋：如全素斋；坊：如天一坊、食为天美食坊；香：如一品香。

2．餐饮业的特征

餐饮业的经营不同于社会上其他行业的经营，具有自己独特的特点，主要表现在以下几个方面。

（1）与其他行业的高度关联性。餐饮业是旅游业中吃、住、行、游、购、娱六大要素的重要组成部分，其发展规模和速度很大程度上是建立在旅游发展的基础上的。一个国家、一个地区、一个城市的旅游业越发达，客源的种类和数量就越多，对餐饮产品的需求量就越大。国民收入水平越高，人们的社会交往活动就越频繁，对餐饮产品的需求量也就越大。因此，餐饮业的发展规模、速度和水平与旅游业和国民收入的发展水平具有高度的关联性。

（2）餐饮产品的地域性和文化性。餐饮业是在长期的历史发展过程中，随着人类对饮食的不断追求而逐步发展起来的。不同国家、不同地区、不同民族的地理环境和生活习惯不同，各地物产不同，食品原材料的种类也不同。就是同一民族的不同地区，区别也往往较大，从而使餐饮产品形成各种不同风味，具有鲜明的民族性和地方性。因此，餐饮经营管理的关键是要突出菜品的风味特点，同时也要兼收并蓄，博采众长，不断创新，办出经营特色。

（3）餐饮市场的广泛性。首先，餐饮业的客源十分广泛，国内外各种类型的旅游者、机关团体、企事业单位、政府机构、当地居民等各行各业的人们都可以成为餐饮企业的接待对象。餐饮消费的多层次性、广泛性导致餐饮业的经营范围十分广泛，其经营规模、经营结构、经营方式、产品风味和花色品种各不相同。其次，各种类型的餐饮企业之间产品的替代性较强，餐饮产品又缺乏专利性，因此餐饮业市场竞争十分激烈。餐饮经营者必须充分了解客源市场的情况，确定目标市场，广泛组织客源，推出他们喜欢的产品，以达到企业经营目标。

（4）餐饮企业经营集生产、销售、消费于一体。绝大多数的餐饮产品其生产、销售、消费几乎是同步的，这也决定了餐厅要努力营造餐饮销售环境，对员工加强培训和激励，使员工能够全身心地投入工作中去，为企业创造最大化的效益。

3．餐饮业在国民经济发展中的地位

（1）是国民经济发展的增长点。与其他产业相比，餐饮业具有投资少，产出高，增长快，贡献大的特点。随着中国国民经济稳定、快速的增长，城乡居民收入水平明显提高，餐饮市场保持着旺盛的发展势头，餐饮消费已成为国民经济新的增长点。餐饮业作为消费需求中增长迅速的行业,能扩大市场,增加就业,活跃经济,调整地区经济结构,是缩小地区差别的一个重要途径。同时餐饮业的发展,对改善城市功能、发展小城镇、吸收国内外投资、带动相关行业的发展都有着促进作用。

(2) 是增进国际交流、扩大内需的重要服务行业。随着世界经济一体化和中国改革开放的深入,对外交往活动也日益频繁。餐饮业不仅为国际客人提供生活服务,而且也起到对外宣传和弘扬我国灿烂的饮食文化、促进对外交流的作用。随着我国人民生活水平不断提高,人们的工作和生活节奏不断加快,旅游热的兴起,人们之间的交往也越来越频繁,这些都大大增加了对餐饮市场的需求,餐饮业已成为扩大内需的重要支柱之一。

(3) 是旅游业的重要组成部分。吃、住、行、游、购、娱是旅游业六大要素,中国旅游业正在以汹涌澎湃之势向前发展,已成为中国经济发展的支柱性产业之一。旅游者的观光游览、科学考察等,需要品尝当地的风味饮食,领略当地人民的生活情趣。餐饮业不仅为旅游业的发展提供物质保证,同时,餐饮业产品、服务以及饮食文化也是旅游资源的重要组成部分,对国内外旅游者有着很大的吸引力。

(4) 是促进社会就业、构建和谐社会的重要渠道。餐饮业具有商品消费和服务消费的双重特性,属于传统的劳动密集型产业,就业门槛低,就业层次多,吸纳就业的能力较强。并且,餐饮业的相关行业较多,能有效地带动种植业、食品加工业、制造业等行业的快速发展,创造更多的就业机会。随着社会对餐饮需求的逐渐增大,以及餐饮服务项目与分工日趋多元化,餐饮业还将会有更强的吸纳社会就业的能力。

1.1.2 中外餐饮业的发展历史

1. 中国餐饮业的发展历史

"民以食为天",饮食是人类赖以生存的最重要的物质条件之一。餐饮业是一个历史悠久的行业,人类饮食的发展同人类本身的发展一样历史悠久,经历了从简单到复杂、从蒙昧到文明的过程。伴随着这个过程,饮食中的礼仪、礼节、观念和习俗也同时应运而生。

(1) 古代时期。大约在 170 万年前,中国原始人发现用火烤熟的肉类和坚果美味可口,而且容易咀嚼,从此人们开始有意识地利用火来加工、烧烤食物,结束了人们生食的时代,开始了最初的餐饮烹饪活动。公元前 6000 年到公元前 2000 年的新石器时代,出现了陶器,使人们有了炊具、餐具和盛器。大约在六七千年之前,生活在今日浙江省余姚市河姆渡地区的先人,已经大面积种植水稻并饲养牲畜,并有了人工酿酒,使得人们能够以肴助酒,以酒助兴。火的使用及原始种植业和畜牧业的发展改善了人们的物质生活,并为餐饮业的形成奠定了物质基础。

夏代、商代、周代时期,青铜器的出现,使餐具、炊具进入金属器时代,进一步促进了烹饪技术的发展和提高。由于生产力的提高,酒类和食品进一步丰富,菜肴的精致程度足以令现代人叹服。从周代起,中国出现了烹调食谱,《周礼·天官》中记录了我国最早的名菜——八珍,是北方菜的代表。这个时期,音乐助餐已经出现。《周礼·天官》云:"以乐侑食,膳夫受祭,品尝食,王乃食,卒食,以乐彻于造。"而且,在当时,饮食服务人员和服务机构已具相当规模,尤以宫廷为代表。宫廷宴会由尚食、尚酒等内侍人员担任

1 餐饮概述

服务,为防止下毒,他们先尝食而后献食。据专家统计,周朝王室管理饮食的机构就有22个,管理人员有2332个。这些都说明餐饮业已作为一个独立的行业出现。

汉代时期,汉代与西域的交往使餐饮业得到进一步的发展。汉代与西域的通商贸易使西部少数民族的饮食习俗传入中原,各种新原料的引进丰富了食物的品种,促进了中原和西域饮食文化的交流。另外,铁器和瓷器被广泛运用于餐饮活动中,使餐饮业在炊具和餐具方面也大为讲究。

唐宋时期尤其是南宋时期餐饮业已具相当规模。唐朝以后的宴席已从席地而坐发展成为座椅就餐。北宋画家张择端的《清明上河图》以不朽的画卷向后人展示了当时汴梁人(今开封)的市井生活,酒楼、茶馆成为画面的重要组成部分。当时的酒店可将三五百人的酒席立即办妥,可见规模之大、分工之细、组织之健全。南宋时期,杭州的各类饮食店计有:直卖店(只卖酒)、分茶酒店、包子酒店、散酒店(普通酒店)、面食店、荤素从食店、北食店、南食店、川饭店、罗酒店(山东、河北风味)等,中国四大菜系已基本形成;从等级上讲有高级酒店、花园酒店、普通酒店、低档酒店和走街串巷的饮食挑子。在西湖上还出现了提供餐食的游船,其中最大的游船可同时提供百十人的宴会。这种把宴会与旅游结合在一起的做法一直保留到今天。

元、明、清时期,国内民族大融合更加丰富了餐饮业的发展,使餐饮市场形成能满足各地区、各民族、各消费水平及习惯的多层次、多方位、比较完善的市场格局。在各具特色的饮食风格的基础上,清代形成了较稳定的地方风味流派,成为各大菜系形成发展的基础。清代,创造了"满汉全席",标志着近代中国餐饮的最高水平。

知识链接 1-2

筵席的出现

唐朝以前的古人都是席地而坐,"筵"和"席"都是铺在地上的坐具。《周礼·春官·司几筵》的注疏说:"铺陈曰筵,藉之曰席。"即:铺在地上的叫作"筵",铺在"筵"上供人坐的叫作"席"。所以"筵席"两字是坐具的总称,酒水菜肴置于筵席之上。《礼记》中记载:"铺筵席,陈尊俎,列笾豆。"其中的"尊"(盛放酒的器具)、"俎"(盛牛、羊等祭品的器具)、"笾"(盛放果实的器具)、"豆"(高脚盘)都是古代用于祭祀和宴会的礼器,分别用来盛放酒、牛羊或果脯、腌菜、酱菜。这样,筵席又含有进行隆重、正规的宴饮的意思。后演变为"宴席",专指酒席。

从就餐垫座的筵席数量和动用的鼎数多少能反映出当时的就餐礼仪,在周代时,就垫座的筵席而言,规定天子之席五重,诸侯之席三重,大夫之席二重;就盛装菜肴的鼎而言,天子九鼎,诸侯七鼎,大夫五鼎,士三鼎。后来,鼎不仅是盛装食物的用具,也成了王权的象征。

---

(2) 近代时期。鸦片战争以后,中国逐渐步入半殖民地半封建社会,随着主权的沦丧,西方殖民者的进入,西方的经济、文化、生活习惯蜂拥而至,逐渐对我国产生冲击和影响。"西学东渐"对中国知识界产生了重大影响,主要是对西方科学技术和政治体制的学习,同时也伴随了西方饮食文化的传入,在沿海一带和各通商口岸出现了西餐厅。如1863年,英国人建立的华厦首家涉外饭店"利顺德"大饭店竣工开业,它是天津最早英式建筑,其餐厅供应西餐。1900年法国人创办了北京饭店,供应法式西餐。但由于大多数中国人的饮食习惯和文化抵触,西餐却并没有在中华大地上蓬勃发展起

来。而与此同时中国自己的餐饮业却在艰难中不断发展,我国各地方招牌菜快速的融合与进步,菜系更加细化。这一阶段的主要特点是中餐为主,西餐为辅,烹饪手段精细,经营手段落后。

(3) 现代时期。我国的餐饮业自改革开放以来,大致经历了四个发展阶段:改革开放起步阶段、数量型扩张阶段、规模连锁发展阶段和品牌提升战略阶段。

我国餐饮业自改革开放以来经历四个阶段(图1-1)

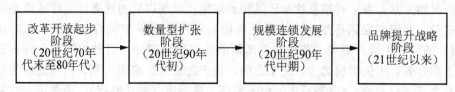

图 1-1

① 起步阶段。20世纪70年代末至80年代,我国对餐饮业率先放开政策,集聚社会各种力量,各种经济成分共同投入,使餐饮业取得新的突破和进展。传统的计划经济模式受到冲击,社会网点迅速增加,这一时期的餐饮业经营模式主要以单店作坊式餐饮店为主。

② 数量型扩张阶段。20世纪90年代初,餐饮业的经营方向逐渐调整到家庭大众消费上,使行业发展焕发新的生机。社会投资餐饮业资本大幅增加,餐饮网点快速涌现。

③ 规模连锁发展阶段。20世纪90年代中期,餐饮企业连锁经营推进步伐和速度明显加快,在全国范围内,很多品牌企业跨地区经营,并抢占了当地餐饮业的制高点,企业逐步走向连锁规模化成为这一时期的显著特点。这一时期,外资餐饮公司凭借先进的经营管理制度、高效的物流配送体系,在中国大力发展连锁餐饮店。百胜餐饮集团、麦当劳餐饮集团在中国成功地开设了肯德基、必胜客、麦当劳等著名餐饮品牌连锁店,同时为国内餐饮同行带来了全新的经营理念。

④ 品牌提升战略阶段。进入21世纪,我国餐饮业的发展趋于成熟,增长势头不减,整体水平得到提升,特别是一批知名的餐饮企业在外延发展的同时,非常注重文化建设,培育并提升企业品牌,其综合实力和产品质量不断提高,同时开始输出品牌与进行经营管理,品牌创新和连锁经营力度增强,现代餐饮步伐明显加快。

经历30多年的行业发展与市场竞争,我国餐饮业已经进入了投资主体多元化、经营业态多样化、经营模式连锁化和行业产业化的新的发展阶段。

知识链接 1-3

餐饮业发展锁定五种业态

经过30多年的努力,我国餐饮业已经成为改革开放过程中起步最早、起点最高、开拓发展最快、收效最为明显、市场化程度最高的行业之一。根据消费趋向和消费层次的不同,我国餐饮业目前已经形成五种业态:

1 餐饮概述

一是以家常菜为主的大众餐馆，它在行业中的比例最大，消费群体主要是工薪阶层；

二是以个人便捷消费为主的快餐，简洁、方便、规范的中、西式快餐深受年轻人和少年儿童的喜爱；

三是以菜系区分的中高档类餐馆，主要满足团体消费；

四是以老字号闻名的餐馆，由于代表着不同区域的餐饮文化而吸引中外消费者；

五是以满足个性化为特色的餐馆，吸引怀旧、追新及喜好求异的消费者。

2. 国外餐饮业的发展过程

国外餐饮业起源于古代地中海沿岸的繁荣国家，基本定型于中世纪，其发展由于受诸多因素的制约，在不同的发展时期呈现出不同的发展特点。

（1）中世纪前时期。公元前，古埃及人崇尚节制和俭朴，吃得较为简单，但十分好客。古埃及的等级观念在餐厅的装修和家具上得以充分反映。农夫和普通艺人只使用简单的陶器，坐在未经修饰的长条凳上，在低矮的泥屋中进餐。而富人的餐厅如同宫殿，由水池和花园环绕，室内富丽堂皇，餐桌上使用绣花织物，家具中有镶嵌着黄金或大理石的软垫扶手椅，储存室内有精美的雕花木勺或象牙勺，盛器中有玻璃杯和用金银或最珍贵的铜做的碗。

公元后，希腊受埃及文化的影响成为欧洲文化的中心。贵族很讲究饮食，餐饮服务用具也制作的很精细，还出现了冷盘手推车，对今天的餐饮业产生了巨大的影响。

古罗马人创造了西餐的雏形。大约在公元200年，古罗马的文化和社会高度发展，烹调方式汲取了希腊烹调的精华。古罗马人尤其擅长制作面食（意大利的比萨饼和面条享誉世界），就餐时使用的餐巾是古罗马人引入餐厅的，除此之外，在餐馆的餐桌上放置玫瑰花、重大宴会（像文艺演出）时叫报每道菜的菜名等做法，均由古罗马人最早在餐厅中使用。

（2）中世纪时期。法国诺曼底人侵占大英帝国，促使了文化大融合，英国餐饮受法国影响，出现了新的发展。1183年，伦敦出现了第一家出售以鱼类、牛肉、鹿肉、家禽为原料制作菜肴的小餐馆。

14世纪，位于亚欧非交界处的土耳其形成了以食羊肉、烤肉为其传统名菜的独特烹饪风格，被公认为"世界三大烹饪王国"之一。

至16世纪末为止，意大利几乎已具备了现在意大利菜肴所使用的原料，其中包括引自世界各国对西餐烹饪、服务的重视和讲究，其烹饪技术及饮食习惯已基本定型，以至于当时的"欧洲烹饪之母"。

16世纪末，意大利的烹调方法传入法国后由于历史上路易王朝中好几位国王对烹饪还有服务很重视讲究，使得法国餐具有宫廷华贵，高雅的气度与风格。

（3）中世纪后时期。1650年英国牛津出现第一家咖啡厅，发展迅速，至1700年仅伦敦就有200余家。1765年法国巴黎出现第一家法式餐厅，18世纪法国涌现了许多著名的西餐烹饪大师，并设计制作很多著名的菜肴，当今法式西餐的选料，烹饪，甚至法式西餐的服务在全世界无人可及。1920年美国开始了汽车窗口饮食服务。1950年，西式快餐首先在美国发展起来，而后遍及世界。直到当今的西餐更讲究营养卫生和实用性。

中外餐饮业的发展是随着人类经济活动的出现和文明程度的提高而产生和发展的。中外餐饮业在发展过程中受历史文化、气候环境、经济发展水平、宗教信仰和传统习惯等因素的影响，有着各自的发展历史，又相互渗透，促进和推动了世界餐饮业的发展。

1.1.3 未来中国餐饮业的发展趋势

1. 两极化

餐饮服务因人而异，针对不同需求、不同期望的顾客，服务的内容也要不同。为了适应社会的需求，餐饮经营势必走向两极分化的趋势。

一种是餐饮市场的高档化，即餐饮注重气氛与突出服务规格的高档次餐厅，在保留传统精华的基础上，引进先进的设备，在软硬件的配套和管理上下真功夫，营造高雅的文化气氛，展现整体和谐的饮食文化品位，迎合一批高层次人群的餐饮需求，引导高档消费。现在也出现了餐饮加工生产基地，只提供厨师携带配好的菜肴，为高层次人群的企业的庆贺和家庭聚会服务。

另一种则是餐饮市场的大众化。大众化经营，意味着廉价，但不等于低水平的经营，它是一种拥有较高服务标准和质量，而价格相对较低的经营，连锁快餐和连锁超市正好适应这种经营渠道。借鉴于零售业中的超市布局原理，采用开架陈列，自我服务的超市餐饮，改变封闭式的餐饮操作和就餐方式，形成"千品汇一，廉价销售，方便快捷，批量生产"的餐饮经营新格局实属客观之必然。餐饮超市以就餐自由，形式自由，价格适中（一元起价，十元吃饱），面向工薪阶层，使我国餐饮得到了普及和发展，同时也满足了消费者求奇，求全，求便，求廉的消费心理，成为21世纪的饮食新时尚。

2. 科技化

传统餐饮业是以手工操作为主的密集型行业，科技含量少，效率低，这是制约我国餐饮业向高档次、高水平发展的重要因素。随着当今科技的迅猛发展，科技手段运用更加突出，技术创新和科学管理受到重视，未来餐饮业中电脑的广泛运用也将成为必然。

在知识经济时代，科技成为企业生存和发展的资本，并且为满足现代人"求新奇、求享受、求舒适"的需求，餐饮企业将会更多地应用各类新科技、新知识，强化现代餐饮企业的智能个性。

案例 1-1

利用高科技，餐饮业在细节上也可以出奇制胜。美国洛杉矶芙莱伍德市街上的"科幻餐厅"，重视新科技带来的动态模拟、虚拟现实等全新体验在餐馆的运用，其座席设计与宇宙飞船舱一样，顾客只要面朝正前方坐下来，就可见一幅1米见方的屏幕，一旦满座，室内就会变暗，并传来播音员的声音："宇宙飞船马上就要发射了。"在"发射"的同时，椅子自动向后倾斜，屏幕上映现出宇宙的种种景色，顾客一边吃汉堡包，一边体验着宇宙旅行的滋味。

为领略空中风光，获得高处不胜寒的体验，加拿大安大略湖畔多伦多市电视塔（该塔高553.3m)，在离地面335m处有一个可供500人同时进餐的"旋转餐厅"。餐厅直径45.3m，每65分钟旋转一周。到餐厅用餐的顾客乘上电梯后，不到1分钟时间，就会被送到餐厅里。随着餐厅的旋转，人们可以一边进餐，一边眺望安大略湖和多伦多市的秀丽风光。

1 餐饮概述

3. 主题化

在世界许多国家,主题餐厅的出现已经成为一种流行趋势,如美国人率先兴办的以满足人们享受消费环境为主,吃饭为辅的主题餐厅,很快顾客盈门,风靡世界。主题餐饮的高利率引发人们对主题餐饮的研究、思索和实践,从而形成一个发展提高的竞争态势,这对优化餐饮市场结构,促进餐饮业的全面繁荣发展起到一定的促进作用,同时这些因素也将促进主题餐饮的快速发展。

> **案例 1-2**
>
> **杭州的邓丽君主题餐厅(筠园餐厅)**
>
> 筠园,一代歌后邓丽君香港故居雅名。邓丽君原名邓丽筠(音云),步入歌坛后为方便歌迷识读,易名丽君,其天籁歌声伴随几代人的青春记忆。1995年歌后去世,其音容在时光的波心日趋甜蜜,非千言万语不能追述。2004年,业内歌迷与歌后弟弟邓长禧先生合作,为答谢所有邓丽君歌迷,精心营筑了这座筠园餐厅,其位于杭州城最新规划的信义坊商街的繁华地段。
>
> 进入餐厅映入眼帘是邓丽君小姐各个时期的经典照片以及邓家收藏多年的老式留声机,餐厅的主题一目了然。走上二楼首先看到的是邓丽君小姐的私人展示柜,生前演出时使用过的手套、发夹、香水等一些物品,静静的散发着一代歌后的迷人气息。更为珍贵的是墙上挂有邓丽君小姐生前最喜爱的蝴蝶旗袍真品和她身穿这件旗袍所拍摄的照片,供歌迷朋友们拍照留念。二楼包厢是以邓丽君的经典老歌命名:甜蜜蜜、小城故事、淡淡幽情、我只在乎你、原乡人等,让人顾名思义别有一番风味。每个包厢的设计都独具风格,有温馨的小包房,适合和家人或情侣用餐,有宽敞明亮的大包厢适合和与朋友、同学或开生日聚会。三楼拥有17桌大小不同的餐桌和一个独特设计过的豪华包厢,大厅采用了邓丽君小姐最喜欢的两种颜色"紫色为主,粉色为辅"宽敞明亮,气氛优雅。大厅的投影大屏幕一直播放着邓丽君的经典歌曲,除了环境优雅、舒适、独特外,这里的菜肴也值得一提,有经典台湾风味的烧酒鸡、胡椒虾、茶鹅、三杯系列等,同时歌迷们还可以品尝到邓丽君小姐生前喜爱的空心菜、猪手、水饺等特色家常菜。在旧物、歌声与美食之间触摸一代歌后最真实的身影。

4. 绿色化

工业社会带来的诸多化学污染、过分消费导致的诸多"富贵病"促使餐饮消费者们意识到,吃健康比吃美味更重要,开始追逐餐饮产品的绿色性和自然性,这种消费观念的更新使绿色餐饮兴起,并成为餐饮业发展方向。所谓绿色餐饮,一是警醒人们增强环境保护意识,控制、减少各种方式造成的污染和对环境的破坏,共同净化我们赖以生存的生活空间;二是提示人们注意节约日益稀少的各种资源,让有限的资源为人类创造尽可能多的产品和财富;三是告诫人们要用科学合理、经济简洁的加工生产方法,激发和保护原料自身的营养,减少、杜绝对人体的伤害。各种清新、朴实、自然、美味的粗粮系列、土菜系列、野菜系列、豆腐系列、森林蔬菜系列、海洋蔬菜系列等日益受到消费者的追捧。田园风格、乡土风格、森林风格、海洋风格成为消费者嘴中的高频词。遍布都市街头的特色餐饮店不仅在菜品上追逐这一绿色之风,在店名设计、店堂布置上也着力再现原汁原味的绿色文化。杭州街头的"乡香馆""大瓦罐""土家馆""外婆家"等诸多餐饮店名就能让步人感受到扑面而来的自然气息。而店堂内质朴的白墙、凸凹的泥地、粗糙的条桌、着土布衣的服务生、竹节制的水杯无一不透露着绿色文化。

绿色农业、种植、养殖业的兴起，都给绿色餐饮逐渐在市场上打特色、创品牌提供了基础。因此，餐饮企业将绿色作为自己的卖点，尽可能为消费者提供简朴自然的餐饮服务。

> **案例 1-3**
>
> 著名的老字号上海某餐馆借"绿色经营"来大力拓展品牌。这家餐馆以经营净食而扬名海内外，该店从以经营净素食为主，提倡吃素行善、吃素长寿延伸发展到倡导"绿色餐饮、健康食品"的绿色主题。在原料方面，餐馆采取定点采购的方式，确保所需的原料无超标使用农药或生长素的问题，在烹饪和加工方面，坚持无污染的标准，不使用人工色素及防腐剂，并尽量少用调料，使顾客充分领略原料的自然味道。这种做法为餐馆赢得了顾客的信任。

5. 品牌化

在当今日益激烈的市场竞争中，品牌已成为消费者最为重要的购物导向，成为联系企业与消费者的不可缺少的桥梁。杰出品牌引人注意，为人们所青睐，能够使企业长期保持市场竞争的优势。可以说，当代市场的竞争体现为品牌的竞争。越来越多的经营者把注意力转向打造自己的品牌，提高企业的文化品位。在餐饮市场上，餐饮企业依靠品牌营销战略获得成功的案例比比皆是，闻名世界的麦当劳、肯德基、必胜客、德克士是早已为人们所熟知的洋餐饮品牌。国内近年来同样涌现出一批地方性的乃至全国性的餐饮品牌，像北京的"全聚德"、天津"狗不理"、杭州"楼外楼"、上海"功德林"、广州"绿茵阁"、内蒙古"小肥羊"等，这些企业在激烈的市场竞争中能够脱颖而出，获得成功，无不得益于成功地采用了品牌战略。

> **案例 1-4**
>
> 1987 年 11 月 12 日，中国第一家肯德基餐厅在北京前门开业。从而开始了她在这个拥有世界最多人口的国家的发展史。肯德基在中国的发展实现了三级跳：自 1987～1996 年的 9 年里，以年均 11 家的速度发展了 100 家连锁直营店；在 1996～2000 年的 4 年间年均发展 75 家；2001 年以来，以年均 150 家的发展速度加快了在中国的扩张，同时在部分中小城市开展了特许加盟业务，目前肯德基在中国的数量达 3000 多家，肯德基连续多年以餐厅数量最多、营业额最高而居中国餐饮业百强之首。我们不得不说，肯德基在中国已取得了巨大的成功。

为此，商务部出台了《全国餐饮业发展规划纲要（2009—2013）》，提出将通过培育一批具有较大影响力的餐饮品牌，带动相关产品的开发与销售，带动餐饮业加快向标准化生产、规模化连锁经营、规范化管理的方向发展。种种现状表明在未来的餐饮市场发展中，餐饮的品牌化经营趋势将更为明显。

6. 连锁化

所谓餐饮"连锁化"是指单体餐饮采取联号合作的形式，拥有，经营或管理两个以上的企业或系统，其优势在于发挥群体作用，建立多方位，多层次的餐饮系统。连锁经营可实行集中采购，集中开发，充分利用集团优势，降低采购费用，节省推广及研发等大笔开销；能单独设

1 餐饮概述

立加工场集中配送节省成本，保证特色配方不外泄；名牌餐饮连锁经营会缩短回收成本周期。像麦当劳、肯德基在世界遍地开花的经验，使国内餐饮企业也看到了连锁经营的种种好处：连锁经营更能建立自己的管理系统、自己的品牌目标，随着知名度的普及、各地资源的充分交流以及管理经验的相互传承，使餐饮企业能轻易地扩展到各地。连锁经营已成为餐饮业普遍应用的经营方式和组织形式，形成了一定的规模，显示出强大的生命力和发展潜力。我国餐饮百强企业，基本都采用了连锁经营的模式。连锁化经营模式也在不断发展，我国一些老字号企业和名店、特色店正积极使用推广直营和特许经营连锁等形式。

> **知识链接1-4**
>
> ## 新世纪社会餐饮10大现象
>
> 1. 创品牌现象。当今餐饮市场的竞争，归根结底是品牌的竞争。许多餐饮企业正是通过企业品牌的树立去实现有形资产到无形资产，再到有形资产的资金积累和企业扩张。例如在树立品牌方面：一是重视企业文化建设；二是将科学、健康的饮食文化内涵注入企业品牌中，围绕"吃出健康来"这一概念做文章。
>
> 2. 信息化现象。餐厅的信息化水平快速发展，电子菜单、电子点餐，从点餐到菜单，到数据统计、分析，正在逐步实现电子信息化管理。网上营销等电子商务如今也成为大、中餐饮业很流行一种销售趋势，有效解决了成本问题，同时大大地提高了传统菜品出品速度和节省了人力成本，中、小餐厅也引入数字化的科技产品来辅助运营。
>
> 3. 大众化现象。随着生活节奏的加快，人们消费水平的提高，出外就餐，品尝美食，追求时尚，已成为现代人的生活习惯，大众化已成为餐饮消费的主旋律。
>
> 4. 特色经营现象。在竞争激烈的餐饮市场中，谁的特色明显，谁的竞争力就强。特色化经营已成为更多餐饮企业追求的目标。如长春"王记酱骨头炖菜馆"，成都"谭鱼头火锅"都是依靠经营品种的特色来吸引消费者。
>
> 5. 高档潮现象。高档餐厅数量的增多，迎合的是那些商务宴请、公关、谈判及社交的高层次消费者的需求。高档酒楼的价位较高，一桌下来可达到几千元甚至上万元。
>
> 6. 人才呈多元化发展。餐饮业的竞争由产品竞争，品牌竞争，服务竞争到现在的人才竞争。一个企业的发展和成长，必须得有多元化的管理人才，才能使一个企业具有好的发展方向。
>
> 7. 连锁经营现象。连锁经营是餐饮企业发展的重要途径，如小肥羊，全聚德等，北京"金三元"，成都的"巴国布衣"等，餐饮企业的连锁现象日益突出。
>
> 8. 休闲餐饮现象。生活节奏的加快和人们生活需求的提高，休闲餐饮的需要增加，特别是在上海、北京、广州等城市。休闲餐饮企业的装修品位高，营业时间较长，如上海"锦亭"以欧美式装修风格为主，体现出休闲氛围。
>
> 9. 厨房绿色化现象。绿色厨房不仅仅是一套低碳环保的厨房设备，更重要的是一种把握未来趋势的环保理念。现在企业大力提倡各类厨房采用更环保、健康、高效、安全的符合绿色标准的厨房设备。餐饮企业重视绿色后厨是对食客负责，更是对自身负责，广大餐饮企业应不断进行研发创新，致力于为消费者打造经济效益与生态环境可持续发展的和谐共处的空间。
>
> 10. 饮食科学现象。如今，人们的餐饮消费更加注重营养，许多餐饮企业也都在营养方面下功夫，如上海"沈记靓汤"，推出了滋补、美容的汤品、菜品，北京的"金三元"推出了具有保健功效的"扒猪脸"等。饮食科学现象，说明人们饮食需求的多层次变化，也体现了饮食功能的多元化。

1.2 餐厅种类与餐饮产品

1.2.1 餐厅的内涵

餐厅是通过出售服务、菜品和饮料来满足顾客饮食需求的场所，或者说，凡是有一定的场所，公开为顾客提供饮食服务的设施机构，都可称为餐厅。餐厅的设施、设备、服务是构成餐厅的基本条件，一般来说，餐厅的内涵有以下三点：

1. 固定的场所

它是指具有一定的有形建筑物，有一定接待能力的餐饮空间或营业场所，有提供餐饮的设备和设施。

2. 提供食品、饮料和服务

食品、饮料是基础，餐饮服务是保证，是顾客评价餐厅的主要依据之一。对顾客来说，优良的服务并不能掩盖或完全弥补餐饮质量所造成的问题。因此，餐厅提供的食品和饮料应做到质量、数量、价格和服务的统一。

3. 以营利为经营目的

饭店的餐饮部是一个主要利润中心，独立餐厅也要尽快收回投资。餐饮工作者应努力扩大客源市场，节约成本，适应市场变化与竞争形势，使自己的企业办得更具特色和魅力。

以上三者缺一不可，缺少其中任何一项，都不能称之为餐厅。

知识链接 1-5

现代化餐厅的标志

一个现代化的餐厅，不是单纯凭借装修豪华、规模庞大，而应该具备以下五个标志：

1. 生产设备现代化

20 世纪 80 年代之前，许多饭店厨房设备较为简陋落后。80 年代后，随着烹饪技术的发展，厨房设备也随之发展，新兴的厨房设备层出不穷，且款式新颖、光亮美观、防腐性好、清洁卫生、经济耐用，厨房设备的发展改善了卫生条件，提高了工作效率，同时又促进了烹饪技术的发展。

2. 烹调技术的科学化

随着科学技术的发展，烹饪已经由传统的手艺走向烹饪科学，实现了艺术与科学的有机结合。这主要表现在对食品原料的物理性质和化学性质有一定的研究。

3. 营养卫生保健化

今天的消费者在吃上不仅讲究口味，而且更重视营养与保健。营养与卫生保健应该成为厨师和餐厅管理人员的必修课，他们应该了解食品原料的营养成分及其功效从营养学角度看，现代烹饪的发展趋势是"三低一高"，"三低"是指低盐、低糖、低脂肪，"一高"是指高营养。

4. 加工生产的标准化

传统的厨房生产主要依靠厨师的个人经验和技术，不同的厨师制作出的菜品可能会不一样，一些顾客经常抱怨。今天，标准化已成为现代化生产的代名词。作为一个现代化的餐厅，厨房生产必须做到标准化。也就是说，厨房生产必须依靠标准化菜谱和标准化操作程序来进行。

1 餐饮概述

5. 经营管理效益化

现代餐厅要追求的管理效益不仅包括企业经济效益，而且要追求社会效益和环境效益，要达到三者的统一。

1.2.2 餐饮产品的构成

一般来说，餐饮产品包括有形的物质产品和无形的服务产品两部分。有形产品包括菜肴、酒水、餐具与用具、服务设施与设备、餐厅装潢与布局等；无形产品包括菜肴和酒水的卫生、安全与营养，菜肴和酒水的气味和味道，菜肴和酒水的温度和湿度，菜肴的特色，餐厅的声誉和等级，餐饮服务等。简单地说，餐饮的核心产品主要由以下几个方面构成。

1. 餐厅赏心悦目的环境

宜人的环境气氛能增进顾客就餐时的愉悦，从而产生美好的感觉。现代社会的客人在饭店用餐，不仅是满足生理需要的一种手段，而且，越来越多的人把它当作一种享受和社交形式，所以，要满足客人的需要，既要有好的食物和服务，也需要有一种赏心悦目的就餐环境。要达到赏心悦目的要求，必须具备以下几个基本条件，一是餐厅的装潢要精致、舒适、典雅且富有特色；二是灯光要柔和协调；三是陈列布置要整齐美观；四是餐厅及各种用具要清洁卫生；五是服务人员站立位置要恰当，仪表要端庄，表情要自然，要创造一种和谐亲切的气氛。

2. 餐厅精致可口的菜点

精致可口的菜点，至少应具备5种特性和7个要素。5种特性，一是特色性，即饭店的菜点必须具有明显的地方特色和饭店风格，必须在发扬传统菜点的基础上，推陈出新；二是时间性，即菜点必须有时令性特点和时代气息，适应人们口味要求的变化；三是针对性，要根据不同的对象安排、制作不同的菜点；四是营养性，菜点要注意合理的营养成分；五是艺术性，即菜食的刀工、色泽、造型等要给人一种美的享受。7个要素为：色，色泽鲜艳、配色恰当；香，香气扑鼻、刺激食欲；味，口味纯正、味道鲜美；形，造型别致、装盘规范；质，选料讲究，刀工精细；器，器具配套、锦上添花；名，取名科学、耐人寻味。

3. 餐厅令人放心的卫生

餐饮卫生在餐饮管理中占据重要的位置，卫生工作的好坏，不仅直接关系到客人的身体健康，而且也关系到饭店的声誉和经济效益。如果被人们视为卫生信不过单位或发生食物中毒事件，那后果是不堪设想的。令人放心的卫生，必须达到两个标准：一是外观上的干净，无水迹，无异味，这是视觉和嗅觉的检测标准；二是内在的卫生，即必须符合卫生防疫部门的检测标准。要达到上述要求，就必须严格执行食品卫生法，把好食物进货关、储存关、加工关、烹饪关与服务关，并抓好餐具消毒、个人卫生和环境卫生工作。

4. 餐厅舒适完美的服务

要达到舒适完美的服务，必须使餐饮服务具有美、情、活与快4个特点。所谓美，就是给客人以一种美的感受，主要表现为服务员的仪表美、心灵美、语言美与行为美。如仪表美，就要求服务人员应有匀称而健美的体形，健康而端庄的容貌，整洁而大方的服饰，自然而亲切的表情，稳重而文雅的举止。情，即服务必须富有人情味，这就要求服务员在对客人的服务中，态度热情、介绍生动、语言诚恳、行为主动。活，则主要是指服务要恰到好处。这就要求服务员不要把标准当作教条，要根据不同的时机、场合与对策，灵活应变，在"客人至上"这一最高准则的指导下，将规范服务和超常服务有机结合起来。快，即在服务效率上满足客人的需要，出菜速度要迅速，各种服务要及时。如某些饭店餐厅采用电子计算机系统实施餐厅管理，不仅使差错率大为降低，而且服务效率也大大提高。

> **案例 1-5**
>
> 　　某晚，餐厅包间内一席普通的家宴正在进行，在祥和的用餐气氛中。服务员小李看到老先生不停的用小勺翻搅着碗中的稀饭，对着鸡鸭鱼肉直摇头。这是怎么回事呢？是我们饭菜做的不合口味？不对呀，其他人不正吃的津津有味吗？小李灵机一动，到后厨为老先生端上了一碟小菜——榨菜丝。当小李将榨菜丝端上桌后，老先生眼前一亮，对着小李不停的称赞："小姑娘，你可真细心，能够看出我对咸菜感兴趣，不简单。"老先生的老伴连忙说："这儿的服务跟其他地方就是不一样，我们没说到的小姑娘们都能想到、做到，以后有时间我们要经常到这里来。"

5. 便利的地理位置和时间

主要是指客人享受餐饮服务在地点和时间上的便利程度。例如，周围的交通道路是否顺畅，停车是否方便，营业时间是否满足顾客的需要，在餐厅就座后是否得长时间等待等，这些都是餐饮企业服务便利程度的反映。

1.2.3 餐厅服务项目与餐厅的种类划分

1. 餐厅的服务项目

（1）普通服务项目。饭店餐厅普通的服务项目主要有中餐服务、西餐服务、中西自助餐服务、会议服务、酒吧服务等。其中中餐服务包括早餐、正餐、宴会服务；西餐服务包括早餐、正餐、宴会、鸡尾酒会服务。

（2）特殊服务项目。特殊服务项目包括：客房送餐服务，外卖服务，主题庆祝活动等。

客房送餐服务（Room Service）是饭店为方便客人、增加收入、体现饭店服务水准而提供的服务项目。客户送餐部通常是餐饮部下属的一个独立部门，一般提供全天24小时或不少于18小时的服务。服务内容有早餐、午餐、下午茶、晚餐、宵夜、点心、水果、各种饮料和酒类、房内酒会等。客户送餐部通常有电话预定组和送餐组组成，负责将客人预定的食品、饮料等送到客人房间并提供用餐服务。客人预定客房送餐方式主要有两种：一种是客房里的早餐门把手菜单预定。客人根据自己的需要在门把手菜单上直接点菜，客房送餐服务员在指定的时间内收集订菜单。另一种是客人通过电话预定，临时通知客房送餐部送食品、饮料进客房。无论采取哪种方式送餐，服务员必须保证准时准确无误地将客人所点的菜肴、食品、饮料送入客人房间，并以热情有效的服务使客人满意。

外卖服务（Outside Catering）是指饭店根据客人的要求派员工到酒店外客人的驻地或指定地点提供餐饮服务。从实地考察、策划、试试、现场督导、返回等，自始自终要求各部门通力合作，以确保任务顺利完成。外卖服务技能满足客人的特殊要求、体现饭店的服务水准，又能为饭店创造经济效益，并将营业场所扩展到酒店外，因而越来越受到客人和酒店的欢迎和重视。

主题庆祝活动（Theme Parties）是指饭店根据客人提出的确切主题或为了营造节日气而精心策划和组织的餐娱活动。如圣诞晚会、化妆狂欢舞会、国庆晚会等。

2. 餐厅的种类

餐厅的种类繁多，风格迥异，各国各地区有关餐厅繁荣分类也不近相同，根据不同的依据餐厅的匪类也不相同。根据按服务方式非为豪华餐厅、柜台式餐厅及自助餐厅；根据经营方式分独立餐厅、连锁经营餐厅及特许经营餐厅；根据投资方式可分为独资餐厅、合资餐厅及股份制餐厅。

（1）我们常见的餐厅是根据经营特色来分的，主要分为以下几种。

中餐厅。使用中式餐具、提供中式菜点、饮料和中式服务的餐厅，一般只提供午、晚两餐服务，它是我国旅游饭店的主要餐厅。中式餐厅的装饰环境、整体氛围及服务方式都充分体现了中华民族的历史传统特色和文化底蕴（如图1-2）。

图1-2 中餐厅

西餐厅。西餐是我国人民和其他部分东方国家和地区的人民对西方国家菜点的统称，广义上讲，也可以说是对西方餐饮文化的统称。西餐厅主要是经营欧美主要国家的西点菜式为主。为了体现饭店的档次、餐饮实力或满足部分高消费者的需求，四星五星饭店一般设有提供法式或意大利式菜肴的高级西餐厅（如图1-3）。

餐饮经营与管理

图 1-3　西餐厅

其中高档的法式餐厅被称为扒房，布置豪华，特别强调装饰布置和环境的优雅、浪漫，代表西餐菜肴和服务的最高标准。

知识链接 1-6

吃西餐的六个 M

如何品味西餐文化，研究西餐的学者们经过长期的探讨和总结认为：吃西餐应讲究以下 6 个"M"。

1. 第一个是 Menu（菜谱）：菜谱被视为餐馆的门面，西餐点好菜的关键是一定要打开菜谱后，看哪道菜是以店名命名的，这道菜可千万不要错过。因为那家餐馆是不会拿自己店的名誉来开玩笑的。不要以吃中餐的习惯来对待西餐的点菜问题：即不要对菜谱置之不理、也不要让服务员为你点菜。在法国，看菜谱点菜已成了吃西餐的一个必不可少的程序，是一种优雅生活方式的表现。

2. 第二个是 Music（音乐）：一般的西餐厅也播放一些美妙典雅的乐曲。豪华高级的西餐厅，通常会有乐队，演奏一些柔和的乐曲，但这里最讲究的是乐声的"可闻度，即声音要达到"似听到又听不到的程度，即要集中精力和友人谈话就听不到，在休息放松时就听得到，这个火候要掌握好。"

3. 第三个是 Mood（气氛）：吃西餐讲究环境雅致，气氛和谐。一定要有音乐相伴，桌台整洁干净，所有餐具一定要洁净。如遇晚餐，要灯光暗淡，桌上要有红色蜡烛，营造一种浪漫、迷人、淡雅的气氛。

4. 第四个是 Meeting（会面）：也就是说和谁一起吃西餐，这是要有选择的。吃西餐的伙伴最好是亲朋好友或是趣味相投的人。吃西餐主要是为联络感情，最好不要在西餐桌上谈生意。所以在西餐厅内，氛围一般都很温馨、少有面红耳赤的场面出现。

5. 第五个是 Manner（礼俗）：这一点指的是"吃相"和"吃态"。既然是吃西餐就应遵循西方的习俗，勿有唐突之举，特别是在手拿刀叉时，若手舞足蹈，就会"失态。刀叉的拿法一定要正确：应是右手持刀，左手拿叉。用刀将食物切成小块，然后用叉送入口内。一般来讲，欧洲人使用刀叉时不换手，一直用左手持叉将食物送入口内。美国人则是切好后，把刀放下，右手持叉将食物送入口中。但无论何时，刀是绝不能送物入口的。西餐宴会，主人都会安排男女相邻而坐，讲究"女士优先的西方绅士，都会表现出对女士的殷勤。"

6. 第六个是 Meal（食品）：一位美国美食家曾这样说："日本人用眼睛吃饭，料理的形式很美；吃我们的西餐，是用鼻子的，所以我们鼻子很大；只有伟大的中国人才懂得用舌头吃饭。所以西餐一定是注意色香味的。"

1 餐饮概述

咖啡厅实际上是小型的西餐厅。除供应咖啡外，还提供简单的西式菜点和酒水。作为西餐厅的一种，它的服务比较迅速，营业时间也较长，而价格往往比正规的西餐厅便宜（如图1-4）。

图1-4 咖啡厅

宴会厅。饭店一般都设有宴会厅，为客人提供设宴的场所。宴会厅接受客人的委托，组织各种类型的宴会、酒会、招待会、茶话会等活动，并根据客人的要求布置厅堂，制定菜单等，有些宴会厅备有现代化的灯光、音响视听设备，为客人提供更完善的宴会服务（如图1-5）。

图1-5 宴会厅

酒吧。酒吧客人享用酒类、饮料、休息和娱乐的不可缺少的地方（如图1-6）。

茶吧。茶吧是一种比较高雅的餐厅，供客人约会、休息和社交的场所，供应食品与咖啡厅略同（如图1-7）。

风味餐厅。风味餐厅因其供应的菜肴富有特色而区别于一般的餐厅，因而也称为特色餐厅，风味餐厅经营内容专一，菜式内容较为有限，服务程序、技术具有一定的特殊性。同时，风味餐厅的装饰环境应和餐厅的特色相一致，要起到渲染和烘托得作用。风味餐厅因经营的内容不同，种类也不相同。

专营某类菜肴的风味餐厅。如海鲜餐厅、素食餐厅、野味餐厅。专营某一菜系的风味

图1-6 酒吧

图1-7 茶吧

餐。如鲁菜、川菜、粤菜、湘菜等八大菜系餐厅。专营某一时期或某一民族菜肴的风味餐厅。如清朝宫廷菜、滇菜、宋菜、土家菜等（如图1-8）。

主题餐厅。主题餐厅是赋予一般餐厅以某种主题，围绕既定的主题来营造餐厅的经营氛围；餐厅内所有产品、服务、色彩、造型以及活动都为主题服务，使主题成为顾客容易识别餐厅的特征和产生消费行为的刺激物。根据不同的参照物，主题餐厅的类型也不相同（如图1-9、1-10）。

按照主题餐厅所体现出来的地域特色，可分为亚洲风情主题餐厅（如日本料理餐厅、韩国烧烤餐厅等）、美洲风情主题餐厅、欧洲风情主题餐厅（如在北京燕莎中心凯宾斯基饭店的意大利威尼斯餐厅）、澳洲风情主题餐厅。

根据年龄所创设的主题餐厅可分为青少年主题餐厅（如科幻主题餐厅、漫画主题餐厅）、中年主题餐厅（如怀旧主题餐厅、离婚餐厅）、老年主题餐厅（如寿宴餐厅）、儿童

1 餐饮概述

图1-8　风味餐厅

主题餐厅（如卡通餐厅）。

按职业的不同所表现出来的主题餐厅可分为白领餐厅、学生餐厅和普通大众餐厅。

按文化的类型划分，主题餐厅可分为音乐、文学、舞蹈、美术、影视、体育、广告、集邮、戏剧、摄影、时装、节日文化、庆贺类主题餐厅。

按历史年代可划分为怀旧复古类、现代时尚类、梦幻未来类主题餐厅。

按照民族民俗划分的主题餐厅，如湖南张家界有一家秀华山庄，是典型的土家主题山庄，被称为"土家文化的守护神"。

按主题数量划分，可划分为众多主题餐厅、单一主题餐厅。

按区位可分为陆地主题餐厅、水上主题餐厅、山中主题餐厅。

图1-9　hello kitty主题餐厅

图1-10　便所主题餐厅

> **知识链接 1-7**
>
> **特色餐厅和主题餐厅的区别**
>
> 一般，提及主题餐厅，人们习惯上将其与特色餐厅等同于起来，事情上，两者是相区别的概念。
>
> 首先，主题餐厅一定是一个特色餐厅。主题餐厅的必备特质是特色，即主题餐厅生存和发展的资本是"个性化"的特色，如热带雨林、硬石等世界知名主题餐厅无一例外都是以独特的品质傲立于世界餐饮。
>
> 但是，特色餐厅不一定是一个主题餐厅。在现实餐饮市场上，存在着许多特色餐厅，它们一般以特色的招牌菜取得"特色"地位。如杭州西湖边著名的"楼外楼"是一家以经营杭菜为主的特色餐厅，其看家菜"西湖醋鱼""宋嫂鱼羹""西湖莼菜""叫化鸡""炸响铃""龙井虾仁"等蜚声海外，成为杭州餐厅中的一枝独秀。但是，从严格意义上讲，"楼外楼"不能称为是主题餐厅。因为主题餐厅除了要有特色鲜明的各类特色菜之外，还非常注重主题文化的深度开发，注重相应环境的营造，借助于环境突出其主题特色。而楼外楼的建筑风格虽有"仿古特色"，但流于一般的中式古建筑，没有淋漓尽致地表现出杭州当地应有的基本文化特征。
>
> 较之于特色餐厅，主题餐厅更强调从菜式到环境的全范围的特色化和鲜明化。著名的硬石餐厅，就是一家以摇滚乐为主题的餐厅，把音乐与美国菜肴融于一体，成为美食和音乐的化身。
>
> 主题餐厅的关键在于如何充分调动各种"因素"来深化特色，营造出一种无所不在的特色氛围。特色餐厅充其量只能称为"准主题餐厅"。大凡在菜式上有新意的餐厅就可称之为特色餐厅，对于特色餐厅而言，关键在于菜式上的突破。而对于主题餐厅而言，追求的则是从菜式、环境、服务、文化等方面的整体创新与特色。

绿色餐厅。世界进入了"环保时代""绿色时代"。绿色时代的到来对世界经济发展产生巨大影响，餐饮业也不例外。人们在生产和消费过程中，越来越关注资源与环境保护，绿色餐厅由此产生，绿色餐厅也就是环保节能，为顾客提供绿色有机食品和绿色服务的餐厅。具体来说餐厅的设施设备要环保，环境要安全，保证食品原料的安全和环保，当客人点餐时，服务员要本着"经济实惠、营养合理配置、减少浪费"的原则推荐食品，并尽可能介绍绿色、健康食品、饮品。客人用餐后应主动打包，谨慎选用打包材料，坚决取缔造成白色污染的发泡塑料饭盒，选用可降解材料，精美包装打包食品，既保证食品安全卫生，又可宣传扩大企业形象（如图 1-11）。

(2) 按服务方式可以分为以下几种。

豪华餐厅（Haute Cuisine Restaurant）此类餐厅装潢豪华奢侈，就餐气氛高雅浪漫，菜单设计精美考究，菜肴和服务一流，用餐价格昂贵。所配备的服务人员要求训练有素、技术过硬，具有很强的敬业精神。

餐桌服务型餐厅（Table Service Restaurant）这是我们所常见的一类餐厅。客人座后，由服务员点菜、上菜、清台，其最明显的特点是服务员提供桌边服务。

这一类餐厅有时也称为正餐厅，指服务较全面，正规。这类餐厅可以是中式，也可以是西式。一般讲，所有装饰华丽、服务高雅、食品精美、环境舒适的餐厅都提供桌边服务，属于餐桌服务式餐厅，但并非所有的餐桌服务式餐厅都是高档的餐厅。

柜台式餐厅（Counter Service Restaurant）在这种餐厅里，顾客坐在柜台旁，可边聊

1 餐饮概述

图1-11　绿色餐厅

天边欣赏厨师的表演。菜是由服务员或厨师直接上给顾客,由于这种餐厅的服务速度非常快,所以也被称为"速简餐厅"。

此类餐厅在西餐中较多,中餐并不多见,主要是某些经营风味小吃的小餐厅。目前在中国比较流行的日式铁板烧即属于此类。

自助式餐厅（Cafeteria）此类餐厅是将所有的菜肴、饮料、水果、甜品等食品分类摆放在装饰精美的食品台上,供客人自行挑选喜爱的食品,并按餐厅标明的固定标准收费。此类餐厅气氛轻松,服务快捷,菜肴品种繁多,客人选择余地大。

自助餐厅的供应方法主要有两种：一是客人就餐先购票,到餐厅随意自取食品和饮料；二是先进餐厅自取随意食品和饮料,后到门口结算付款。不得餐后带食品或饮料出餐厅。铺台管理的重点是菜点台。菜点台一般设在靠墙或靠边的某一部位,以客人取用方便为宜（如图1-12）。

图1-12　自助餐厅

快餐厅（Fast—food Chain）。此类餐厅以提供中西餐简单菜肴为主，如国际快餐连锁店"麦当劳""必胜客""肯德基"，中式快餐"永和豆浆店"等。

（3）按投资方式可以分为以下几种

独立餐厅。独立餐厅指为个人或企业独立所有并独立经营的餐厅，它不为联号所有，也不参加任何一个特许经营系统。

连锁经营。连锁经营餐厅指在本国或世界各地直接或间接的控制或拥有两家以上的餐厅，以相同的店名、店标、统一的经营程序和管理水平，统一的操作程序和服务标准进行联合经营的企业。

特许经营。特许经营是通过出让特许经营权，在全球推广其品牌，并统一产品规格、标准，统一市场形象、服务方式，提供组织、营销及预订方面的帮助，如麦当劳、肯德基、必胜客等就是这种运行模式。

1.2.4 菜肴知识与食俗知识

1. 菜肴知识

餐饮业发展迅速，市场广泛，但是餐营业竞争也是比较激烈，作为餐饮从业人员，要想在市场竞争中始终处于竞争优势地位，这就要求他们也必须了解餐饮产品的所有有关知识。

（1）中国菜。菜肴，是指在一定的区域内，因物产、气候、历史条件、饮食习俗的不同，经过漫长的历史演变而形成一整套自成体系的烹饪技艺，并被后人所公认的地方菜。中国地大和物博，不同的民族，不同的饮食习及不同的文化也形成了不同的菜肴风味。按照地区、历史和风味等特点，中国菜肴可分为地方菜、宫廷菜、官府菜、素菜和少数民族菜。

地方菜。它是中国菜的主要组成部分，它选用当地出产为主的质地优良的烹饪原料，采用本地区独特的烹调方法，制作出具有浓厚地方风味的菜肴。经过数千年的演变发展至今，各地逐渐形成了自己的风格。中国地方菜肴素有四大风味和八大菜系之说。四大风味是：鲁、川、粤、淮扬。八大菜系一般是指：山东菜、四川菜、湖南菜、江苏菜、浙江菜、安徽菜、广东菜和福建菜。

宫廷菜。宫廷菜主要是指我国历代封建帝王、皇后、皇妃等享用的菜肴，原材料主要是名贵的三珍海味，如：鱼翅、燕窝、鲍鱼、熊掌等。现在人们品尝的宫廷菜主要是清代御膳房里流传下来的一些菜肴，故称"仿膳"。清宫廷菜的制作有专司的御膳机构，负责宫廷中烹调的厨师叫御厨，皇帝用餐叫进膳，皇帝开餐叫传膳。

官府菜。官府菜是历代封建王朝的高官为在自己官府中宴请宾朋而网罗名厨，进行菜肴制作和研究，并形成具有一定影响的菜肴。具有影响的官府菜有山东省曲阜城内的孔府菜、出自清末官僚谭宗浚家中谭家菜、南京随园菜等等。

素菜。素菜主要是指以植物类食物和菌类植物为原料烹制成的菜肴。中国素菜是中国菜的一个重要组成部分，其显著特点是以时鲜为主选料考究，技艺精湛，品种繁多，风味别致。中国素菜由寺院素菜，宫廷素菜，民间素菜三种风味组成，寺院素菜又称为斋菜，是专门由香积厨（僧厨）制作，供僧侣和香客食用的菜肴；宫廷素菜，是专门由御厨制作，供帝王斋戒时享用的菜肴；民间素菜；是在继承传统素菜品种的基础上吸收了宫廷和寺院素菜的精华而在民间素菜馆发展而形成的菜肴。

少数民族菜。又称民族风味菜，主要指少数民族食用的风味菜。主要代表有回族菜、朝鲜菜、维吾尔族菜和满族菜和藏族菜等。

（2）外国菜，外国菜主要介绍以下几种。

法国菜。法国农、畜、牧、渔业发达，物产丰富，经济发展起步早，推动了饮食文化和烹饪技艺的迅速发展。法菜选料广泛，加工精细，烹调考究，滋味有浓有淡，品种花样多，烹调技术精细。在火候运用上为急火速烹，菜肴以"半熟鲜嫩"为特点，如烤牛排、烤羊腿的火候只烤到5—6成熟，烤野鸭2—5成熟。在调味上重视用酒和各种原料、大蒜、柠檬等，菜肴注重用沙司汁调味，肉菜要求选配多种蔬菜。法菜在西餐中最著名，影响最大，地位最高，被称为西方文化最亮的明珠。

法式名菜有法式洋葱汤、焗蜗牛、鹅肝冻、红酒山鸡、马赛鱼羹、巴黎龙虾、鸡肝牛排等。法国的各式奶酪也享誉世界。

英国菜。英国人一般不愿把很多钱花在饮食上，而重度假、旅游、娱乐，所以王宫宴会也较简单。一般英国人中午往往只喝一杯饮料加上一份三明治或糕点，晚餐是主餐，早餐丰盛是其一大特色。一般家庭已淡化了这个传统，但饭店仍保留。英国菜式选料多样，口味清淡。选料时多选用肉类、海鲜和蔬菜，烹调上讲究鲜嫩和原汁原味，所以较少用油、调味品和酒。盐、胡椒、酱油、醋、芥末、蕃茄酱等调味品大多放在餐桌上由客人自己选用。

英式名菜主要有薯烩羊肉、烤羊马鞍、鸡丁色拉、烤大虾、冬至布丁等。

美式菜。在英式菜肴基础上发展而成，继承了英菜简单、清淡等习惯，烹调技术大致与英国菜肴相同，有所变更和发展，如铁扒、炙烧、穿膘烤煮等；特点为咸中带甜，常用水果作菜肴的配料，喜用水果和蔬菜作原料来烹制菜肴，如苹果、葡萄、梨、菠萝、桔子、芹菜、蕃茄、生菜、土豆等。

美式名菜主要有蛤蜊浓汤、丁香火腿、圣诞火鸡、苹果色拉等。

俄国菜。俄菜在西餐中影响较大。沙皇俄国时代，上层人士非常崇拜法国，贵族以说法语为荣，饮食、烹饪技术主要学法国，经多年演变，俄地处寒带，需发热量高的食物，形成了特殊风味。选料很广，除畜、禽外，野味、水产均为主要原料，口味油大味浓，菜量大而实惠。最具代表性的为俄罗斯、乌克兰和高加索等地方名菜，俄式许多菜肴是由法国、意大利以及奥匈等国传入，经与本国菜肴融合形成俄式风格。有"英法大菜，俄国小吃"之说。俄国菜式选料广泛，油大味浓，制作简单，简朴实惠。俄式菜喜用鱼、肉、蔬菜作原料，口味以酸、甜、咸、辣为主，喜用酸奶油调味，烹调方法较为简单，肉禽类菜肴要烹制得全熟才食用。

俄式名菜主要有鱼子酱、罗宋汤、串烤羊肉、鱼肉包子、酸黄瓜等。

意大利菜。在罗马帝国时代，意大利曾是欧洲的政治、经济、文化中心，虽然后来进入资本主义发展时期，意大利相对落后了，但就欧洲烹饪来说，意大利是始祖。意菜烹调技术大体上与法国相同，极注重保持原汁原味，特点是汁浓味厚，不喜熟透，一般6—7成熟，红焖、红烩菜较多，烧烤菜较少，调味料用橄榄油、酒类、番茄酱；米面不作主食，以面制品见长，品种丰富多样；意大利馄饨、饺子、肉馅春卷、炒饭、面疙瘩等可看出意菜的中菜影子，意大利面条和烘馅饼（Pizza）驰名世界。

意式名菜主要有铁扒干贝、红焖牛仔肘子、焗馄饨、通心粉蔬菜汤、三色比萨、肉馅春卷、肉末通心粉等。

德国菜。德国菜式丰盛实惠，朴实无华，德式菜喜用灌肠、腌肉制品；口味以咸中带酸、浓而不腻，擅长焖、煮，着重原汁本色；啤酒烹制菜肴有独到之处；配菜常用焖酸菜、土豆面团佐以肉食。烹调方法较为简单，某些原料，如牛肉有时生食。

德式名菜有酸菜咸猪脚、苹果烤鹅、鞑靼牛排等。

日本菜。日本菜按日本人的习惯称为"日本料理"。按照字面的含义来讲，就是把料配好的意思。日本菜颜色清爽，造型独特，口味清淡，喜欢用鲜嫩的蔬菜和肥美的海鲜制成的各式各样的精巧食品，保持着原料天然的色彩，讲究营养的配比。

日本菜分为关东料理与关西料理关东料理以东京料理为主，关西料理以京都料理、大阪料理（也称浪花料理）为主。

韩国菜。韩国人以肉类、鱼类、蔬菜类、海物类等为原料配以传统的调料，再加上多种调理方法，创造出丰富多样的韩国料理。韩国料理比较清淡，少油腻，而且基本上不加味精，蔬菜以生食为主，用凉拌的方式做成，味道的好坏全掌握在厨师的手指中。韩式烤肉以高蛋白，低胆固醇的牛肉为主。韩国料理别有风味，富于特色。"辣"是韩国料理的主要口味。

韩式代表菜主要有泡菜、拌饭、烤五花肉等。

印度菜。印度菜概括而言就是一种"简单食材＋主要调料＋烹饪方式"的组合。而印度菜神奇之处就在于它多种多样的调料。印度人早已在日复一日的烹饪中熟练使用各种繁杂的调料，也正是由此造就了印度菜神秘而丰富的味道。印度菜以咖喱闻名，主要依鱼、肉、菜等不同食物来调和多种香料，既不掩盖食物本身的天然滋味，又有浓郁的香味。咖喱羊肉、酥炸鲜蔬等都是较普遍的印度佳肴。印度菜强调食材新鲜，香料更是现磨的，烹调各种辣度的咖喱，极富层次感；大量拌入椰浆和酸奶，以增加酱汁的浓度与香味，印度菜讲究烧烤，并使用被称为 TANDOOR 的大烤炉，而且要烤成焦黄才罢休。

(3) 中、西面点。

中式糕点。中式糕点指源于我国的点心，简称"中点"，双称为"面点"，它是以各种粮食、畜禽、鱼、虾、蛋、乳、蔬菜、果品等为原料，再配以多种调味品，经过加工而制成的色、香、味、形、质俱佳的各种营养食品。它在饮食形式上呈现出多种多样，既是人们不可缺少的主食，又是人们调剂口味的补充食品（如：糕、团、饼、包、饺、面、粉、粥等）。在我们的日常生活中，面点有作为正餐的米面主食，有作为早餐的早点、茶点，有作为筵席配置的席点，有作为旅游和调剂饮食的糕点、小吃，以及作为喜庆或节日礼物的礼品点心等。

中式面点在制法、口味选料上，形成了不同的风格和浓厚的地方特色，通常分为"南味""北味"两大风格，具体又分为"苏式""广式""京式"。苏式是指长江流域下游地区"苏浙"一带，以江苏为代表，苏式为分"宁沪""苏州""镇扬""淮扬"等流派。广式系指珠江流域及南部沿海地区制作的面点，以广州为代表。京式泛指黄河以北的大部分地区，（包括山东、华北、东北）以北京为代表。

西式糕点。西式糕点简称"西点"，主要指来源于欧美国家的点心。它是以面、糖、油脂、鸡蛋和乳品为原料，辅以干鲜果品和调味料，经过调制成型、装饰等工艺过程而制成的具有一定色、香、味、形、质的营养食品。西点品种较多，甜酥点心（塔、排）和起酥点心是两类主要的西式点心，此外还有巧克斯（哈斗）、饼干、布丁。化学发酵类和蛋白类也属于西点的一种。西点在英文中意思是烘焙食品，所以西点又称之为西式烘焙食品。西方人将糖果点心统称甜点，多数西点是甜点，咸味较少，带咸味的主要有咸面包、三明治、汉堡包、咸酥馅饼。西式糕点按制品加工工艺及坯料性质分类，可分为蛋糕类、混酥类、清酥类、面包类、泡夫类、饼干类、冷冻甜食类、巧克力类等。

2. 食俗常识

食俗即饮食风俗。"民以食为天"，世界各地各民族所处的地理环境，历史进程以及宗教信仰等方面的差异，使他们的饮食习俗也不尽相同，构成了食俗庞大纷繁的体系。食俗一般包括日常食俗、年节食俗、宗教礼祭食俗等内容，经常反映在一些典型食品与就餐习惯中。

（1）中国的传统节日食俗，主要有春节食俗、元宵节食俗、清明节食俗、端午节食俗、重阳节食俗、冬至节食俗和腊八食俗。

春节食俗。春节是中国最重要的传统节日。节日期间，人们有互相拜年、喝年酒、吃年糕、吃饺子等风俗，把最好的肉类、菜类、果类、点心类摆满以宴宾客。人们在春节必食年糕的风俗，起源于春秋战国时期，盛于明代，是我国大江南北共有的民间食俗，寓意"年年高"。饺子也是一种不可缺少的佳肴，过去在除夕之夜子时吃饺子，含有"更岁交子""辞旧迎新"的意思，饺子味道鲜美，被誉为"东方第一美食"。喝年酒是拜年活动的重要组成部分，有请客酒、拜年酒、新婚酒、团拜酒。

元宵节食俗。元宵节是正月十五，是整个农历新年的欢喜结尾。这一天，人们挂灯笼、吃元宵、放鞭炮。元宵的食、饮大都以"团圆"为旨，有园子、汤圆等。元宵是用糯米粉制成的圆形食品，寓意新的一年合家幸福、万事如意，又有元旦完了之意。各地风俗不同造成一些差异：如东北在元宵节爱吃冻果、冻鱼肉，广东的元宵节喜欢"偷"摘生菜，拌以糕饼煮食以求吉祥。

案例 1-6

元宵与汤圆

传说，窃国大盗袁世凯篡夺了辛亥革命成果后，一心想复辟登基当皇帝，又怕人民反对，终日提心吊胆。一天，他听到街上卖元宵的人拉长了嗓子在喊："元——宵。"觉得"元宵"两字谐音"袁消"，有袁世凯被消灭之嫌，联想到自己的命运，于是在1913年元宵节前，下令禁止称"元宵"，只能称"汤圆"或"粉果"。然而，"元宵"两字并没有因他的意志而取消，老百姓不买他的账，照样在民间流传。

清明节食俗。每年公历4月5日前后的清明节，它是我国农历的二十四个节气之一。这时候，我国大部分地区气候转暖，万物欣欣向荣，使人感到格外清新明洁，因而称为清明。主题为寒食与扫墓。清明吃寒食，不动烟火，生吃冷菜、冷粥，如今因生活水平提高，多吃卤菜、盐茶蛋、面包、饮料等。

端午节食俗。端午节是农历五月初五。节日里，民间有赛龙舟、食粽子、饮雄黄酒、放艾草、挂香袋等活动。最主要的节令食品是粽子，有三棱形、方形、枕头形等，流传说是为了纪念屈原，南朝梁人吴均《续齐谐记》载"屈原五月五日投汨罗江而死，楚人哀之，每至此日竹筒贮米，投水祭之。"饮雄黄酒流传说是避虫毒，抗病消灾。

中秋节食俗。中秋节指农历八月十五，此夜月亮又圆又亮，人们合家团聚赏月。吃月饼、瓜果是中秋节最流行的习俗，原为祭月供品，节日美点，现表示团圆美满之意，月饼又称"团圆饼"。明田汝成《西河游览志余．熙朝乐事》："民间以月饼相赠，取团圆之意。"

重阳节食俗。重阳节的月、日恰逢双九，两阳相重，古曰重阳。重阳节要登高、插茱萸、赏菊、饮菊花酒。重阳节也称"敬老节"或"老人节"。在农历的九月九日，故名为重九或重阳。重阳节的食物大都是以奉献老人为主：吃花糕、螃蟹，有些地方还吃羊肉和狗肉；祝福老人，避邪躲灾，祈求健康是重阳节的主题，食俗也围绕这些方面而成一种较为独特的文化体系。

冬至节食俗。冬至节也称"贺冬节"，时在农历的十一月冬至这一天，民间有"冬至大如年"。但各地的庆典方式有异，大都是因为冬至是吉日，所以祭祖庙会。伴随这些活动的食俗为：喝米酒、吃长生面、冬至肉、冬至团、馄饨。南方冬至时一般先扫墓后饮宴。饮宴名目有"献冬至盘"和"分冬至肉"等。北方有"馄饨拜冬"和"羊肉熬头"等。冬至节，北方有"冬至饺子夏至面"之谚，认为冬天寒冷，耗热量多，应多吃营养食品，饺子为冬令佳品，朝鲜族必吃冬至粥。

腊八食俗。腊八，亦称"佛成道节"。腊八日，民间有吃腊八粥之俗，是礼佛食品、民间小吃，也是腊八节的重要礼品。清同治年间湖北《长阳县志》载"用糯米、黏米、绿豆、红豆、黄豆、黑豆、白豆，腊肉剁碎杂煮作粥者，名'腊八粥'"。我国北方一些地方，人们不吃腊八粥，而吃腊八面。

(2) 中国的少数民族节日食俗。我国其他少数民族，在长期的生产、生活实践中也形成了自己独特的饮食习俗。

东北、华北少数民族食俗。蒙古族以畜牧和狩猎为主，他们餐餐离不开奶和肉，爱喝烈酒和砖茶，爱吃羊肉。满族人以游猎、采集和农业为主，过去以高粱米、玉米和小米为主食，现以稻米和面粉为主粮。朝鲜族从事农业生产，喜食米饭、善做米饭，常食用大米面制成的年糕、散状糕等，家宴时要为老人单摆一桌。鄂伦春族以狩猎、林业、农业和捕鱼为生，主食为孢子等，热情好客，尊敬老人。

西北少数民族食俗。回族以小米、玉米、青稞、马铃薯为主食，烹调技术高。维吾尔族以粮食为主，主要有小麦、水稻、高粱、玉米、豆类、薯类等，肉类、蔬菜、瓜果为辅，"羊肉抓饭"是具有民族特色的传统食物。俄罗斯族以面食为主，主要吃面包和各种馅饼，副食有各种蔬菜及猪肉、羊肉、牛肉、牛奶，还有腌制的各种蔬菜，吃饭时用刀、叉、勺，先喝汤后吃菜。塔塔尔族饮食以米、面、肉、奶为主，喜欢吃各种糕点。

中南少数民族食俗。壮族以农业为主，日习三至四餐，喜爱甜食，大米和玉米为主食，肉类主要为猪、羊、鸡等，壮族好客，如有来客，必热情招待。仫佬族喜食酸食和酸品，有柠檬酸、酸木瓜、酸萝卜等。瑶族以农业为主，兼营狩猎，日食三餐，以大米、玉米为主食，爱吃杂食。

西南少数民族食俗。藏族每日餐数不定，以青稞、小麦为主食，其次是玉米和豌豆。纳西族只要从事农业，一日三餐，喜欢喝酒、饮浓茶，爱吃酸、辣、甜味的食品，肉食以猪为主。侗族一般日食四餐,即两茶两饭,以大米为主食,民族食品有醋鱼肉、侗族油茶、烧鱼等。白族主要从事农业,日食三餐,农忙或节庆时则增加早点或午点,平时多以稻、麦为主食,肉食以猪肉为主,吃饭时长辈坐首席,注重重阳节,喜饮酒、茶。

(3) 国外主要食俗

美国和美洲诸国。美国、加拿大、墨西哥、阿根廷、智利等国,大多信仰天主教或基督教,饮食习惯以西餐为主。通常早餐是面包、牛油、牛奶、麦片、鸡蛋之类,午餐多吃三明治、牛奶、咖啡和罐头食品,晚餐最常吃的是牛排和猪排、新鲜蔬菜类。他们一般讲究食品的营养卫生,讲究食品的质量。普遍习惯于吃猪、牛、羊肉和鸡、鸡蛋、蔬菜、水果,喜欢清淡,爱好烤、煎、炸、鲜脆食品,不喜欢蒜味、辣味、酸味食品和调味品,也并不特别喜欢鱼类及山珍海味类。

美洲各国间饮食习惯也有所不同,美国人不爱吃肥肉、红烧和蒸的食物,不喜欢粘骨菜、鸡鸭皮、胶糊状菜,头尾全形菜或奇形怪状的东西,如鸡爪、猪蹄、海参等,不爱吃动物内脏。吃鱼和家禽时,去头、尾、剔骨刺,虾要剥壳,蟹要拆肉。在素菜方面,喜欢吃菜心、豆苗、刀豆和蘑菇之类,比较喜欢中国的广式菜。加拿大人爱吃沙丁鱼和野味,委内瑞拉人喜欢吃鱼、羊、火腿、香蕉、核桃等,古巴、阿根廷人对饮食要求则随便些。

英国。英国菜世界驰名,其特点是清淡少油,量少而精,讲究花样。英国人喜欢喝茶,早起后先喝一杯浓红茶,倒茶前,先往杯中倒入冷牛奶,而且还有喝午茶的习惯,下午4时半的午后茶尤为重要。早餐吃各种麦片、三明治、奶油点心、水波蛋、煮蛋和果汁,妇女爱吃可可。午餐、晚餐习惯吃煮鸡、煮鱼、煮牛肉等,肉类以牛肉、羊肉、鸡鸭为主,猪肉、鱼虾、蛋、野味均可。每餐都要吃水果。口味清淡,不爱辣味食品,爱喝汤。进餐时先喝酒,一般以苏打水加威士忌和红白葡萄酒为主,香槟酒、啤酒也喝。晚餐常喝咖啡,吃烤面包,冬天时爱吃瘦肉,喝浓汤,还爱吃水蒸布丁和奶油蛋糕。

法国。法国的烹调技术和菜肴居欧洲之首,以西餐为主,法国菜是西式菜中最考究的,以美味可口,品种繁多著称。法国菜选料广泛,用料新鲜,烹调讲究,口味喜欢肥嫩、鲜美、浓郁,喜食猪肉、牛肉、羊肉、家禽、香肠、蛋类、鱼虾、蜗牛、牡蛎和新鲜的蔬菜、水果等。法国的干鲜奶酪是世界闻名的,它们是法国人午餐和晚餐常吃的食品。爱喝葡萄酒、啤酒、苹果酒、咖啡、牛奶、红茶和清汤。爱吃酥面点心、蒸点心和布丁,比较重视晚餐。

德国。德国人是一个以肉食为主的民族,午餐以炖、煮肉为主,爱吃猪肉、牛肉、鸡、鸭、野味。除北部沿海地区外,一般不爱吃鱼虾、海味。口味偏酸甜、清淡,不爱吃油腻、过辣的菜肴,喜欢吃蛋糕、甜点心和水果。德国西部以午餐为主餐,早餐一般比较简单,只吃面包、喝咖啡,晚餐习惯吃冷餐。德国东部对早餐较为重视,早餐也吃菜,吃蛋糕和巧克力点心,喝咖啡。德国人还有一个著名特点,爱喝啤酒,德国人喝啤酒世界闻名。

意大利。意大利人喜欢吃面食和米饭,面食既可以当主食,又可以作菜肴。该国菜肴具有味浓、原汁原味的特点。烹调技艺上以炒、煎、炸、红烩、红焖等方法著名。他们喜欢吃海鲜,对我国的粤菜、川菜比较喜欢,但川菜要无辣或微辣。餐后喜欢吃水果或喝酸牛奶。酒是意大利人离不开的饮料,几乎每餐都喝。

俄罗斯。俄罗斯人日常以面包为主食,鱼、肉、禽、蛋和蔬菜为副食。他们喜食牛肉、羊肉，但不太爱吃猪肉。偏爱酸、甜、咸和微辣口味的食品。早餐较简单，吃上几片面包，一杯酸牛奶就可以了。但午餐和晚餐很讲究，他们要吃肉饼、牛排、红烧牛肉、烤羊肉串、烤山鸡、鱼肉丸子、炸马铃薯，红烩的鸡、鱼等。俄罗斯人爱吃中国许多肉类菜肴，对北京的烤鸭很欣赏，但不吃木耳、海蜇、海参之类的食品。俄罗斯人在午餐和晚餐时一定要喝汤，而且要求汤汁浓，如鱼片汤、肉丸汤、鸡汁汤等。凉菜小吃中，俄罗斯人喜欢吃生西红柿、生洋葱、酸黄瓜、酸白菜、酸奶渣以及酸奶油拌沙拉等。他们进餐时吃冷菜时间较长，故招待时不要急于撤盘。

俄罗斯人喝啤酒佐餐，酒量也很大。他们最喜欢喝高度烈性的"伏特加"，对我国产的"二锅头"等白酒也是爱不释手。俄罗斯人在喝红茶时有加糖和柠檬的习惯，通常他们不喝绿茶。酸牛奶、果子汁则是妇女和儿童们喜爱的饮料。

日本。日本人的早餐喜欢吃稀饭，由于受外来影响也喝牛奶，吃面包。午餐、晚餐一般吃米饭，副食以鱼类和蔬菜为主。日本是岛国，海产品多，所以日本人爱吃鱼并且吃法也很多，如蒸、烤、煎、炸等，鱼元汤也是他们喜爱的。吃生鱼片时要配辣味以解腥杀菌。日本人还爱吃面酱、酱菜、紫菜、酸梅等。吃凉菜时，他们喜欢在凉菜上撒上少许芝麻、紫菜末、生姜丝等，起调味点缀作用。他们喜爱我国的广东菜、北京菜、淮扬菜以及不带辣味的四川菜。

韩国。韩国人以米饭为主食，早餐也习惯吃米饭，不吃稀饭。韩国人爱吃辣椒、泡菜，烧烤中要加辣椒、胡椒、大蒜等辛辣的调味品。近年来韩国的烧烤在我国也开始盛行起来。韩国人平时喜食香干绿豆芽、肉丝炒蛋、肉末线粉、干烧鳜鱼、辣子鸡丁、四季火锅等菜肴。对他们来说，汤也是每餐必不可少的，有时汤中要放猪肉、牛肉、狗肉、鸡肉烧煮，有时也简单地倒些酱油，加点豆芽即成。韩国人最爱吃的是"炖汤"，这是用辣椒酱配以豆腐、鱼片、泡菜或其他肉类和蔬菜加水煮制的。此外，他们也爱吃醋调成的生拌凉菜。但不喜爱吃带甜酸味的热炒菜肴。现在，韩国人的生活水平提高了，许多年轻人偏爱西餐。韩国人在用餐时很讲究礼节，用餐时不能随便出声，不可边吃边谈，如不注意这一小节，往往会被别人看不起，引起反感。

中东、北非地区。这些国家的人多信伊斯兰教，也有的信仰基督教等。他们以西餐为主，爱吃牛肉、羊肉、鸡、蛋等食品，蔬菜类爱吃西红柿、黄瓜、洋葱、土豆等。习惯吃煎、烤、炸制的菜，不爱红烩带汁的菜，菜要热透，略有生味就不吃。爱吃中国粤菜、京菜和川菜等，水果则爱吃香蕉、桃、西瓜。爱喝咖啡、茶、酸奶、果汁、冷开水，酒类则只喝少量的啤酒，不喝其他酒。

东南亚各国。东南亚的饮食文化深受西方的影响，但也保持了自己独特的饮食文化。东南亚菜肴多取以天然可食植物为原料，烹调出色、香、味型具佳的菜系。如越南菜则有美容保健菜肴之美称。新马泰、印尼等国菜肴则多配以当地盛产的丰富的椰子、香茅、肉桂、豆蔻、丁香等香料植物为配料，使其菜肴色味浓郁，风味独特。

本 章 小 结

随着社会经济的不断发展，人们的收入逐渐增加，人们的生活水平不断地提高，价值观也随之变化，人们对餐饮的要求越来越高。现代餐饮发展越来越快，竞争也越来越激烈，餐饮从业人员必须了解餐饮业的基本理论和知识，才能在竞争中处于优势。本章围绕餐饮业的发展概况、餐饮业的构成、餐饮业的

1 餐饮概述

特点及餐饮业的发展情况、餐厅及餐饮产品等方面进行论述，具体叙述了餐饮业的概念、餐饮业的特征、餐饮业在国民经济中的地位，介绍国内外餐饮业的起源与发展，并指出我国餐饮业发展未来发展的方向，介绍了餐厅的内涵、餐厅产品的构成内容及餐厅服务项目、餐厅的种类等相关知识，同时还介绍了中外菜肴、酒水以及传统的食俗知识，为从事餐饮行业工作的管理人员和服务人员提供一定的理论基础。

思考与练习

一、判断题

(1) 街边的摆摊小吃不属于现代餐饮业。（　）
(2) 与其他产业相比，餐饮业具有投资少，产出高，增长快，贡献大的特点。（　）
(3) 早在中国的夏商周时期，中国的餐饮就出现了餐饮礼仪活动。（　）
(4) 古罗马人创造了西餐的雏形。（　）
(5) 餐饮市场的两极化主要是指餐饮市场的高档化和餐饮市场的低档化。（　）
(6) 餐饮产品的生产、销售、消费过程几乎是同步的。（　）
(7) 中国近代时期段的餐饮发展的主要特点是中餐为主，西餐为辅，烹饪手段精细，经营手段落后。（　）
(8) 中国、法国和意大利并称为"世界三大烹饪王国"。（　）
(9) 现代餐厅的主题形式多种多样。（　）
(10) 绿色餐厅的主要特征是环境好。（　）
(11) 餐厅服务项目包括普通服务项目和特殊服务项目。（　）
(12) 风味餐厅就是专营某类菜肴的餐厅。（　）

二、选择题

(1) 以下哪些_____属于餐饮产品。
A. 餐厅环境　　　B. 餐厅菜肴　　　C. 餐厅声誉　　　D. 餐厅服务。
(2) 客户送餐部通常是餐饮部下属的一个独立部门，一般提供不少于_____小时的服务。
A. 10　　　　　　B. 16　　　　　　C. 18　　　　　　D. 24
(3) 餐厅的特殊服务项目主要有_____。
A. 客房送餐服务　B. 会议服务　　　C. 主题庆祝活动　D. 外卖服务
(4) 人类生存的饮食需求是一致的，各民族的饮食传统和习惯_____。
A. 完全不同　　　B. 完全一致　　　C. 不尽一致　　　D. 大体一致。
(5) 餐饮业的双重特性表现在_____。
A. 商品消费　　　B. 服务消费　　　C. 超前消费　　　D. 滞后消费

三、简答题

1. 简餐饮业的特征？
2. 简述餐饮业在国民经济中的地位？
3. 餐饮产品的构成有哪些？
4. 概述中国现代餐饮业的发展经历了几个阶段及各阶段的发展特点？

四、论述题

论述餐饮业的发展趋势有哪些？

五、实训任务

调查当地餐饮业的发展情况，并形成调查报告。

六、案例分析

小李是某餐厅的服务员，平日里不苟言笑，非常严肃，招待客人时往往也是一副冷冰冰的样子。尽管主管要求"微笑服务"，小李也常常难挤出一点笑容给客人。

有一天，年轻的张先生约了几位朋友到这家餐厅小聚，招待他们的正是服务员小李。张先生本是这里的常客，酒过三巡之后，借着酒兴开始与小李搭腔起来。

"这位小姐长得真漂亮！"张先生笑着对几位朋友赞道。小李听见了，但脸上毫无表情。

"试问小姐尊姓大名呀？"张先生笑着问。

"我叫李小兰。"

"看你一定很年轻。今年多大了？"又有一个人笑着问她。小李没吭声。

"小姐是哪里人？我猜你可能是湖南人吧？听口音有点儿像。"

"你们是在查户口呀！"小李显得有点不耐烦了，但并没有发作出来。

这时张先生又发话了："李小姐，说起来我们很可能五百年前是一家呢！不过，我来过餐厅这么多次，却很少看见你笑过。我想，你笑起来更好看了。"没等张先生说完，小李就开始生气了："笑不笑是我自己的事，与你有何相干？我们这是卖饭菜的，不是卖笑的。"此言一出，搞得张先生和他的几位朋友非常尴尬，他们万万没有想到，一番玩笑式的闲聊竟会引得小李大动肝火，而且说出这样"伤人"之语。张先生感到很没趣，认为自己在朋友面前很丢子。幸好他是一个比较有素质、幽雅之人，没再和小李计较，起身迅速结账后踏步走出餐厅，从此再也没有回过头。

作为一名酒店管理者，请结合案例进行分析其中存在的问题以及处理办法。

2 组织机构设置与人员配备

问题引入

1. 餐厅有哪些工作岗位？
2. 餐厅工作人员的数量是怎么配备的？
3. 做一名合格的餐饮从业人员的基本要求有哪些？

内容导读

由于社会发展，经济繁荣，国民收入大幅提高，人们对饮食的需求从过去重"量"，演变成今日追求享受的重"质"，使得整个餐饮市场发生相当大的改变，餐饮管理者面临着激烈的竞争，必须未雨绸缪才能适应这个时代的潮流。因此欧美先进国家的餐饮业在营运管理上精益求精，不断创新，在内部组织上力求企业化、系统化，使其在既定目标下共同努力发挥集体效能，以适应当今激烈的竞争环境。同时，由于饭店的规模大小不一、经营思路不同等因素，餐饮部组织机构的形态也不尽相同，学生应灵活运用本章组织构建原则，熟悉餐饮部各岗位的职责分工，同时掌握各岗位的员工素质要求，为以后的职业生涯发展打好基础。

学习任务

1. 了解不同规模的酒店餐饮组织机构设置的基本类型
2. 了解餐饮部门的员工分工
3. 理解掌握餐厅各岗位的职责
4. 根据餐饮组织机构设置的基本原则，尝试设计餐厅组织结构图

餐饮经营与管理

开篇案例

培养服务角色意识

这是几位训练有素的餐厅服务员,客人进门,主动招呼,热情接待,殷勤服务,客人都很满意。一天,有两桌宴请,到场的都是家喻户晓的影视明星。席间,旁桌客人们起哄,而明星们也有意为整个餐厅助兴,开始表演节目,唱卡拉OK。服务员们开始走神了,明星们精湛的表演把餐厅里所有的人(包括服务员)的目光全都吸引过去了,大家都陶醉其中。

一位客人的餐巾掉在地上,旁边的人移脚踩上……

一位客人举手示意,要求加一杯饮料……

又有一位客人招手,还有两道菜没上来……

门口又有两位客人进餐厅,没有迎接引位……服务员忘记了她们的服务角色,竟变成了"观众",心安理得地欣赏地起来表演来了。

实际上恰恰相反,在服务的"舞台"上,任何员工都是"演员"角色,把自己的优质服务淋漓尽致地"表演"给客人看,所有的客人就是我的"观众"。通过你的"表演"给客人得到享受,用你的感情去激发客人的共鸣。在酒店的"大舞台"上,一投入工作,就应该忘记一切与服务无关的思想、情绪和活动。

一位客人餐巾落地,旁边的人移脚踩上。她马上走上前去,说声"对不起",捡起餐巾,立刻换上一块干净的……

一位客人举手要加饮料,她马上拿起柜上的大瓶"雪碧",给客人斟加。

又一位客人招手,还有两道菜未上齐,她马上跑进厨房去催。

门口又有两位客人进餐,她立刻迎上前去招呼,并介绍说:"今天你们赶巧了,刚好影视明星在这里荟萃,你们可以既用餐,又欣赏,机会难得。"

一个小孩跌倒在地,她奔上去抱起小孩,边哄边唱,孩子破涕为笑。已是子夜时分,客人散尽,小孟疲惫地倒在椅子上,但脸上露出欣慰的笑容。

带你走进今日课堂

餐饮企业的顺利运营有赖于内部高效的组织机构、人才的合理利用和健全的规章制度。在我国大中型的餐饮企业中,组织机构又有行政(管理)组织和业务组织两类。本章主要介绍餐饮企业以及酒店餐饮部的业务组织机构和员工编制,涉及组织机构设置的原则、影响因素、主要类型等。

2.1 餐饮组织结构设置

2.1.1 餐饮组织结构设置的基本原则

餐饮组织机构的设置要为企业的经营服务根据业务需要合理设置,从而产生最佳效益。因此,应在组织结构设置中遵循以下四大原则:

1. 因需设岗

为了企业的效益,餐饮组织结构的设置应根据业务开展的需要,量体裁衣,因需设岗，不能一味的求大，求全，求高星级，要根据组织长期的发展目标设定适合自己的结构。

2．精简高效

精简高效是餐饮组织机构设置的重要原则。精简的组织结构设置就是要用最少的人力去完成任务，从而达到以最短的时间，最低的成本取得最高的效益之目的。精简高效的组织结构可以使企业内部分工得当，每位员工的工作量充足，工作效率提高。精简的组织结构使得企业内部信息沟通及时，信息反馈迅速，工作效率提高，并有效的降低了企业的运营成本。

3．统一指挥

整个组织机构是一个统一的整体，只有各个部门，各个环节目标一致，统一领导才可确保信息不会重复传递，指令内容下达不一致，多头指挥的现象。统一指挥的原则就是要求餐厅的每一位下属仅有一个直接上级的领导，上下级之间指挥链条清晰明确。如果一位员工有多个上级领导，将会使员工无法顺利完成工作，从而影响组织目标的实现。

4．权责一致

权责一致指的是餐饮组织中各级管理人员，责任明确，并且其有足够的权力保证任务顺利完成。有权必有责，有责必有权，责任是权力的基础，权力是责任的保证。

2.1.2 餐饮组织结构设置的影响因素

餐饮部门组织机构的设置受多种因素和条件的制约和影响，一般来说，这些影响归纳起来有以下两个方面：

1．餐厅的类别、档次和经营规模

餐厅的档次越高、规模越大，则产品的制作和服务要求就越高，其生产制作的专业化精细程度就越高，管理的组织层次就越多，相关部门和机构设置就越多。餐厅的类别决定其生产产品的制作工艺和流程。一般来说，中餐的制作较为复杂和繁琐，牵涉的工序较多，其组织设置也相应复杂。西餐的制作一般标准化程度较高，涉及的生产流程相对简单有序，因此与之相配备的机构设置也相对精简。

2．餐厅的市场经营状况

餐厅的市场经营前景越光明、盈利越多，餐厅的客源就越多，所需的从业人员也越多，其管理层次和组织机构设置也越多。普遍来讲，当餐饮业处于良性运作的市场环境时，各餐饮企业的就餐客源丰富，餐厅的餐位周转率大大提升，企业用人量也相应大幅增加，其机构设置也随之复杂；反之，当市场运营情况艰难时，企业的就餐客源就会大幅回落，餐厅门可罗雀，大量员工闲置，企业被迫裁员，组织层次和机构设置规模缩减。

2.1.3 餐饮组织各部门的职能介绍

餐饮组织机构，因酒店规模的大小和各餐饮部门本身职能的不同而形式各异。各餐饮组织应根据自身的特殊情况和经营任务，来设计餐饮组织的管理层次和管理幅度，目的是保证该组织目标的实现。

大型酒店餐厅数量较多，中西餐、宴会、酒吧、客房送餐等各类餐饮业务齐全，厨房与各种类型的餐厅配套，内部分工十分细致，组织机构专业化程度高。大型饭店餐饮组织结构如图2-1所示。中型饭店虽然经营规模要小于大型饭店，但由于其类型相对齐全，厨房与所从属餐厅配套，内部分工仍然较为细致，其餐饮组织机构设置也相对全面和复杂。小型饭店的餐饮组织结构比较简单，分工不用太细，一般有主厨，餐厅主管，清洁主管等。

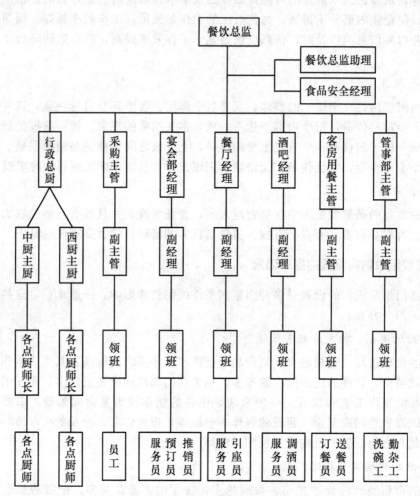

图2-1 大型饭店餐饮组织结构图

1. 餐厅部

按照规定的标准和规格程序，用娴熟的服务技能、热情的服务态度，为宾客提供餐饮服务，从而保证宾客的饮食需求。推销餐饮产品，扩大销售，正确计算和收取价款，保证经济效益的实现。加强对餐饮财产和物品的管理，控制费用开支，降低经营成本。及时检查餐厅设备的使用情况，做好维修保养、餐厅安全和防火等工作。

2. 宴会部

大型酒店通常设有宽敞的宴会厅，为客人提供理想的活动场所，并附有现代化的灯光、音响、视听、甚至多种语言的同步翻译等设备。宴会厅接受宾客的委托，组织各种类型的宴会、酒会、招待会等活动，并根据宾客的需要制定菜单、布置会场、备餐铺台，同时为宾客提供完整的宴会服务。

3. 厨房部

厨房部是酒店餐饮机构的主要生产部门，负责整个酒店中所有中式、西式菜点的准备与烹制，其目标是烹制出各种美味可口的菜点来满足不同宾客的需求。它还负责厨师的培训、菜点的创新、食品原料采购计划的制订及餐饮成本的控制等工作。

4. 采购部

采购部是餐饮部的物资供应部门，它根据酒店经营饮食的品种与特色，及时了解和掌握市场信息与行情变化，适时、适量、适度、适价地为餐饮部组织货源，并采购饮料、食品原料及其他物品。采购部还要分类入库储存、妥善保管，及时发放，保证餐饮部的正常经营。

5. 管事部

管事部主要负责厨房、餐厅、酒吧等处的清洁卫生及所有餐具、器皿的洗涤、消毒、存放、保管和控制，将餐饮部所需换洗的布草及时送交洗涤部门清洗。此外，还要支援各餐饮部门的临时需求，并负责培训和提高清洁工的业务技能。

2.2 餐饮组织的人员配置

2.2.1 餐饮组织的人员配备原则与影响因素

1. 餐饮组织的人员配备原则

（1）人尽其用。人是最富贵的，人力资源也像其他资源一样是有价值的，所以应该珍惜人力资源，让它得到最大效率的应用。但是人力资源又不完全等同于物，物多了只会占用资金，造成积压；而人多了不仅消耗资金，还容易生出事端，造成内耗。所以，餐厅定编定要让人尽其用，减少不必要的内耗。

（2）合情合理。根据餐厅的具体情况比如规模大小，等级高低，设施设备齐全程度，餐厅的现代化水平高低，量体裁衣，参照科学的理论，制订人员编制，才能保证每个员工得到合理的工作量。假如一个传统的吧台需要3个收银员，你购置一台收银机，可能一个人就能胜任。一个中等规模、经营良好的餐厅需要5个洗碗工，如果使用洗碗机，或许3个人足矣。所以，餐厅要尽可能地使用现代化设备。

（3）平衡比例。根据本餐厅的具体情况对前台服务人员与后台服务人员的比例，服务人员与行政人员以及其他工作人员的比例进行调控，将有利于餐厅工作的正常进行。餐厅应该尽量增大服务员的比例，缩减行政人员与其他工作人员的比例，使服务员的人数与服务需求的数量保持平衡。

2. 餐饮组织的人员配备的影响因素

对餐饮人员进行合理编制可以优化员工结构，弹性安排人力，降低劳动力消耗，充分调动员工的积极性，并且直接影响到餐饮生产效率，服务质量。因此在编制时应着力考虑以下影响因素：

（1）餐厅档次及座位量。餐厅档次的高低直接影响到分工的疏密，档次越高，所需座位数量越多，服务要求越高，服务细化程度越强，用人也就越多；反之，餐厅的档次越低，座位数有限，服务要求也就不是特别高，用人就可以相应减少。

（2）市场环境。餐厅有较高的社会知名度和美誉度，用餐的客人多，服务员的劳动量大，看管的座位量减少，餐厅服务人员数量就需要增加。反之，人员就可以相对减少。

（3）员工素质。员工素质的高低直接影响到餐饮服务水平和客人对餐厅的满意度。同时也影响着餐饮人员的编制。服务技能熟练，服务方法得当，服务效率就高，接待客人的数量就多；反之，服务技法生涩，服务效率就低，单位时间内接待客人的数量就有限从而也影响到了餐饮企业的整体效率形象。

（4）厨房生产力水平。炉灶的数量决定着厨房的生产能力，厨房的生产能力本身也受餐厅的接待量影响，餐厅的接待量大，厨房的生产能力就要高，所需炉灶的数量越多，相应厨房的用人量也应增加。

（5）班次安排。餐饮企业中员工一般执行两班制，即早晚班或中晚班，如果餐厅是24小时营业就必然增加班次，同时也增加了人员的配备。

（6）餐饮经营的季节性。餐饮经营有淡季和旺季，人员配备时应适时、适量，旺季时人员不足可以适当招聘短期工，淡季时可以组织员工培训或休假。

2.2.2 餐饮组织的人员要求与主要岗位职责

1. 餐饮组织的人员素质要求

（1）思想素质。思想素质包括职业素质、服务意识和组织纪律。

① 职业道德。服务员职业道德是服务人员在劳动过程中产生和发展起来的，它是服务人员处理和调节服务活动中人与人之间关系的特殊道德要求，因为它与服务活动的特点紧密相连，因而，有着与其他职业道德不同的特点。服务人员的职业道德主要有以下内容：

热情友好，宾客至上。服务部门是直接面客的经营部门，服务态度的好坏直接影响到餐厅的服务质量。热情友好是餐厅真诚欢迎客人的直接体现，是服务人员爱岗敬业、精技乐业的直接反映。

真诚公道，信誉第一。诚实守信是经营活动的第一要素，是服务人员首要的行为准则。它是调节顾客与酒店之间、顾客与服务人员之间和谐关系的杠杆。只有兼顾酒店利益、顾客利益和服务人员利益三者之间的关系，才能获得顾客的信赖。

文明礼貌，优质服务。文明礼貌、优质服务是餐饮行业主要的道德规范和业务要求，是餐厅职业道德一个显著的特点。

安全卫生，出品优良。安全卫生是酒店提供服务的基本要求，我们必须本着对顾客高度负责的态度，认真做好安全防范工作，杜绝食品卫生隐患，保证顾客的人身安全。另外，良好的出品质量是我们为顾客提供优质服务的前提和基础，也是服务人员职业道德的基本诉求。

团结协作，顾全大局。团结协作、顾全大局是餐厅经营管理成功的重要保证，是处理同事之间、岗位之间、部门之间、上下级之间以及局部利益与整体。

遵纪守法，廉洁奉公。遵纪守法、廉洁奉公是服务人员正确处理个人与集体、个人与国家关系的行为准则，既是国家法律法规的强制要求，又是职业道德规范的要求。

2 组织机构设置与人员配备

② 服务意识。服务意识是指饭店全体员工在与一切饭店利益相关的人或组织的交往中所体现的为其提供热情、周到、主动的服务的欲望和意识。它不仅表现在酒店内，也表现在酒店外；不仅表现在工作时间内，也表现在工作时间外。酒店员工有什么样的服务意识，就有什么样的服务。有好的服务意识，当然提供的就是优质的服务，而差的服务意识，当然提供的就是劣质的服务。因此，服务意识关系着服务水准、服务质量。酒店若要使自己立于常胜之地，就必须培植良好的服务意识。

宾客至上的意识。这里强调的是顾客永远是对的；消费者非常满意才是服务的最终目的。要有全员营销意识。这就要求做好本职工作即是营销；利用工作机会向客人推荐饭店产品；不只推荐本部门的产品；员工应了解饭店产品的信息。要有强烈的质量意识。餐饮服务质量是竞争中非常关键的一个方面。质量标准只是基础要求，每位员工都应在标准的基础上追求卓越，将简单的工作做出色。只生产合格产品。热爱服务工作，以服务客人为荣。眼观六路，耳观八方，随时准备应接客人可能会来的需求信息。尽量记住客人的姓名各职务，便于以后打招呼。认真倾听，热情回答客人所提出的问题，注意实行"女士优先"的原则。坚持站立服务。工作中与客人发生不愉快或遇其他事情，不应与客人争辩，应婉言解释或报上级处理。上下班走员工通道。广范了解和严格尊重客人的风俗习惯，使之有宾至如归各他乡遇故知的感觉。

③ 组织纪律。餐饮服务人员的组织纪律是使整个餐厅服务流程畅通，做到优质，高效服务的重要保证。让要体现在：

遵守国家法纪，严守国家机密。严格遵守餐厅各项规章制度，注意"守时"。服从领导，听从指挥。工作时间佩带好工号牌。工作场所禁止吸烟，上岗时严禁吃异味的食物，上岗时不做一切不文明的小动作。工作时间不得擅自离岗办私事。切记对客人品头论足，更不得在客人背后挤眉弄眼。不得探听客人谈话，遵重客人的隐私权。不得以工作之便与客人拉拢私人关系而谋取私权。不乱拿公物，不浪费公物。未经客人同意，不能随意移动其物品，或逗抱其小孩，以免引起客人误会或不悦。交班时应将未完成的工作和特别事项交待清楚。下班后，不得在餐厅内逗留。

（2）业务素质。业务素质包括仪容、仪表、仪态，微笑服务，语言艺术，服务相关知识，应变能力，推销艺术等。

① 仪容、仪表、仪态，包括头部、面部、手部、着装及装饰、站立姿态和行走姿态。

头部。勤洗发，理发；梳理整齐，无头皮屑、无杂物，不染发、不烫发、不留怪异发型。发型前不遮眼，侧不扣耳，后不过领。前面留海不过眉毛，后不过肩，不留披肩发。发饰颜色为黑色或与头发本色近似。

面部。脸颈及耳朵绝对干净，不留胡须，鼻毛不准出鼻孔，口齿无异味。脸颈及耳朵绝对干净，上岗之前着淡妆（淡雅自然），不浓妆艳抹，口齿无异味。

手部。指甲要修好，不留长指甲，保持干净、勤洗手。女员工不能涂有色指甲油、不留长指甲、保持干净、勤洗手。

着装及装饰。着统一的岗位工作服，佩戴相应的领带、领结、领花或者丝带，工作服要干净、平整、无垢尘、无脱线、纽扣齐全扣好，不可衣冠不整，工号牌要佩戴在左胸前，不得歪斜；不要将衣袖、裤子卷起；衣袋里不能装任何物品，特别是上衣口袋领子、袖口要干净。内衣不能外露。着黑色皮鞋，表面锃亮、无灰尘、无破损、着黑色袜子 着黑色皮鞋或布鞋，表面干净，着肉色连裤袜，不挂边、不破损、不滑丝。不能佩戴首饰（项链、耳环、手镯及夸张的头饰），只允许佩戴手表。名牌饰品、婚戒，特别是佩戴豪华昂贵的首饰显得比客人更富有，以免伤害客人自尊。修饰避人。公共场所需整理仪表时，要到卫生间或工作间等客人看不到的地方，不要当客人的面或在公共场所整理。

站立姿态。立正站好，脚跟相靠，脚尖开度30度；双脚分开，脚尖与肩同宽，以20cm左右为宜；双腿并拢立直、挺胸、收腹、梗颈、提臀；身体重心应在两腿，双肩放平，自然放松；双臂放松、自然下垂于体侧或双手放在腹前、背后交叉；双目平视前方，下额微收，嘴微闭面带微笑；站立时间长太累时，可变化为稍息的姿式。

行走姿态。身体正直抬头，眼睛平视，面带微笑，手指弯曲，双臂自然摆动，摆动幅度35公分左右；行走时重心稍向前倾，落在脚掌的前部；行走路线选择直线，不能走出两条平行线，保持合适的步幅和步速；步速为1分钟为单位，男服务员110步左右，女服务员120步左右，较好的步速反映出服务员主动积极的工作态度，是客人乐意看到的；男服务员的步幅40cm左右为宜，女服务员的步幅30cm左右，如步幅和步速过大会给客人一种蹿的感觉。

② 微笑服务。对服务来说，微笑不是目的，只是手段。服务仅有微笑是不够的，而更重要的是要使服务发自内心，真诚地为客人服务。在实践中，只要服务是发自内心的，即使不微笑，客人也能够感觉出来，并形成良好的印象。相反，如果服务员的微笑不是发自内心，而只是在应付客人，甚至是皮笑肉不笑，那对服务是毫无意义的。

微笑服务，从心开始，是文明优质服务的具体体现。正如一位哲人所说："微笑，它不花费什么，但却创造了许多成果。它丰富了那些接受的人，而又不使给予的人变得贫瘠。"

> **案例 2-1**
>
> 谈到微笑服务促进服务事业的发展，没有什么比美国的希尔顿饭店更为成功的了。当年轻气盛的康纳·希尔顿已经拥有5100万美元的时候，他得意扬扬地向他的母亲报捷，老太太对儿子的现有成绩不以为然，但却语重心长地提出了一条建议："事实上你必须把握住比5100万美元更值钱的东西。除了对顾客诚实以外，还要想办法使每一个住进希尔顿饭店的人住过了还想再来。你要想出一种简单、容易、不花本钱而行之久远的办法去吸引顾客，这样你的饭店才有前途。"希尔顿冥思苦想了很久，才终于悟出了母亲所指的那种办法是什么，那就是微笑服务。从此以后，"希尔顿饭店服务员脸上的微笑永远是属于旅客的阳光。"在这条高于一切的经营方针指引下，希尔顿饭店在不到90年的时间里，从一家饭店扩展到目前的210多家，遍布世界五大洲的各大城市，年利润高达数亿美元。资金则由起家时的5000美元发展到几百亿美元。老希尔顿生前最快乐的事情莫过于乘飞机到世界各国的希尔顿连锁饭店视察工作。但是所有的雇员都知道，他问讯你的第一句话总是那句名言："你今天对客人微笑了没有？"

③ 语言艺术。古语有云"良言一句暖三分，恶语伤人六月寒"，讲究语言的艺术对于人际交往的顺利开展具有至关重要的影响。特别是在酒店业中，服务员在日常工作中需要开展一系列的对客服务，把握好服务语言的运用，不仅能让顾客感受到酒店服务的

2 组织机构设置与人员配备

专业性和细致性,还在最大程度上增强顾客需求上的满足感,使其感受到额外的超值服务。在由于客观的原因而给顾客造成不便、使其不满时,优美文雅的艺术性语言也能化干戈为玉帛,给顾客带来一种受重视、获尊重的感觉,从而使酒店重获顾客的理解和支持。可以说,高超的语言艺术的运用,不仅能融洽服务员与顾客之间的关系,也能体现酒店高瞻的服务水准和深厚的文化底蕴;不仅在细节上决定着酒店对客服务的成败,也在整体上决定了酒店的档次和所属的层次。酒店服务语言的基本要求如下:

恰到好处,点到为止。服务人员在服务时只要清楚、亲切、准确地表达出自己的意思即可,不宜多说话。主要的是启发顾客多说话,让他们能在这里得到尊重,得到放松,释放自己心理的压力,尽可能地表达自己消费的意愿和对餐厅的意见。

有声服务。没有声音的服务,是缺乏热情与没有魅力的。服务过程中不能只有鞠躬、点头,没有问候,只有手势,没有语言的配合。

轻声服务。传统服务是吆喝服务、唱收唱付,现代服务则讲究轻声服务,为客人保留一片宁静的天地,要求三轻(即说话轻、走路轻、操作轻)。

清楚服务。一些服务人员往往由于腼腆,或者普通话说得不好,在服务过程中不能向客人提供清楚明了的服务,造成了客人的不满。特别是报菜名,经常使顾客听得一头雾水,不得不再问。由此妨碍主客之间的沟通,耽误正常的工作。

常用酒店基本服务用语。欢迎语:欢迎您来我们酒店(饭店)、欢迎光临。问候语:您好、早安、午安、早、早上好、下午好、晚上好。应答语:是的、好的、我明白了、谢谢您的好意、不要客气、没关系、这是我应该做的。称呼语:小姐、夫人、太太、先生、女士、大姐、阿姨等。征询语:请问您有什么事吗、我能为您做什么吗、需要我帮您做什么吗、您还有别的事吗、您喜欢(需要、能够……)、请您……好吗等。道歉语:对不起、请原谅、打扰您了、失礼了。道谢语:谢谢、非常感谢。祝贺语:恭喜、祝您节日快乐、祝您圣诞(新年、生日、新婚)快乐等。告别语:再见、晚安、明天见、祝您旅途愉快、祝您一路平安、欢迎您下次再来。

服务相关知识。酒店服务知识涉及到很多方面。服务部门共同的基础服务知识大致有语言知识、社交知识、旅游知识、法律知识、心理学知识、服务技术知识、商业知识、民俗学知识、管理经营知识、生活常识等。

知识链接 2-1

员工应熟悉酒店的基本情况

(1)必须熟悉酒店的行政隶属、发展简史、主要大事记、星级及现在的经营特色。

(2)必须熟悉酒店附近的几个主要车站的站名,有哪些车经过,主要通往市内何处,经过哪些主要地方,酒店距火车站、飞机场、码头的距离及交通方法。

(3)必须熟悉酒店内各营业场所的分布及主要功能。

(4)必须熟悉酒店内服务设施的状况,服务项目的特色,营业场所的位置、营业时间和联系电话。

(5)必须熟悉酒店总经理、副总经理和其他高层管理人员的姓名。

(6) 必须熟悉酒店各部门的主要职能、工作范围、经理姓名、办公室位置、电话,有哪些主要下属部门及各下属部门的主要工作。

(7) 必须熟悉酒店的企业理念、质量方针,并理解其含义。

(8) 必须熟悉酒店的店旗、店徽。

(9) 必须了解本岗位工作的有关规定、标准、要求。对所使用的工具、机械要做到"三知"、"三会",即知原理、知性能、知用途,会使用、会简单维修、会日常保养。对工作中要使用的各类用品、原料,要熟悉其性能、规格、用途及使用的注意事项。

⑤ 应变能力。由于餐厅服务工作大都由员工通过手工劳动完成,而且宾客的需求多变,所以,在服务过程中难免会出现一些突发事件,如宾客投诉、员工操作不当、宾客醉酒闹事、停电等,这就要求餐厅服务人员必须具有灵活的应变能力,遇事冷静,及时应变,妥善处理,充分体现饭店"宾客至上"的服务宗旨,尽量满足宾客的需求。

案例2-2

对不起,这是餐厅的规定

某天,一位顾客到冷锅鱼餐厅就餐。按照服务流程与餐厅规定在上锅底前每个上一份特制的小碟料。客人见到就说:"对不起,我是专程来品尝冷锅鱼的,我不要小料碟。""这个么,这是我们店的规矩,吃冷锅鱼要沾小料碟。"服务员如是回答。"这样也太可笑了吧?为什么会是这样的。"客人轻蔑地说。

一个一流的服务员,一般不会当着顾客的面回答说:"因为这是我们店的规矩。"类似的回答容易造成顾客不愉快情绪的产生。出现这样的回答,主要是因为服务员对自己所做的工作的意义还未弄懂,对"为什么要做这项服务"还不明白。没有必要的应变能力。为什么要给来吃冷锅鱼的顾客上小料碟呢?假如,你这样回答:"我们的小料碟是用多种密制原料配制而成,您在食用冷锅鱼时配上我们专用的小料碟,会更能突出与表现冷锅鱼的特色。"客人可能会更容易接受。

⑥ 推销艺术。餐饮产品的生产、销售及宾客消费几乎是同步进行的,且具有无形性的特点,所以要求餐厅服务人员必须根据客人的爱好、习惯及消费能力灵活推销,以尽力提高宾客的消费水平,从而提高餐饮部的经济效益。推销是餐饮服务工作中重要的一环,能熟练掌握并运用推销技巧,对于餐饮销售可收到积极的效果。因此,灵活运用以下几种推销技巧非常重要。

用餐者的身份及用餐性质,进行有重点的推销。一般来说,家庭宴席讲究实惠的同时也要吃些特色,这时,服务员就应把经济实惠的大众菜和富有本店特色的菜介绍给客人。客人既能吃饱、吃好,又能品尝独特风味,达到了在大饭店就餐既排场又实惠的目的。而对于谈生意的客人,服务员则要掌握客人摆阔气,讲排场的心理,无论推销酒水、饮料、食品都要讲究高档,这样既显示了就餐者的身份又显示了其经济实力。同时,服务员还要为其提供热情周到的服务,使客人感到自己受到重视,在这里吃的很有面子。

2 组织机构设置与人员配备

选准推销目标。在为客人服务时要留意客人的言行举止。一般外向型的客人是服务员推销产品的目标。另外，若接待有老者参加的宴席，则应考虑到老人一般很节俭，不喜欢铺张而不宜直接向老人进行推销，要选择健谈的客人为推销对象，并且以能够让老者听得到的声音来推销，这么一来，无论是老人还是其他客人都容易接受服务员的推销建议，有利于推销成功。

运用语言技巧，达到推销目的。语言是一种艺术，不同的语气，不同的表达方式会收到不同的效果。例如，服务人员向客人推销饮料时，可以有以下几种不同的询问方式，一问："先生，您用饮料吗？"二问："先生，您用什么饮料？"三问："先生，您是用白酒、红酒、啤酒、饮料、还是喝什么茶？"很显然第三种问法为客人提供了几种不同的选择，客人很容易在服务的诱导下选择其中一种。可见，第三种推销语言更利于成功推销。因此，运用语言技巧，可以大大提高推销效率。

（3）身体素质。良好的身体素质是做好饭店服务工作的基础保证。餐饮服务工作的劳动强度较大，"日行百里不出门"，有健康的体魄才能胜任此项工作。

① 健康的体魄。餐饮从业人员必须身体健康，定期体检，取得卫生防疫部门核发的健康证，如患有不适宜从事餐厅服务工作的疾病，应调离岗位。

② 个人卫生。

体检。《食品卫生法》第二十六条明确规定：食品生产经营人员每年必须进行健康检查；新参加工作和临时参加工作的食品生产经营人员必须进行健康检查，取得健康证明后方可参加工作。这样，通过检查可以及早发现疾病，便于及时治疗和早日恢复健康。一方面可以避免本人受疾病的折磨，另一方面可以避免把疾病传染给广大消费者和自己的亲属。

加强学习。为更好的为客人提供服务，餐饮从业人员要具备相应的食品营养知识，同时要提高食品安全意识，加强食品安全法律法规及食品安全操作技能的学习，提高餐饮服务环节食品安全知识水平。例如《食品安全法》《餐饮服务食品安全监督管理办法》《预防食物中毒及处置》。

注意公共卫生。不在操作间吃东西、抽烟；不在公共场所及操作间挖鼻孔、掏耳朵、剔牙；不对着食品打喷嚏或大声说话；不将尝过味的饭菜再倒回锅里；不将非工作人员带进操作间；进出操作间随手关门，垃圾入桶；掉到地上的筷子应撤换；不得在工作场所吸烟，随地吐痰；不得将私人物品带入操作间。充足的睡眠。

餐饮服务是一项脑力和体力结合的工作，工作期间服务人员不仅要完成常规餐饮服务，同时还要处理各种突发情况，一天下来筋疲力尽，餐饮工作人员应及时休息保证充足的睡眠，这不仅可以不带倦容的投入到第二天的工作中，同时也对自己的健康有利。

保养好皮肤。皮肤的光洁度在一定程度上反应了人身体的健康状况，同时在工作和生活中，给大家留下良好的形象印象。

护养好头发。服务人员要勤洗头，理发，头发不蓬松披散，要保持干净、整洁、无头屑，无异味；发型美观大方，头发不能染夸张的颜色。女服务员若留长发，要用饭店统一指用的发网盘起；男服务员头发长则不过耳，后不过领，提倡上岗前加少许摩丝。

保护好眼睛。

(4) 心理素质。餐饮服务人员必须具有心理学基础知识，既要对客人的心理特征有科学的理解，准确的判断，又要对自身的心理特征有清醒的认识，明确的把握。没有良好的心理素质是不能做好餐饮服务工作的。

① 自尊自信。餐饮服务人员的工作形式是"客人坐着你站着，客人吃着你看着"。对此种工作要求有的人视为低下。社会角色之间的"不平等"是社会发展的需要，是社会分工的不同，是在特定时间、特定环境和特定条件下社会分工的必然，而不是人的品格和地位高低的标志。每一个社会角色都要尽自己的职责，都既是一个向他人提供服务的服务者，又是一个接受他人服务的享受者。这就是我们平时所说的"我为人人，人人为我。"我们说"宾客至上，客人是上帝，客人永远是对的"，显然是从社会角色的角度讲的，是从餐饮服务人员应尽的社会职责讲的，这绝不意味着承认主客有高低贵贱之分。餐饮服务人员一定要自尊自信，时刻牢记自己的社会角色，全心全意地尽自己的社会职责，做一个具有强烈服务意识的高尚的人。

② 快速、准确的观察、判断能力。服务员最令宾客佩服的本领，就是能把宾客最感兴趣的某种需要一眼看穿，并根据实际情况提供相应的服务，而达到这一良好效果的前提，就是服务员能透过宾客的外部表现去了解其心理活动，这种能力就是服务员的观察力。一个观察力较强的服务员，在日常接待中能够通过对宾客眼神、表情、言谈、举止的观察发现宾客某些不很明显又很特殊的心理动机，从而运用各种服务心理策略和灵活的接待方式来满足宾客的消费需要，把服务工作做在客人开口之前。

③ 持久的注意力。在餐饮服务过程中，服务人员的精力应集中到为客人服务上来，只有这样，才能动作敏捷、耐心周到地服务客人，同时，服务人员的注意力应相对稳定在一定范围内，在接待一位客人时，还要注意其他客人的情况。

④ 较强的情感控制能力。要克服畏难情绪，树立信心。培养自身的坚韧性，相信"别人能做好的，自己也能做好""坚持就是胜利"，同时注意多学习，多观察，不断克服外部困难，使自己尽快进入"角色"；要注意克服松劲厌倦情绪，培养对工作的兴趣。天天做同样的工作，没有新意，循规蹈矩，感到枯燥无味，产生厌倦情绪。此时，员工要有坚韧性，不断从工作中寻求和发现乐趣，只有这样才能使自己的工作做得更出色；要善始善终地做好工作。酒店人员流动性大，一些人工作几年后就开始另谋出路了，但在辞职、转行前，往往影响正常工作，要"站好最后一班岗"，要善始善终地把服务工作做好。

2. 餐饮组织的主要岗位职责

(1) 餐饮经理的岗位职责。督导完成餐厅日常经营工作，编制员工出勤表，检查员工的出勤状况、仪表及个人卫生；负责制定餐厅经理服务规范、程序和推销策略并组织实施，业务上要求精益求精，不断提高管理水平；热情待客、态度谦和，妥善处理客人的投诉，不断提高服务质量；加强现场管理，营业时间坚持在一线，及时发现和解决服务中出现的问题；领导餐厅全面质量管理小组对餐厅服务质量进行严格检查，把好餐厅出品服务的每一关；加强对餐厅财产的管理，掌握和控制好物品的使用情况，减少费用开支和物品损耗；负责餐厅美化工作和餐厅的清洁卫生工作，抓好餐具、用具的清洁消毒工作；及时检查餐厅设备的情况，建立物资管理制度，并做好维护保养工作，做好餐

2 组织机构设置与人员配备

厅安全和防火工作；根据季节差异、客人情况，与厨师商议、制定特别菜单；主动与客人沟通，采取正确方法处理客人投诉，必要时报告餐厅老板；定期召开餐厅员工会议，检讨近期服务情况，公布近期工作情况；重视员工的培训工作，定期组织员工学习服务技巧技能，对员工进行酒店意识、推销意识的训练，定期检查并做好培训记录，并对员工进行考核。

(2) 餐饮主管、领班岗位职责。拟订本餐厅的服务标准，工作程序；对下属员工进行定期业务培训，不断提高员工的业务素质和服务技巧，掌握员工的思想动态；热情待客，态度谦和，妥善处理客人投诉，不断改善服务质量，加强现场督导，在营业时间坚持一线指挥，及时发现和纠正服务中产生的问题。与客人建立良好的关系，并将客人对食品的意见转告总厨师长，以改进工作；严格管理本餐厅的设备、物资、用具等，做到账物相符，保持规定的完好率；抓好餐具、用具的清洁卫生，保持餐厅的环境卫生；做好餐厅完全和防火工作；做好工作日志，搞好交接班工作，做好工作计划和工作总结。

案例 2-3

晚上八点钟左右，某餐厅来了20多位客人。根据服务员多年的经验和熟客的资料，服务员马上得出两个判断：一是有几位是她们熟悉的老板，二是应该马上准备两席。因此，便迅速将客人带入设有2个席台的黄海厅。当客人进入厅房落座后，领班小刘马上上前为她们热情地服务。一系列的服务完毕后，客人要求点菜，这时，领班小刘即刻上前，双手捧菜谱递给一位姓王的老板，请他点菜。经过小刘的介绍，客人点了8菜一汤。当时小刘想：12个人，8菜一汤如果按例上显然不够吃，因此，她将汤定成大盘，菜定为中盘。过不多久，汤菜陆续上来了。经过一番觥筹交错，客人酒足饭饱，凭感觉他们还是吃得比较满意的。9点半左右，王老板要求买单，小刘立即把准备好的账单交给他，他看了一下金额30000多元，显得很惊讶。然后仔细地看了账单，立即叫了起来："我们没有叫菜按中盘上，为什么给我们上中盘？不买单！"一听这话，领班小刘马上走上前跟他说："因为你们人多，而你只叫了8个菜，所以我就给你们把菜按中盘上，这样才够吃。"然而客人说道："为什么事先不问过我？"张口结舌的小刘只好把经理请来，又是道歉，又是打折送水果，最后客人才买单悻悻地离去。此时空荡荡的厅房里，只剩下心有余悸的小刘。

从以上的实例中，我们可以看出，这是一种典型的"好心办坏事"的案例。有时，会给自己带来意想不到的麻烦。在服务过程中，服务员不能凭自己的主观臆断，想当然地处理某些事。如上述实例，领班小刘不能将菜定为中盘而不经过客人的同意。其次，不能认为是以前的熟客，便可以老朋友的身份，给客人越俎代庖，替客做主，而疏忽我们的工作程序。尤其不能将本部门的一些内部参照标准，认为熟客是事先知情的，并且按一般的生活常识和处理方法，来衡量客人的要求。一旦客人愿意采取一些特殊的方式时，必会引起双方的争执和不快。尤其领班小刘在事件发生后，没有及时向客人道歉，而是满怀委屈为自己辩解，这又是违反了酒店业的常规律条——"客人永远是对的"，而没有把对的留给客人，把错的留给自己，更引起客人的不满。服务人员在今后的工作中，必须精益求精，客人消费时，应细致征求客人的意见，而不是凭自己的主观推测，来擅自替客人做主。只有这样，才能使客人满意，从而提高酒店的美誉度。

(3) 餐饮迎送员岗位职责。及时了解当天的餐桌预订情况及餐厅服务任务单，并落实安排好餐桌；接受客人的临时订座；负责来餐厅用餐客人的带位和迎送接待工作；保证地段卫生，做好一切准备；根据不同对象的客人，合理安排他们喜欢的餐位；解答客人提出的有关饮食、饭店设施方面的问题，收集有关意见，并及时向餐厅主管反映；在餐厅客满时，礼貌地向客人解释清楚。

（4）餐饮值台服务员岗位职责。按照规格标准，布置餐厅和餐桌，做好开餐前的准备工作；按服务程序迎接客人入座就席，协助客人点菜，向客人介绍特色或时令菜点；勤巡台，按程序提供各种服务，及时收撤餐具，勤换烟盅。擅于推销酒水饮料；开餐后，搞好餐厅的清洁卫生工作；熟悉菜单的内容；做好餐后收尾工作。

（5）餐饮传菜员岗位职责。准备好开餐前各种菜式的配料及走菜用具，并主动配合厨师出菜前的工作；了解菜式的特点、名称和服务方式，根据前台的时间要求、准确、迅速地将各种菜肴送至前台；协助前台服务员做好餐前准备、餐后服务和餐后收尾工作；协助厨师长把好质量关，如装盘造型、菜的冷热程度等；协助前台服务员，沟通前后台的信息。

> **案例 2-4**
>
> 　　酒店餐饮部门二、三楼分别接待了两个规模及标准较高的婚宴，因当时人手紧张，部门申请了从酒店各部门调配人手。各部人员到位后，都集中安排至备餐间进行传菜工作。在传菜过程中，一名保安因没听清楚传菜要求，将三楼的"湘辣霸王肘"传送至二楼，导致二楼多上一道菜。后经部门经理及时发现，及时采取了措施。因三楼菜式在时间上耽搁而导致菜上慢，最后客人有意见。
>
> 　　因在事发当中，部门经理及时发现事情的严重性，并及时地采取了措施，虽没有造成客人较大的投诉，但给部门带来了一定损失。当即部门召集备餐间及宴会厅管理人员召开紧急会议，对事件进行了细致的分析，杜绝类似事件的发生，要求书面写出事情经过，并对管理人员进行了严厉的批评及处罚。
>
> 　　此事件属服务员及管理人员工作责任心不强，工作不仔细所造成。备餐间主管及领班在班前例会时，应将传菜的品种及路线等信息及要求准确的传达给外来帮手的员工。楼面服务员在上菜过程中，应仔细地核对菜单。宴会厅管理人员应在宏观上把握上菜的程序及要求。

（6）餐饮收银员的岗位职责。要有良好的道德思想品质，严守商业秘密，热爱本职工作，责任心强，工作任劳任怨，具有熟练的专业技能和基础的财务知识；收银员每天上岗后做好收款前的准备工作，检查收款机当前状态是否能正常工作，发票、赠券单、找零准备工作是否做好，搞好卫生；每天的营业款按餐缴纳。当餐营业结束后，将全部款项及预收订金、退定金、收据、餐券、签单单据、存档单、发票使用结账单上交出纳，并由出纳填写收款收据，双方签字生效；每天收取的现金和支票要认真查验、核对，对不明事宜及时询问出纳。因误收、错收或收假等由收银员自己负责处理，并承担损失；收银员要管理好自己的现金收讫章，不允许乱放、乱盖。否则后果自负；每天发生的招待、打折、摸零、预收订金、签单、退单及结账情况，按规定的权限执行，超出权限部分自行负责经济损失。

案例 2-5

武汉市中心处新开了一家餐馆，门口一溜儿大花篮列成两排，蔚为壮观。前来贺喜的，还有闻讯赶来的客人，一连几天把餐馆上下两个大厅和 8 个小包间坐得满满的，总经理好不高兴。餐馆很注重服务员的仪表仪容，尤其直接与客人接触的一线员工清一色都是妙龄少女，高挑的身材，娇好的面容，适度的化妆，身上一套淡罗紫土色的套装，把餐厅和谐融洽的环境烘托的淋漓尽致，惹的过路人都不自觉的往里瞟上一眼。开业的第 4 天傍晚，华灯初上，来了两位客人。引座小姐忙把他们请到一张小桌子前面坐下。在用餐的一个多小时里，服务员走动勤快，换碟子和烟灰缸也很及时，菜肴色、香、味、型、饰都无可挑剔，两位南京来客相对会心微笑："新开的饭店毕竟不一样。"就在他们酒足饭饱准备付账时，一位仪态万方的服务小姐款款而至。令他们吃惊的是一声大叫竟出自那艳红的樱桃小口之中："两位先生今晚吃了 315 元，不知哪位付账？"南京客人满腔的热情顿时化作一股透心的凉气，那位年长的客人轻声对小姐说："请你别这么大声好吗？我们听的见，我们不会赖账。""这是饭店的规范。客人结账时服务员须唱收唱付。"小姐似有满腹委屈，她不明白有什么不对。南京客人匆匆付了钱，抄起放在椅背上的外套，头都不回，就往门口走去。

服务员收账有很多学问。这家餐馆也许是考虑到账款必须核对清楚，所以沿用过去小酒馆那种唱收唱付的办法，显然这与国际管理差之太远。现在客人进饭店用餐不仅是为了满足生理上的需求，还需要得到别人的尊重，以获得心理上的满足。收账这一环就包含着尊重客人的因素在内。大凡用餐客人都不希望让他的朋友或邻桌不相识的人知道他们这顿饭花去了多少钱。在美国，餐馆老板想的很地道。他们一般备两份菜单。一份附有价目，专给男性或做东的客人，另一份则给女伴或被邀的客人，其目的就是不让人家知道餐款。所以餐厅服务员应学会在一桌客人中辨别出做东的是哪一位。餐后结账时，服务员应默默的把账单递给他，尽可能不惊扰同桌者。香港人把账单也称为埋单，服务员把账单悄悄埋在茶杯或餐巾下面，目的就是不让旁人看见。本例中那位服务小姐可能是刚上岗的新员工，不熟悉服务心理，何况饭店里的规范中有"唱收唱付"这一条，服务员不折不扣的执行，所以错处不在于她本人，而在于饭店的领导，需要更改的是饭店的规范。

(7) 餐饮酒水员岗位职责。负责餐厅酒水、饮料、茶叶、香烟的领取、补充工作；负责所领用酒水、饮料、茶叶、香烟的日常保管工作，如有快过期要及时通知，以便及时处理；每天早上上班核对"酒水日销明细报表"与酒水库存是否相符，晚餐之后来做好当日报表；开餐前要备足当餐要用的酒水、饮料；根据餐厅服务员填写的酒水单，准备好客人所点的酒水、饮料、香烟等；客人结束用餐后，及时做好"手工酒水销售清单"和"电脑酒水销售清单"进行核对；每天营业结束，及时填写当天的酒水销售盘点日报表，做到酒水库存数量与报表相符。

(8) 餐饮厨师长岗位职责。负责主持厨房的日常事务工作，加强岗位管理，合理调配下属工作，提高厨房工作效率；认真制定原料订购计划，根据季节合理配菜，不断提高餐厅服务质量，满足消费者需要；厨师长要坚持每日召开厨房员工班前列会。对厨房昨日收市状况、各岗进行检查，检查物品、水、电、气、垃圾桶与员工考勤及上岗时的精神状况、仪容仪表，抽查原材料验收情况。及时处理检查中发现的问题，并指导改进。并对当日的工作做布置和安排；根据食谱要求，每天早上按程序填好领料单到仓库领料，晚上将用不完的原料及时送保管重新入库；厨师长应在顾客就餐前应检查档口备餐情况，了解前台预定情况,检查预定菜单是否科学,开餐时了解前台客人定单与进餐情况,现场收集顾客意见,观察菜肴剩余情况、器皿回收操作情况并做详细记录;收市后检查厨房、大厅、设备情况,排除设施安全隐患。

(9)厨师工作职责。遵守安全操作规程,正确使用操作工具,合理使用原材料,节约水、电、煤气等用料;服从主管调动,维护好厨房灶具、设备,协助员工餐厅服务员做好开餐准备工作;烹调要注意生熟原料、成品与半成品分开摆放,杜绝腐烂变质原料下锅;烹调要注意色、香、味、形,咸淡适中,烹调时要注意保持各类菜肴的营养成分;隔夜菜盆、条盘及盛器必须洗净方可盛菜,进入备餐间待售的菜肴,夏天应加罩防蝇,冬天应注意保暖。保证不让客人吃有异味食品,防止食物中毒;严格执行购物申批制度,填写申购单,经运营经理审核批准后,采购才可购买;加强防火意识,以免发生意外事故。

(10)厨房其他岗位的职责。加工岗。负责对食品原材料进行粗加工,例如对蔬菜的挑拣、清洗。水产禽畜类原材料的剥洗加工,备料待用,保持环境卫生;切配岗。负责各种原料的切配工作,保证当日之需;炉灶岗。根据点菜情况对菜肴进行烹饪加工,保证色香味俱佳;冷菜岗。负责各种凉菜、熟食的加工、制作、改刀、装盘。负责水果拼盘的制作;面点岗。负责各种主食,面点的加工和制作;洗碗岗。接收、收集、清洗、保养各种器皿。并定时检查洗碗机的运行情况。

2.2.3 餐饮组织的人员配备的方法

餐饮人员的配备根据组织机构中人员的分工不同,工作内容不同而变化,其基本方法可以按照3类不同人员来确定。

1. **管理人员的配备方法**

餐饮企业的管理人员主要指主管以上的人员。其人员配备方法主要采用岗位定员法。根据组织机构设计,在分析企业规模、管理层次、各级管理工作的工作量大小的基础上来确定岗位设置,然后根据工作需要按岗定人,确定岗职人数。在能够照顾业务工作的前提下,员工宜少不宜多。

2. **厨房人员的配备方法**

厨房人员,因饭店规模不同、星级档次不同、出品规格要求不同、数量各异。

知识链接 2-2

在确定人员数量时,应综合考虑一下因素:
1. 厨房生产规模的大小,相应餐厅、经营服务餐位的多少、范围的大小。
2. 厨房的布局和设备情况,布局紧凑、流畅,设备先进、功能全面,还是与之相差甚远。
3. 菜单经营品种的多少,制作难易程度以及出品标准要求的高低。
4. 员工技术水准状况。
5. 餐厅营业时间的长短。

确定厨房生产人员数量,还可以根据厨房规模,设置厨房各工种岗位,将厨房所有工作任务分各岗位进行描述,进而确定各工种岗位完成其相应任务所需要的人手,汇总厨房

用工数量。

厨房用人包括厨师，加工人员和管事部勤杂工3种。其人员配备方法以劳动定额为基础，重点考虑上灶厨师，其他加工人员可作为厨师的助手。其配备方法为：

（1）核定劳动定额。即选择厨师人员和加工人员，观察测定在正常生产情况下，平均一位上灶厨师需要配备几名加工人员，才能满足生产业务需要，由此核定劳动定额。其计算公式为

$$劳动定额 = \frac{测定炉灶台数}{测定上灶厨师数 + 厨师服务的其他人员}$$

（2）核定人员配备。在厨师劳动定额的基础上，影响人员配备的还有厨房劳动班次，计划出勤率和每周工作天数3个因素。因国家规定每周工作5天，因此，其人员配备的计算公式为

$$定员人数 = \frac{厨房炉灶台数 \times 计划班次}{劳动定额 \times 计划出勤率} \times 7 \div 5$$

3. 餐厅人员的配备方法

餐厅人员以服务人员为主，包括领位员，传菜员，酒水员和桌面服务人员。其人员配备方法也以劳动定额为基础，重点考虑桌面服务人员。其配备方法为：

（1）核定看管定额。即选择服务人员，观察测定在正常经营状态下，每人可以接待多少就餐客人或看管多少个座位。因餐厅的档次和规模的不同，其看管定额有较大区别。其计算公式为

$$看管定额 = \frac{测定客人数}{桌面服务人员数 + 其他服务人员数}$$

（2）编制餐厅定员。在看管定额确定的基础上，餐厅定员配备方法与厨房基本相同，其区别仅在于影响人员编制的因素增加了一个座位利用率。其计算公式为

$$定员人数 = \frac{餐厅座位数 \times 座位利用率 \times 计划班次}{看管定额 \times 计划出勤率} \times 7 \div 5$$

本 章 小 结

餐饮业属于劳动密集型行业，其发展离不开一个能高效运作的组织，只有将各岗位员工科学地组织起来，才能使企业有序的开展经营活动。本章在阐述餐饮组织结构设置的基本理论的基础上，介绍了酒店餐饮部各岗位职责，以及餐饮部与酒店其他部门的关系，旨在让初学者对餐饮行业有一个初步的认识，为学习以下章节打下基础，也便于在以后餐饮实践中能灵活运用。

思考与练习

一、判断题

1. 员工素质的高低直接影响到餐饮服务水平和客人对餐厅的满意度。　　　　　　　　（　　）
2. 统一指挥的原则就是要求参餐厅的每一位下属仅有一个直接上级的领导，上下级之间指挥链条清晰明确。　　　　　　　　　　　　　　　　　　　　　　　　　　　　　（　　）

3. 餐厅有较高的社会知名度和美誉度，用餐的客人多，服务员的劳动量大，看管的座位量减少，餐厅服务人员数量就并不需要增加。（   ）

4. 餐饮从业人员必须身体健康，定期体检，取得卫生防疫部门核发的健康证，如患有不适宜从事餐厅服务工作的疾病，应调离岗位。（   ）

5. 女服务员若留长发，要用饭店统一指用的发网盘起；男服务员头发长则不过耳，后不过领，提倡上岗前加少许摩丝。（   ）

6. 精简的组织结构设置就是要用最少的人力去完成任务，从而达到以最短的时间，最低的成本取得最高的效益之目的。（   ）

7. 整个组织机构是一个统一的整体，只有各个部门，各个环节目标一致，统一领导才可确保信息不会重复传递，指令内容下达不一致，多头指挥的现象。（   ）

8. 餐饮部组织机构的设置不会受饭店类型、饭店规模，经营思路等因素的影响。（   ）

9. 餐厅接待量大，厨房的生产能力就要高，所需炉灶的数量越多，相应厨房的用人量也应增加。（   ）

10. 诚实守信是经营活动的第一要素，是服务人员首要的行为准则。（   ）

二、选择题

1. 根据餐厅岗位设置和接待人次，在核定人均接待人次的基础上来确定人员编制是指哪种人员编织法（   ）。
   A. 岗职人数编制法　　　　　　　B. 上岗人数定员法
   C. 设备定额编制法　　　　　　　D. 接待人次定员法

2. 做好饭店服务工作的基础保证是（   ）
   A. 熟练的操作技能　　　　　　　B. 良好的身体素质
   C. 较高的理论素养　　　　　　　D. 高超的为人处世能力

3. （   ）决定着厨房的生产能力
   A. 炉灶的数量　　　　　　　　　B. 精湛的厨艺水平
   C. 厨师的数量　　　　　　　　　D. 先进的厨房设备

4. （   ）是服务人员正确处理个人与集体、个人与国家关系的行为准则，既是国家法律法规的强制要求，又是职业道德规范的要求。
   A. 遵纪守法、廉洁奉公　　　　　B. 团结协作，顾全大局
   C. 文明礼貌，优质服务　　　　　D. 安全卫生，出品优良

5. 由于餐厅服务工作大都由员工通过手工劳动完成，而且宾客的需求多变，所以，在服务过程中难免会出现一些突发事件，这就要求服务人员应具备（   ）。
   A. 灵活应变能力　　　　　　　　B. 精湛的服务水平
   C. 良好的语言艺术　　　　　　　D. 及时的补救措施

6. 餐厅的组织结构设置中遵循以下四大原则：（   ）
   A. 因需设岗　　B. 精简高效　　C. 统一指挥　　D. 权责一致

7. 人员编制的原则（   ）
   A. 人尽其用　　B. 合情合理　　C. 平衡比例　　D. 不宜过多

8. 餐饮服务工作中良好的心理素质包括（   ）
   A. 自尊自信　　　　　　　　　　B. 快速、准确的观察、判断能力
   C. 持久的注意力　　　　　　　　D. 较强的情感控制能力

9. 以下哪些属于酒店服务语言的基本要求（   ）
   A. 恰到好处，点到为止　　　　　B. 清楚服务
   C. 唱收唱付　　　　　　　　　　D. 轻声服务

10. 酒店常用推销技巧有（　　）
A. 选准目标　　　B. 重点推销　　　C. 运用语言技巧　　　D. 尊重客人

三、简答题

1. 影响餐饮人员编制的主要因素是什么？
2. 餐饮服务人员的职业道德内容是什么？
3. 如何理解餐饮从业人员的服务意识的重要性。

四、计算题

江南餐厅有座位180个，旺季座位利用率95％，桌面服务人员每人管20个座位，每45个座位配一名跑菜员，另配领位员和酒水员3人。厨房每30个座位配一台炉灶。每位炒菜厨师管一台炉灶，并需配加工勤杂人员1.2人/炉灶，餐厅两班制，计划出勤率98％，请核定：

1. 餐厅和厨房的平均劳动定额。
2. 餐厅和厨房的定员人数。

五、实训任务

1. 某酒店开业在即，请为该酒店餐饮部构建组织机构。
2. 为一家五星级酒店餐饮部设置岗位，并协助人力资源部招聘人才。

中 篇
餐饮接待服务篇

3 餐饮接待服务工作流程及服务必备技能

问题引入

1. 餐饮接待服务的每个环节都有哪些工作？
2. 餐饮服务人员需要掌握哪些操作技能？
3. 想知道餐饮接待服务每个环节的操作标准吗？

内容导读

　　餐饮服务基本技能是指与餐饮业务相关的规范的基本技能或技巧，熟练地掌握餐饮服务基本技能是做好服务工作、提高服务质量的基本条件。餐饮服务的每一个岗位和环节都有特定的操作方法、程序和标准，因此，餐饮从业人员要努力学习餐饮基本理论知识，刻苦训练，熟练掌握过硬的餐饮服务基本技能，力求操作规范化、程序化和标准化，使所有技能达到熟练、准确和优雅。此外，还应发挥个人的积极性、创造性，把对客服务的真挚情感融入服务中去，使技能与之完美结合，有较强的灵活性和应变性以适应客人的需要。

学习任务

1. 熟练掌握餐饮各操作环节服务要点；
2. 熟练运用餐饮服务基本技能；
3. 能够依据所学知识进行中、西餐宴会主题设计。

开篇案例

菜上错了

某公司在餐厅用餐，其中有一道菜是"广式鳜鱼"。在上菜过程中，服务员发现客人点菜单上是"广式鳜鱼"，而传菜员送来的却是"水晶鳜鱼"，会不会是上错菜了？服务员赶紧跑到厨房，经询问得知，由于这几日"水晶鳜鱼"（该餐厅的特色菜）的点击率相当高，厨房师傅没有看清楚菜单给弄错了。如果重新做，会使酒店有所损失，不如和客人协商一下。

于是，服务员端着这盆"水晶鳜鱼"走进客人的包间，先对客人轻声地说：先生，我们给您点的"广式鳜鱼"换了种做法，让您尝尝鲜。这位客人的素质很好，再加上连续几天在该餐厅用餐下来，对餐厅的菜肴口味及质量均相当满意，他爽快地答道："可以。"听到客人这句话，服务员总算放心了。将这盆"水晶鳜鱼"端放到玻璃转台上，并笑着向客人介绍："这道菜是'水晶鳜鱼'，用鳜鱼头尾做装饰，将肉身滑炒，味道爽滑鲜美，底部是水炖蛋，显得晶莹剔透，整个菜造型优美，是我们酒店的招牌菜，请慢用！"主人见到如此优美的造型，便笑着对他的客人说："这道菜真是好看，味道肯定不错，大家快动筷子尝尝。"

虽然这个案例是由于厨房内部的失误造成的，但是通过员工随机应变的合理解说，并且掌握客人的心理及基本情况，把坏事变成了好事，既可以使酒店免受损失，同时又让客人吃到了餐厅的特色菜，一举两得，让客人心悦口服。

带你走进今日课堂

3.1 餐前准备

3.1.1 餐厅卫生

餐厅是人们摄取食物的场所。餐厅是否整洁美观，直接影响着进餐者的身体健康和就餐情绪，因此，始终保持餐厅的整洁美观至关重要。餐厅的卫生工作主要包括餐饮环境卫生、设备设施卫生、服务用品卫生及服务员的个人卫生等。

餐饮环境卫生包括餐厅的地面、墙壁、窗帘、灯具及装饰品、家具、备餐间和餐厅的公共区域（餐厅门口、走廊、休息室等）卫生。根据工作的繁难程度，餐厅卫生可分为计划卫生和日常卫生，计划卫生由饭店的专职清洁工（PA）完成，或由社会上的专业清洁公司承包。日常卫生则由餐厅接待工作人员承担。

服务用品卫生包括餐具器皿光洁（无水渍、无污迹、经过严格消毒）；瓷器、玻璃和布草无破损；金属餐具不变形、调味瓶整洁且出料口通畅、味料新鲜；部件整洁完好；花瓶中的水每天更换，确保鲜花清洁卫生。

餐厅接待服务人员作为餐厅日常卫生的执行者，其个人卫生是餐厅日常卫生的重要组成部分。餐厅服务员须熟记《食品卫生法》的基本内容，个人卫生做到"四勤"（勤剪指甲、勤洗澡理发、勤洗衣、勤换衣），在服务过程中注意手法等操作卫生，杜绝不良的习惯性动作。

3.1.2 开餐前准备

开餐前的准备主要包括心理准备、工作台、服务用品与用具和服务技能等的准备工作。

1. 心理准备

心理准备指工作人员须按要求着装,按时到岗,以最佳的心理和精神状态投入到自己的服务角色中。

2. 工作台准备

工作台是餐厅服务必备的设备,用于盛装服务员在服务过程中必用或可能用到的各种用具,如餐具、服务用具、布草(餐巾、台布等)和调味品等。餐厅的工作台在客人的视线内,在讲究其布局和物品盛放方便、实用的同时,须保持整洁、美观、完好,并在操作时轻拿轻放。

3. 服务用品和物品准备

服务用具和物品的准备包括准备数量充足的调味品、洗手盅、小毛巾、菜单酒单、开水冰水、开胃小吃及笔、点菜单、收款夹、开瓶器、抹布等服务用具、开餐用品,尤其是要准备数量充裕的托盘以备使用。

托盘是餐厅运送各种物品的基本工具。正确使用托盘,是每个餐厅服务人员的基本操作技能,同时可以提高工作效率、提高服务质量和规范餐厅服务工作。

(1) 托盘的种类及规格。按照托盘使用原材料的不同可分为塑胶防滑托盘、不锈钢托盘、银托盘、木制托盘等;根据规格型号可分为大、中、小等;按形状的不同可分为方形、长方形、圆形等。圆形托盘,有35cm、40cm、45cm等不同规格,酒店和餐厅常用的圆托盘规格为直径40cm,长方形托盘规格为长51cm,宽38cm。

(2) 托盘的用途。长方形托盘一般用于托运菜点和盘碟等较重的物品;圆形托盘主要用于对客服务,如斟酒、分菜和托送饮品等;银托盘主要用于递送账单和信件等。

(3) 托盘的方法。托盘方法按承载物重量分为轻托和重托两种。轻托一般在客人面前操作,主要用于托送较轻的物品和对客服务,所托重量一般在5千克左右。重托是托载较重的菜点和物品时使用的方法,所托重量一般在10千克左右。目前国内饭店使用重托的不多,一般用小型手推车托送重物,即安全又省力。

(4) 轻托的操作方法。理盘:根据所托的物品选择清洁合适的托盘,如果不是防滑托盘,则在盘内垫上洁净的垫布。

装盘:根据物品的形状、体积和使用先后合理安排,以安全稳当和方便为宜。一般是重物、高物放在托盘里挡,轻物、低物放在外挡;先上桌的物品在上、在前,后上桌的物品在下、在后。要求盘内物品重量分布均衡,重心靠近身体。

起盘:左手五指分开,掌心向上,小臂与大臂垂直于左胸前,左脚向前一步,站成弓形,上身前倾,将左手掌放在台面下方,右手将托盘拉出台面1/3,将左手托住盘底;五个手指和手掌根部托住盘底,重心在大拇指根部;平托于胸前,位于二、三粒衣扣之间,左手臂自然弯曲90度。

托盘行走：行走时要头正肩平，上身挺直，目视前方、脚步轻快稳健，托盘在胸前自然摆动。

卸盘：到达目的地，要把托盘平稳地放到工作台上，左脚先向前一步，上身前倾，左手与台面处于同一平面，用右手相助向前轻推，左手慢慢收回，将托盘全部放平在台面上。

(5) 重托的操作方法。重托主要用于托运较重的菜点、盘碟等，重量在10kg左右。

理盘：根据所托的物品选择清洁合适的托盘。

装盘：重叠摆放，形状为金字塔形要求：重量分布均匀，摆放合理平稳，物品间有一定距离。

托送：用手掌托住盘底，用右手协助左手将托盘托起至胸前，左手手腕向上旋转90度，将托盘稳托在肩上；托盘上肩要做到盘底不搁肩，盘前不近嘴、盘后不靠发；右手自然下垂，摆动或扶住托盘的前沿。

行走：保持盘平、肩平、头正、身直。

(6) 托盘操作注意事项。要习惯使用托盘，托盘不可从客人头上越过，以免发生意外，托盘从客人头上越过也是一种不礼貌的行为；用轻托的方式给客人斟酒时，要随时注意调整托盘的重心，勿使托盘内酒水打翻或翻盘而将酒水泼在客人身上；从托盘内取用物品时，要从两边交替取拿，以保持托盘的平衡。不能把托盘放在客人的餐桌上；卸下的盘按装饰的要领进行合理摆放，碟内的剩余物品要集中放在一起；托托盘时要量力而行，切忌贪多，以确保操作的安全；当托盘内无物品时，仍应保持正确托盘姿态行走，不可单手拎着行走。

3.1.3 摆台

摆台，就是将餐具、酒具以及辅助用品按照一定的规格整齐美观地铺设在餐桌上的过程。它包括餐桌的排列、铺台布、席位安排、餐具摆放、席面美化等环节。摆台质量的好坏直接关系到服务质量和餐厅的面貌，因此，摆台要求做到清洁卫生、整齐有序、放置适当、完好舒适、方便就餐、配套齐全，且具有艺术性。

1. 摆台前的准备工作

(1) 洗净双手。

(2) 领取各类餐具、台布、桌裙等。

(3) 用干净的布巾擦亮餐具和各种玻璃器皿，要求无任何破损、污迹、水迹、手印、口红等。

(4) 检查台布、桌裙是否干净，是否有破洞、油迹、霉迹等，不符合要求应进行调换。

(5) 洗净所有调味品壶（瓶）等，并重新装好。

2. 折餐巾花

餐巾又名口布，它既是餐厅中常用的卫生保洁用品，在宾客用餐时，餐厅服务人员将餐巾放置在宾客膝上，可让宾客在用餐过程中净手擦嘴，又可防止汤汁、酒水弄脏衣物。同时又是一种装饰美化餐台的艺术品，同时可标志出主人、主宾的席位。

(1) 餐巾的种类。可以按质地分，按颜色分，按餐巾的规格和边缘形状分。

① 按质地分，可分为纯棉织品、棉麻织品、化纤制品和维纱制品四种。

② 按颜色分，可分为白色和彩色两大类。

③ 按餐巾的规格和边缘形状分。餐巾规格的大小在不同的地区不尽相同。根据实际使用效果，45～50cm见方的餐巾折叠造型在实际使用中较为普遍适宜，在实际使用过程中，无论哪种规格的餐巾，都必须是四边相等的正方形，餐巾边缘有直形、波浪曲线形两种。

(2) 餐巾折叠分类。可以按摆放工具分，按餐巾的造型分。

① 按餐巾花的摆放工具分，可分为杯花、盘花、环花三大类。

杯花其特点是折叠的技法复杂、程序较多、操作有一定的技巧、服务规范、造型别致和多种多样，成为服务艺术的组成部分。

盘花一般在西餐和中餐零点餐厅中应用比较多。其特点是折叠简单，操作方便，服务简单，造型简洁明快，餐巾折痕较少，造型完整，成型后不会自行散开，可放于盘中或其他盛器内。

环花是将餐巾平整卷好或折叠成造型，套在餐巾环内，称环花。餐巾环也称为餐中扣，有瓷制、银制和塑料制等。餐巾环花通常放置在餐盘上，特点是简洁、雅致。

② 按餐巾花的造型分，可分为植物类、动物类和实物类三种。

(3) 餐巾花的选择和运用。餐巾花的选择一般需要考虑宴会的性质、宴会的规模、冷盘的名称、当时的季节、来宾的宗教信仰和风俗习惯、宾主座位的安排、台面的摆设需要等因素，选用与之相协调适应的花型，以取得最佳效果。

(4) 餐巾花的摆放。餐巾花的摆放要有艺术性，一般遵循以下原则。

① 主花摆在主位上，一般的餐巾花则摆放在其他客人席位上，要高低均匀，错落有致。

② 摆放餐巾花时，要将花型的观赏面朝向客人席位，适合正面观赏的花型。

③ 在同一餐桌上摆放不同品种的花型时，要将形状相似、高低大小相近的花型错开对称摆放，不宜将相同的花型摆在一起。

④ 插入杯中的餐巾花要掌握好深度，一般可插入杯子的1/3。插放时要以花型完整为准，可一手持杯，一手持花，慢慢顺势插入。插入杯内的部分要线条清楚，不能乱插硬塞。插好后要整理花型，使之形态逼真、动人。盘花则要摆放稳，保持挺立。

⑤ 摆放餐巾花时距离要均匀，餐巾花不能遮挡台面上用品，更不要影响服务操作。

⑥ 摆放餐巾杯花时要注意拿杯子的底部，不要拿杯口和杯身等，以免在杯子上留下指纹，影响客人使用。

(5) 餐巾折叠时应注意的问题。

① 折花前必须做好准备工作，要挑选洁净、无损、洗浆挺括的餐巾，颜色和规格应统一。要备有光滑干净的圆筷。插花用的玻璃杯要无破损、无指纹、无污染，洁净透明，大小一致，深浅适宜。操作台要平整光滑、洁净。

② 餐巾是饮食卫生用品，折花操作必须讲究卫生，操作使用的工具、操作台都要擦洗干净，特别是操作者的双手更要符合卫生要求。折叠时不能用牙叼、咬餐巾。

③ 餐巾花也是供给客人观赏的艺术品，故造型要美观大方、逼真、挺括、符合事物特点，给人以美感。

④ 折花时要分清餐巾的正反面，姿势应自然，手法要轻巧灵活，用力得当，尽量一次折叠成功，切忌返工，以免留下折痕，影响美观。

(6) 餐巾折叠的基本技法和要领。

① 叠。叠是餐巾折花中最基本的方法，几乎所有的餐巾折花都要用到。叠是折叠的意思，即将餐巾一折二、二折四，叠成长方形、三角形、菱形、锯齿形等。

② 折。折能使花型显得层次丰富、紧凑，更加美观。推折时，两手大拇指对成一直线，指面向外，指侧面紧按餐巾向前推折，两手的食指将推折好的褶挡住，两手中指控制好下一个褶的距离，三个手指互相配合，重复进行。推得要领是打出的褶均匀整齐、距离相等。

③ 卷。卷是用大拇指、食指、中指三个手指相互配合，将餐巾卷成各种圆筒状的方法。卷分直平行卷和斜角螺旋卷。卷得要领是卷紧、卷挺。

④ 穿。穿是指将筷子从折好褶的餐巾夹缝中边穿边收，形成皱褶，以增加造型的美观逼真程度的一种方法。有时穿时不折褶，而将筷子直接穿入夹层，再将餐巾从两头向中间积压而成皱折。穿的要领是穿好的褶裥要平、直、细小、均匀。

⑤ 翻。翻是指在餐巾花折叠过程中，把餐巾折、卷的部位翻成所需花样的方法。一般是将餐巾从两侧翻向中间，从前面翻到后面，从夹层里翻到外面。翻得要领是大小适宜、自然美观。

⑥ 拉。拉即牵引，是指在翻的基础上，为使餐巾花型挺直而用的一种方法。一般在餐巾花半成型时，把餐巾花撑在手中，用右手拉出一只角或几只角来。通过拉可使餐巾的线条曲直明显，花型挺括而有生机。拉得要领是大小比例适当，造型挺括。

⑦ 捏。捏也是使用较多的技法，这种手法主要用于各种动物（如鸟）的头部造型。操作时先用右手食指将餐巾面用力向上顶出一只顶角，然后用食指从顶角上方向下压，用大拇指和中指夹着两边，接着一面抽出食指，以面将大拇指和中指用力捏紧，并同时将捏在手指中的中角向上拉直成鸟头状。捏得要领是棱角分明，头顶脚、嘴尖角到位。

⑧ 掰。一般用于餐巾叠花朵。即将做好的褶用右手按层次一层一层地掰出蕾状，掰时用力不要过大，以免松散。掰的要领是层次分明、间距均匀。

⑨ 攥。是为使餐巾花形不致走样或脱落而使用的手法。要领是攥在手中的餐巾不能挤散。

(7) 餐巾折花的花型图例。

① 杯花。常见的杯花花型有：孔雀开屏（如图3-1）、花枝蝴蝶（如图3-2）、鸡冠花（如图3-3）、长尾欢鸟（如图3-4）、冰玉水仙（如图3-5）、玫瑰花（如图3-6）等。

图3-1　孔雀开屏

图3-2　花枝蝴蝶

3 餐饮接待服务工作流程及服务必备技能

图3-3 鸡冠花

图3-4 长尾欢鸟

图3-5 冰玉水仙

图3-6 玫瑰花

② 盘花

常见的盘花花型有：蜡烛（如图3-7）、皇冠（如图3-8）、香蕉（如图3-9）、企鹅迎宾（如图3-10）等。

图3-7 蜡烛

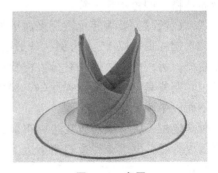

图3-8 皇冠

图3-9 香蕉

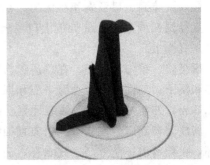

图3-10 企鹅迎宾

③ 环花：常见的环花花型有：清风扇（如图 3-11）、蝴蝶领结（如图 3-12）等。

图 3-11 清风扇

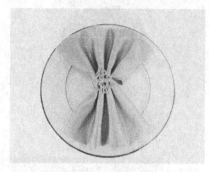

图 3-12 蝴蝶领结

3. 检查工作

（1）桌椅是否干净、牢固。

（2）餐具、杯具、布草是否齐备。

（3）服务用具、用品是否齐备。

4. 中餐摆台

（1）铺台布。服务员站在副主人位或站在与主人呈 90 度角的位置上将折叠好的台布放在餐桌中央，采用推拉式、抛撒式、撒网式或肩上式进行。铺台布时，要做到动作熟练、干净利落、一次到位。铺好的台布要求做到台布图案花饰端正，中间凸缝穿过正副主人的位置，十字折线居中，四角与桌腿成直线平行，台布四边均匀下垂。多桌餐会时，所有台布规格、颜色均需一致。

（2）放转盘。玻璃转台摆在桌面中央的圆形轨迹上，检查转盘是否旋转灵活。

（3）摆餐椅。以 10 人为例，一般餐椅放置为二、三、二、三式，即正副主人侧各放三张餐椅，另两侧各放两张餐椅，椅背在一直线上。

（4）摆餐具。中餐零点餐厅午、晚餐摆台餐具较为丰富，早餐依据就餐内容适当省略，下面以午晚餐摆餐具为例。

骨碟定位。将骨碟摆放在垫有布巾的托盘内，从主人座位处开始按顺时针方向依次用右手摆放骨碟，要求骨碟边距离桌边 1.5cm，骨碟与骨碟之间距离均匀相等，碟中店徽等图案对正。

摆放调味碟、口汤碗和小汤勺。在骨碟纵向直径延长线 1cm 处摆放调味碟；在调味碟横向直径延长线左侧 1cm 处放上口汤碗、小汤勺，小汤勺勺柄向左，汤碗与调味碟横向直径在一直线上。

摆筷架、银勺和筷子。在口汤碗与调味碟横向直径右侧延长线处放筷架、银勺、袋装牙签和筷子，勺柄平行与骨碟中心和桌子中心的连线，并与骨碟相距 3cm，筷套底端离桌边 1.5cm，并与勺柄平行，袋装牙签与银勺末端平齐。注意轻拿轻放。

摆放玻璃器皿。在调味碟纵向直径线 2cm 处摆放葡萄酒杯，葡萄酒杯右下侧摆放烈性酒杯，在葡萄酒杯左上侧摆放水杯，三杯成一直线，与水平线呈 30 度角，杯肚之间的距离为 1.5cm。

放餐巾花。

摆其他。根据需要摆设公用筷子和汤勺、烟灰缸、火柴、台号等。若是宴会，在通常情况下，10人餐台放2张菜单，菜单放在正副主人骨碟的左侧，菜单的下端距离桌边1.5cm，与骨碟纵向直径平行。高档宴会上，菜单也可每人一张。台号牌放在花瓶左边或右边，并朝向大门进口处。

转台正中摆放花瓶或插花，以示摆台的结束。

5. 西餐摆台

(1) 餐具准备。西餐餐具品种较多，不同菜式应选用不同餐具。要按上菜的道数和人数准备相应数量的餐具。西餐摆台一般就是按使用顺序从中间向两侧摆放，所有的刀摆在底盘的右边，刀口朝向底盘，所有的叉摆于底盘左边，叉子正面朝上，因为吃西餐十分讲究，不同的菜配不同的餐具，不同的菜配不同的酒水，不同的酒水配相应的酒杯。除刀、叉、勺外，还要准备公共餐具、盐瓶、胡椒瓶、牙签桶、烛台、花瓶、火柴、烟缸等。

西餐餐具准备不可疏忽，要按宾客对酒水的要求，严格挑选酒杯；不得有丝毫破损，要擦拭得不见一丝污痕；餐刀、叉勺、瓷器要严格消毒，擦拭清洁光亮。

(2) 铺台布。按规定铺好台布，摆上烛台，并将椅子定位，椅子边沿正好接到台布下沿。

西餐宴会一般是使用方桌拼成各种形状，铺台布工作一般由2个或4个服务员共同完成。铺台布时，服务员分别站在餐桌两旁，将第一块台布定好位，拼接时，台布应从宴会厅的里侧向入口方向铺设，做到台布正面朝上，中心线对正，台布压贴方法和距离一致，台布两侧下垂部分均匀、美观、整齐。

(3) 摆餐盘（垫盘、装饰盘）。用左手垫上餐巾，包住盘底，从主人位置开始按顺时针方向用右手在每个席位正中摆放餐盘；注意盘的图案店徽要摆端正，盘边距桌边约1cm，盘与盘之间的距离要相等。

(4) 摆刀叉、摆银餐具。要将此次宴会使用的全部刀叉都摆在餐台上，以使宾客明了此次宴会的菜式和道数。从餐盘的右侧从左向右依次摆放主菜刀、鱼刀、汤匙、开胃品餐刀。摆放时，刀口朝左，匙面向上，刀把、匙把距桌边1cm；然后再从餐盘的左侧从右向左依次摆放主菜叉、鱼叉、开胃品叉，叉面向上，叉把与刀平行，鱼刀、鱼叉要向前突出4cm。在餐盘的正前方摆水果刀、叉，刀把向右，刀刃向餐盘；水果叉（或甜品叉）叉齿向右，叉把向左，与水果刀平行摆放；点心匙与水果刀平行横放在餐盘正上方，匙把向右。

(5) 摆面包盘、黄油刀和黄油碟。靠近开胃品叉的左侧摆面包盘，面包盘中心与底盘中心取齐，盘边距餐叉1cm；在面包盘靠右侧边沿处摆放黄油刀，刀刃朝向面包盘盘心；黄油碟摆在黄油刀刀尖正上方，相距3cm左右。

(6) 摆酒具。酒水杯摆放形状多为上下三角形，冰水杯摆在餐刀顶端（只用一种杯时，位置也在此），其他两种酒杯可根据台形和距离，从左到右依次摆放。三套杯从左到右分别是水杯、红葡萄酒杯、白葡萄酒杯，三杯呈斜直线，与水平线呈45度角。各酒杯杯身之间相距约1cm，以能伸入手指取杯为度。

(7) 餐巾折花。将折好的盘花摆在餐盘正中，注意把不同式样、不同高度的餐巾花搭配摆放。

(8) 摆放用具。盐瓶、胡椒瓶、牙签盅按4人一套的标准摆放在餐台中线位置上；烟缸从主人右侧摆起，每两人之间一个，烟缸的上端与酒具平行。只摆一个花坛或花瓶时，置于台心位置;摆数个时,等距摆在长台中线上。鲜花高度不超过宾客眼睛的位置,以免妨碍宾客视线。菜单最好每人一份,但不得少于每桌两份,并设立席位卡等。

摆台时,按照一底盘、二餐具、三酒水杯、四调料用具、五艺术摆设的程序进行,要边摆边检查餐、酒具,发现不清洁或有破损的要马上更换(见图3-13、图3-14)。摆放在台上的各种餐具要横竖交叉成线,有图案的餐具要使图案方向一致,全台看上去要整齐、大方、舒适。

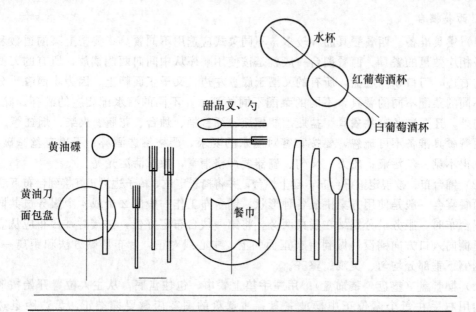

图3-13 西餐午、晚餐餐具摆放示意图

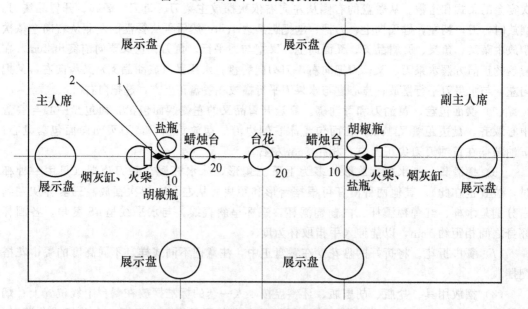

图3-14 西餐午晚餐公共餐具摆放示意图

6. 摆台后的检查工作

（1）检查台面摆设有无遗漏。

（2）检查台面摆放是否规范、合乎要求；餐具是否清洁光亮，无污迹、水迹、缺口；台布、口布是否无霉迹、油迹、破洞。

（3）检查座椅是否配齐、完好。

> **案例 3-1**
>
> 　　一位翻译带领 4 位德国客人走进了西安某三星级饭店的中餐厅。入座后，服务员开始让他们点菜。客人要了一些菜，还要了啤酒、矿泉水等饮料。突然，一位客人发出诧异的声音。原来他的啤酒杯有一道裂缝，啤酒顺着裂缝流到了桌子上。翻译急忙让服务员过来换杯。另一位客人用手指着眼前的小碟子让服务员看，原来小碟子上有一个缺口。翻译赶忙检查了一遍桌上的餐具，发现碗、碟、瓷勺、啤酒杯等物均有不同程度的损坏，上面都有裂痕、缺口和瑕疵。翻译站起身把服务员叫到一旁说："这里的餐具怎么都有毛病？这可会影响外宾的情绪啊！""这批餐具早就该换了，最近太忙还没来得及更换。您看其他桌上的餐具也有毛病。"服务员红着脸解释着。"这可不是理由啊！难道这么大的饭店连几套像样的餐具都找不出来吗？"翻译有点火了。"您别着急，我马上给您换新的餐具。"服务员急忙改口。翻译和外宾交谈后又对服务员说道："请你最好给我们换个地方，我的客人对这里的环境不太满意。"经与餐厅经理商洽，最后将这几位客人安排在小宴会厅用餐，餐具也使用质量好的，并根据客人的要求摆上了刀叉。望着桌上精美的餐具，喝着可口的啤酒，这几位宾客终于露出了笑容。

3.1.4　餐前检查

餐前检查是对餐厅准备工作全面检阅。主要内容包括台面及桌椅安排、各项卫生、工作台、设施设备状况、宾客预订的落实情况及服务员仪容仪表、精神面貌的检查，以确保餐厅的人、财、物以最佳状态投入到宾客接待工作中。

3.1.5　召开餐前例会

餐前例会由餐厅经理或主管主持召开，一般在开餐前 30 分钟召开，时间 15～20 分钟。餐前例会的内容包括：

（1）检查服务人员的个人卫生、仪容仪表和精神风貌；

（2）进行任务分工；

（3）通报当日客情、VIP 接待注意事项；

（4）介绍当日特别菜肴及其服务方式、告知缺菜品种；

（5）总结昨日营业及服务经验和存在问题，及时表扬表现优秀的员工；

（6）抽查新员工对菜单的掌握情况等。

餐前例会结束，餐厅工作人员迅速进入自己的工作岗位，按餐前例会的具体分工，准备开餐。

3.2 接受订餐服务

> **案例 3-2**
>
> 一天晚上，某饭店的门前驶来一辆出租车，4位台湾来的客人先后下车走进饭店，直奔二楼风味餐厅。
>
> "欢迎各位到丽园餐厅用餐。请问先生贵姓，有没有预订？"接待小姐很有礼貌地问道。
>
> "我姓雷，三天前电话预订了'佛跳墙'，请你查一下。"雷先生迫切地说。接待小姐查了预订记录，发现只有两个姓李的客人订了四人餐，一个是李永昌（海鲜宴），另一个是李明（外订"佛跳墙"）。
>
> "先生，请看这是不是您的预订？"接待小姐请客人确认预订记录。
>
> "哦，不，我叫雷铭，这外订'佛跳墙'是什么意思？"雷先生用笔更正了姓名后，不解地问道。"'佛跳墙'这道菜有18种原料，需要很长时间加工，其中鱼唇、金钱鲍鱼等原料我们这里今天刚进货，在接到您预订时制作时间已经不够，但考虑到您对饭店的信任，我们已经为您在其他饭店预订了这道菜。"接待小姐耐心地向雷先生解释了外订的原因。
>
> "那不行。你们这么大的饭店'佛跳墙'都做不出来，还开什么餐厅！同意了我的预订就要兑现，我就要吃你们做的'佛跳墙'，其他饭店做的不要。"雷先生突然生起气来。
>
> "十分抱歉，我们没有向您解释清楚，让您误会了。这几天预订'佛跳墙'的客人只有您一位，原料和时间都紧张，我们就派厨师到关系单位亲自为您加工，现在已经准备好了，口味绝对正宗。请您先到里面入座，先品尝其他菜，'佛跳墙'马上就上桌。"餐厅经理急忙走过来回答。
>
> "谢谢你们想得周到，但以后预订，不要把人家的名字搞错。"雷先生和家人跟随领位小姐走进了餐厅。
>
> 事实上，由于雷先生预订时间晚，又是电话预订，餐厅因为原料不全来不及准备，的确在外面为他预订了"佛跳墙"，一旦他来，就开车去取。
>
> 当雷先生一家吃到那满堂馥郁的"佛跳墙"时不禁食欲大增，伸起大拇指连声说好。
>
> 预订时，一定要注意预订内容的规范化，确保预订者的权益。此例中预订员误把"雷铭"写成"李明"，引起客人的不满。因此，同音或近音的姓名一定确认清楚，以示对客人的尊重。
>
> 预订员不仅要掌握餐厅的供应情况和加工能力，还要考虑到饭店的信誉，不要只为利润而预订那些不能落实的菜肴，否则容易在实际服务中造成被动。此例中外订的"佛跳墙"如果取不到，或客人没有来，均会造成饭店声誉或经济上的损失。因此，对电话预订的菜肴，特别是贵重的菜肴，一定要有十分的把握，否则不要同意预订。
>
> 此例中，预订缺乏细致和周全，但接待小姐的耐心和餐厅经理的及时应答弥补了工作上的不足。此外，预订记录最好不要给客人看，以免造成服务上的被动。

3.2.1 电话预订

（1）电话铃响三声以内，迅速拿起电话；

（2）敬语问候，报出餐厅名称和本人工作岗位；

（3）了解客人就餐人数、就餐时间、订餐姓名或单位，客人有无特殊要求等；

（4）安排相应的桌位，并告知客人，并提醒客人餐厅留座时间等事项；

3 餐饮接待服务工作流程及服务必备技能

(5) 如餐厅客已满，不能再接受客人的预订，应向客人解释，并告诉客人需等候的大约时间；

(6) 复述客人预订内容，请客人确认，准确记录下电话内容；

(7) 礼貌致谢，等客人挂断电话后再放下电话；

(8) 将预订内容及接受预订的工作人员姓名详细记录在册备查。

3.2.2 面谈预订

(1) 热情、礼貌问候客人；

(2) 了解客人身份、用餐时间、宴请对象、人数、桌数及其他要求；

(3) 为客人安排桌位；

(4) 将预订内容向客人复述一遍，请客人确认；

(5) 如预订菜肴，应酌情收取定金；

(6) 请客人留下姓名、地址、联系电话（最好是移动电话）；

(7) 向客人致谢，并道别；

(8) 将预订内容填单后立即通知餐厅及厨房；

(9) 将预订内容与接受订餐人姓名详细记录在册备查。

3.3 迎宾服务

3.3.1 敬语迎宾

迎宾员应熟悉本餐厅的餐桌布局，事先掌握当餐预订情况，准备好菜单，在开餐前5分钟站在指定位置，恭候宾客到来，并始终保持良好的精神面貌和姿态。

见到宾客，迎宾员要微笑并主动问候，了解其是否预订。如果已预订，问清是以什么姓名预订，然后迅速找出预订单，换以姓氏称呼宾客；如果未预订，则了解共有多少宾客前来就餐，然后据此引领宾客。

> **案例 3-3**
>
> 一个晚上，酒店中餐客人络绎不绝，餐厅咨客忙着迎来送去，满头大汗。这时6位香港客人在一位小姐的引导下来到了二楼中餐厅。咨客马上迎了过去，满面笑容地说"欢迎光临，请问小姐贵姓？"这位小姐边走边说："我姓王。""王小姐，请问您有没有预订？""当然了，我们上午就电话预订好了'牡丹厅'。"咨客马上查看宾客预订单，发现确实有一位王的小姐在上午预订了"牡丹厅"，于是咨客就迅速把这批客人带进了"牡丹厅"。
>
> 过了半个小时，餐厅门口又来了一批人，共有12位客人，当领队的王小姐报出自己昨天已经预订了"牡丹厅"时，餐厅咨客发现出了问题，马上查阅预定记录，才发现原来今晚有两位王姓小姐都预订了厅房，而咨客在忙乱中将两组客人安排进了同一间厅房。餐厅咨客为了补错，立即就把客人带到了"紫荆厅"，客人进去一看更加不满意了。王小姐满脸不高兴说："我们预定的是一张12人台，这是一张10人台的厅房，我们12个人怎么坐得下？"王小姐不耐烦地径直到

> "牡丹厅"一看，里面的客人已开席了，12人台只坐了7个人，咨客看了看这么多的客人，为这不恰当的安排而再次赔礼道歉，但是这12位客人仍然怎么也不愿意坐进这间10人厅房。
> "你们这么大的酒店，居然连预订都会搞错，还开什么餐厅！同意了我的预订就要兑现，我就要去牡丹厅，其他的厅房我都不去！今天我的客户很重要，这样让我多没面子，把你们的经理找来！"王小姐突然生气起气来。"十分抱歉，这是我们的工作失误，这几天预订厅房的客人特别多，我们弄乱了，请你们先进房间入座，我们马上给你们加位好吗？"餐厅经理急忙过来好言好语地解释。"我们这么多人坐得如此拥挤，让我多么没有面子！好像我宴请朋友非常小气一样。"
> "对不起，这是我们的错误，今天客人太多，请多多原谅。"看着这群饥餐渴饮的客人进了紫荆厅房，经理和咨客才松了一口气，但看到这群客人坐得那么拥挤，咨客心里又过意不去，这正是因为自己工作失误带来的错误。

3.3.2 衣帽存放

有的餐厅设有衣帽间，供宾客存放外套及大件行李。迎宾员应引领有需要的宾客先到衣帽间，协助衣帽间服务员存放宾客的衣物，并提示宾客贵重物品须随身携带。

3.3.3 候餐服务

若宾客未曾预订，问清客人就餐人数后将客人领到合适的就餐位置。如果餐厅已客满无空桌，迎宾员应表示歉意，并引领宾客到休息厅等候，随即送上小毛巾、热茶（西餐厅用冰水），并向宾客表示一旦餐厅有空桌就马上安排。

3.3.4 引客入座

迎宾员应根据客人人数拿好相应数量的菜单（西餐人手一份，中餐一桌一份），走在宾客的侧前方1米左右引领宾客。遇到拐弯或有障碍物时，须回头向宾客示意。引领到适当的餐桌后，须先征询宾客对餐桌位置的意见，并尽可能让宾客满意。值台服务员见到宾客，微笑问好，迅速拉椅，协助客人入座，进行开餐服务。

3.3.5 询问饮品

宾客就坐后，值台服务员询问宾客喝什么饮品（中餐问茶，西餐早餐问咖啡或茶，午餐问开胃酒），并介绍餐厅供应的饮品种类。宾客选好饮品后，服务员应迅速准备，并为宾客服务饮品。

3.3.6 呈递菜单、酒水单

待宾客做好后，迎宾员应打开菜单、酒水单的第一页，站在宾客的右侧，双手呈递给宾客。在西餐厅中，呈递时应遵循先宾后主、女士优先的原则，逐一送到宾客手中，同时礼貌地说："Excuse me, sir/madam, Here is your menu."在中餐厅中，菜单和酒水单无须人手一份，一般只呈递给主人。迎宾员返回迎宾岗前，要恭祝宾客用餐愉快，并与服务员做好工作交接。

3 餐饮接待服务工作流程及服务必备技能

3.4 就餐服务

就餐服务集中反映了餐厅的特色和服务技艺，是最能反映和体现餐厅服务档次和水准的环节，因此也是餐厅能否让宾客成为回头客的关键环节。

3.4.1 点菜服务

点菜服务是一项技术性很强的工作，要求服务员熟悉菜单，熟悉菜肴特点、菜式单位、点菜分量和宾客饮食特点，语言表达准确流畅，懂得有关服务礼仪，并有一定的推销技巧和随机应变能力。

> **案例 3-4**
>
> 星期日中午，雷先生一家三口来到北京某饭店的中餐厅吃午饭。点菜时，服务员微笑着询问雷先生想吃什么。雷先生考虑了一下，告诉服务小姐，想要一些口味清淡、不太辣的菜。于是服务小姐向他们推荐了几样中高档的广东菜，并介绍了广东菜的特点。
>
> "广东菜由广州菜、潮州菜和东江菜组成，讲究原料加工方法、口味清淡鲜美，突出菜的质量和原味。比较有名的菜有'红烧大裙翅''片皮乳猪''蛇羹''清汤鱼肚''一品天香''冬瓜燕窝''油爆虾仁'等。我们餐厅有从广州白天鹅宾馆请来的特级厨师，加工的菜都保持了广东菜的正宗风味。如果您感兴趣，可以在我给您推荐的菜中挑选了几样尝尝。"
>
> 听了服务小姐介绍，客人很放心，并按服务小姐的推荐点了菜。每上一道菜，服务小姐都热心地为他们介绍，使他们的进餐过程充满了情趣。经过品尝，客人确实感到这家饭店的菜品鲜美，味道不同寻常。
>
> 用餐快结束时，雷先生又告诉小姐，希望能带走一份味道鲜美、质量上乘、适合于老人享用的菜，带回家给行动不便的老母品尝。服务小姐热情地为他推荐了"燕窝鱼翅煲"，并告诉他此菜营养丰富、质量上乘，属于粤菜中的精品，非常适合老年人食用，都进行了精心的包装。雷先生临走时感激地对服务小姐说："这顿饭我虽然花了不少钱，但非常高兴，对你的服务非常满意，有机会还要来这里吃广东菜。希望下次能为我们推荐一些味道更好的菜。"
>
> 在餐饮推销服务中，一定要注重优质服务和周到服务，只有在优质服务的基础上才能取得客人的信任，保证推销的效果。本例中的服务小姐，在了解了客人的口味特点后，适时、适度地为他们介绍了广东菜的内容，并在上菜过程中继续推销的程序，详细介绍菜品的特点，引发起客人的兴趣，其周到服务的风格满足了客人的心理需求，使推销服务的进程十分顺畅。
>
> 推销意识是保证推销服务成功的关键。只有具备建立在良好服务意识基础上的推销意识，才能在餐饮服务的全过程中不断发现推销的机会。本例中第二次推销的机会就是在客人用餐结束并赢得客人的信任之后发生的。服务小姐的推销再次激发起客人的购买欲望，使得客人继续消费。

1. 点菜的准备工作

我国大多数人民的生活水平，已由温饱型消费向健康型消费过渡，人们对自己身体健康状况的关心程度越来越高，自我保健意识也越来越强。古人云："食之有道，能养身防病；食之无道，可伤身致病；若得相宜则益体，否则成疾。"可见，合理配膳，讲究"食"

的科学性和合理性是十分重要的。因此，作为餐饮业工作者，不仅要为消费者提供美味可口的佳肴，而且有责任启迪人们提高科学膳食的方法，帮助人们掌握营养知识，讲究如何吃得好，吃得科学，吃出营养，吃出健康。

(1) 科学膳食合理营养的依据。我国早就提出"五谷为养、五畜为益、五果为助、五菜为充"的膳食结构原则。五谷能提供人体需要的碳水化合物和不饱和脂肪酸，肉类能供给优质蛋白，蔬菜、水果、食用菌能供给多种维生素和矿物质。

> **知识链接 3-1**
>
> 人体所需的营养素包括蛋白质、糖类、水、脂肪和维生素、矿物质等，这些营养成分在人体内应保持一定的比例关系，方能维持身体的正常生长和发育。营养学家按比例区分：一般人日常生活中每餐食大米、麦面和杂粮应是50%；蔬菜、果品（其中蔬类3/4，果类1/4）应是20%左右；豆制品含丰富的蛋白质、维生素，最好每餐摄入量为食物总量的15%；肉、蛋应占5%；乳制品、食用油脂、糖应占10%。如此能较好地维持人体的营养平衡。科学家认为，粗细结合，荤素搭配，一日三餐不重样，饭菜花样要多变。一般人每天应该吃25种左右的食物。各种食物含有不同的营养素，巧搭配可以达到人体需要的热量和消耗量，才有旺盛的精力。

(2) 怎样搭配食物。我们从食物中获取各种营养，这些营养必须合理搭配，才能保证我们正常生活和成长，这就是营养的均衡。

① 选配搭档。一桌筵席菜肴各种营养成分的合理配置，经设计确定以后，就需在每一款菜式中体现出来。配菜要符合每款菜肴的标准设计。不同原料有不同的营养成分含量，即使同一原料，由于部位的不同，其营养成分的含量也有差异。蔬菜含维生素多，肉类含蛋白质和脂肪多，一个菜肴如果有菜有肉，就必须准确掌握投放比例，使菜肴能有最优的营养素配合与互补，这就是营养搭配。

> **知识链接 3-2**
>
> 就拿吃火锅来说需要在食物搭配上下些功夫。例如火锅肉食多，可以选些蔬菜，不仅能消除油腻，补充人体维生素的不足，还有清凉、解毒、去火的作用；适量放些豆腐，其石膏的成份可以具有清热消火、除烦、止渴的作用；加些白莲，因为莲子心有清心泻火的作用；可以放点生姜，能调味、抗寒，姜皮辛凉，有散火除热的作用；调味料要清淡，使用酱油、麻油等较清淡的作料可避免对肠胃的刺激，减少"热气"；水果有良好的消火作用，餐后只要吃上一两个水果就可防止"上火"。

② 荤蔬搭配。荤食与蔬菜相配，才能油而不腻、味道适口。当然，配菜和调味一定要得当，才能收良好的效果（图3-15）。荤食配菜必须有互补作用，以提高其营养价值。此外，荤食配菜还要根据季节、气候的变化。比如，冬季天气寒冷，鸡肉、牛肉、羊肉，可配以生姜、辣椒粉等调味品，这样会使抗寒效果更好，并能暖脾胃、助消化。

3 餐饮接待服务工作流程及服务必备技能

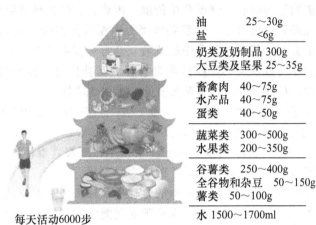

图3-15 《中国居民膳食指南》膳食宝塔

知识链接3-3

菠菜含铁丰富，有补血作用，如和猪肝相配，补血效果会更好；牛肉壮气、健脾胃，如和马铃薯相配，不仅可以解牛肉之腻，而且马铃薯中含有大量的维生素C，有保护胃粘膜作用，一护一补，更有益于脾胃；老鸭既可补充人体水分又可补阴，并可消热止咳，山药的补阴之力更强，与鸭肉伴食，可消除油腻，补肺效果更佳；鸡肉补脾造血，栗子健脾，脾健则更有利于吸收鸡肉的营养成分，造血机能也会随之增强，因此老母鸡汤煨栗子效果更佳；排骨与海带，一酸一碱最佳组合，为长寿食品之一；豆腐煮鱼可谓是营养佳食，豆腐中含有8种人体必需氨基酸，但蛋氨酸和赖氨酸含量较少，而鱼类含有赖氨酸和蛋氨酸，鱼类相对含苯丙氨酸较少，而豆腐中又比较多，豆腐含有大量钙，而鱼含有丰富的维生素D，可促使对钙的吸收，因此如果豆腐和鱼搭配起来吃，则可以取长补短，相铺相成，提高蛋白质的利用价值，增加钙的吸收。

---

③ 蔬豆合烹。蔬菜与鲜豆类或豆制品合烹，口味鲜美，色彩美观，营养价值也会提高。

知识链接3-4

炒毛豆加入葱，因葱内含有蒜素，可使毛豆中的维生素B1功效提高10倍以上；豆腐与萝卜，豆腐属于植物蛋白肉，多食会引起消化不良，叫作"豆腐积"，萝卜，特别是白萝卜的消化功能强，若与豆腐伴食，会使其营养大量被人体所吸收；豆腐与海带，大豆含有皂角带，可阻止过氧化脂质的形成，并有抑制脂肪分解的作用，但皂角苷有促进碘的排泄作用，如果人体内碘的含量减少，易发生甲状腺机能亢进。因此，常吃豆腐配海带的食品，能预防肥胖、高血压、动脉硬化、心脏病等病症，对急性肾功能衰竭、急性青光眼病，也是一种有效的食疗方法。

---

④ 多样组合。蔬菜与荤菜的组合、深浅色蔬菜之间的组合、蔬菜与菌类的组合，很适合儿童食用，如烩蔬菜五丝中的绿豆芽、青椒丝、胡萝卜丝、黑木耳丝、金针菇丝组配起来，营养丰富、色彩鲜艳、口味鲜美。很多绿色蔬菜，如荠菜、菠菜、马兰头、芹菜含

有草酸,会影响矿物质的吸收,降低食用价值。因此,了解各种蔬菜的忌、宜特性,合理搭配菜肴,可以提高营养吸收率。如菠菜肉糜豆腐羹或荠菜肉丝豆腐羹,虽然口味鲜美,但其营养搭配很不合理。菠菜与荠菜中的草酸,会与豆腐中的铁、钙形成深淀物,不利于人体吸收。如豆制品与根茎类的食品搭配则有营养互补作用,如烩四色素片中的荸荠片、百叶片、胡萝卜片、荷兰豆片,色香味形齐全,营养也丰富。

⑤ 合理切配。蔬菜的切配应符合"一拣、二洗、三浸、四切"的步骤,这是保留蔬菜中更多营养素的方法。一拣:拣出蔬菜中的黄叶、枯叶、烂叶,保留最佳的部分;二洗:洗净蔬菜中的污泥,去除菜虫,保证蔬菜卫生;三浸:浸泡半小时,去除残留的农药;四切:根据菜肴的要求,丝配丝,丁配丁,片配片。

当然,要保证菜肴的营养,除了原料的合理搭配外烹制时也要注意一些问题:急火快炒是保留蔬菜最多营养素的烹调方法,现烧现吃更能保持菜肴的风味;炒蔬菜时尽量少加水,使菜汁适量。还要晚加盐;烧煮绿叶菜汤,应待水开后加入菜,缩短加热时间,保留更多维生素C;炒菜中(除绿叶菜)加少许醋,可防止维生素C、B1、B2氧化,促进钙、磷、铁成分溶解。

总之,一桌筵席菜肴各种营养成分的合理配置,经设计确定以后,就需在每一款菜式中体现出来。配菜要符合每款菜肴的标准设计。不同原料有不同的营养成分含量,即使同一原料,由于部位的不同,其营养成分的含量也有差异。蔬菜含维生素多,肉类含蛋白质和脂肪多,一个菜肴如果有菜有肉,就必须准确掌握投放比例,使菜肴能有最优的营养素配合与互补,在日常生活中,只有注意菜肴的合理搭配,才能使其营养价值大大提高,并被身体充分吸收利用,才能使人们吃得好,吃得香,营养适当,身体健康。

2. 点菜的基本要求

为宾客点菜前,服务员应事先准备好纸、笔,画好宾客座位示意图(西餐)。宾客示意点菜后,就紧步上前,首先询问主人是否可以点菜了。得到主人首肯后,站在宾客身后右侧,遵循以下基本要求,为客人点菜。

(1) 时机与节奏。在客人就坐后几多分钟内要及时入房点菜。

(2) 客人的表情与心理。

① 看。看客人的年龄,举止情绪,是外地还是本地,是吃便饭还是洽谈生意,宴请朋友聚餐。调剂口味是炫耀型还是茫然型,还要观察到谁是主人,谁是客人。

② 听。听口音,判断地区或从顾客的交谈中了解其与同行之间的关系。

③ 问。征询顾客饮食需要,作出适当的菜点介绍。

(3) 认真与耐心。详细介绍菜单,推介适合菜肴并耐心听取客人的意见。

(4) 语言与表情。具有良好的语言表达能力,所谓良好的语言达能力就是灵活、巧妙地运用,能使顾客满意的语言。

(5) 知识与技能。

① 对菜品、点菜等产品知识要有充分的认识。

② 根据观察来判断宾客的要求。

③ 掌握业务知识与技能。

3 餐饮接待服务工作流程及服务必备技能

3. 点菜技巧

点菜时,服务员应根据宾客的性别、年龄、国籍、口音、言谈举止等判断宾客的饮食爱好、消费目的,结合用餐时间,用诚挚的语气、清晰的口齿,有针对性地向宾客推介菜肴,引导宾客购买和享用。宾客点的菜须及时准确全面记录在点菜单或宾客座位示意图上。

(1)按照上菜顺序点菜。又被称为程序点菜,就是按照先冷后热然后汤类主食点心的顺序来点。这种按照顺序点菜的方法需要注意的是要注重各种搭配。如:冷热搭配、荤素搭配、菜式搭配、工艺搭配、颜色搭配、形状搭配、味形搭配等,让客人感觉到不管吃那道菜配合的都很好。

(2)按照就餐人数点菜。即是根据客人的人数来决定点多少菜肴。例如客人只有两个人,一般点2~3道菜就够了,如果是三到四个人,一般可以点四到五个菜一个汤,依次类推。

案例 3-5

王先生带着客户到某星级酒店的中餐厅去吃烤鸭,这里的北京烤鸭很有名气,客人坐满了餐厅。由于没有预订,咨客先将王先生一行引到休息室等了一会儿,才能安排他们到一张客人预订却未到的餐桌前。大家入座后,王先生一下子就为8个人点了很多菜,除烤鸭外还有十几道菜,其中有一道是"清蒸鲟鱼"。由于餐厅近日推出了推销海鲜提成的方法,服务员小张高兴得没问客人要多大的鱼,就通知厨师去加工了。

不一会儿,一道道菜就陆续上桌了。客人们喝着酒水,品尝着鲜美的菜肴和烤鸭,颇为惬意。吃到最后,桌上仍有不少菜,大家却已酒足饭饱。突然,同桌的小谢想起还有一道"清蒸鲟鱼"没有上桌,就赶忙催服务员快点上。鱼端上来了,大家都愣住了!

"好大的一条鱼啊!足足有3斤多重,这怎么吃得下呢?"

"小姐,谁让你做这么大一条鱼啊!我们根本吃不下。"王先生用手推了推眼镜,说道。

"可您也没说要多大的鱼呀?"服务员小张反问道。

"你们在点菜时应该问清客人要多大的鱼,加工前还应该让我们看一看呀。这条鱼太大,我们不要了,请退掉!"王先生毫不退让。

"先生,实在对不起,如果这条鱼您不要的话,餐厅就要扣我的钱了,请您务必包涵一下吧!"小张的口气软下来。

"这个菜的钱我们不能付,不行的话就请找你们经理来。"双方僵持不下。

(3)按照消费习性点菜。即是不同地区不同的客人,他们的饮食习惯及口味等都是不一样的,服务人员要能根据客人的不同的消费习性来有效推荐菜肴。例如港、澳及广东地区口味偏清淡,喜欢一些咸鲜、脆嫩的菜肴;天津、北京、河北喜欢咸一点、味道稍微浓一点的菜肴;四川、湖南人喜欢辣一点的;江浙上海的客人喜欢甜味的、咸带点甜的食品。不同年龄段饮食习性也是不一样的,老年人喜欢松软、少而精的;赶时间的客人需求上菜时间快速、味道可口的等。民间流传着一个顺口溜:南甜北咸、东辣西酸、南爱米、北爱面,沿海城市多海鲜,体力者肉多,劳心者清甜,年轻香脆刺激,老的巴嫩松软。这就是根据客人不同的消费习性来分类。

(4) 按照消费能力点菜。即按照不同的消费层次及客人消费能力去为客人推荐相关菜肴。针对高消费的商务客人，可以推荐一些中高档的菜肴，如海参、鲍鱼、燕窝、海鲜、河蟹、野味、菌类等相关特色菜肴等。针对中档顾客，就是有支付能力但不一定追求高消费的顾客群体，可以推荐一些家禽类、小海鲜或食素类的菜肴。针对白领阶层，也有消费能力，但这类客人有时不追求那种高档，可推荐一些美味的，让客人感觉有价值感的菜肴，根据客人不同的消费能力来有针对性去推荐。

案例 3-6

某酒店的中餐厅来了两位衣着讲究的男士，根据他们的要求，咨客把他们带到幽静角落的 18 号餐台。入座后，服务员小丁忙着为他们送上迎宾热茶、热毛巾，并热情地询问是否可以点菜。客人示意先要两杯 XO 白兰地，过一会儿再点菜。小丁把酒送来后，在他们背后站了一会儿，仍不见他们有点菜的意图，就又上前询问。一位客人不耐烦地说："请不要打扰我们，需要时我叫你，你再来。"小丁见状便退身去为其他客人服务了。

过了一会儿小丁正在忙着，一位服务员突然告诉小丁："16 号台的客人正找你呢。"小丁连忙走过去。"你怎么这么晚才来？"客人不高兴地说。小丁忙道了"对不起"，并微笑着问客人要点什么菜。根据客人点 XO 酒的情况和他们的衣着、举止，小丁判断客人一定很有钱，便在他们看菜单的时候推介："我们这里海鲜很有名，有鲍鱼、龙虾、飞蟹、象拔蚌……"

"好了，你说的这些菜我们天天吃，今天想要一些清淡的菜？"

"有，我们这里有'凉拌海蜇''蘸酱海参''清蒸海胆'……"小丁又积极推荐道。

"不，不，我们不要海鲜，我们想要'花生米''青椒土豆丝'之类的菜。"客人摆着手说道。

小丁心里纳闷，这么有身份的人怎么就点这样便宜的菜。于是，又为客人推荐了"扒鱼腐""生菜乳鸽包""鼎湖上素"等菜，但客人仍不同意。没办法只好按客人的意思点了几样简单的菜。

进餐完毕时，客人把小丁叫来说："你的微笑服务很好，但总想让我们吃龙虾、飞蟹，干脆就叫你飞蟹小姐吧！"客人的话使小丁十分尴尬。

---

(5) 按照食品结构点菜。即是为客人点菜时，根据餐厅菜单上不同类型的菜肴，如素菜类、海鲜类、水产类等等，能根据这些不同结构有效为其组合及搭配。

(6) 按照菜单搭配点菜。即是在为客人点菜时，要注重营养结构。有的餐厅菜单上的每一道菜，都注明各种营养成分、营养结构及怎样进行菜单搭配，从而让客人知晓，点菜时，通过服务人员的引导，让客人点的菜肴，都能进行营养搭配组合。如芹菜可以降低血压，针对高血压患者有效引导等。

4. 记录内容

接受客人点菜时，身体微前倾，认真清楚地记下客人所点的菜品名。

5. 复述内容

为了确保点菜正确无误，应向客人复述其所点菜品，请客人确认。

3 餐饮接待服务工作流程及服务必备技能

案例 3-7

一天，赵先生在酒店的中餐厅请客户吃饭。点菜时，有一位客户点了一道"白灼基围虾"，但记菜名的服务员没注意听，把它误写为"美极基围虾"。

当菜端上来以后，赵先生感到很奇怪，立即把服务员叫来，清楚地表示："小姐，我们要的是'白灼基围虾'，这道菜你上错了，请你赶快给我们换一下。"

服务员一听不乐意了，辩解说："刚才这位先生点的就是'美极基围虾'，肯定没错。不信把菜单拿来核对一下。"

她的话把刚才点这道菜的客人弄得很不高兴，赵先生的脸也沉下来了说："请小姐把点菜单拿来给我们看一下吧。要是你错了，得赶快给我们换。"

服务员过去拿来点菜单，赵先生等人一看，上面果然写的"美极基围虾"。这一下，大家都感到奇怪了。刚才位客人明明说的是"白灼基围虾"，大家都听的很清楚，但现在怎么就成了"美极"了呢？那位服务员心里知道，自己当时一定是走神了，根本就没听清到底是"白灼"还是"美极"，但想到"美极基围虾"这道菜点的人多，想当然就记成"美极"了。可是，她害怕赔偿，怎么也不肯主动承认是自己记错了，还是指着菜单硬说客人当时点的就是"美极基围虾"，菜根本没上错。这时候，赵先生请的那位客人实在坐不住了，他有些气愤地说："把你们经理叫来，我有话对他（她）说。"

服务员极不情愿地去叫来了经理。这位经理大概已经听服务员汇报了情况，他走过来后便说："不好意思，你们刚才点的就是这道菜。我们店服务员都是经过严格考核和培训的，记忆力都很好，在客人点菜时会如实地记下每一道菜名……"

大家本以为这位经理回过来赔礼道歉，把菜给换了，但没想到他居然会说出这种话！经理这番话的意思很明显：不是店方错了，而是赵先生等客人错了。事情到这种地步，完全没有回旋的余地了。客人愤怒地拂袖而起，说道："好吧，请你赶快给我们结账吧！"赵先生见此情景，也觉得很是尴尬，劝也不是，不劝也不是。愣了一会之后，他才赶忙对那位客人赔不是说："真对不起，请原谅！以后再也不到这种餐厅来吃饭了！"

6．礼貌致谢

复述完毕，服务人员应收回菜单，并向客人表示感谢，告知客人菜肴的等候时间，并祝客人用餐愉快。

3.4.2 点酒水服务

1．接受点单

点酒水时，服务员应根据宾客所点菜肴推荐佐餐酒，迅速记下宾客所点酒水品种和数量。点完菜和酒水后，须立即复述确认，以免错漏，然后礼貌致谢，收回菜单、酒水单，西餐要询问宾客是分开付账还是一起付账，中餐告知出菜时间，请客人稍等。根据点菜单，服务员须按服务规范和顺序，填写（或输入电脑）送入厨房的正式点菜单。

2．酒水服务

（1）酒水服务基本要求。根据客人所点酒水，准备好相应的酒杯并送上餐桌。从酒吧领取酒水后，根据酒品最佳饮用温度先冰镇或温热。然后按服务规范为客人斟倒酒水（贵重酒水须先示酒)。中餐酒水一律八分满,西餐酒水则根据酒品的不同而各异:红葡萄酒斟至杯的1/2,白葡萄酒2/3,香槟酒2/3,白兰地1/5。斟酒时从主宾开始,遵循"女士优先"的原则,按顺时针方向,站在每位客人的身后右侧进行。

(2) 常见酒水服务流程。

① 白葡萄酒服务流程。白葡萄酒是用青葡萄或紫葡萄去籽、去皮后再压榨取汁,经过自然发酵,时间较短,一般贮存2~5年即可饮用。酒色较淡,一般显淡黄绿色。饮用前需冰镇。

当客人点要白葡萄酒后,应立即去吧台取酒,时间不超过5分钟;在冰桶中放入1/3桶冰块,再放入1/2冰桶的水后,放在冰桶架上,并配一条叠成8cm宽的条状餐巾;白葡萄酒取回后,放入冰桶中,商标朝上;将准备好的白葡萄酒与冰桶架等一同拿到客人座位的右侧;将一小碟放在客人餐具的右侧;用餐巾裹住酒瓶只露出商标;将酒送至客人面前,请客人看清商标,并询问客人是否可以服务白葡萄酒;得到客人允许后,将酒瓶放回冰桶中,左手扶住酒瓶,右手用开塞器开启瓶塞;将酒钻的螺旋锥转入瓶塞,将瓶塞慢慢拔起,木塞出瓶时不应有声音,再用餐巾将瓶口擦干净;在开瓶过程中,动作要轻,以免摇动酒瓶时将瓶底的酒渣泛起,影响酒味;将瓶塞放入小碟;服务员右手持用餐巾包好的酒瓶,商标朝向客人,从客人右侧斟1/5杯的白葡萄酒,请主人品评酒质;客人认可后,按照女士优先的原则,依次为客人斟酒,倒入杯中3/4即可;最后给主人斟倒,再把白葡萄酒放回冰桶,商标朝上;随时为客人添加白葡萄酒,当整瓶酒将要斟完时,询问客人是否需要再加一瓶;如果客人表示不再要酒,即观察客人,待其喝完酒后,立即将空杯撤掉。

② 红葡萄酒服务流程。红葡萄酒是用紫葡萄连皮一起压榨取汁,经过自然发酵,贮存4~10年而成。红葡萄酒发酵时间长,葡萄皮中的色素在发酵中溶入酒里,使酒液成红色,一般在室温下饮用。

当客人点要红葡萄酒后,应立即去吧台取酒,时间不超过5分钟;准备好红酒篮,将一块干净的餐巾铺在红酒篮中;将取回的红葡萄酒放在酒篮中,商标朝上;将一小碟放在客人餐具的右侧;服务员右手持酒篮,左手轻托住酒篮的底部,呈45°倾斜,商标朝上,请客人看清酒的商标,并询问客人是否可以服务;先用洁净的餐巾将酒瓶包上,然后剥除瓶口部位的锡纸并揩擦干净;用开塞器开启酒瓶;将酒钻的螺旋锥转入瓶塞,将瓶塞慢慢拔起,再用餐巾将瓶口擦干净;在开瓶过程中,动作要轻,以免摇动酒瓶时将瓶底的酒渣泛起,影响酒味;将瓶塞放入小碟中;服务员将打开的红葡萄酒瓶放回酒篮,商标朝上,同时用右手拿起酒篮,从客人右侧斟倒1/5红葡萄酒,请主人品评酒质;客人认可后,按照女士优先的原则,依次为客人斟酒,倒入杯中1/2即可;斟完酒后,把酒篮放在客人餐具的右侧,注意不能将瓶口对着客人;随时为客人添加红葡萄酒;当整瓶酒将要斟完时,询问客人是否需要再加一瓶;如果客人表示不再要酒,即观察客人,待其喝完酒后,立即将空杯撤掉。

③ 香槟酒服务流程。香槟是最具有代表性的葡萄汽酒,原料有紫葡萄、白葡萄,以紫葡萄为主,一般自开始酿制至包装出售,需要六七年的时间。酒液呈淡琥珀色,气味清香,酒气充足。在欧美宴会中,香槟酒是必备酒品,一般要冰镇后才供给宾客饮用。

当客人点要香槟酒后,应立即去吧台取酒,时间不超过5分钟;在冰桶中放入1/3桶冰块，再放入1/2冰桶的水后，放在冰桶架上，并配一条叠成8cm宽的条状餐巾；香槟酒取回后，放入冰桶中，商标朝上；将准备好的香槟酒与冰桶架等一同拿到客人座位的右侧；将一小碟放在客人餐具的右侧；用餐巾裹住酒瓶只露出商标；将酒送至客人面前，请客人看清商标，并询问客人是否可以服务香槟酒；得到客人允许后，将酒瓶放回冰桶中，左手扶住酒瓶，右手用开塞器开启瓶塞；香槟酒的瓶塞是用外力将木塞大部分压进瓶口，露有一截帽形物，并用铁丝绕扎固定瓶内丰富的气体；将瓶口的锡纸剥除；左手以45°的倾斜角度拿着酒瓶并用大拇指紧压软木塞，右手将瓶颈外面的铁丝圈扭弯，一直到铁丝圈裂开为止，然后将铁丝圈去掉；用左手紧握软木塞，右手转动瓶身，使瓶内的气压逐渐地将软木塞弹挤出来；转动瓶身时，动作既要轻又要慢，不可直接扭转软木塞，以防将其扭断而难以拔出；将瓶塞放入小碟中；开瓶时，瓶口不要朝向宾客，以防在手不能控制的情况下，软木塞被爆出；用餐巾将瓶身包住，露出商标；服务员右手拇指扣捏瓶底凹陷部位，其余四指托住瓶身，左手轻扶瓶颈处；向主人杯中斟倒1/5的酒，由主人品评酒质；客人认可后，按照女士优先的原则，依次为客人斟酒，倒入杯中3/4即可；每斟一杯酒最好分两次完成，以免杯中泛起的泡沫溢出，斟完时须将瓶身逆时针轻转一下，防止瓶口的酒液滴落在台布上或客人身上；最后为主人斟倒，再将酒瓶放回冰桶内冰冻；随时为客人添加香槟酒；当整瓶酒将要斟完时，询问客人是否需要再加一瓶；如果客人表示不再要酒，即观察客人，待其喝完酒后，立即将空杯撤掉。

④ 啤酒的服务流程。啤酒是一种营养价值比较高的谷物类发酵酒。它是以麦芽为主要原料，添加酒花，经过酵母菌的发酵而成的一种含有二氧化碳、起泡、低酒精度的饮料酒。啤酒适宜于低温饮用，一般啤酒在饮用前都要进行冰镇处理。在我国，啤酒的最佳饮用温度大约夏季6～8度，冬季为10～12度。在此温度下，啤酒的泡沫最丰富，既细腻又持久，香气浓郁，口感舒适。另外，夏季使用冰镇过的玻璃杯效果更佳。如果客人要喝热啤酒，可先将酒杯在热水中浸泡一会儿，再注入啤酒，也可直接将注满啤酒的杯子浸入40度的热水中，对啤酒进行加温。

当客人点要啤酒后，应立即去吧台取酒；酒水取回后放在工作台上；准备与客人人数相等的啤酒杯；啤酒服务应根据季节控制好啤酒的酒温；征得客人同意后，在客人面前将啤酒启封打开；斟酒时，服务员站在客人右后侧，面向宾客，身微前倾，将右脚深入两椅之间；右手握酒瓶的下半部，将酒瓶上的商标朝外显示给宾客，右臂伸出按顺时针方向依次（先宾后主）为客人斟倒；斟倒时，应使啤酒液沿酒杯内壁缓缓流入杯中，当杯中啤酒接近七成满时，放慢斟倒速度。当啤酒泡沫齐杯口时停止斟倒，逆时针旋转，防止酒液滴落在台布或客人身上。

⑤ 中国白酒的服务流程。白酒又称"白干"或"烧酒"，是以谷物和红薯为原料，经发酵、蒸馏而制成的。因酒液无色、透明而得名为白酒。酒精度在38～65度之间。

中国有着悠久的酿酒历史。随着酿酒技术的不断提高，白酒的品种也日益增多，并且向着低酒精度发展。中国白酒是以高粱、玉米、大麦、小麦、红薯等为原料，经过发酵、制曲、多次蒸馏、长期贮存而制成的酒精度较高的液体。

当客人点要中国白酒后，应立即去吧台取酒；酒水取回后放在工作台上；准备与客人人数相等的白酒杯；准备一条洁净的餐巾，作为服务巾使用，并折叠成长条形状；将折叠成形的餐巾放于左手掌心处，将白酒瓶底放在餐巾上；右手扶住白酒瓶颈部位，商标朝向

主人，酒瓶呈45°倾斜，请客人验酒；征得客人同意后，在客人面前将白酒启封打开；白酒的封瓶方式及其开瓶方法有两种：一种是塑料盖或外部包有一层塑料膜，开瓶时先用火柴将塑料膜烧溶取下，然后旋转开盖即可。另一种是金属盖，瓶盖下部常有一圈断点，开瓶时用力拧盖，使断点断裂，便可开盖，如遇有断点太坚固，难于拧裂的，可先用小刀将断点划裂，然后再旋开盖；用干净餐巾擦拭瓶口部位，准备斟酒；斟酒时，服务员站在客人右后侧，面向宾客，身微前倾，将右脚深入两椅之间；左手持服务用餐巾，右手握酒瓶的下半部，将酒瓶上的商标朝外显示给宾客，右臂伸出按顺时针方向依次（先宾后主）为客人斟倒；酒水斟倒以酒杯的八分满为宜；注意每斟倒完一杯酒，应逆时针轻轻转动瓶身，避免酒液滴洒在台布或客人身上。在撤身的同时，在客人背后用左手中的餐巾擦拭一下瓶口；客人酒杯中的酒液不足八分满时应及时添加；当整瓶酒即将倒完时，应及时征询客人是否再要一瓶，如同意则迅速取酒，继续服务。

⑥ 花雕酒的服务流程。准备充足的花雕酒，以及姜片、构杞、话梅等辅料；在客人的水杯右上侧摆放酒杯，间距1cm，酒杯须洁净、无缺口、无破损、无水迹、无指印；客人就座后，服务员须先问明客人是否加热及添加姜片、构杞、话梅等辅料；若客人热饮，服务员须告诉客人需要加热的时间，请客人等候；将加热好的酒水，按先宾后主、女士优先的原则依次从客人右侧为客人倒酒，倒入客人杯中的1/3即可，提醒客人热饮小心；倒酒时，瓶口不准粘贴杯口，以免有碍卫生及发出声响；当酒壶中的酒将要倒完时，询问客人是否再加酒，如客人同意加，服务程序与标准同上；如客人不再加酒，服务员待其喝完酒后，将空杯撤掉。

⑦ 日本清酒的服务流程。准备充足的清酒，并将加热器打开；在客人的水杯行上侧放酒杯，间隙1cm；客人就座后，服务员须先问明客人清酒是热饮还是凉饮；若客人热饮，服务员须告诉客人清酒需要加热的时间，请客人等候；将加热好的清酒添加到瓷壶中，倒酒时，左持一块叠成21cm见方的洁净口布，右手拿酒壶，用口布将酒壶底部擦干净，按先宾后主，女士优先的原则依次从客人右侧为客人倒酒，倒入客人杯中的1/3即可；倒酒时，瓶口不粘贴杯口，以免有碍卫生及发出声响；当酒壶中的酒将要倒完时，询问客人是否再加酒，如客人同意加，服务程序与标准同上；如客人不再加，服务员待其喝完酒后，将空杯撤掉。

案例 3-8

有一次，赵先生和几位朋友请一位老先生吃饭，他是他们的前辈师长，所以大家都让他来选择哪家餐厅为好。老先生想了想说："就到迎宾餐厅吧！那里的菜不错，环境也很好。"大家便一起到了迎宾餐厅。

落座后不久，老先生把他从家里拿来了两瓶茅台酒摆上桌说："今天咱们喝国酒茅台，这是我一个学生从贵州带过来的，绝对是真货……"

没等老先生说完，站在一旁的服务员沉不住气了，赶快说道："我们餐厅是不让客人带这些酒的。如果客人自带酒水，我们必须收开瓶费。"

"开瓶费多少钱？"有人不禁问道。

"每瓶50元。"

> 老先生一听，赶快说道："我和你们李老板是好朋友，我到这里吃饭，已经不止一次了。就算他在这里吃饭也不会收我的开瓶费，你当然也不会要！"
>
> 服务员一听，马上说："不行，这是我们餐厅的规矩，我们必须遵守！"
>
> 老先生有点急了，他马上夺过了一个手机就拨打餐厅老板的电话。显然，在电话里，老板告诉服务员不用再收开瓶费。虽然如此，老先生却不好受。他气呼呼地对小彭说："刚才你不听我话，现在看怎么样？我这把年纪了，还骗你小姑娘干吗？"
>
> 服务员无言以对，非常尴尬。
>
> 老先生的太太则在一边没好气地说："以后别到这里来了。看这儿的规矩真多！"在座的几位也不禁暗暗赞成老先生及夫人的做法和想法。

3. 酒水服务注意事项

① 斟酒时，瓶口与杯口之间保持一定距离，以 2cm 为宜，不可将瓶口搭在杯口上。

② 斟酒时，要注意控制倒酒的速度，将酒慢慢地倒入杯中。

③ 要随时注意酒量变化，以适当倾斜度控制酒液流出速度。

④ 要随时观察杯中宾客酒水的饮用情况。

⑤ 席间若主宾要讲话致辞，应将酒斟好，主宾讲话时，服务员要停止一切操作，精神饱满。

⑥ 如操作不慎而将酒杯碰翻时，应向宾客表示歉意。

3.4.3 菜肴服务

中西餐菜肴服务要求不同，但都注重礼仪、顺序和节奏，要求服务员具备熟练的服务技能，动作迅速，准确到位。

1. 中餐菜肴服务

（1）传菜服务。

① 传菜员应准备好大、中、小三种不同的托盘，按托盘的操作要领进行菜肴、酒水的托送。

② 传菜员应核实厨师制作的菜肴是否与点菜单相符并核对桌号，以防传错台号。

③ 传菜员必须熟悉菜点质量，严格把好菜点质量关，有权拒绝托送不合格的菜肴至餐厅，做到"五不取"：即数量不足不取，温度不适不取，颜色不正不取，调、配料不全不取，器皿不洁、破损或不符合规格不取。

④ 传菜员传菜时应做到传送平衡，汤汁不洒，及时到位，不拖不压。

⑤ 传菜员将菜肴传到位后静站桌旁，值台服务员应快步迎上取菜并为客人上菜，如果值台服务员正忙于为其他客人服务，传菜员可将菜肴放在工作台上，但要告知值台服务员，不要放下菜肴后悄然离去，以致影响服务质量，传菜员不得自己动手上菜。

⑥ 传菜员传菜时应密切注意客人的用餐情况，并按指定路线传菜，以免发生碰撞。

⑦ 托菜肴的托盘不得传菜后又用来收拾餐具。

⑧ 传菜员应及时将餐厅各桌客人的进餐情况反映到厨房，以便厨师掌握好出菜时机，保持厨房与餐厅的协调，满足客人的就餐需要。

（2）上菜服务。中餐上菜一般按"冷菜→热菜→汤菜→点心→水果"的顺序，并遵循

"先冷后热，先咸后甜，先淡后浓，先荤后素，先菜后点"的总原则。而中餐粤菜上菜顺序为："冷菜→汤菜→热菜→点心→水果"。上菜的位置以不打扰客人且方便操作为宜，严禁在主人和主宾之间、老人和儿童的旁边上菜。当传菜员将菜肴送至餐桌旁后，值台服务员应紧步上前，双手将菜奉上并报菜名，必要时简单介绍菜肴的特色。冷菜应尽快送上，吃到1/2时征询宾客是否可以上热菜。上菜要有节奏，一道一道依次上桌，小桌客人点的菜肴一般在20分钟左右上完，大桌客人点的菜肴一般在30分钟左右上完，上菜时机要根据客人的需求灵活掌握（图3-16）。宾客在致辞、祝酒时不能上菜。上菜基本要求如下：

① 仔细核对台号、品名和份量，避免上错菜；
② 报菜名，特色菜肴应作简单介绍；
③ 带有佐料的菜肴要先上调味品，再上菜；
④ 大圆桌上菜时，应将刚上的菜肴用转盘转至主宾面前；
⑤ 整理台面，留出空间，如果满桌，可以大盘换小盘、合并或帮助分派；
⑥ 餐桌上严禁盘子叠盘子，应随时撤去空菜盘，保持台面美观；
⑦ 派送菜肴应从主宾右侧送上，依次按顺时针方向绕台进行。

[1] 确定上菜口

[2] 菜品展示

[3] 报菜名、介绍特点

图3-16 上菜服务操作流程

案例3-9

某酒店的餐厅正在开晚会。一位实习生服务员将客人点的桂花鱼端到了另一桌上，当这桌客人津津有味地品尝着桂花鱼时，点桂花鱼的那一桌的客人正在为桂花鱼的迟迟未上而急催服务员。两桌的客人都是餐厅的老主顾，怎么办？

餐厅的服务员标兵小李首先带着实习生到点桂花鱼的那桌客人面前，温和地道歉："让你久等了！"而后又风趣地说："不知今天的桂花鱼为什么这么淘气，跑到隔壁的桌上去了！害得你们久盼不到，我们没忍住，给你们带来不快，我们当面给你道歉了！请大家在耐心等待一会儿，我们让厨师再尽快做一条桂花鱼上来。"

客人听她一席话，看他们满脸的真诚，都笑了，很风趣地说："不就是一条鱼吗？下次看住点。"

小李说："谢谢各位了！"

然后他们马上又到另外一桌的客人面前以恭喜的口吻告诉客人："你们成了我们店的幸运之星，这条桂花鱼将给你们带来大吉大利！使你们心想事成，恭喜各位了！"

客人听后大喜，马上又点了一瓶茅台酒助兴。

(3)摆放菜肴。

① 易于观赏讲究造型艺术,注意宾客的风俗习惯,方便食用,要以菜肴原材料、色彩形状、盛具等几方面考虑,如鸡可对鸭,鱼可对虾等,同形状,同颜色菜肴也可对称。

② 方便取用中餐酒席大拼盘:大菜中的头菜一般摆在桌子中间或转台边上,汤菜一般摆在桌子中间;摆菜位置要适中,放餐具前,间距要适当。

③ 尊重主宾比较高档的菜,有特殊风味菜,先摆在主宾位置上,一般每上一道菜应移至主宾前,以示尊重,上道菜移至副主人一侧;酒席中的头菜,其看面要对正对主位,将最佳欣赏面朝向主宾。

④ 造型美观摆放时要注意荤素,色彩、口味及形状的合理搭配。一般为一中心,二平放,三三角,四四方,五梅花的形状,以使台面始终保持整齐美观,切忌菜盘上叠菜盘。

(4)分菜服务。零点餐厅上菜时,对一些整形、带骨、汤、炒饭、面类等菜肴,应帮助宾客分派或剔骨。中餐分菜一般有四种方法:叉勺分菜法、转台分菜法、旁桌分菜法和各客分菜法。一般应是先给主宾分让,然后给主人分让,接着再给其他宾客依次分让。分菜时应注意尽量当着宾客的面进行,手法卫生,动作利索,分量均匀,分好的菜肴保持原形。

① 转台分菜法。提前将与客人人数相等的餐碟有秩序地摆放在转台上,并将分菜用具放在相应的位置;核对菜名,双手将菜奉上,上菜并报菜名;即用长柄勺、筷子或分叉分勺分派,全部分完后,将分菜用放在空菜盘里;迅速撤身,取托盘,从主宾右侧开始,按顺时针方向绕台进行,撤前一道菜的餐碟后,从转盘上取菜端给客人;完成后,将空盘和分菜用具一同撤下。

② 旁桌分菜法(图3-17)。在客人餐桌旁放置一辆服务车或服务桌,准备好干净的餐盘和分菜工用具;核对菜名,双手将菜端上餐桌,示菜、报菜名并做介绍;将菜取下放在服务车或服务桌上分菜;菜分好后,从主宾右侧开始,按顺时针方向将餐盘送上;注意在旁桌上分菜时应面对客人,以便客人观赏。

[1]展示菜肴　　　　　　　[2]分菜方法　　　　　　　[3]派送菜品

图3-17　旁桌式分菜流程

③ 叉勺分菜法(图3-18)。核对菜品,双手将菜肴端至转盘上,示菜并报菜名;然后将菜取下,左手用餐巾托垫菜盘,右手拿分菜用叉、勺;从主宾左侧开始,按顺时针方向绕台进行,动作姿势为左腿在前,上身微前倾,呼吸均匀;分菜时做到一勺准、数量均匀,可以一次性将菜要全部分完,但有些地区要求分完后盘中略有剩余,并放置转盘上。

④ 各客分菜法。此法适用于汤类、羹类、炖品、或高档宴会分菜。厨房工作人员根

[1] 展示菜肴

[2] 分菜位置

[3] 分菜姿势

[4] 派送菜品

图 3-18 叉勺分菜法操作流程

据客人人数在厨房将汤、羹、冷菜或热菜等，分成一人一份，服务员从主宾开始，按顺时针方向从客人右侧送上。

2. 西餐菜肴服务

西餐上菜顺序：开胃头盘→汤→色拉→主菜→甜品→咖啡或茶。目前饭店常见的菜肴服务方式有法式服务、俄式服务、美式服务、英式服务和大陆式服务。

（1）法式服务。又称为里兹服务，是凯撒·里兹（Cesar Ritz）首创的一种用于豪华饭店的服务。饭店的扒房一般采用法式服务。法式服务注重现场烹制表演。所有的菜肴在厨房略加烹调后，置于手推车上，由服务员推出，在宾客面前进行烹制表演或切割装盘，分盛于餐盘中端给宾客。一般由两名服务员同时服务，一名烹调制作，另一名开餐上菜。热菜用热盘上，冷菜用冷盘上。上菜时，除黄油、面包、色拉从宾客左边上外，其余菜肴和酒水都用右手从宾客右边送上，右边撤下。法式服务豪华、高档、服务细致、动作优雅，但服务节奏缓慢，座位周转率低，劳动力成本高，要求服务员有较高的服务技艺和技术水平。

（2）俄式服务。通常由一名男服务员为一桌客人服务。把加热后的空盘从客人右边按顺时针方向绕台摆放，食物预先在厨房烹制好，并装入银盘中，由服务员托入餐厅，送上餐桌供客人观赏，然后左手垫餐巾托起银盘，右手持分菜叉、勺，从每位宾客左侧用右手按逆时针派菜，斟酒、撤盘都在宾客右侧进行。俄式服务节省人力，服务速度快，有一定的观赏性，但固定成本高，对服务技术要求高，一般用于西餐宴会。

（3）美式服务。起源于美国，又称为盘子服务。在美式服务中，食物预先在厨房内烹制好，并且每人一份分好装盘，服务员只需按顺序把菜迅速送到宾客面前。上菜时，用左手从宾客的左边送上所有食物，用右手从宾客右边送上饮料，从宾客右边撤走脏盘。饭店的咖啡厅一般采用美式服务，也可用于西餐宴会。美式服务简单明了，服务速度快，人工成本较低，座位周转率高。

（4）英式服务。又称为家庭式服务，多用于私人宴请。在英式服务中，由服务员从厨房拿出已盛好菜肴的大盘和加过温的餐盘，放在男主人面前，由男主人分菜。男主人分好菜后，将餐盘递给站在他左边的服务员，再由服务员分送给女主人、主宾和其他宾客。调味汁料、配菜放在餐桌上，由宾客自取。英式服务进餐气氛活跃，节省人力，但节奏较慢。西式家宴一般采用英式服务。

（5）大陆式服务。大陆式服务是一种糅合了法式、俄式及美式的服务方式，根据不同菜肴特点来选择服务方法的综合服务方式。通常用美式服务上开胃品和色拉，用俄式服务上汤或主菜用法式服务上主菜或甜品。不同餐厅或不同餐别选用的服务方式组合不同，一般以方便宾客就餐、方便服务员操作为原则。

> **案例 3-10**
>
> 在某一西餐厅的早餐营业时间，服务员小芳注意到一位年老的顾客先用餐巾纸将鸡蛋上面的油擦掉，又把蛋黄和蛋白用餐刀切开，再就是用白面包把蛋白吃掉，而且在吃鸡蛋时没有像其他客人那样在鸡蛋上撒盐。
>
> 小芳猜想着客人可能是患有某种疾病，才会有这样特殊的饮食习惯。第二天早晨，当这位客人又来到餐桌落座后，未等其开口，小芳便主动上前询问客人、你是否还享用和昨天一样的早餐。待客人应允后，服务员便将昨天一样的早餐摆在餐桌上。与昨天不同的是煎鸡蛋只有蛋白而没有蛋黄，客人见状非常高兴。边用餐边与小芳谈起，之所以有这样的饮食习惯，是因为他患有顽固的高血压症，从医嘱的结果。以前在别的酒店餐厅用餐时，他的要求往往被服务员忽视，这次在这家酒店住宿用餐，他感到非常满意。

3.4.4 甜品、水果服务

宾客吃完主菜（西餐）或咸味菜后，服务员应迅速撤走用过的餐具，整理餐桌，主动询问宾客是否需要甜品，并向宾客推销介绍。下订单后，迅速为宾客摆上吃甜品和水果的用具，送上甜品和水果。

水果用完后，中餐厅值台服务员须为宾客上茶（送客茶），西餐服务员则推销雪茄和餐后甜酒，然后上咖啡或茶（跟上糖和淡奶）。

3.4.5 席间巡台服务

巡台服务贯穿于整个就餐服务过程。良好的服务体现在宾客开口前就享受到想得到的服务。服务员须注意观察，即时为宾客撤换烟灰缸、骨碟、添加酒水、撤盘、清理台面，提供席间离座服务、小毛巾服务、香烟服务（吸烟区）等。

> **案例 3-11**
>
> 某餐厅晚间开餐生意火爆，服务员小王忙得手脚不停，直到闭餐时间。这时，小王看到一先生与小姐正坐在那儿聊天，盘子里的菜已没有多少了，小王以为客人不吃了，便想去盘子，为客人提供更好的谈话环境。于是小王说："如果您不吃了，我可以把盘子拿掉吗？"谁知客人一听非常生气，认为是赶他们走。小王连声道歉，客人才消气，不久离开了餐厅。

3.4.6 对特殊宾客予以特殊照顾

对客服务时应遵循一视同仁的原则，但在不影响大局的情况下，需对特殊宾客予以特殊照顾。儿童、老人和孕妇，尽量不安排上菜口、通风口、需经常起动的位置，点菜时特别推介口味适合的菜肴，为小孩提供儿童椅；对来中餐厅就餐的外国人，必要时提供餐刀、餐叉；对不喝酒水的宾客，及时斟倒茶水、白开水或冰水（西餐）；针对不同宾客的饮食习惯和禁忌，推介不同的菜肴。宾客进餐过程中要保证宾客的物品安全。

3.5 用餐结束工作

3.5.1 结账服务

宾客示意结账后，服务员应迅速到收银台取出账单，用账单夹或将账单夹放入收银盘里呈递到宾客面前，礼貌请宾客结账。若宾客用现金结账，服务员在收到现金时，须用付账宾客能听见为限的声音唱收，并迅速为宾客找零；若宾客用信用卡结账，服务员须先到收银台确认宾客信用卡真实有效，然后请宾客确认账单金额和签名；若宾客用支票结账，须注意核对支票的真实性、有效期，请宾客出示有效证件，并将其有效证件号码写在支票背后；若宾客以签单的方式结账，则让宾客出示房卡或"协议签单证明"，核对无误后，请宾客在账单上用正楷字体（或大写字母）签名，或填清协议单位和正楷签名。结账后，服务员应向宾客致意并欢迎再次光临。

> **案例 3-12**
>
> 某酒店一客人在用完餐结账时，对一瓶酒收费 80 元提出异议，他说有位男主管告诉他这瓶酒的价钱是 60 元。负责为之结账的领班第一时间寻找那位男主管，但他已下班离开了，无法与之取得联系。虽然这位领班拿出价格表让客人看，证明这瓶酒的价格确实是 80 元，但这位客人仍不加理会，强调是那位男主管告诉他这瓶酒的价钱是 60 元。由于与这位主管联系拖延了结账时间，加之与客人产生争执，使这位客人非常不满，认为餐厅在推销酒水时有欺骗行为。最后，餐厅经理出面，同意按 60 元收取，同时又再三向客人道歉，虽如此，客人仍是满面怒容，结完账扬长而去。
>
> 树立相信客人、尊重客人的服务理念，对服务行业来说非常重要，也是做好服务工作的关键所在。客人提出异议，在不会给企业带来较大损失的前提下，应相信客人，特别是在没有强有力的证据显示客人错的情况下，更不应该与客人发生争执。
>
> 本案例中，即使结账领班找到那位男主管，他也不外乎有三种解释：一是不记得了；二是坚决否认；三是承认是自己搞错了。前两种解释，与顾客发生争执在所难免，第三种解释虽然相对好一些，但客人也会因为结账时间长和不信任自己而产生不满。做广告可以一掷千金，但为这区区 20 元钱得罪客人实在不值，因为这位不满的客人，会将心中的怨气，传播给亲朋好友，对企业的声誉极为不利。

3 餐饮接待服务工作流程及服务必备技能

当然，我们不排除也有不文明的"上帝"，弄虚作假，但毕竟是少数，企业应权衡利弊，千万不要因小失大。要适当向第一线服务人员授权。第一线人员面对面为客人服务，随时都会有各种各样的事情发生。适当授权，第一线人员就可在不违背大的原则条件下，灵活、及时处理客人的投诉，将客人欲产生的不满，扼杀在"摇篮"之中，甚至变"危"为"机"。否则，一线人员遇事要左请示、右汇报，会延误解决问题的最佳时机。因为问题发生后，时间越长，顾客的情绪就越差，解决问题的难度也就越大。此外，适当授权，对一线人员的服务素质的培养，也会有很大的促进作用。

3.5.2 送客服务

宾客结账后起身离座，服务员须立即上前拉椅，协助宾客穿外套（若无衣帽间），提醒宾客携带随身物品或打包食品，然后向宾客致谢道再见。必要时，需送宾客到餐厅门口，与迎宾员一起恭送宾客。

案例 3-13

快过年了，上海一家四星级酒店的中餐厅内，所有的桌子都坐满了客人。其中第18桌落座了3位客人，他们是某大学李教授夫妇以及李教授20多年未见的老同学，刚从美国回来探亲的蔡先生。故人相逢，李教授为尽地主之谊，一下点了七八道菜，两道点心，外加四小碟冷菜和三听饮料。

由于大家都已年近半百，胃口已大大不如学生年代，所以几个人吃饱后桌上还剩下不少菜，还有两个菜没怎么动，李教授觉得不免有点惋惜。

负责这个区域的服务员小张是旅游学校的毕业生，在用餐过程中，她对这几位客人服务得非常得体，而且脸上自始至终都挂着甜甜的微笑。此刻她见3位客人已有离席之意，便准备好账单，随时听候招呼。果然，李教授向她招手了。

账很快便结清，当小张转身送来发票和找回的零钱时，她手里多了几个很精美的盒子，里面有若干食品袋。她很有礼貌地对客人说："剩下这些菜多可惜，请问是否需要打包？"

李教授见小张手中拿着饭盒，很高兴地对她说："你想得真周到，我也正想打包呢！"李教授满意而归。

目前绝大部分饭店和餐馆都给客人提供打包服务，但在服务实践中，往往是被动的多，主动的少，即基本上都是当客人提出要打包时，服务员才会给客人打包。其实，主动服务和被动服务给客人的感觉是不一样的，特别是当客人想打包而又羞于开口时，服务的效果就会大相径庭。比如，单位请客吃饭或AA制吃饭，即使饭菜剩得很多，碍于面子，恐怕也不会有人提出来打包。而此时只有服务员主动向客人提出打包，客人才有可能把剩下的饭菜带走。

现在全国很多酒店都在积极开展"创绿"活动，"创绿"不仅体现在硬件设施的改造上，还体现在服务流程的变迁中。绿色理念只有落实到服务过程的各个环节，酒店才能成为真正的"绿色酒店"。站在客人的立场上，主动提供打包服务，而且在饭盒上印上富有警示意义的题字，显示了本案例中酒店经营者与服务员超前的服务理念及对社会效益的关注。当然，如果服务员小张在李教授点菜超量时就及时予以提醒，效果就会更好，服务也更为到位。

3.5.3 清理台面

当桌宾客全部离开后,服务员才能清理台面。首先是检查是否有遗留物品,若有,应立即送还宾客或交餐厅经理处理。整理好餐椅后,按照"一餐巾,二银器,三玻璃,四瓷器及其他"的顺序清理餐桌,收拾所有餐具送至工作台或洗碗间,注意别遗忘小件物品,玻璃器皿轻拿轻放。清理台面后,须按餐厅规定重新摆台。

3.5.4 班后总结会

每班次员工下班前,餐厅还应召开班后会,总结当班服务员接待过程中的经验教训和存在问题,尤其是宾客的投诉。及时表扬优秀员工,检查员工有无早退,并提醒员工以最佳精神状态投入到以后的工作中。

3.6 餐厅个性化服务

3.6.1 个性化服务的定义

个性化服务在实践中主要是通过非常规性或客人没有预料到的惊喜而实现的极致化的管理和服务,有时也体现在很小的一件事上。正如酒店管理者常说的一句话:"酒店服务无小事"。在管理中的每个环节,服务中的每个细节,看似不起眼的一件事,但能给客人创造出满意和惊喜,也能起到以小见大、出奇制胜的效果。

> **案例 3-14**
>
> 这天,酒店的风味厅宾客满座,热闹非常。某公司龙先生宴请客户,他点了一条"过山峰",一蛇三吃:喝蛇酒、煲蛇汤、炒蛇皮。龙先生还特别说:"小姐,你们的操作程序一定是倒蛇胆酒时应该先把酒杯放到我们面前,再杀蛇取胆,滴入胆汁,然后斟满酒,是吧?"服务员小李听后说:"哪有这样倒酒的?一方面会惊吓你们,另一方面也会弄脏你们的衣服。""别说了,让你们干什么就干什么吧!"
>
> 小李想,客人既然提出自己的方案就改良一下餐厅规定的操作程序吧。当厨师杀蛇取胆后,服务员正准备将胆汁滴入酒杯中时,龙先生又说:"小姐,你可要按我的要求倒酒,最好请这位厨房师傅先把蛇胆汁一滴一滴滴入酒杯,并把酒杯放到各位面前再斟酒。"在龙先生同意后,小李又重新请厨师滴入蛇胆汁,送到客人面前,再一一为客人斟满了酒,龙先生尝了一口,微笑地说:"这种味道就正宗了。"之后客人们兴趣盎然地饮用起来。
>
> 小李把龙先生"杀蛇的事"告诉了餐厅经理。经理和厨师长都认为,从客人要求改变蛇胆酒的斟酒方法来看,很可能这位客人好炫耀、爱在朋友面前摆谱。经理当即让厨师和小李按客人说的做,在服务时要格外小心。后来龙先生居然成了这家餐厅的常客。每当他见到小李时,总要做一个"杀蛇"的动作,然后,双方便会心地一笑。
>
> 上述案例中的龙先生后来居然能成为该餐厅的常客,主要是由于当他提出一蛇三吃,且要求服务员当面杀蛇取胆的额外要求时,餐厅能按他的要求照办。这也就是我们平常所说的餐厅应该给客人提供个性化服务。个性化服务包括定制化服务结果、多样化服务过程和个性化服务行为。

3 餐饮接待服务工作流程及服务必备技能

> 不同的客人有不同的需求和愿望，定制化程度高的餐厅，客人可选择自己喜爱的菜肴和饮料，还可随时要求与无人员满足自己的独特需求。餐饮业竞争激烈的今天，餐厅应该尽量满足客人的个性化需求。

3.6.2 个性化服务的特点

（1）人性化。
（2）针对性。
（3）注重心理特征。
（4）情感性。
（5）实效性。

3.6.3 个性化服务的表现形式

1. 一般个性化服务

即只要客人提出要求，就尽最大的可能去满足客人。这些个性化服务在技术上要求不高，只要求员工具备积极主动为客人服务的意识，做到心诚、眼尖、口灵、脚勤、手快。

2. 突发服务

客人并不是原有需求，但在店期间发生了需解决的问题，需要餐厅帮助，如果此时服务准确到位，客人将永远难忘。

3. 针对性服务

该服务也不一定高档，但要求服务员有强烈的服务的意识，想客人所想，有时甚至要站在客人的立场上看问题。

4. 委托代办服务

指客人本人由于各种原因无法亲身办理而委托餐厅代办。

案例 3-15

餐饮业经营的关键不仅在于餐厅地段的优越、店面设施的令人满意，还在于热忱周到、让顾客满意的个性化服务方式。餐厅在为客人服务过程中不可避免地面临各种各样的纠纷，每当遇到饭菜出现诸如卫生方面的问题时，餐厅大多一"换"了之，"换菜"似乎成了餐厅处理这类问题最常用的方式。其实，我们心里很清楚，饭店换菜，只是物质上的，即使换的那盘菜再干净，顾客心里还是不舒服。吃饭讲究的就是一个心情，把菜换了，也未必挽回顾客的好心情。餐饮正式的道歉、正规的赔偿，对顾客来说，是一种尊重。

一次，某餐厅一位顾客吃排骨时吃出一根头发，桌上一位女顾客就捂住嘴巴想呕吐。见她这样，经理马上把这位女顾客请到办公室，给她泡茶、上水果，说了许多道歉的话，那个菜也免单了。但是最后，顾客仍旧不满意。这个过程中我们要思考：换菜、送果盘有时候并不能挽回影响，怎样才能做得更好？免单也好，送果盘也好，在顾客看来，都是我们临时的补救行为，远远不够正式。

后来,这个餐厅想出了一个办法:与顾客签《理赔公约》。顾客在餐厅遇到类似事情后,餐厅工作人员首先真诚地承认错误在于餐厅一方,然后根据《理赔公约》中规定的不同赔付情况与顾客签定《理赔公约》,双方签字,进行正式赔偿。这样的处理方式看起来更正式、让顾客感觉更被尊重。后来的事实证明,顾客普遍接受这种方式。

《理赔公约》对顾客与餐厅发生的各种纠纷分别进行界定并制定不同的赔付标准:如果顾客在饭菜里吃出头发、苍蝇、虫子等异物,无偿为顾客换菜或退菜,赠送果盘,并一次性向顾客赔付精神损失费20元;如果顾客对饭菜质量提出疑问,免费为顾客换菜;如果顾客的衣物或所带物品因餐厅工作人员的疏忽污染或受损,无偿为顾客清洗、亲自送上门,并一次性向顾客赔付精神损失费20元;如果顾客与餐厅工作人员发生争吵,工作人员当场向顾客道歉,并一次性向顾客赔付精神损失费20元。

为了方便客人看到餐厅的《理赔公约》,餐厅把它附在点菜单封面的背面,客人只要打开点菜单,在点餐之前就能看到它。顾客与餐厅签定的《理赔公约》形式如下(以顾客在饭菜里吃出头发、苍蝇、虫子等异物为例):

尊敬的顾客:

您好!首先向您真诚地道歉!我们的服务没能让您满意,是我们工作的失误,您提出的问题对我们是一种督促也是一种鼓励,我们一定接受您的建议,保证您下次光临时让您和其他顾客满意。现在您在我们餐厅就餐时发生了不快,我们将无偿为您退菜或更换价值相当的菜肴,赠送果盘,并一次性向您赔付精神损失费20元。再次向您真诚地道歉,敬请谅解!希望您下次光临,我们的发展离不开您宝贵的意见和建议。

餐厅:_____(餐厅盖章)

顾客:_____(客人签字)

年　月　日

为了达到顾客100%的满意,餐厅还在细节上体贴顾客,即使稍有一点不满也要在餐厅服务人员体贴的气氛中融化掉。例如:每个服务员在店内及店周围30米以内向遇到的任何一位顾客说"您好";不主动向客人推荐200元以上的酒水;客人离开时必须远送客人10米以外;客人如不是自己驾车,应主动问询否帮助打车;雨天一定要问是否带雨伞;等等。

顾客意见簿由服务人员自己总结填写。每个服务员每天晚上都要总结一天自己所服务顾客遇到的任何一点不满意的情况,并自己总结、提出解决方法。比如,有个服务员在意见簿上写道"2004年4月26日,在我服务的321房间,有六位客人,在我给一位男宾客倒酒时,他身边的一位女宾客示意不让我倒了,但男宾客自己没吭声,我就给他斟满了酒,后来他也喝光了。但席间那位女宾客一直不高兴,影响了整场的气氛,并生气地盯了我一大会儿。我突然意识到:在有女宾客在场的时候,我们服务员更应该倾向于女宾客的建议,男士通常更大度一些,根据女宾客的意见行事,他们也会很乐意。"

还有服务员记录"在我服务的12号餐台客人,有两位女士、五位男士,其中一女士像是外地客人,开始时她喝饮料,但其他人都劝她喝酒,并让我给她上酒杯倒酒,我心想:一方不想喝酒,另一方却非要让她喝酒,不如折中一下,给这位女士上个小杯子,既可以让这位女士少喝点,还不至于引起其他的反对。我就上了小杯子,结果这位女士非常感激地对我连说'谢谢',席间还对我夸了好几次,其他客人也都夸我'聪明、体贴'"。

服务员之间每周开交流会讨论自己遇到的"客人不满意情况",以提醒其他人不出现类似错误,把客人"不满意"出现的几率降到最低。这个餐厅规定,每周五上午召开服务人员交流大会,服务员总结自己一周来所有的"不满意情况",比如因为某件事、某个动作或某句话引起客人不愉快,讲述给大家,全体人员讨论遇到此类事情处理的方法,然后以此提醒大家类似的事情不再发生。

3.6.4 个性化服务对服务人员的要求

1. 助人为乐的精神

服务人员具有较高的职业道德素质,以助人为乐为己任,才能真心实意为顾客考虑,急顾客之所急,想顾客之所想,才有为顾客排忧解难的积极性和主动性。

2. 娴熟的服务技能

服务人员要掌握一定的业务知识和服务技能,在娴熟操作的基础上,才有信心和能力针对顾客的具体情况,确定恰当的服务方法,机动灵活地提供特殊服务,满足顾客需要和愿望。

3. 善于了解顾客的真实需求

每个人的品味都有所不同,不能以自己的喜好去对待顾客。服务人员要尊重、了解、熟悉、热爱顾客,真心诚意倾听顾客要求,靠"心灵"去感知顾客的需求,给顾客以最大满足。

4. 树立服务营销意识

了解到顾客的真实需求后,服务人员要善于抓住机会,予以满足。要培养服务营销意识,提供特殊服务时,注意体现本酒店产品和服务的特色,树立酒店的独特形象。

3.7 中餐宴会主题餐台设计

宴会餐台设计不仅是一门技术,同时更是一门科学和艺术,表现在餐台设计时涉及综合美学,心理学,商品学,几何,物理,文学等综合学科知识的科学运用和艺术展现,达到餐台设计高雅,新颖,富有创意,突出主题的视觉最佳效果。要求宴席设计者具有丰富知识的积淀,富有想象力的创造,娴熟的技能,采取丰富多彩的手法,设计出新颖独特的引人入胜的宴席台面。

3.7.1 中餐宴会餐台设计的原则

1. 主题鲜明,表述清楚。

宴会台面布置,要反映出时代发展的要求,和不同客人的需求,在宴会台面设计中,设计者既可以从中心饰台上的花卉选型,色彩的寓意,饰物摆放来反映宴会的主题,也可以在餐具图案,款式,花纹及材质上来反映主题。

2. 具有鲜明的个性。

在宴会台面设计中理念要创新,整体布局要富有新意,台面设计要与宴会菜单,器皿配伍紧密结合,在方便客人用餐的基础上,彰显个性和创新。

3. 体现艺术性和突出性。

根据台面用具及饰物的品名,色彩,质地等专心设计,合理布置,体现艺术文化品位。实用性,主要表现在餐用具的摆设上,要求:餐酒用具配置合理,配套齐全;摆放位置恰当,相对集中,整齐一致,既要符合进餐要求,方便客人使用,又要便于席间服务。

4. 所有物品符合安全卫生要求。

台面摆设的各类餐具,酒具,用具及物品要求无任何破损,污迹,水迹,油迹,酶迹等,玻璃器皿要擦拭明亮,调味品盛器要补充到位,服务用具要准备充足,给客人以整洁、齐全、卫生、安全的印象。

3.7.2 中餐宴会花台设计

1. 中餐宴会花台设计的原则

(1)体现出宴会主题的原则。宴会主题是确定花台设计制作的依据,因此,在宴会花台设计的方案构思中,一定要根据宴会的主题来进行,主题为纲,其余为目,不能随心所欲,主观想象,任意发挥。同时,还要尊重主办方的具体意见和要求,以使花台设计主题寓意鲜明突出。如迎宾欢迎宴会,可选用红掌、仙客来等花卉或友谊花篮图案来体现热情、友好;若是商务宴,可选用君子兰、佛手、吊兰等花卉突出主题;如在祝寿宴中则可选用鲜果桃子、果蔬雕刻的仙鹤和鹤望兰、青松等花材等用来设计制作;在庆新婚喜宴中可选用的花材、饰物则更多了,如玫瑰、百合花、蝴蝶兰等花卉,寓意鲜明的剪纸,体现主题的餐巾折花等均可选配,以使宴会主题鲜明。

(2)色彩搭配适宜的原则。对于餐台设计来讲,颜色是至关重要的,因为颜色可以给人留下深刻的印象。每一种颜色都是美丽的,而不同主题的宴会选用适宜的色彩设计是成功与否的关键。通常都是通过同色系来配色、临近色配色、对比色配色以及分裂互补色配色的方法进行色彩搭配。

2. 宴会餐台插花设计运用和掌握的要点

花台设计一方面可美化并丰富餐台造型,创造出高雅的气氛,另一方面插花可以作为核心产品的主要衬托。花台设计造型灵活,风格各异,但总的原则是不离主题、比例适宜、风格吻合、物器协调,讲究卫生,尊重风俗,讲究礼仪。具体而言,应遵循和把握以下要点:

(1)适宜餐台宾客交流。餐台造型设计无论是插花或所选用器物一定要注意把握高度,其高度通常是以不遮挡就餐宾客者落座的视线为要求的,以便于宾客之间的交流;若在设计时采用平面与立体结合的方案,应将就餐宾客交流视线区域制作成为可透视的。

(2)插花与餐台器具要协调。插花所使用的花插器皿的材质、造型应与餐台器皿要配合协调,避免反差过大,同时要注意花插或花瓶材质的选配。

(3)插花应与餐台设计风格相吻合。中式台面设计其花台造型原则上应与东方插花风格为主,彰显东方插花艺术。

(4)讲究卫生。通常插花多选用鲜切花,而且为固定鲜花和保持其鲜艳,常采用花泥,而餐台供给的是饮食品,为了保证进餐宾客的健康,在选用时要注意花草的清洗、洁净,做到无枯萎、无病虫害、无强刺激性气味,不易污染衣物;在操作时注意台面清洁卫生,做到无落叶、无水渍、无污渍。

(5)尊重不同民族的风俗习惯。在花台的制作中,必须是尊重不同国家、不同民族宾客的风俗、习惯,防止使用宾客忌讳的花材和花型。这一点特别是在外交事务活动或政务宴请过程中显得尤为重要。

(6)比例相宜的要求。在花台设计时,要根据宴会厅的环境面积和根据餐台规格大小来科学制定设计方案。如中餐圆台面直径为3~3.2米的餐台,中心花台最大直径不宜大于1.6~1.8米;餐台直径在2.4~2.8米之间,中心花台设计直径应在1.0~1.4米大小为宜。花台过大或过小均会破坏整体设计效果而达不到渲染宴会气氛的最佳作用。

(7) 把握季节特点和花语寓意。如民族风格的插花有代表性的花木，如春兰、夏荷、秋菊、冬梅。中国花语具有寓意深刻，文学艺术性强的特点，同时花语也是构成花卉文化的核心，而中外习俗不同，花木象征也有差异。因此，准确地把握和正确选择运用也就显得十分重要。

3. 宴会餐台插花设计的基本原理

花台设计要综合运用美学的组成成分、一致、比例尺寸、重点、平衡、调和和重复延续等原理，以制造出整体结构和细节表达，达到作品的完美。

(1) 组成成分。一个完整的设计是由花材、花器或配物，经过设计而成为一个整体，其中每一种花材、花器或配物都是该设计的组成部分，所有组成部分按特定的设计组成为特定的作品。

(2) 一致。有两种含义，即材质、颜色、花材等形成的格调要一致协调，作品整体达到平顺和谐的意境要一致。

(3) 比例尺寸。指插花或花台设计中，作品与台面的大小比例关系，比例的量以花材数量及高度来计算。

(4) 重点。插花设计原则上要突出中心部位或突出部分的主要花卉，与其他各层次，各区域的有机衬托，达到整体的和谐感。

(5) 平衡。指在花台设计中所表现出来的形式上或视觉上的稳定感。平衡是通过花材插作方式来完成的。通过花材的高低、长短、疏密、虚实及色彩变化等技巧性运用达到平衡要求。平衡又分有对称式和不对称式两种。不论来用何种形式都应使整个作品显示出稳定感，而万不可显得头重脚轻。

(6) 调和。指花与花器、花材色彩、花材种类、花材大小及形状之间所构成的协调和顺的美感。

(7) 重复延续。指将花材以规律性或不规律性的重复出现，来表示设计重点，表现出韵律美感。

知识链接 3-5

宴会餐台插花设计注意事项

1. 花台造型的基本要求

花台的造型要有整体性、协调性。不论来用何种风格的插花都要注意花与花、花与叶、主花与配花之间的陪衬关系，花与花要大小相等，花与叶要叶扶花、花依叶、花枝密疏有间，突出动感，主花配花要宾主分明，有争有让。

2. 主题性插花应突出主花作用

作为主题性插花，应只选一种主花，再配以绿色叶草做以点缀，而不可同时呈现两种以上主花，如主花为玫瑰，就不要再选用郁金香；主花为牡丹，一般就不需再选用芍药花卉，目的在于突出主题，显示主花寓意。

3. 遵循花理要求

台面设计花材广泛，花理也有不同，如木本花要注意弯曲有致，挺而不僵，同时还应避免出现重复姿态；草本花要使其婀娜多姿，柔中带刚；数量少的花要做到少而不孤，使其飘逸潇洒，神情自若；四面观的花要插得丰满一些，做到多而不乱，层次有序。尤其是在不对称构图设计制作时应遵循高低错落、密疏有致、虚实结合、仰俯呼应、上轻下重、上散下聚、动静相宜的基本原则，营造出最佳的视觉艺术效果。

4. 选择合适配物

在有些台面设计与制作中经常会利用一些工艺陈设品，以此体现宴会的主题。工艺品的形式多样、质地多种，它也是寓意主题的主要反应物。因此，选择合适的配件十分重要，它不应当是单一工艺品，应是外在造型与内在寓意的有机整体，它应与花卉、花草有机搭配，相辅相成。

3.7.3 宴会餐台其他物品设计

1. 台布

要求干净挺括，四周下垂均等，传统台布是白色正方形的，白色台布具有干净，整洁的特点，有良好的衬托核心产品的功能，越是正式的宴会越要采用白色台布。近年来，彩色台布的广泛运用，丰富表达主题的手法，彩色台布在运用时要按照宴会的主题和宴会厅的环境及宾主对色彩的喜好来进行选择。

2. 台裙

台裙有称桌裙，是各种宴会活动常用的装饰物品。台裙是宴会的主色调之一，选色的基本原则是台裙的色彩到地面颜色过渡。台裙的材料以些绒为多，其质地较高级。色彩多样，但在宴会的使用中多取枣红，深绿及玫瑰色，给人一种庄重高雅的感觉。台裙的式样多种，有对折褶的，有百叶折褶的，有单层折褶的，也有双层折褶的。现代对台裙又增加了许多装饰，例如在传统的台裙上加了滚边，以遮挡台裙夹；台裙加挂中国结，小流苏等活跃了席面气氛，增多了席面美饰方法，但饰物色彩搭配要合理。

3. 餐巾

又称口布，席巾等。席巾的规格不等，质地不同，色彩不一。通常为50cm见方，它在餐台设计是重要的装饰品，对于美化台面，活跃气氛既有相当重要的作用。

4. 椅套

宴席中的餐椅就其材料来讲，通常有木质和金属质二类。木质餐椅中，较高级的一般采用优质原木制成，以木质原色或棕红色为主，以显示出高档，豪华。但更多的是在普通木质餐椅外用纺织品来软包进行装饰，金属质椅也是如此，由于清洁洗涤较为困难，外面可通过做椅套来加以保护和装饰。椅套的颜色一般选用与台布的近似色，也可根据宴会的主题内容来进行选择。椅套的式样有多种，在椅套的背面也可用蝴蝶结，流苏来进行装饰。

5. 台号

台号又称席次牌。大型宴会除了主桌外，所有餐台均应有编号。号码架放在桌面上号码架的高度视宴会的面积而定，在大型宴会中它的高度不应低于40cm，台号编号的正面一般要朝向宴会厅入口方向，使宾客进入宴会厅能够清楚看到。编号可以阿拉伯数字编排，也可用名称来表示，这应根据宴会主办方的具体要求而定。

6. 席位卡

又称席位签，序次卡，席名卡。大型宴会座次的具体安排通常有席位卡体现。通常，由主办单位根据参加者的身份，地位，年龄等将写有宾客名字的席位卡放置于相应的位置上，也有以饭店帮 4.7.3.5 助填写和安排的。若是有饭店代为填写摆放时，工作人员必须按主办单位提供的信息及要求进行，并认真核对检查。一些较高规格的大型宴会通常预先已将宾客座次打印在请谏上，以便客人抵达时能迅速放到自己的位置上。

7. 菜单

宴会菜单是向参加宴会的来宾展示菜肴名称，菜肴安排顺序的目录。宴会菜单要精心设计，讲究装潢印制精美，不仅展示出饭店的特色，起到广告宣传的作用，同时，它还是作为送给参加宴会来宾的一种纪念品。

宴会菜单通常情况下每张餐台摆放两份菜单，分别摆放在正副主人骨盘的左侧位置。大型或高档的宴会每位宾客一份。根据宴会活动计划或主办单位要求，菜单可平摆或竖放。宴会活动中若有文艺节目演出，通常宴会菜单会同节目单放在一起印制，以方便宾客阅览。

宴会菜点的命名应根据宴会的主题和特点巧妙结合，将菜点的特征以富有兴趣和文化内涵的词语表现出来。不论采用寓意或写实方法其原则是：力求名副其实。雅致得体，朴素大方；力求朗之上口，令人易记，富有创意；不可牵强附会。滥用词藻，不可实名不符，生拼硬凑；不可标奇立怪。低级庸俗。同时力求每道菜的名称的字数最好相同，或4个字或5个字，使客人容易记住，最多不宜超过7个字。宴会若是有外国宾客，应中，外文对照，以方面客人阅看。

3.7.4 中餐宴会主题餐台设计实例

1. **文会宴**

(1) 设计思路。文会宴（图3-19）在我国历史悠久，是中国古代文人墨客进行文学创作和相互交流的重要形式。其特点是：形式自由活泼，内容丰富多彩，追求雅致的环境和情趣。是古代文人借饮酒、吟诗、作文、会友的一种方式。古为今用是设计的指导思想。

(2) 设计要求。

① 餐具、布草的选配。餐具最好选配具有我国特性为代表的青花瓷餐具，且图案为带有兰草或竹子最佳，餐筷选配红木筷子，布草选用亚白色亚麻质或丝棉合织的优质台布和餐巾，椅套分别绣制笔、墨、纸、砚、文、房、四、宝八字，另分别缝制二条椅旗（用于主人椅和副主人椅位，以有所区别）。

② 插花造型的要求。首先选配青花瓷质的花插器皿，选择兰花、栀子花、绿梅、文竹、天门冬、满天星、翠竹等绿色植物为花材，分别插成大小不同两盆造型轻盈、飘逸、雅致的花卉盆景。

③ 其他饰品。选配好文房四宝，选配规格适宜的红木笔挂和规格大小不等的毫笔，优质书法墨条二条，造型古朴，典雅的砚台一端，优质书法宣纸二卷，再配选笔架和笔洗各一。

图 3-19 文会宴主题餐台

（3）菜单设计和制作。菜单设计菜品名称应以寓意和写实双重形式呈现，书法撰写，中式装裱，可凸显出凝重与传统。

文会宴菜单

同窗聚会欢——（六合同拼）
荟萃大中原——（什锦羹烩）
情谊深似海——（白扒鱼翅）
志各在千里——（清蒸鲤鱼）
撰激扬文字——（珍珠虾排）
作诗情画意——（大闸河蟹）
默默勤耕耘——（爆墨鱼花）
妙笔来生花——（龙须芥兰）
拥文房四宝——（秘制四果）
扬民族文化——（三鲜伊面）
谱时代新篇——（新意果盘）

（4）达到效果。整个台面呈现出浓重的文化气息，彰显出主题寓意的分明，可使宾朋在享受享受物质文化的同时还可感受到精神文化的情趣。正可谓：

笔墨纸砚，陈设台中；以文会友，天长地久。
恳谈窗情，追昔无穷；耕耘之辛，尽在心中。
举杯畅饮，笑对人生；激扬文字，江山如画。
书画饮馔，皆为文化；盛世悉学，振我中华。

2. 松鹤延年益寿宴（小米花台）

（1）设计思路。五福寿为先，百善孝为先。"谁言寸草心，报得三春晖"，孝敬老人是我中华民族的传统美德，健康长寿是老人最大的幸福，也是做儿女们共同的最大心愿。用彩色小米撒摆出松鹤图案，彰显宴席主题（图 3-20）。

图3-20 松鹤延年益寿宴餐台

（2）设计原则及要求。

① 注意餐具、茶具、酒具及布草配物的选配。餐具选配釉中粉彩餐具和盖碗茶具，且图案具有万寿无疆字样；餐筷选配红木筷子；桌裙选配红色优质金丝绒桌裙；台布选用优质高纱纯白或牙白色台布；餐中选配大红色餐巾，且上绣有金黄色"寿"字餐巾；还有配餐筷装饰的中国结穗饰。盖碗茶器内放龙井或茉莉龙珠名茶。三套杯选用高脚水晶刻花杯。"寿"字形栅架一座，面塑"寿星"一个。

② 台面设计制作。用食用色素将小米染制成不同的色彩。先用大红和金黄色米粒，采用具有中国传统富有寓意的富贵不断图形将图形勾勒出，然后在台面中心部分撒摆成松鹤图，犹如刺绣一般，再将立体寿字栅架放置中心位置，顶部摆放寿星面塑，使其成为一幅完整的富有寓意的国画图案。

（3）菜单编制和制作。菜单编制应遵循菜单设计基本原则，表现宴席主题，同时体现烹饪技艺水平，注重菜品的营养价值，菜品名称应达到寓意深厚、高雅。并采用红木挂架悬挂，使其与整个台面相得益彰，互相映衬。

松鹤延年益寿宴菜单

冷盘
九色像型拼盘（主盘：寿比南山）
热菜
福子贺寿　　福如东海　　福龙喜庆　　福贵有余
福漫全家　　福满高堂　　福寿百岁　　福禄寿喜
席点
福字如意卷　　禄字佛手酥
寿字八宝盒　　喜字长寿面
时果
猕猴贡桃　　水密仙桃

(4)达到效果。用彩色小米撒摆的松鹤延年图彰显出宴席的主题,富贵吉祥的釉彩餐茶具增添了宴席浓郁的气息,晶莹剔透的水晶酒具仿佛在表述着儿女们晶晶敬意,整个席面呈现主题鲜明,创意新颖,寓意深刻,处处体现着"寿"宴之内涵。这正是:

弘扬华夏之文明,儿女拳心献真情;恭祝高堂寿比松,国盛家和万事兴。

3. 绿色畅想宴

(1)设计思路。地球万物生灵共同的家园,共荣共兴来自万物之和谐。然而,大气的恶化,沙尘的肆虐,物种的消失,绿色在衰减,白色在递增……这一切无不在吞噬着我们的生存环境和生态环境。我们向往和谐自然,憧憬蓝天白云和绿色文明。我们更追求低碳、环保、绿色,倡导科学饮食(图3-21)。

图3-21 绿色畅想宴餐台

(2)设计原则及要求。

① 餐具布草的选配。餐具选配带有淡绿色花卉的高档骨瓷餐具;餐筷选配优质红木筷子;装饰布选配高档果绿色面料用于台布衬托;台布(面单)选用亚白色或淡绿色优质台布;餐巾选配亚白色带绿边或浅绿色餐巾;椅套选用亚白色优质布料,椅背采用绿色绸纱并扎成蝴蝶结,自然下垂,达到飘逸自然和谐之感。

② 台面设计制作。台面下部选用电动转盘底座摆放于餐台正中位置,四周由天门冬草和绿掌、雏菊等花卉美观插摆。上面摆放柱形花器,器内置有水草,鱼儿在水中戏游。花器顶部放置着用白色(或浅绿色)玫瑰制成的花球,花球上左右两侧分列摆放着两只栩栩如生的和平鸽,和平鸽口中衔着橄榄枝。整体造型采用平面与立体相结合,构成一幅美丽动感的画面图案。

(3)菜单编制和制作。菜单编制应遵循菜单设计基本原则,呈现宴席主题。同时体现烹饪技术水平。菜品名称寓意与写实相结合,达到命名真切、寓意深厚、高雅。菜单装潢面料要考究,可采用绿色织锦提花缎布面料,起到画龙点睛之效。

绿色畅想宴

```
田园风光无限好——锦绣冷盘
竹丝绕耳鸟鸣春——竹荪乌鸡
大海游龙来戏珠——鸽蛋辽参
荷花池中鸳鸯戏——荷花鸭签
竞夸天下双无绝——牡丹虾球
胶池无痕春意浓——碧绿带子
春回大地自然美——鸡油真菌
百子迎鲤跃龙门——松子鲤鱼
青山绿水山河秀——有机时蔬
花团锦簇并蒂莲——美点双辉
五彩银丝绘中华——三丝汤面
香兰馨果聚合欢——时果拼盘
```

(4) 达到效果。整个台面呈现恬静自然、清新、绿色环保和和谐。转盘的轻轻转动，平面立体的有机结合，主题表述的画外音解说，带给宾客的是动静有序，绿茵花草、水中鱼儿构成一幅立体画境。加之玫瑰花球、和平鸽仿佛是人们对美好愿景的真情渴望，同时也正象征着在倡导宴饮时代餐饮之宗旨，演奏着宴馔的绿色畅想曲。

4. "水晶之恋"主题婚宴

(1) 设计思路。水晶晶莹剔透、纯净无暇，爱情她纯洁真挚、温馨幸福，以水晶之恋立意的主题婚宴，必将赐予一对新人最美好的祝福。因为，最纯的是水晶，而比水晶更纯的是爱情（图3-22）。

图3-22 "水晶之恋"主题婚宴餐台

(2) 设计原则及要求。

① 餐具、酒具、布草的选配。骨碟选用心性的骨质金边白瓷，汤碗与筷架等采用同质白瓷餐具，餐筷为金包头象牙筷。白、红、水三套酒具选用高档水晶杯，以突出台面的

高贵雅静。台布套椅选用米白色带玫瑰暗提花的悬垂性较好的高档面料。餐巾选用粉红色的同质地和花纹的面料餐巾。椅套用银色薄纱打成蝴蝶结垂于椅背,达到纯洁、飘逸的动感效果。

② 插花造型。先将花泥切成同心圆形状,然后用99朵戴安娜玫瑰围边,绿色天门冬草在外沿装饰。心形内有序插上白色玫瑰花。再在中心位置用鹤望兰和一支白色百合花插摆,寓意着携手共进、比翼双飞、百年好合。同时再摆放上水晶质对人工艺摆件,隐喻一对新人象水晶一样纯真的心和炽热的爱。

③ 摆设要求。在餐台台面上将干果门碟(各位)中分别放有红枣、花生、桂圆和沾糖莲子,寓意早生贵子之意。餐巾花可分别折叠成玫瑰花或心心相印等巾花,以彰显主题之意。

(3) 菜单编制。婚宴菜单在编制时要充分考虑主题宴席之宴意,菜品道数讲究偶数,菜单装潢讲究喜庆色彩。菜品名称要朗朗上口,寓意准确,喜庆吉祥。

"水晶之恋"主题婚宴菜单

冷盘				
花好月圆(主盘)			精美八碟	
热菜				
海誓山盟	鱼水合欢	比翼双飞	连理双枝	雀巢鸳鸯
双喜圆子	双蝶扑扇	珠联璧合	甜蜜之吻	百年好合
席点				
如意花卷	锦绣炒饭		百花美点	双喜伊面
水果				
祝福果盘				

(4) 达到效果。整个台面呈现恬静、温馨、浪漫、现代之感,传递出对一对新人的祝福。愿真爱常相伴,真情到永远。

5. 茶趣(茶筵)

(1) 设计思路。中国是茶的故乡,是世界上最早发现茶、利用茶、实现茶叶商品化的国家,早在唐代陆羽所著"茶经"一书是世界上有关茶的第一本专著。茶作为一种饮品,上至帝王将相、文人墨客、诸子百家、下至平民百姓无不以茶为好。人们常说:开门七件事,柴米油盐酱醋茶。茶作为风靡世界的三大饮品,是中国对世界的贡献。

在漫长的历史长河中,它是互相交流的友好使者,它是修炼身心的良方妙计;它超凡脱俗,引人入胜;它如歌似曲,令人陶醉;它闪烁着灿烂的东方文化,令人神往。可谓"君子之交淡如水",更可谓"以茶会友,天长地久"。以茶为主题设计的茶筵,个性彰显,内涵丰富,在经营管理过程中可起到传播茶文化,推进经济效益和社会效益的共赢(图3-23)。

(2) 设计原则及要求。

① 餐具、茶具、酒具的选配。骨碟、汤碗、汤匙及筷架均选用具有中国特色的釉中彩青花瓷餐具,茶具选配青花瓷盖碗茶具,三套酒具最佳亦选配青花瓷高脚杯,以使台面整体配套协调。

图 3-23 茶趣餐台

② 布草配物的选配。装饰布（底单）选配藏蓝色优质面料，台布可选配米白色或米黄色台布，椅套选用同台布面料一致的椅套，椅背上打双层双色蝴蝶结。一块等边六角形上带"茶"字的腊染台布（规格为 50 公分大小左右），小型红木工艺陈设架一座（上摆放有各式不同微型茶具），泥塑老翁下棋造像一尊，观棋老翁造像一尊。插花泥雕刻一座，小型紫砂茶具一套等，微型紫砂茶具一套，饼茶，沱茶各一饼等。

③ 台面设计。先将带有"茶"字的腊染台布平铺于台面中心位置，用紫砂质大小不同两个茶具做插花盛器，选用天门冬、蓬蓬松、剑叶、文竹及白色百合、绿掌、扶郎、雏菊、跳舞兰等花草分别插成大小不同的鲜花盆景（注意插花高度不宜超过 35cm 以避免遮挡宾客交流视线区）对角摆放于餐台上。口布花折叠成双色口布花（巾花中心用蜡染小块口布分别折叠成不同花芯），再将花泥雕山及小型工艺陈设架和微型紫砂茶具分别摆放于台面，最后再将泥塑老翁造像合理摆放于台面，使台面达到一幅完整的富有内涵的设计效果。

（3）菜单编制。菜单在编制时应充分考虑茶筵之主题，将茶馔有机结合，融为一体，同时注意菜单的装潢设计菜品名称应雅致清新。

<pre>
                      茶宴
                      冷盘
     茶香乳鸽脯   椒盐乌龙干   特色樟茶鸭
     祁门泡天麻   菊花拌莴笋   茉莉炝百合
                      热菜
        君山银丝   观音苏眉   碧螺鲍脯
        龙井虾仁   毛尖鸡柳   普洱冬笋
                      席点
              绿茶汤包   玫瑰酥饼
                      水果
                    时果拼盘
</pre>

（4）达到效果。整个台面带给人们的是清新、雅致、中国元素丰富。以茶为媒，茶馔相映，闪烁着灿烂的中国文化。

6. 花开富贵迎宾宴

（1）设计思路。"竞夸天下双无绝，独立人家第一香"。牡丹她雍容华贵，富丽端庄，芳香浓郁，素有"国色天香，花中之王"之美称，用牡丹花卉（小米撒摆和鲜花插摆双结合）为宴席设计主题，在各类迎宾宴会活动中深受中、外贵宾的喜爱（图3-24）。

图3-34 花开富贵迎宾宴餐台

（2）设计原则及要求。

① 餐具、酒具、布草及配物的选配。餐具选配带有牡丹花卉的高档骨瓷餐具；餐筷选用高档仿象牙餐筷；三套杯选用高档高脚水晶杯；桌裙选用优质金丝绒桌裙；台布选用优柔纯白色或牙白色台布，椅套亦可选用优质面料制作，椅背上绣有牡丹花卉；餐巾可选用纯白提花（牡丹花）餐巾或红色提花（牡丹花）餐巾，水晶质高脚插花器（高度约为50～55公分为宜）一座，鲜切牡丹花卉及绿色花草若干。

② 台面设计制作。将用使用色素染制的小米，依据设计图案，在台面的中心位置，撒摆成色彩艳丽，雍容华贵，宛如刺绣一般的牡丹图，在将高脚插花器插上造型美观（易四面观赏）的牡丹插花，最后进行台面餐具摆放是整个餐台达到平面与立体相结合，构成一幅赏心悦目的画面图案。

（3）菜单编制与制作。菜单编制遵循菜单设计基本原则，呈现宴席主题。菜品名称可以寓意和写实相结合来称谓，达到寓意真切、高雅。菜单装潢设计要精美、考究，起到锦上添花之效果。

3 餐饮接待服务工作流程及服务必备技能

花开富贵迎宾宴

彩蝶戏牡丹——象形拼盘
喜迎八方客——精美八碟
繁华似锦绣——什锦鲜羹
花开富贵祥——广肚辽参
牡丹并蒂开——两吃大虾
连年庆有余——清蒸桂鱼
金鸡晨报晓——炸芦花鸡
金猴闹天宫——芙蓉猴头
八珍迎牡丹——牡丹燕菜（素）
绿色自然归——鸡油双菇
美点同增辉——双味美点
欢聚花果山——时果拼盘

（4）达到效果。整个台面呈现出平面与立体的有机结合，富有层次感，牡丹图色彩艳丽、贵富吉祥、喜庆热烈、美不胜收，彰显主人对来宾的热情之意。

本 章 小 结

掌握好餐饮服务技能是做好服务工作的基础，餐饮服务员要通过不断训练，提高托盘、餐巾折花、摆台、上菜、分菜、斟酒等最基本的技能。在训练中，做到刻苦、耐心、开动脑筋、体会诀窍。同时，要学以致用，既要讲究动作、程序的规范，又要注意这些技能在不同场合的灵活运用。

思考与练习

一、判断题

1. 当托盘内无物品时，可以单手拎着行走。　　　　　　　　　　　　　　　　（　）
2. 迎宾员应根据客人人数拿好相应数量的菜单，通常情况下西餐人手一份，中餐一桌一份。（　）
3. 中餐冷菜应尽快送上，吃到1/2时征询宾客是否可以上热菜。（　）
4. 在法式服务中上菜时，除黄油、面包、色拉从宾客左边上外，其余菜肴和酒水都用右手从宾客右边送上，右边撤下。（　）
5. 西餐中宾客吃完主菜或咸味菜后，服务员应迅速撤走用过的餐具，整理餐桌，主动询问宾客是否需要甜品，并向宾客推销介绍。（　）
6. 为了确保点菜正确无误，点菜后应向客人复述其所点菜品，请客人确认。（　）
7. 为客人斟酒时应从主人开始，遵循"女士优先"的原则，按顺时针方向，站在每位客人的身后右侧进行。（　）
8. 科学家认为，粗细结合，荤素搭配，一日三餐不重样，饭菜花样要多变，一般人每天应该吃25种左右的食物。（　）
9. 插入杯中的餐巾花要掌握好深度，一般可插入杯子的1/3。（　）
10. 中餐粤菜的上菜顺序为："冷菜→热菜→汤菜→点心→水果"。（　）

二、选择题

1. 餐巾规格的大小在不同的地区不尽相同，根据实际使用效果，（　　）见方的餐巾折叠造型在实际使用中较为普遍适宜。

   A. 20cm　　　　B. 30cm　　　　C. 40cm　　　　D. 50cm

2. 传菜员必须熟悉菜点质量，严格把好菜点质量关，有权拒绝托送不合格的菜肴至餐厅，些列哪些情况下不取菜？（　　）

   A. 数量不足　　　B. 温度不适　　　C. 颜色不正
   D. 调、配料不全　　　　　　　E. 器皿不洁、破损或不符合规格

3. 中餐宴会餐台设计应遵循哪些原则？（　　）

   A. 主题鲜明，表述清楚　　B. 具有鲜明的个性　　C. 体现艺术性
   D. 体现突出性　　　　　　E. 所有物品符合安全卫生要求

4. 食物预先在厨房内烹制好，并且每人一份分好装盘，服务员只需按顺序把菜迅速送到宾客面前的西餐服务方式是（　　）。

   A. 法式服务　　　B. 俄式服务　　　C. 英式服务
   D. 大陆式服务　　E. 美式服务

5. 花台设计造型灵活，风格各异，但总的原则是（　　）

   A. 尊重风俗　　　B. 不离主题　　　C. 物器协调
   D. 讲究卫生　　　E. 比例适宜

6. 中餐分菜常采用的方法有（　　）

   A. 叉勺分菜法　　B. 转台分菜法　　C. 旁桌分菜法　　D. 各客分菜法

7. 我国早就提出的膳食结构原则是（　　）

   A. 五谷为养　　　B. 五畜为益　　　C. 五果为助　　　D. 五菜为充

8. （　　）是餐巾折花中最基本的方法，几乎所有的餐巾折花都要用到。

   A. 穿　　　　　　B. 折　　　　　　C. 卷　　　　　　D. 叠

9. 轻托一般在客人面前操作，主要用于托送较轻的物品和对客服务，所托重量一般在（　　）千克左右。

   A. 2　　　　　　B. 5　　　　　　C. 8　　　　　　D. 10

10. 在西餐中，盐瓶、胡椒瓶、牙签盅按（　　）人一套的标准摆放在餐台中线位置上。

    A. 2　　　　　　B. 3　　　　　　C. 4　　　　　　D. 5

三、简答题

1. 简述旁桌分菜法的操作标准。
2. 简述轻托的操作方法。
3. 折好的餐巾花摆放到餐桌时一般遵循哪些原则？
4. 在点菜时怎样为客人搭配食物？
5. 个性化服务的表现形式有哪些？

四、论述题

谈谈你对餐饮服务中为客人点菜有哪些技巧？

五、实训任务

1. 请学生情景模拟练习餐厅接受电话订餐的操作程序。
2. 组织学生以小组为单位，收集宴会餐台设计元素，进行中、西餐宴会餐台设计，以ppt形式展示作业，互相学习。

3 餐饮接待服务工作流程及服务必备技能

六、案例分析

刘小姐是北京某四星级饭店粤菜餐厅的预定员，星期一她接到某旅行社的电话预订，要求安排120位美国客人的晚餐，每人餐费标准40元，酒水5元；其中有5人吃素。时间定在星期五晚6时，付帐方式是由导游员签帐单（某些饭店与一些旅行社有合同，可收取旅行社的餐饮结算单，定期结账）。刘小姐将预订人姓名、联系电话、客人人数、旅游团代号、导游员姓名、宾客的特殊要求等一一记录在预订簿上。

星期五晚6时该旅游团没有到达。此前刘小姐曾与旅行社联系进行过确认，但都没有更改预订的迹象，因此，刘小姐对其他预订均已谢绝。

6时30分，该团仍无踪影。刚巧，这天餐厅的上座率非常高，望着那一桌桌上凉菜的餐桌，大家都着急了。餐厅经理急忙作出决定，一方面让刘小姐继续与旅行社联系，一方面允许已经上门没有预订的散客使用部分该团预订的餐桌。并与其他餐厅联系，准备万一旅游团来了使用其他撤台的餐桌。

经联系，旅行社值班人员讲，预订没有改变，可能是由于交通堵塞问题造成团队不能准时到达饭店。7时30分，旅游团才风风火火地来到饭店。导游员告诉餐厅，有30人因其他事由不能来用餐。还有90人用餐，其中有3人吃素。经理急忙让服务员安排，并回复导游员，按规定要扣除这30人的预订超时和餐食备餐成本费用，比例是餐费的50%。由于团队到达时间晚，有些预订餐桌没有动，餐厅内散客的撤台率较快，加上旅游团少来了30人，所以90个美国客人到达后马上得到安排。望着这些饥餐渴饮的旅游者，大家终于松了一口气。

请思考：请从该案例分析一下餐厅接受团队预订时应注意的事项。

4 零点餐厅服务

问题引入

1. 零点餐厅服务和宴会服务有什么不同？
2. 想知道零点餐厅各种餐别的接待流程吗？
3. 了解客房送餐吗？

内容导读

零点餐厅是指宾客随点随吃、自行付款的餐厅。到零点餐厅就餐的客人多而杂，人数不固定，口味需求不一，用餐时间交错，致使餐厅接待量不均衡，服务工作量较大，营业时间长。零点餐厅服务是最基本的餐饮服务方式，不同餐别或不同服务方式的零点餐厅有不同的接待服务流程，本章着重介绍中西餐零点餐厅各种形式的接待服务流程。

学习任务

1. 掌握中西餐零点餐厅各种形式的接待服务流程。
2. 能够依据不同的餐别提供不同的接待服务环节。
3. 灵活运用客房送餐的服务方式。

4 零点餐厅服务

开篇案例

奇怪，她不要小费还那么热情

一天晚上，徐先生陪着一位美国外宾来到酒店餐厅用餐。点菜后，服务员小吴摆上酒杯，上好餐前小吃，又为外宾多加一副刀叉再为两位客人斟茶水、换毛巾，又为他们到啤酒，当汤端上来后便为他们盛汤，盛了一碗又一碗。一开始，外宾以为这是吃中餐的规矩，听徐先生告诉他凭客自愿后，在服务员小吴要为他盛第三碗时他谢绝了。

小吴在服务期间满脸微笑，手疾眼快，一刻也不闲着：上菜后即刻分菜，皮壳多了随即就换骨碟，毛巾用过了忙换新的，米饭没了赶紧添加……他在两位客人旁边忙上忙下，并不时用英语礼貌地询问两位还有什么需要，搞得两位食客也忙上忙下拘谨起来。当外宾把刀叉刚放下，从口袋里拿出香烟，抽出一支拿在手里时，"先生，请抽烟。"小吴忙从口袋里拿出打火机，熟练地打着火，送到客人面前，为他点烟。外宾忙把叼在嘴里去点烟，样子颇为狼狈。烟点燃后，他忙着抬头向小吴说了声："谢谢！"小吴又在忙着给他的碟子里添菜，客人忙熄灭香烟，用手止住小吴说："谢谢，还是让我自己来吧。"小吴随即把烟灰缸拿去更换。

外宾说："这里的服务太热情了，就是忙得让人有点透不过气来。徐先生，我们还是赶紧吃完走吧。"当小吴把新烟灰缸放到桌上后，两人谢绝了小吴的布菜，各自品尝了两口后，便要求结账。去账单时，外宾拿出一张钞票压在碟子下面。徐先生忙告诉他，中国餐厅内不收小费。外宾说"这么'热情'的服务，你就无动于衷？"徐先生仍旧向外宾解释，外宾只好不习惯地把钱收了起来。结账后，小吴把他们送离座位，站在餐厅门口还连声说："欢迎下次光临。"

在本案例中，由于美国客人在该餐厅受到十分热情的接待服务，结合他过去在国外的就餐经历和经验，使外宾形成一种感觉，就是过于热情干扰了自己的用餐情绪，即感到不自在和尴尬，这使他认为这是服务员在索要消费的提示，尽管最后他也清楚并不是那么回事，但是顾客始终并不认同和接受这样的服务。这样的服务实际上是画蛇添足，多此一举。又例如，有些聚在一起想聊聊知心话的朋友，正在热恋的青年男女，爱静静独坐的知识分子或其他一些不想让服务员过多干涉自己的顾客，包括到餐馆洽谈业务生意的商人，都不愿接受这种画蛇添足式的服务。所以说服务员并不是越殷勤、周到、热情，就越能得到顾客的好感，而是应当根据不同顾客的具体情况，来确定自己是不是应该那样服务。

餐厅在强调对顾客热情服务的同时，更应该强调以顾客感到自在、舒适和愉快为准则，不注意客人反应的过度热情也可能会把顾客吓跑。这就要求所有员工明确服务应具有灵活性，根据不同顾客的具体情况而进行。

带你走进今日课堂

零点餐厅是接待零星而来的、根据菜单自由点菜的客人，接待服务工作非常细致而又具体，具有不可预见性，做好它有一定的难度。

4.1 中餐零点餐厅服务流程

4.1.1 早餐服务流程

中式早餐（见图 4-1）主要有茶水类、面食点心类、谷物类、蔬菜类、肉类等组成，大致分为北方早餐、南方早餐和粤港早茶等。

服务流程：餐前准备→敬语迎宾→引宾入座→问位开茶→上小毛巾、脱筷子套、揭茶

图 4-1 中式早餐厅

杯→沏茶、斟茶→推介点心→上点心并记录→席间巡台→结账→送客→清理台面。

早餐服务注意事项：

（1）服务迅速，动作敏捷；

（2）服务员须熟悉本餐厅供应的茶叶种类，并主动向宾客推介。若宾客人数较多，同一桌宾客可酌情提供 2～3 壶茶；

（3）熟悉点心价格，主动推介，及时记录；

（4）点心推车注意行走路线，目光注意宾客台面及宾客的手势、动作；

（5）值台服务员做到"三勤两照顾"：勤巡视，勤加水，勤换烟灰缸、骨碟及清理台面的杂物，照顾老幼和边角位宾客。

4.1.2 午、晚餐服务流程

服务流程：餐前准备→敬语迎宾→引宾入座→递巾问茶→脱筷子套、松餐巾、揭茶杯→呈递菜单、酒水单→沏茶、斟茶→上餐前小吃→斟调味料→点菜、点酒水→服务酒水→收茶杯、茶碟、茶壶、小毛巾→上菜→席间巡台→上甜品、水果→上小毛巾→上茶→结账→送客→清理台面。

午、晚餐（如图 4-2）服务注意事项：

（1）客用品呈递一律用托盘；

（2）餐厅无空位时，需引领宾客到休息厅等候，并提供候餐服务；

（3）点菜服务员须熟悉菜单，掌握本餐厅提供的菜式品种、每一道菜的风味特色、加工烹制方法、口味、营养成分等，做好宾客的参谋。并有相当的饮食文化知识，供客询问；

（4）点菜时注意宾客对菜肴的特殊要求，在菜单上做好标记；

（5）点菜后须向宾客复述，并告知第一道菜的出菜时间。点菜后 30 分钟应检查宾客的菜是否上齐，并及时跟催；

（6）上带壳的菜肴须跟热毛巾和洗手盅，有配料、佐料的菜先上配料、佐料，再上正菜；

（7）每上一道菜，都须报清楚菜名。进餐过程中不忘征询宾客对菜肴的意见，尤其是名贵菜肴；

4 零点餐厅服务

图4-2 中式午、晚餐厅

（8）服务要一视同仁、诚恳、恰到好处，尽可能针对不同的宾客的具体情况提供无"NO"服务、超值服务，通过优质服务让宾客成为餐厅的老顾客；

（9）服务过程中要会察言观色，并始终留意宾客的举动，尤其宾客的失常动作，有理、有利、有节及时地控制事态的发展，有处理特殊情况的机智；

（10）餐厅经理要实施"走动式管理"，掌握整个餐厅动态，及时处理宾客投诉，挽回可能的损失。

案例 4-1

某年4月1日晚上，六位澳洲客人在某饭店气派豪华、布置典雅的中餐厅内尽情享受加工精细、质量高档的菜肴。其中一位五十多岁留着小胡子的男宾对一只银质酒杯爱不释手，其他客人也对筷子和细瓷餐具很感兴趣。

当服务员上菜时，发现那位小胡子客人离开了餐桌，他面前的银质酒杯变成了旁边客人的葡萄酒杯，餐桌上还少了两双筷子和一个细瓷汤碗。服务员不动声色地笑问一位面前没有汤碗和筷子的女宾："女士，现在您面前没有餐具，是否需要我为您重新添放？您是要刚才那种黄色的汤碗，还是要其他颜色的？是否还要两双筷子？"

"不，不，我们什么也不要，谢谢你。"女宾神色尴尬地说。

服务员立即将此事报告的餐厅经理，并重新回到澳洲客人面前，手里拿着几样包装精致的餐具。她微笑着对留着小胡子的客人说："先生，我刚才发现你们对中国餐具很感兴趣，为了感谢大家对这些工艺品的钟爱，我代表餐厅送上一个银质雕龙酒杯、一个细瓷雕花福寿汤碗和六双筷子，给各位女士、先生留个纪念。筷子是免费的，汤碗和酒杯将按优惠价格记在餐费的账单上，您同意吗？"

留小胡子的客人明白了服务员的意思，并示意服务员离开一会儿。

当客人招呼服务员回到餐桌前时，服务员看到刚才不见了的餐具和酒杯又回到原来的位置了。客人笑着对她说："小姐，谢谢你的建议，这些筷子和酒杯我们收下，汤碗请拿回吧。今天是愚人节，连餐具都想和你开玩笑，你看，这酒杯、汤碗和筷子又回来了。"说完大家都笑了。

4.2 西餐零点餐厅服务流程

4.2.1 早餐服务流程

西餐早餐（如图4-3）一般在咖啡厅提供，大致内容包括果汁类、水果类、谷麦类、鸡蛋类、肉类、面包类、热饮类等。

图4-3 西餐早餐

服务流程：餐前准备→敬语迎宾→引宾入座→餐巾与菜单服务→点菜→重新布置餐桌→上菜→席间巡台→结账→送客→清理台面。

早餐服务注意事项：

（1）服务迅速，技艺娴熟；

（2）熟记本餐厅提供的早餐种类；

（3）注意问清楚宾客的特殊要求，如煎蛋是单面煎还是双面煎，蛋煮几分钟，需要奶咖啡还是清咖啡等；

（4）根据宾客所点早餐种类有针对性地提供服务；

（5）面包要新鲜，咖啡要热。

4.2.2 咖啡厅午、晚餐服务程序

咖啡厅原是仅提供咖啡的地方，发展到现在，已是一个24小时服务，提供简便早餐与正餐的场所。咖啡厅的装饰布置主题鲜明，简洁明快，色彩鲜艳，气氛柔和，清新，具欧美特色。咖啡厅一般采用美式服务，服务迅速周到，座位周转率高，菜肴以简单、快捷的西餐为主，并辅以当地的风味小吃和本饭店其他餐厅精选的美食。菜单简单、轻巧，形式多样，菜肴、酒水价格适中。咖啡厅午餐、晚餐如图4-4所示。

服务流程：餐前准备→敬语迎宾→引宾入座→餐巾与菜单服务→推介开胃酒或鸡尾酒并下订单→服务酒水→点菜→推介佐餐酒并下订单→就餐服务→结账→送客→清理台面。

咖啡厅午、晚餐服务注意事项：

（1）引领宾客入座时，问清宾客选择吸烟区还是非吸烟区；

（2）熟悉本餐厅每日套餐的内容和特色，适时推介；

4 零点餐厅服务

图 4-4 咖啡厅午餐、晚餐

(3) 点菜时使用宾客座位示意图，注意宾客对菜肴的特殊要求；

(4) 注意菜肴与酒水的搭配，适时推销酒水；

(5) 为一桌宾客点完菜后，须问清是分开付账还是一起付账，以便收银时，准确制作账单；

(6) 要勤巡台，及时为宾客添酒、冰水、黄油、面包，更换烟灰缸，收撤空酒杯等；

(7) 服务迅速敏捷，细致周到；

(8) 服务员要有高超的服务技艺。

案例 4-2

玛丽是某饭店咖啡厅的迎宾员。这天午饭期间，玛丽见一位先生走了进来，便迎上前去问好："中午好，先生。请问您贵姓？"

"你好，小姐。你不必知道我的名字，我就住在你们饭店。"这位先生漫不经心地回答。

"欢迎您光顾这里。请问您愿意坐在吸烟区还是非吸烟区？"玛丽礼貌问道。

"我不吸烟。不知你们这里的头盘和主菜是些什么？"先生问道。

"我们的头盘有一些色拉、肉碟、熏鱼等，主菜有猪排、牛扒、鸡、鸭、海鲜等。您若感兴趣可以坐下看看菜单。您现在是否准备入座了？如果准备好了，请跟我去找一个餐位。"玛丽说。

这位先生看着玛丽整洁、漂亮的服饰，欣然同意，跟随她走向餐桌。

"不，我不想坐在这里。我想坐靠窗的位置，这样可以观赏街景。"先生指着窗口的座位对玛丽说。

"不好意思，先生，那里已经有人预定了。请您先在这里坐一下，等窗口有空位我再请您过去，好吗？"

玛丽征求他的意见。先生同意后，玛丽又问他要不要些开胃品。这位先生同意后，玛丽对一位值台服务员交代了几句，便离开了这里。

当玛丽再次出现在这位先生面前告诉他窗口有空位时，先生示意不换座位，要赶快点菜。玛丽微笑着离开了。

4.2.3 扒房午、晚餐服务程序

扒房是饭店为体现自己餐饮菜肴与服务水准、满足部分高消费宾客的需求、增加经济收入而开设的高级西餐厅。扒房以供应法式大餐为主，酒水品种齐全，装饰布置高雅华丽，设施设备高档典雅而专业化，娱乐活动以西方高雅音乐为主，旨在营造优雅、浪漫、神秘而又独特的气氛。扒房多采用法式服务，烹饪技艺水平高超精湛，擅长客前烹制，以渲染美食气氛。扒房菜单、酒水单制作精美考究，通常以真皮封面装帧，菜肴、酒水价格昂贵。

扒房以提供午、晚餐为主，有的只提供晚餐。

知识链接 4-1

被誉为"王之旅馆主，旅馆主之王"的里兹在满足宾客需要方面，善于创造，并不惜一切代价。他在出任卢塞恩国民大饭店时，为了让客人从饭店窗口眺望远处山景，感受到一种特殊的欣赏效果，他在山顶上燃起了篝火，并同时点燃了1万支蜡烛。为了创造一种威尼斯水城的气氛，他在伦敦萨伏依饭店底层餐厅放满水，水面上飘荡着威尼斯凤尾船，客人可以在二楼边聆听船上人唱歌边品尝美味佳肴。

扒房服务流程：预订→餐前准备→敬语迎宾→引宾入座→餐巾与菜单服务→推介开胃酒或鸡尾酒→倒冰水、上酒水→点菜→推介佐餐酒→订佐餐酒→重新布置餐台→上黄油、面包→服务头盘→巡台→撤走头盘→服务第二道菜→撤走第二道菜餐具→服务主菜→撤走主菜餐具、整理桌面→推介奶酪和甜点并下订单→服务奶酪和甜点→上咖啡或茶→撤走甜品用具→推介餐后酒和雪茄并下订单→服务餐后酒和雪茄→结账→送客→清理台面。

扒房午、晚餐服务注意事项：

（1）扒房因服务节奏慢，就餐时间长，所以座位周转率低，前来就餐的宾客往往需要提前预订，才能保证宾客到餐厅就有座位；

（2）点菜时须先画好宾客座位示意图，分别准确记下每位宾客所点菜肴，并立即复述确认，然后安排送入厨房的正式点菜单；

（3）点菜时注意问清楚宾客对菜肴的特殊要求，如牛、羊肉的老嫩程度、选用的配汁等；

（4）严格按照西餐上菜顺序上菜；

（5）推介酒水时，注意菜肴与酒水的搭配；

（6）必须在同桌每一位宾客都用完同一道菜，撤盘后，才能上下一道菜；

（7）在桌边客前烹制时，要选择本桌宾客都能观赏到的角度；

（8）扒房服务员须具备良好的语言功底，如表达流畅的英语和一定的法语基础；

（9）服务过程中，始终体现"女士优先"的原则，并展示高超的服务技艺、优雅而规范的服务姿态。

案例 4-3

一对中年夫妇在情人节当天来到某饭店的高级西餐厅用晚餐，由于是头一次吃西餐，夫妇俩不知如何点菜，也不知怎样用餐具。

4 零点餐厅服务

服务员得知这一情况后,耐心地向他们介绍了怎样用餐具、怎样点菜。"吃西餐一般要先喝一些清汤或清水,目的是减少喝酒对胃的刺激,然后可按顺序要鸡尾酒和餐前小吃、开胃品、汤、色拉、主菜、水果和奶酪、甜点、餐后饮料。实际上,不必每个程序都点菜,可根据自己的喜好和口味任意挑选。"服务员介绍完,给夫妇俩每人一份菜单和酒单,简要介绍了菜单的内容及相应的菜肴酒水搭配知识。这对夫妇听得津津有味,并请服务员代为点菜。

根绝客人的要求和意愿,结合餐厅的特色酒、菜,服务员为客人按全部程序点了鸡尾酒、冷肉、法式小面包配黄油、汤、海鲜色拉、虾排、鹿肉、牛排、红葡萄酒、甜点、冰淇淋、咖啡等饮食。

餐后,这对夫妇非常高兴地对服务员说:"今天我们不但得到了良好的服务,而且还体会到了吃西餐的乐趣,以后一定再来讨教。"

4.3 客房送餐服务流程

客房送餐(如图 4-5 所示)服务(Room Service)是饭店为便利住店宾客,体现饭店档次,同时也减轻餐厅压力、增加收入的餐饮服务形式。客房送餐服务是高档饭店的重要标志,其收入通常可占饭店餐饮总收入的 15% 左右。

图 4-5 客房送餐

案例 4-4

南方某大饭店的房内用膳办公室接到 1214 房来电,客人要求送 4 份红肠炒饭到房间。服务员放下电话即与厨房联系。

这份差使落到服务员小张身上。不料正待送去时,饭店电路出了故障。小张在昏暗的烛光照耀下,找了一个方托盘,盛放 4 碗炒饭,正欲举步时,念头一转,饭店断电后电梯不能运转,用两条腿走 12 层楼梯真够受的,何况是在黑暗中摸索上楼。犹豫一阵后猛然想到,此时正值寒冬,空调机不能使用,客人在漆黑的房间里一定饥寒交加,他们正渴望吃上一顿香喷喷的热饭。现在

> 是客人最需要服务的时候，酒店员工没有任何理由让客人失望。想到此，她端起托盘便从消防通道绕去，一口气来到12楼。她用手叩门时，两条腿好似灌了铅一般沉重。操着广东口音的客人连声道歉，小张感到浑身舒坦。她正想请客人签单，不料又节外生枝。
>
> 不知何因，这几位客人只肯支付现金，不愿签单。那就是说，她必须步行到一楼付款台替客人结账，然后再返回12楼交账单！小张虽然想到这层麻烦，但仍接过现金，转身便向楼梯口走去。当第二次出现再1214房时，她差点瘫了下来。一位客人把她扶到椅子前，看到她满脸通红、气喘吁吁的模样，很不好意思。他说他压根儿忘了电梯不能使用，不然的话决不会不通情理到这个地步。
>
> "不，应该道歉的是我们，由于酒店断电给你们带来了不便，我上下走两次只能稍稍弥补酒店给你们添麻烦。感谢你们给了我提供服务的机会。"小张的话字字发自肺腑。
>
> 客房用餐是酒店最常规服务之一，其关键是尽可能使客人在房内用餐与餐厅用餐没有区别，因此要注意准时、保温以及保证数量等事项。客房用餐一般采取签单方式，服务员接过客人签过字的账单后，以最快的速度送到餐饮部入账，但也有些客人喜欢付现款，这样做不用客人签字，但服务员必须立即报缴，并把账单交还客人。
>
> 本例发生于酒店断电之时，小张坚持按服务规范办事，充分表现了她训练有素。但客人用现金付款时小张可以向他们提议改为签单，这样可免去第二次攀登12层楼梯的辛苦，但她头脑里装的是客人的要求。她既然选择了酒店工作，便应随时地把满足客人作为自己应尽的职责，客人的愿望对于酒店员工来说，永远是最有力的召唤。小张深明这一点，所以一连爬了24层楼梯，在一片黑暗中铁铁撞撞走上去，她不仅毫无怨言，还主动代表酒店向客人道歉，这种积极的服务精神和态度值得学习。

4.3.1 客房送餐服务的特点

（1）服务过程主要在客房内完成。

（2）服务环节多，人工成本高。客房送餐一般24小时进行，由宾客预订开始，厨房制作，服务员及时准确送餐进房并提供辅助服务。

（3）餐饮品种及服务内容有一定限制，价格稍高。

（4）需要与客房部密切配合完成工作。

4.3.2 客房送餐服务的内容

（1）饮料服务。包括普通冷热饮料以及酒类等。

（2）食品服务。包括早餐、午晚餐和点心等。

（3）特别服务。包括送给VIP客人的礼品、为住店客人承办房间酒会等。

4.3.3 客房送餐服务程序

服务流程：预订→送订单→准备托盘或送餐车、食物→备账单→检查核对→送餐到客房→房内用餐服务→结账→道别→收餐→结束工作。

客房送餐服务注意事项：

（1）客房送餐预订方式有两种：一种是门把手早餐菜单预订，另一种是全天候电话预定；

4 零点餐厅服务

（2）订餐员要熟记送餐菜单内容，以便准确记录宾客所点饮食。若宾客点到送餐菜单上没有的菜式，要礼貌向宾客解释，并恰当推介同类其他食品；

（3）送餐员送食物到客房时，须将调味料事先准备好，连同所需餐具一并送入客房；

（4）易冷的热食或易融化的冰冻食品，须有保温或冷藏设备，并以最快的速度送至房间；

（5）到达宾客房间时，须礼貌敲门询问，征得客人同意后方可进入房间，同时以宾客姓名问候。进房后，要征询托盘或餐车的放置位置，然后按要求放好；

（6）结账时应备好零钱，若宾客用外币结账，送餐员须告知宾客当日的汇率，将应付人民币准确折算成宾客所支付的外币，不能多收。收款时唱收，并告知找零的数目、时间，然后迅速前往收银台办理。若宾客签单结账，要事先准备好笔，礼貌请宾客签单，务必告之宾客用正楷和签字的位置。

（7）结账后，送餐员应祝宾客用餐愉快，离开房间时为宾客关好房门。

（8）送餐员在早餐 30 分钟、正餐 60 分钟后，打电话到客房，征询宾客进餐情况和对餐食的意见，礼貌询问收餐的时间。

（9）送餐服务员应具有相当的服务知识和技巧、良好的语言功底、灵敏的反应和足够的耐心。

案例 4-5

一天晚上，某五星级饭店的客房送餐部接到美国客人雷克的订餐电话，订餐员立即与厨房联系加工。15 分钟后，客房送餐员小姜把客人要的餐食和酒水送进客房。可是签单结账时，雷克夫人却要用美元结账，不愿签单。而餐厅的现金结账要用人民币来结算，美元要到外币兑换处换成人民币才能使用，而饭店外币兑换处现在又不营业。于是，小姜向客人建议第二天换成人民币后再来客房给客人结账。雷克夫人欣然同意。小姜回到餐厅用自己的钱为客人垫付了这笔账。

后来，雷克夫人打电话了解了这些情况。第二天，当小姜把账单交给雷克夫妇时，雷克夫妇当即用人民币付了钱。

本 章 小 结

本章主要阐述了零点餐厅各种餐别的接待服务流程和注意事项，使餐厅服务工作在讲求规范和标准的同时，还要结合具体情况提供个性化的服务。同时指出厨房、管事部等部门是餐厅的后台支撑部门，其各项工作的组织安排必须以餐厅业务为中心，无条件满足对客接待过程中的各项要求，密切配合餐厅圆满完成各项接待任务。

思考与练习

一、判断题

1. 服务员须熟悉本餐厅供应的茶叶种类，并主动向宾客推介。若宾客人数较多，同一桌宾客可酌情提供 2～3 壶茶。　　　　　　　　　　　　　　　　　　　　　　　　　　　　（　　）

2. 服务过程中要会察言观色，并始终留意宾客的举动，尤其宾客的失常动作，有理、有利、有节及

时地控制事态的发展。（   ）

3. 值台服务员做到"三勤两照顾"：勤巡视、勤加水、勤换烟灰缸、骨碟及清理台面的杂物，照顾老幼和边角位宾客。（   ）

4. 每上一道菜，都须报清楚菜名。进餐过程中不忘征询宾客对菜肴的意见，尤其是名贵菜肴。（   ）

5. 点菜后须向宾客复述，并告知第一道菜的出菜时间。点菜后 20 分钟应检查宾客的菜是否上齐，并及时跟催。（   ）

6. 西餐为一桌宾客点完菜后，须问清是分开付账还是一起付账，以便收银时，准确制作账单。（   ）

7. 客房送餐一般 12 小时进行，由宾客预订开始，厨房制作，服务员及时准确送餐进房并提供辅助服务。（   ）

8. 西餐推介酒水时，注意菜肴与酒水的搭配。（   ）

9. 客房送餐员在早餐 15 分钟、正餐 30 分钟后，打电话到客房，征询宾客进餐情况和对餐食的意见，礼貌询问收餐的时间。（   ）

10. 西餐必须在同桌每一位宾客都用完同一道菜，撤盘后，才能上下一道菜。（   ）

二、选择题

1. 餐饮服务中，客用品呈递一律用（   ）。
   A. 徒手   B. 账单夹   C. 托盘   D. 餐巾

2. （   ）因服务节奏慢，就餐时间长，所以座位周转率低，前来就餐的宾客往往需要提前预订，才能保证宾客到餐厅就有座位。
   A. 扒房   B. 咖啡厅   C. 酒吧   D. 快餐厅

3. 中式早餐主要有（   ）等组成。
   A. 茶水类   B. 面食点心类   C. 谷物类、   D. 蔬菜类

4. 上带壳的菜肴须跟（   ）。
   A. 热毛巾   B. 洗手盅   C. 长支火柴   D. 开瓶器

5. 客房送餐服务的内容包括（   ）。
   A. 饮料服务   B. 食品服务
   C. VIP 客人的礼品   D. 为住店客人承办房间酒会

三、简答题

1. 请简述中餐零点餐厅午、晚餐服务注意事项。
2. 简答客房送餐服务程序。
3. 简述西餐扒房午、晚餐服务注意事项。

四、实训任务

依据零点餐厅各种餐别的接待服务流程将学生分角色练习。

五、案例分析

一个深秋的晚上，三位客人在南方某城市一家饭店的中餐厅用餐。他们在此已坐了两个多小时，仍没有去意。服务员心里很着急，到他们身边站了好几次，想催他们赶快结账，但一直没有说出口。最后，她终于忍不住对客人说："先生，能不能赶快结账，如想继续聊天请到酒吧或咖啡厅？"

"什么！你想赶我们走，我们现在还不想结账呢。"一位客人听了她的话非常生气，表示不愿离开。另一位客人看了看表，连忙劝同伴马上结账。那位生气的客人没好气地让服务员把账单拿过来。看过账单，他指出有一道菜没点过，但却算进了账单，请服务员去更正。这位服务员忙回答客人，账单肯定没

4 零点餐厅服务

错,菜已经上过了。几位客人却辩解说,没有要这道菜。服务员又仔细回忆了一下,觉得可能是自己错了,忙到收银员那里去改账。

当她把改过的账单交给客人时,客人对她讲:"餐费我可以付,但你服务的态度却让我们不能接受。请你马上把餐厅经理叫过来。"这位服务员听了客人的话感到非常委屈。其实,她在客人点菜和进餐的服务过程中并没有什么过错,只是想催客人早一些结账。

"先生,我在服务中有什么过错的话,我向你们道歉了,还是不要找我们经理了。"服务员用恳求的口气说道。

"不行,我们就是要找你们经理。客人并不妥协。"

服务员见事情无可挽回,只好将餐厅经理找来。客人告诉经他们对服务员催促他们结账的做法很生气。另外,服务员把账用多算了,这些都说明服务员的态度有问题。

请思考:如果你是餐厅经理,接下来你会如何解决这个问题?

5

宴会服务

问题引入

1. 您参加过哪些形式的宴会？
2. 当您收到亲朋好友的邀请，去参加一场中式婚宴时，您的脑海中会呈现出什么样的宴会场景？会品尝到哪些不同的菜式？与以往在零点餐厅就餐有什么不同？
3. 某公司欲找一家餐厅签约下一年度的所有会议接待宴请、酒会、年会等活动，想知道该做哪些准备工作才能成功与客户签约？

内容导读

宴会是餐饮服务项目的主要组成部分，是最高的餐饮接待形式。随着酒店业的发展，宴会接待服务水平的高低，已成为衡量酒店管理水平的重要标志，是提高酒店声誉、增强酒店竞争力的关键因素。高效完美的宴会预订、细致周到的宴前组织、体贴入微的餐中服务、恰到好处的宴会促销以及快捷便利的结账程序，为宾客带来了高规格的宴会服务。本章将从宴会概述、宴会预订、宴会促销、宴会客史档案管理以及中、西宴会的服务规程、其他宴会形式的服务规程进行全面的阐述。

学习任务

1. 掌握宴会预订程序、宴会促销形式以及宴会客史档案管理方法。
2. 能够熟练为宾客提供各种形式的宴会服务。
3. 学会针对不同类型宴会的特点，进行场景布置与摆设。

5 宴会服务

开篇案例

祝酒时上烤鸭

北京某高级宾馆的宴会厅正在举行一家公司成立的庆祝宴会。宴会厅内的几十张圆桌坐满了来宾，厅内装饰华丽、气氛高雅，赴宴的各界人士谈笑风生，好不热闹。

为了搞好这次宴会的接待工作，宴会部早就做了精心准备。厅内的横幅、地毯、花篮、电气设备、餐桌、餐具等均已按规定摆放停当，管理人员和服务人员也已到位等待。

宴会开始后，一切按设计程序进行，上菜、报菜名、布菜、递毛巾、斟倒酒水、撤换菜碟等均有条不紊。在上完某道菜后，该轮到主人和主宾讲话了。

当他们走的话筒旁时，服务员已经为他们准备好了致祝词后的酒水。两个人简短而热情的祝词之后，厅内响起了热烈的掌声，接着服务员把祝词用的酒杯送上。主人提议大家干杯，来宾们一起举杯祝酒。突然，一些手中端着烤鸭的服务员向各个餐桌走去。大家的视线都投向了他们，一些人还窃窃私语起来。主人见到宴会气氛因这些服务员的出现而受到了影响，急忙提议大家再次干杯，但仍止不住嘈杂的声音。他心想："祝酒的时候上菜，真是乱来，回头再找餐厅算账。"

带你走进今日课堂

5.1 宴会概述

在众多的餐饮形式中，宴会是最高级别的餐饮形式，与人们的社会生活紧密相连，是人们生活中的美好享受，是现代社会重要的礼遇活动方式。

在我国宴会活动的演变大致经历了四个阶段，即殷商时期的筵席阶段、封建社会的条案阶段、封建社会后期的圆桌阶段及新中国成立后的发展阶段，有着数千年的发展历程，是经济、政治、文化、饮食等诸多因素综合作用的产物，是社会物质文明与精神文明程度的标志，也是一份珍贵的文化遗产，所以，探讨宴会就是研究和发展餐饮文化。

5.1.1 宴会的概念

宴会是人们为了社会交往的需要而进行的一种有组织、有目的的群体聚餐活动。从形式上来讲，它是多人聚餐的一种形式；从内容上讲，是有计划性的按照一定规格和程序组合起来，并具有一定质量、数量的整套餐点；从意义上讲，具有交际、庆祝、纪念等作用的一种社会活动方式。在现代饭店餐饮经营中，宴会是一项重要的业务内容，也是创收的主要渠道之一。宴会活动举办的成功与否，直接影响餐饮企业的经济效益与社会声誉。

5.1.2 宴会的特点

宴会不同于一般的餐饮活动，有着自己鲜明的特点，具体表现在以下几个方面：

1. 社交性

社交性是指宴会的作用，是宴会功能上的一个重要特征。人们请客设宴都有一定的目的性，无论是友好往来、举行庆祝、经济贸易、协商事务、答谢亲朋，或社会团体、企事业单位、个人之间进行交往，都经常运用这种交际方式。因此，宴会作为社会交往的一种工具被人们广泛应用于社会生活中，发挥着独特的作用。

> **知识链接 5-1**
>
> 我国云南哈尼族的"长龙宴"（如图 5-1），在约定的时间内，由寨子里各家各户的看家好菜组成，一家摆上一两桌，家家户户的桌子连着桌子，摆成街心宴，弯弯曲曲，蜿蜒似龙。村寨的邻里之间借助宴请活动，聚集在一起，共饮同乐，彼此交流，联络了感情，增进了友谊。
>
>
>
> 图 5-1　云南哈尼族的"长龙宴"

2. 计划性

宴会的成功举行离不开宴会之前的设计与策划。宴会的承办方应根据举办宴会者的要求有目的、有计划的对宴会的场景布局、席位安排、接待礼仪、服务规程、菜式品种等进行整体规划，并制定宴会计划或实施方案，以满足设宴者的某种目的的需要。

3. 聚餐式

聚餐式是宴会的饮食方式。采用多人聚集在一起，边吃边交流的进餐形式。赴宴者有宾、有主、有陪客。众人聚集、欢宴、乐饮。

4. 礼仪性

孔子曰："席不正，不食"。意思是说，用餐的时候如果席子没有摆正，是不能进食的。这说明自古以来礼仪在餐饮文化中的重要性。现代宴会更是注重宴会的礼节礼仪，尤其是国家正式宴会，从迎宾仪式到席间致词、祝酒以及席次排列、席位安排、VIP 服务等均特别讲究礼仪。

5. 规格化

规格化是指宴会的内容。一般要求格调高雅，有气氛，讲排场，服务周到细致。包括宴会的布局设计、菜品的组合、进餐的顺序、礼仪的形式、服务的程序等都有一定的规范与要求。

5.1.3 宴会的种类

宴会在现代社会交往中被广泛应用，但由于宴请的目的、规格、形式、时间、礼仪、习俗等不尽相同，因而宴会名目繁多。根据不同的分类方式，主要有如下种类：

1. 按菜式餐别分类

可分为中餐宴会、西餐宴会、中餐西吃宴会等。

2. 按宴会的性质分类

可分为国宴、正式宴会、便宴和家宴等。

3. 按用餐方式分类

可分为传统宴会、冷餐会、酒会、茶话会等。

4. 按宴会的主题分类

可分为欢迎宴会、告别宴会、商务宴会、庆典宴会（如图5-2）、纪念宴会、节庆宴会、仿古宴会、婚宴（如图5-3）、寿宴、谢师宴、尾牙宴等。

图5-2　庆典宴会

图5-3　中式婚宴

5. 按宴会举办的时间分类

可分为早宴、午宴和晚宴。

6. 按宴会举办的规模分类

可分为大型宴会、中型宴会和小型宴会。

7. 按宴会的档次分类

可分为高级宴会、中级宴会和一般宴会。

8. 按宴会的进餐形式分类

可分为立餐宴会、坐餐宴会、坐餐和立餐混合式等。

9. 按菜肴特点分类

可分为海鲜宴、鲍鱼宴、野味宴、满汉全席、饺子宴、清真宴、全素宴等。

10. 按餐饮文化分类

可分为三国宴、红楼宴、孔府家宴、药膳宴、洛阳水席等。

> **知识链接 5-2**
>
> ### 【千叟宴】
>
> 千叟宴,又名千秋宴、敬老宴,是清朝著名的宴会之一,指清朝宫廷专为老臣和贤达老人举行的宴会,因赴宴者均是 60 岁以上的男子,每次都超过千人,由此被称为千叟宴。千叟宴具有规模大、等级严格、礼仪繁杂等特点。据清代历史文献记载,从康熙至乾隆年间,共举办过四次千叟宴。

> **知识链接 5-3**
>
> ### 【洛阳水席】
>
> 洛阳水席,是河南洛阳一带特有的传统名吃。全席共设 24 道菜,包括 8 个花式冷菜,4 个大件,8 个中件,4 个压桌菜。所谓"水席"有两个含义:一是全部热菜皆有汤——汤汤水水;二是热菜吃完一道,撤后再上一道,像流水一样不断地更新。洛阳水席的特点是:有荤有素、有冷有热、有汤有水、酸辣甜咸俱全;上菜顺序严格,搭配合理,先后有序。洛阳水席的第一道菜牡丹燕菜如图 5-4 所示。
>
>
>
> 图 5-4 洛阳水席的第一道菜:牡丹燕菜

5.1.4 宴会在餐饮经营中的重要作用

宴会经营活动形式具有多样性,人数多且相对集中、用餐和服务标准统一、档次规格多、涉及范围广、消费过程享受等特点,在餐饮经营活动中起着重要作用。

1. 宴会收入是餐饮经营的重要来源

宴会是餐饮经营活动中的一个最主要的营收项目。由于宴会厅具有营业面积大,接待人数多,宾客消费水平高,综合毛利率高等特点,如果经营得好,宴会营业最高日收入可超过餐饮部所属其他餐厅的总和。

2. 宴会可以提高烹饪水平和服务技能

通过宴会的接待与服务,可以创制菜肴新品种,体现接待服务高水准,从而提高饭店

5 宴会服务

厨师的烹饪技术和服务生的服务技能，进而提高饭店和宴会厅的形象和声誉。

3. 宴会可以提高管理人员的组织指挥能力

宴会管理复杂，要求较高，涉及面广，特别是大中型高档宴会，需要一系列专业能力。管理人员平时缺少这种机会，通过宴会组织就可以提高他们的组织指挥能力，训练服务员队伍，提供优质服务，增强餐饮企业的竞争能力。

4. 宴会可以提升餐饮企业的知名度，创作良好的社会效益

宴会大多伴随着政务、商业社交和特殊需要举行，如政府机关迎宾接待、新闻发布和各种庆典活动、产品推介、业务洽谈、合同签定等商业活动。出席宴会的宾客大多身份地位比较高，社会影响力比较大，常常是新闻媒体报道的热点，因此在进行宴会活动新闻报道的同时，对餐饮企业也进行了宣传，提升了餐饮企业的知名度。

5.1.5 宴会预订

宴会预订是宴会活动成功举行的重要环节。宴会预订既是客人对餐饮企业的要求，也是餐饮企业对客人的承诺，双方通过预订，达成协议，规范彼此行为，指导宴会的生产和服务。因此，餐饮企业应设专门的宴会预订机构和岗位，建立完善的宴会预订机制，掌握客源市场动态，采取正确的营销策略，搞活宴会的预订。

1. 宴会预订的方式

宴会预订的方式是指客人与宴会预订相关人员接洽联络，沟通宴会预订信息的过程。宴会预订的方式多种多样，主要有以下几种：

（1）电话预订。电话预订是应用较广泛的常见预订方式，具有方便、经济的特性。主要适用于接受客人的询问，向客人介绍宴会的相关事宜，落实宴会具体细节和事宜。由于不是面对面的服务，对沟通的技能要求较高，尤其是语言表达的技巧。

（2）面谈。面谈是进行宴会预订较为有效的方法。面谈也要通过电话来约定会面时间和地点。销售员或预订员与客人当面洽谈讨论所有的细节安排，解决宾客提出的特殊要求，讲明付款方式等。在进行面谈时，要详细记录填写预订单和联络方法。

（3）信函。信函是与客户联络的另一种方式，适合于提前较长时间的预订，也常用于宴会促销活动，回复宾客询问，寄送确认信等。当收到宾客的询问信时，应立即回复宾客询问的有关举办宴会活动的一切事项，并附上宴请场所、设施介绍和有关的建设性意见，事后还要与客户保持联络，争取客人在本饭店举办宴会活动。

（4）登门拜访。登门拜访是餐饮企业或宴会销售人员经常采用的一种重要的推销手段。它能起到登门拜访客户、提供宴会预订服务、宣传推销饭店产品的三重作用。

（5）中介人代表客人向宴会部预订。中介人是指专业中介公司或本单位职工、专业公司可与宴会部签订常年合同代为预订，收取一定佣金。本单位职工代为预订适用于较熟悉的老客户，客人有时会委托工作人员代为预订。

（6）指令性预订。指令性预订是指政府机关或主管部门在政务交往或业务往来中安排宴请活动时，专门向直属饭店或餐饮企业发出预订的方式。

（7）网络预订。近些年，随着互联网的发展，网络预订已成为餐饮企业中宴会预订的又一亮点。网络预订是一种经济快捷的预订方式，客户可以直接登陆相关网站进行宴会的

预订,还能通过该网站发布的最新信息、图片、视频等对该餐饮企业有更直观更深层次的了解。

2. 宴会预订的程序及内容

(1)宴会预订的准备工作。宴会预订员在接受客人预订前必须掌握宴会厅的基本情况,包括宴会厅的面积、高度、采光、通风、装饰、平面形状、朝向、坐式和立式用餐的最大客容量、各种设施情况、饭店所能提供的配套服务项目及设备、各类宴会标准及所提供的菜式风格、菜肴品种、烹调方法等;掌握宴会销售制度,主要有宴会部根据淡旺季、新老客户等不同条件下制定的销售策略;掌握已预订宴会的情况,如有调整、取消等变动,应及时跟进;准备好宴会预订所需要的各种表格及文本,以提高工作效率。

(2)接受宴会预订。预订员应热情接待每位前来预订宴会的客人,要主动询问客人的要求,为客人提供有关宣传资料,并亲自陪同客人视察宴会场地。

(3)制作宴会预算单。大型宴会的主办单位为了编制预算,或希望把宴会预算控制在一定范围内,大多要求饭店提供宴会预算单。

(4)填写宴会预订单。根据面谈所得到的信息和洽谈结果确定宴会的预订,无论暂时性确认,还是确定性确认,都要逐项填写宴会预订单。接受宴会预订主要是通过填写宴会预订单来完成的。

(5)填写宴会安排日记簿。在宴会安排日记簿上按日期标明活动地点、时间、人数等事项,并注明是否需要确认的标记,加强内部销售员和预订员之间的信息沟通,避免将宴会设施重复销售。

(6)签订宴会合同书。宴会活动一旦得到确认,应以确认信的方式迅速递交给宾客。在一般情况下,要附上第一、第二两联"宴会合同书",连同交付宴会定金的通知一道递交给宾客,经双方签字后生效。

(7)收取定金。为了保证大型宴会活动预订的成功率,餐饮企业可以收取一定比例的宴会定金。定金的数额一般在10%,也可由负责财务的主管决定,并需得到宴会经理的批准。当宴会合同签订后,应在宴请活动薄上注明,所收到的定金应与合同书一同交财务部。

(8)宴会预订后的跟进查询。在接受预订后,如果是提前较长时间预订的宴会活动,宴会预订员应主动通过电话或其他方式与客人保持联络,并与对方进一步商谈讨论过的细节,确定宴会的举办时间,对暂定的宴会活动应进行密切的跟进查询,主动提供服务,争取较高的宴会活动成功率。

(9)宴会确定并通知。在完成所有的宴会确认后,宴会经理要负责填制"宴会通知单",并发送给所有相关部门,如宴会厅、厨房、酒吧、管事部、工程部,安全部等。在宴会活动前三天,再次与宴会主办者联系,进一步确定宴会活动已所谈妥的所有事项。若宴会确认的内容有新的变动,就应立即填写"宴会变更通知单"并发送给有关部门,变更通知单上注意写明原预订单的编号。

(10)宴会的督促检查。宴会部经理或宴会销售预订人员应督促检查宴会活动的各项准备工作,保证有足够的信息资料,发现问题随时纠正,确保宴会的顺利进行。

(11)宴会预订的取消。当客人要求取消已预订宴会时,预订员应主动了解客人取消宴会的原因,并向客人表达不能为其提供服务的遗憾,希望下次有机会合作。同时调整宴

5 宴会服务

会预订控制表，填写"取消宴会预订报告"，及时送至相关职能部门。

（12）信息反馈并致谢。宴请活动结束后，宴会部主管或经理，应主动向宴请主办单位或主办个人征询意见，或以感谢信的形式表示感谢。对宾客提出的意见或建议要认真听取，仔细研究分析，及时整改，并将整改措施即时反馈给宾客，并表示乐意为其提供服务，以便争取下次的推销机会。

（13）建立宴会预订档案。按照预订日期的排序，将所有宴会的预订信息资料汇总，资料内容应详细完备，以便再次合作时提供针对性服务。

5.1.6 宴会促销

宴会促销是指通过一定方式将宴会产品信息传递给宾客，并促成宾客进行宴会消费的活动。开展积极有效的宴会促销活动，能吸引客源，提高宴会销售量。

1. 宴会促销的形式

宴会促销可以分为外部促销和内部促销两种。外部促销是指通过一定的促销手段，把客人吸引到自己的宴会厅来；内部促销是指设法使已在饭店消费宴会的客人，成为多消费与多次消费的对象。

宴会促销在形式上可分为两大类：第一类是人员传递信息形式，主要包括推销人员与客人的面谈和介绍、知名专家和社会名人对目标市场的影响、通过公众口头宣传而影响其相关的群体的社会影响形式；第二类是非人员促销形式，主要通过各种大众传播媒介的推销，宴会厅装潢气氛设计特别而吸引客人的环境促销，以及通过特殊事件进行促销等。

2. 宴会促销材料的准备

（1）宴会菜单。宴会菜单起着对宴会产品介绍和推销的作用。菜单样本是非正式的菜单，管理人员要根据餐厅的烹调特点和不同档次准备几套不同档次的宴会菜单，供客人选择。菜单上的菜肴还可以根据客人的要求进行调换。

（2）宴会酒单。宴会酒单的品种不必包括餐厅供应的全部品种，主要是提供符合宴会和团体用餐的酒水。酒单要根据种类和价格的高低分类吸引不同需求的客人。

（3）宴会宣传单或小册子。宴会宣传单或小册子是以宴会产品和服务信息为专题的宣传资料，是促销人员进行促销访问，信函促销以及在报纸上做广告的基本促销工具。促销人员使用宣传小册子向客人介绍宴会产品，也可将广告单寄给潜在客户或刊登在报刊、杂志上。

宴会广告宣传单或小册子的基本内容应包括：宴会厅设施、宴会厅平面布局图、宴会经营项目、宴会的菜品特色、接待宴会的成功经验、厨师的烹调技术等。一般放置在前厅、餐厅、宴会厅的醒目位置，以便客人取阅或带走，起到良好的促销效果。

3. 宴会促销的方法与策略

宴会促销的方法具有多样性，例如，人员促销、广告促销、电话促销、宣传促销、节日促销、特色服务促销等。

在选择宴会促销方法时，应针对不同类型的客人采取不同的推销方法。宴会客人主要有两大类：一是本市各企事业单位，二是本地市民。宴会促销要针对不同类型的客人采取不同的促销手段。对于企事业单位，主要采取人员销售的促销手段，分配销售人员对客户进行销售访问，或用信函和电话促销。对于市民促销，主要采取广告手段。可通过当地的报纸杂志、电视广告等媒介达以到宣传推广的作用。

知识链接 5－4

宴会优惠服务促销活动

富景苑大酒店是某市的一家四星级酒店，将在金秋十月推出宴会促销活动，其中一项是：标准价位的宴会达到规定的桌数可以享受多个项目的优惠服务。下面以 1988 元标准 20 桌以上的婚宴为例，客人可享受到的优惠项目有：

☆ 免收服务费
☆ 免费制作条幅
☆ 免费宴会入口红地毯引路
☆ 免费提供音响设备
☆ 免费提供新娘更衣室一间
☆ 提供主桌台面艺术主题鲜花布置
☆ 赠送精致签名簿一本
☆ 赠送双层结婚蛋糕一个
☆ 赠送香槟酒一瓶
☆ 免费提供本酒店蜜月套房一间天，若延长住宿日期可获六折优惠
☆ 在本酒店举办回门宴，满月酒可享受八五折优惠
☆ 向所有出席宴会的来宾赠送一份印有酒店宣传的精美巧克力一盒

5.1.7 宴会客史档案管理

1. 宴会客史档案管理的意义

加强宴会客史档案管理，是现代餐饮企业进行宴会管理的重要方面。宴会客史档案可为餐饮企业领导的决策提供科学依据，为宴会组织管理提供各种信息，为开展有效公关、提高知名度提供资料，还可为饭店新员工上岗培训提供真实生动的教材。

2. 宴会客史档案管理的内容

每次宴会活动的有关信息和活动资料都要认真整理、分类归档。主要包括：各类宴会活动的预订单、政府指令性宴会的相关文件、VIP 客人和随行人员的有关资料、大型宴会的活动计划、整套的宴会菜单和酒水单、宴会活动的录像和图片资料、宴会活动场地布置、平面示意图、账目结算单、受欢迎的乐曲曲目名称、宴会活动后的工作报告等。

3. 宴会客史档案管理的方法

餐饮企业要加强宴会客史档案管理人力、财力的投入。例如：设置档案管理岗位、建立班组、配置符合条件的管理人员；加强对档案内容的检查、分析和归档；建立保管和查询制度；运用先进方法和现代化手段，将文字、图片、录像等资料归类、编号、入档并及时补充新资料。设电脑终端，及时将档案资料输入电脑，以便查询和检索。

5.2 中餐宴会服务

中餐宴会是指使用中国餐具、吃中国菜肴、摆中国式台面、采用中国服务、反映中国宴饮习俗的宴会。中餐宴会具有文化底蕴深厚、讲究礼节礼仪、追求丰盛精致、采用聚餐方式、突出享乐之特点。

5.2.1 中餐宴会前的组织准备工作

宴会前的组织准备工作是宴会顺利召开的前提条件,一次成功的宴会,首功在于前期的组织准备工作。宴会全体工作人员要分工协作,对方方面面的工作都要落实到位,精心准备。

1. 掌握情况

接到宴会通知单后,餐厅管理人员和服务人员应掌握与宴会有关的下列内容。

(1) 做到"八知",即知台数、知人数、知宴会标准、知开宴时间、知菜式品种和酒水要求、知主办单位或个人信息、知付款方式、知主人和主宾身份。

(2) 做到"三了解",即了解宾客的风俗习惯,了解宾客的生活忌讳,了解宾客的喜好及特殊要求。

(3) 对于较高规格的宴会,还应掌握宴会的目的和性质、宴会的正式名称、有无席次牌、有无席位卡、有无音乐或文艺表演、有无主办方的具体要求、有关司机接待方式及费用等情况。

2. 明确分工

(1) 规模较大的宴会,要明确总指挥人员,总指挥在准备阶段,要向服务员交任务、讲意义、提要求,宣布人员分工和注意事项。

(2) 在人员分工方面,要根据宴会要求,对迎宾、值台、传菜、供酒及衣帽间、贵宾室等岗位,都要有明确分工,都要有具体任务,将责任落实到人。

(3) 做好人力物力的充分准备,要求所有服务人员思想重视、措施落实,保证宴会善始善终。

3. 宴会厅布置

宴会厅布置包括场景布置与台型布置两方面内容。

(1) 宴会厅场景布置。根据宴会的性质、主题和规格的高低来进行,要体现出既隆重、热烈、美观大方,又具有我国传统的民族特色。

① 举行隆重大型的正式宴会时,一般在宴会厅周围摆放盆景花草,或在主席台后面用花坛、画屏、大型青枝翠树、盆景装饰,用以增加宴会隆重、热烈的气氛。

② 一般的婚宴或寿宴,在靠近主台的墙壁上挂"喜"字或"寿"字,来烘托气氛。

③ 国宴和正式宴会不需要张灯结彩,做过多的装饰,而要突出严肃、庄重、大方的气氛。国宴活动要在宴会厅的正面悬挂两国国旗,正式宴会应根据外交部规定决定是否悬挂国旗。

④ 宴会厅的照明、音响要有专人负责,宴会前必须认真检查一切照明设备及线路,保证不发生事故。

⑤ 宴会厅的室温注意保持稳定，且与室外气温相适应。一般冬季保持在 18℃～20℃ 之间，夏季保持在 22℃～24℃ 之间。

> **知识链接 5－5**
>
> **主题宴会席间背景音乐设计**
>
> 音乐以独有的手段塑造形象，表达思想情感，反应社会生活，而且是美食不可缺少的助兴工具。
>
> 音乐的选择要与宴会主题相一致。如生日宴要播放《祝你生日快乐》、迎宾宴要播放《迎宾曲》、婚宴应播放《婚礼进行曲》。
>
> 音乐选择要与宴饮环境相协调。餐厅装修风格有古典式、现代式、民族式、中西结合式等。古典式餐厅配古典名曲，如《阳关三叠》《春江花月夜》会给人以古诗一般的意境美。民族式餐厅，如云南傣族风味餐厅配上云南民间曲，使人感受到神秘的西双版纳气氛。西洋式、中西结合式餐厅的音乐设计，要依特定的意境加以选择。特殊主题风格的餐厅，应配以特殊主体风格的音乐。如"红楼宴"播放《红楼梦》主题音乐，"毛氏菜馆"播放《东方红》《浏阳河》。
>
> 注意乐曲顺序的安排。国宴演奏的乐曲分为两大类：仪式乐曲和席间演奏乐曲。
>
> 仪式乐曲。常用的有《中华人民共和国国歌》《团结友谊进行曲》。欢迎来宾步入宴会厅是演奏《欢迎进行曲》，欢送主宾退席时演奏《欢送进行曲》。
>
> 席间演奏曲。采用《花好月圆》《祝酒歌》《步步高》《友谊中的欢乐》《在希望的田野上》《歌唱社会主义祖国》等。

（2）宴会厅台型布置。

① 根据宴会厅的面积、形状及宴会要求，按照"中心第一，先右后左，高近低远"的基本原则来设计台型。

② 强调主桌位置，应面向餐厅主门，能够纵观全厅；主桌的台布、餐椅、餐具、花草等，也应与其他餐桌有所区别。

③ 留出合理的通道：主通道更宽敞、突出；桌与桌之间距离不小于 2 米。

④ 致词台一般放在主台附近的后面或右侧，装有麦克风，台前用鲜花装饰。

⑤ 工作台应根据服务区域的划分合理设立，一般采用临时搭设的方法，围桌裙，放在餐厅的四周，既方便操作，又不影响整体美观。

⑥ 酒吧台、礼品台、贵宾休息台等，要根据宴会的需要和宴会厅的具体情况灵活安排。

⑦ 在整个宴会厅台型布局上，要求整齐划一、美观大方。

⑧ 合理使用宴会场地。宴会如安排文艺演出或乐队演奏，在设计餐台时应为之流出一定的场地。

4．熟悉菜单

服务员应熟悉宴会菜单和主要菜肴的风味特色，做好上菜、派菜和解答宾客对菜点提出询问的思想准备。同时，应了解每道菜点的服务程序，保证准确无误的进行上菜服务。

对菜单应做到：能准确的说出每道菜的名称；能准确描述每道菜的风味特色；能准确讲出每道菜肴的配菜和配食佐料；能准确知道每道菜肴的制作方法；能准确服务每道菜肴。

5. 准备物品

根据菜单的服务要求，准备好摆台所需的各项物品，对客服务时所用到的各种服务用具，以及跟餐配用的调味作料等。

重要宴会需要给宾客赠送宴会纪念品的，也要按要求提前准备到位。

6. 铺设餐台

按要求提前摆设餐桌，铺设台布，摆设餐具，安排座椅，美化席面。中餐宴会席面的布置既要突出主题、富有创意又要体现艺术性和实用性，同时所有物品均符合安全、卫生的要求。中餐宴会摆台如图5-5所示。

工作台的铺设应统一、规范、合理。将准备好的服务用具及备餐用品，按使用顺序科学的摆放在工作台上。

图5-5 中餐宴会摆台

7. 安排席位

凡正式宴请，每位宾客座位前都放席位卡，通常叫作"名卡"，也可称为"席位签"，卡片上写有参加者的姓名，便于对号入座。座次的安排一般依身份而定。

8. 开宴彩排

大型隆重、高规格的宴会活动，通常都要进行开宴彩排。其内容包括：开宴上菜仪式，奏乐队列排序，服务规范模拟等。

9. 摆设冷盘

大型宴会开始前15分钟摆上冷盘，需要冷食的海鲜类菜肴则应在宴会开始时才能摆放。预备酒视情况可提前10分钟斟倒。

在摆设冷盘时，根据菜点的品种和数量，注意菜点色调的分布、荤素的搭配、菜型的正反、刀口的逆顺、菜盘间距等，为宾客带来赏心悦目的艺术享受。

准备工作全部就绪后，所有人员要做一次全面检查，包括管理人员的抽查、服务人员的自查，做到有备无患，保证宴会按时进行。

5.2.2 中餐宴会接待程序和服务要求

1. 热情迎宾

根据宴会的入场时间，宴会主管人员和迎宾员提前在宴会厅门口迎候宾客，值台员站在各自负责的餐台旁准备为宾客服务。

宾客到达时,要热情迎接,微笑问好,用手示意宾客进入,并引领宾客入座,协助值台员为宾客拉椅。

2. 贵宾室服务

贵宾室应分派专人提供服务。当迎宾员引领宾客抵达贵宾室后,按照先宾后主的次序提供小毛巾及茶水服务。

宾客谈话期间,服务人员不得在厅内随意走动,应站立在贵宾室门口,做好随时服务的准备。当宾客离开贵宾室进入宴会厅后,服务员应及时进行贵宾室的整理工作,恢复原状。并负责妥善看管 VIP 的衣物。

3. 接挂衣帽服务

大型宴会,需设衣帽间,凭牌存取衣帽。接挂衣帽时,应握衣领,切勿倒提,以防衣袋内的物品倒出。衣服要用衣架挂好,以防走样。重要宾客的衣物,要凭记忆进行准确的服务,贵重物品请宾客自己保管。

小型宴会,只需在宴会厅房门前或宴会厅内放置衣帽架,由服务员照顾宾客宽衣并接挂衣帽即可。

4. 入席服务

开宴前,值台服务员应站在各自负责的餐台旁,面向宴会厅,迎候宾客。当宾客来到席前,值台员应礼貌问候,主动为宾客拉椅让座,迅速撤掉筷套、打开口布,主动询问宾客需要什么饮料,及时斟倒。当宾客坐齐后,应撤掉台号牌。

5. 斟酒服务

为宾客斟倒酒水时,要先征求宾客意见,根据宾客的要求斟倒各自喜欢的酒水饮料,如宾客提出不需要,应将宾客位前的空杯撤走。

斟酒时应从主宾位开始,然后按顺时针方向依次斟倒。如有两位服务员为同一桌宾客斟酒时,一个从主宾开始,另一个从副主宾开始斟酒,然后按顺时针方向进行。

宾客互相祝酒讲话前,服务员应斟好所有来宾的酒或其他饮料。

6. 菜肴服务

大型宴会上菜服务以主桌为准,全场统一,上菜顺序以宴会菜单为标准,菜与菜的间隔时间可根据宴会进程或主办人的意见而定。

服务员要选择正确的上菜位置为宾客上菜,操作时站在与主人呈 90^0 角的译陪人员之间进行。

为宾客分、让菜肴时,要动作轻稳、胆大心细、掌握好分数、分量;跟有配料或调料的菜肴,应先上齐配料、调料,然后上菜。

7. 席间服务

在宴会进行中,服务员应始终保持主动、热情、耐心、周到的服务态度。做到勤巡视、勤斟酒、勤换餐具、勤清理台面。当宾客席间离座时,及时为宾客拉椅、整理餐巾,回座时拉椅让座,递铺餐巾。

冷静果断的处理席间突发事件,真正做到"心中有客、眼中有活"。

8. 结账服务

大型宴会的结账工作一般有专人负责，值台员应根据宴请通知单的要求，在宴会结束前，清点好消费酒水总数，以及菜单以外的各种消费，及时送到收银处，保证准确无误，不能漏账。

小型宴会可由值台员直接为宾客办理结账服务。

9. 送客服务

主人宣布宴会结束，值台员要提醒宾客带齐携来的物品。当宾客起身离座时，要主动为其拉开座椅，视具体情况目送或随送宾客至餐厅门口，向宾客致谢道别。

宾客出餐厅时，衣帽间的服务员根据取衣牌号码，及时准确地将衣帽将取递给宾客。

大型宴会在结束时一般会安排相关服务人员在宴会厅大门两侧列队欢送。

10. 收尾工作

在宾客离席的同时，值台服务员要迅速检查席面上是否有未熄灭的烟头，是否有客人遗忘的物品。首先清点贵重餐具，再清理台面。各类开餐用具要按规定位置复位，重新摆放整齐。餐厅应按要求重新布置，以备下次使用。

收尾工作做完，经管理人员检查完毕后，全部人员方可离开或下班。宴会主管要对任务完成情况进行小结，以利于不断提高服务质量和服务水平。

5.2.3 中餐宴会服务注意事项

（1）服务操作时，注意"三轻"，即走路轻、说话轻、操作轻，严防打碎餐具和碰翻酒瓶、酒杯，从而影响场内气氛。

（2）当宾主席间讲话致辞或国宴演奏国歌时，服务员要停止操作，迅速退至工作台两侧肃立，姿势端正，厅内保持安静。

（3）宾主到各桌敬酒时，应安排专门服务人员跟随，准备随时添酒。

（4）宴会人数临时增减时，服务人员应迅速调整餐具餐位，方便宾客就座就餐。

（5）席间如有人有事或电话找客人，要略欠身，低声告知宾客，不可以语调过高，影响其他宾客。如找身份较高的主宾或主人，应通过主办单位的人员告知。

（6）席间若有宾客突感身体不适，要立即请医务室帮助并向领导汇报，并将食物原样保存，留待化验。

（7）如宾客不慎将酒水杯碰翻，服务人员要立即上前为宾客清理台面，动作要轻，不要影响其他宾客。

（8）宴会结束后，应主动征求宾客和陪同人员对服务和菜品的意见，客气地与宾客道别。当宾客主动与自己握手表示感谢时，视宾客神态适当的握手。

特别提示

在宴会举行过程中难免会发生一些重大问题与突发事件，这就需要工作人员，在策划宴会服务实施方案时，还应考虑到应急预案的制订。及时对突发事件进行有效控制和解决，保证宴会活动的顺利进行。

5.3 西餐宴会服务

西餐宴会（图5-6）是采用欧美国家宴会的布置形式、用餐方式、风味菜点的方法而举行的一种宴请活动。西餐宴会摆西餐台面，用西餐餐具，吃西式菜点，采取分食制并按西餐礼仪进行服务，席间播放背景音乐。

图5-6 西餐宴会

5.3.1 西餐宴会前的组织准备工作

1. 掌握情况与明确分工

（1）接到西餐宴会通知单后，应清楚了解宴会的举办单位和规格、人数和标准、菜单内容和开宴时间、宾主身份、来宾国籍、宗教信仰、饮食禁忌和特殊需要、付款方式和服务要求等情况。

（2）宴会管理人员负责召开宴前工作会，交代工作任务，宣布人员分工，明确工作职责，提出具体要求和注意事项。

2. 宴会厅布置与整理

按照宴会要求进行宴会厅布置和卫生清洁工作，清洁区域包括过道、楼梯、卫生间、休息室等地方。

（1）休息室布置。西餐宴会厅休息室的布置与中餐宴会大致相同，但根据西餐习惯，最好分设男宾休息室和女宾休息室，以方便不同性别宾客的交谈。

（2）宴会厅布置。西餐宴会厅的环境布置应具有欧美文化和西方艺术特色，它包括陈设、墙饰、灯光、绿化等方面。

3. 台型布置与席位安排

台型布置与席位安排要根据主办单位的具体要求和遵循西餐宴会的安排原则来进行。

（1）台型布置。西餐宴会主要台型有"一"字型、"T"字型、"U"字型、"回"字型等，其中以"一"字型最为常用。现在也有一些西餐宴会用圆桌来设计台型。

西餐宴会的台型应根据宴会厅形状、宴会规模及主办单位的要求灵活设计。总的要求是：美观适用、左右对称、出入方便、具有整体感，并注意宴会厅的布局。

（2）席位安排。西餐宴会的席位安排也遵循"先右后左，高近低远"的原则。"一"字型台，席位安排有两种方式，分别如图5-7，其他台型席位安排相似，大都是主人坐在餐台中央，主宾在主人右侧，其他来宾离主人越近，表示其身份地位越高。

5 宴会服务

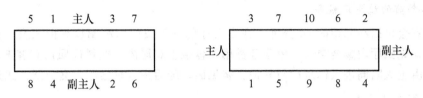

图 5-7 西餐宴会席位安排

4. 搭设工作台与物品准备

依据宴会厅内台型的大小、多少、设置位置，搭设工作台。一般说来，同一餐厅的工作台的规格、样式应统一。开餐前服务员应确保工作台的清洁卫生。

以本场宴会的菜单为标准，根据人数备齐所有摆台物品、开餐用具、备餐餐具等。

5. 西餐宴会摆台

依据本场宴会菜单，按要求进行餐台布置：铺上台布、摆上餐具、酒具及用具，最后摆上鲜花、烛台等装饰物品，美化席面。图 5-8 则是由头盆、汤、鱼、主菜、甜点组成的宴会菜单的餐具摆放。

图 5-8 西餐宴会摆台

6. 准备酒水饮料、果品，面包及黄油

根据宴会要求设置酒吧。酒吧一般应该设在休息室或宴会厅一侧，吧台备齐调酒用具并安排有专业调酒师。

备好果仁等佐酒小食品。按宴会要求领取酒水、茶和果品。酒水要逐瓶检查，需冰镇的要按时冰镇好。果品要挑选检查并清洗干净，需要去皮的要准备好去皮去壳工具。

在备餐间备好菜品跟配的辅助佐料和黄油、面包等。黄油、面包可提前 10 分钟摆放在黄油碟和面包盘中。

准备工作全部就绪后，所有人员要做一次全面检查，包括管理人员的抽查、服务人员的自查，做到有备无患，保证宴会按时进行。

5.3.2 西餐宴会接待程序和服务要求

1. 迎宾及休息室服务

迎宾员主动问候，热情迎接，引领宾客到休息室休息。根据宾客的要求送上餐前饮料或餐前酒品。待宾客到齐后，主人表示可以入席时，领位员要引领宾客入席。

2. 宴会前的鸡尾酒服务

西餐宴会可以在开始前 30 分钟，在宴会厅的一侧或门前酒廊设餐前酒会。当宾客陆续到来时，先到厅内聚会交谈，由服务员用托盘端上鸡尾酒、饮料巡回请宾客选用。主宾到达时，由主人陪同进入休息厅与其他宾客见面，随后进入宴会厅，宴会即正式开始。

3. 引宾入席服务

领位员引领宾、主客人到席位上就座，按先女士后男士、先宾后主的顺序主动为宾客拉椅让座，递铺餐巾。

4. 酒水及菜肴服务

西餐宴会酒水服务主要分为餐前酒服务、佐餐酒服务、甜食酒服务和餐后酒服务几个阶段。讲究菜肴与酒水的搭配。

菜肴服务多采用美式服务，有时也采用俄式服务。上菜服务程序是：头盆、汤、副盆、主菜、甜点水果、咖啡或茶。上菜时，要严格遵循宾主顺序，按照女士优先的原则，从宾客右侧上菜进行服务。上每一道菜之前，服务员都应将前一道菜用完后的餐具撤下。

（1）餐前酒。餐前酒也称开胃酒，在开餐前饮用，能刺激人的胃口，增加食欲，宾客落座后根据宾客的需要按照先女宾，后男宾的顺序为宾客斟倒餐前酒。

（2）头盆。头盆又称开胃品，分为冷、热两种。如果是冷头盆可在宴会前 10 分钟左右事先上好。根据头盆配用的酒类，服务员应先为女主宾斟酒。宾客用完头盆后，服务员应从主宾右侧开始撤盘，连同刀、叉一起撤下。

（3）汤。上汤时应加垫盘，从宾客右侧送上。喝汤时一般不喝酒，但如安排了酒类，则应先斟酒，再上汤。当宾客用完汤后，即可从宾客右侧连同汤匙一起撤下汤盆。

（4）海鲜菜肴。服务员应先斟好白葡萄酒，再为客人从右侧上鱼类菜肴。当客人吃完鱼类菜肴后，即可从客人右侧撤下鱼盘及鱼刀，鱼叉。

（5）主菜。上主菜前，服务员应先斟好红葡萄。主菜菜肴的服务程序是：

① 服务员从宾客的右侧撤下装饰盘，摆上餐盘。

② 服务员在左侧为宾客分主菜，应将菜肴的主要部分靠近宾客。

③ 另一名服务员随后从宾客的左侧为宾客分派沙司。

④ 若配有色拉，服务员也应从左侧为宾客一次送上。

（6）上甜点、水果。宾客用完主菜后，撤下桌上除酒杯以外的餐具，摆好甜品叉匙。先斟倒甜食酒，也可继续饮用配主菜的酒水，再从宾客左侧分派点心。分派水果也应从宾客的左侧进行，并跟上洗手盅和水果刀叉。

（7）咖啡或茶。上咖啡或茶时，服务员应送上糖缸、淡奶壶、咖啡壶（或茶壶）。在宾客的右手边放置咖啡具或茶具，然后用咖啡壶或茶壶依次斟上。宾客饮用咖啡或茶时，服务员应向宾客推销餐后酒或雪茄烟。

（8）结账服务。宴会接近尾声时，清点所用的饮料，如收费标准不包括饮料费用，则要立即开出所耗用的饮料订单，交收款员算出总账单。宴会结束时，宴请的主人或助手负责结账。

（9）送客服务。当宾客起身离座时，应为其拉椅，以方便走出，要送宾客至宴会厅门口，并帮助宾客取递衣帽。

（10）结束工作。宾客离席后，应及时收拾台面、清理现场。根据下次宴会情况，在下班前准备好宴会的餐桌摆台。

主管应依据宴会的完成情况和宾主的意见，召开工作总结会。克服缺点，发扬成绩，不断提高服务质量和服务水平。

5.3.3 西餐宴会服务注意事项

（1）服务过程中应始终遵循先宾后主、女士优先的服务原则。

（2）宴会厅全场撤盘、上菜时机应一致；多桌时，以主桌为主。

（3）在撤餐具时，动作要轻稳。西餐撤盘一般都是徒手操作，所以一次不应拿得太多，一面失手摔破。

（4）西餐晚宴需摆放烛台来烘托进餐气氛。

（5）席间当宾客将刀叉成"八"字形搭放在盘边，刀口朝向里侧，表明还要继续食用；如用餐完毕，并将刀叉并排放于盘中则暗示服务员可以撤盘。

案例 5-1

生日的祝福曲

小惠是一家外企公司的白领小姐，在她生日的那一天，朋友们为她订了一家高档饭店的餐厅，祝贺她25岁生日。朋友们为她点起了五颜六色的生日蜡烛，餐厅里顿时安静下来，大家看着小惠紧闭双眼，默默许愿。这时一支温馨、流畅、欢快、充满深情的钢琴曲在餐厅奏起，原来餐厅钢琴演奏师看到小惠在过生日，便热情地送上一支"祝你生日快乐"的祝福曲。小惠和她的朋友们非常高兴，随后，大家合着钢琴曲，一起拍手唱歌，祝小惠生日快乐。美妙动听的钢琴曲，给小惠送去了一个意外的生日祝福，小惠特别激动，马上给钢琴师送去了一块生日蛋糕，感谢钢琴师的祝福，并请他分享自己的快乐。

知识链接 5-6

西餐宴会进餐礼仪

参加西餐宴会，男士应穿着西装，打领带或领结；女士应穿着礼服或穿戴整齐。女士优先贯穿就餐全过程，女主人通常是整个宴会的主人，大家要注意她的动作，女主人将餐巾铺在腿上预示宴会开始，放在桌面上，则预示宴会结束。上菜后，一般要等女主人动手吃后，客人们才吃。就座后，应保持上身端直，微前倾，一般不靠椅背，以示对来宾或主人的尊重。用餐时应与左右客人轻声交谈，应避免高声谈笑，不要只同几个熟人交谈，左右客人如不认识，可选择自我介绍。不要随意打断别人的讲话，不允许议令人作呕之事，说话时嘴里不嚼食物，通常说话前或喝酒前要用餐巾擦一下嘴。

面包用手掰大小合适的小块送入口中；喝汤时，右手拿汤勺，勺子朝正前方向舀，再送入口中，不发出声响；不端盘子进餐；大块肉食不可用刀叉扎着食用，应切成大小适宜的小块送入口中；如用到带骨肉类菜肴和带骨刺的海鱼，先用刀、叉将肉与骨分开，再切成小块送入口中，不可发出刀、叉与盘子摩擦的刺耳声；讲究不同种类的菜肴配用不同的餐具和搭配不同口味的酒品。

5.4 自助餐服务

自助餐是一种以客人自我服务为主的服务方式，即宾客从餐厅预先布置好的餐台（图5-9）上自己动手任意选择自己喜爱的菜点，然后享用菜点的一种用餐形式。

这种就餐形式气氛活泼，挑选性强。实际消费的菜肴品种选择余地大，不拘礼节，打破了传统的就餐形式，被越来越多的人所接受。

图5-9 自助餐台

5.4.1 自助餐的餐前准备工作

1. 自助餐厅场景设计与布置

根据宴会通知单的要求：参加人数、台型设计、菜肴品种、布置主题等来进行自助餐厅的场景布置。在场景整体设计与布置中，应将主题作为指导思想贯穿于餐厅装潢、背景布置、餐台装饰和食品的推销中去。装饰布置所选用的材料也应为主题服务，如墙壁背景、屏幕、盆栽、旗帜和其他活动装饰等。

2. 自助餐台设计与布置

自助餐台是整个自助餐服务的中心。他一般可由主台和几个小台组成，上面有与桌边平行的台布，下设桌裙。餐台上摆放各种冷菜、热菜、点心、水果及餐具。自助餐台的安排形式多样，但设计布置时必须注意以下问题：

（1）醒目而富有吸引力。自助餐台要布置在显眼的地方，使宾客进入餐厅第一眼就能看到。可使用黄油雕塑、冰雕、工艺品等来装饰台面，突出主题，也可用聚光灯照射台面，但切忌彩色灯光，以免使菜肴看上去颜色改变。

（2）方便客人取菜。自助餐台的大小要考虑客人人数及菜肴品种的多少，位置要考虑客人取菜时的人流走向，避免客人选择菜肴时拥挤堵塞。

（3）台布遮住台脚。自助餐台的台布既要遮住台脚，又不能落地，应离地面5cm左右，铺好台布后再围上台裙。

（4）基本台型。自助餐的台型设计是在基本桌型的基础上拼接而成的。其基本桌型有长方型台、扇型台、圆型台、梯型台、1/4圆型台及半圆型等。根据宴会需要，经过精心设计，基本桌型的基础上，可以拼接成实用而又独特的多种自助餐餐台。

5 宴会服务

3. 自助餐的物品准备

根据自助餐菜单及用餐人数备齐开餐用具：

（1）客用餐具：餐盘、餐刀、餐叉、汤碗、汤勺、筷子、公共用具、垫盘、杯具、烟灰缸等。

（2）服务用具：托盘、服务夹、火柴、餐车等。

（3）其他用品：各种调料、口布、餐巾纸、牙签、菜牌、固体酒精等。

4. 自助餐餐桌的摆放

自助餐通常设座位，餐桌摆放的位置应方便宾客取拿食品，其台面可以按零点餐厅摆放。

5. 自助餐台的菜肴陈列

餐台食品陈列要美观，讲究艺术性，对宾客有吸引力。冷菜、热菜、水果和点心应分类陈列。宾客盛菜用的餐碟放于自助餐台最前端，码放整齐，不可堆得太高。餐台的餐具也要排放整齐，每种餐盆前要摆放相应的公用勺、公用夹、菜点名称卡、跟菜用的调味品及菜牌。所有菜盆不得伸出台边，一般距台边 5cm 左右。根据自助餐规模，提前 30 至 15 分钟摆上冷菜，15 至 5 分钟摆上热菜，冷菜要封上保鲜膜，热菜要盖上热菜盖，并点燃酒精炉（固体酒精）。

负责食品台的服务员应提前 5 分钟揭掉保鲜膜，打开热菜盖，在餐台相应的位置站好。

准备工作全部就绪后，所有人员要做一次全面检查，包括管理人员的抽查、服务人员的自查，做到有备无患，保证宴会按时进行。

5.4.2 自助餐服务程序和要求

1. 迎宾服务

迎宾员应提前 10 分钟在餐厅门口恭候宾客的到来，其他服务员应面向门口，站立在各自所负责的区域内，等候宾客。宾客到达餐厅时，迎宾员热情问候，引领宾客入场。

2. 开餐服务

（1）开餐的前 15 分钟，服务员应站在餐台前，主动帮客人夹菜、介绍菜式。等客人取菜差不多时，应及时巡台、撤餐碟、清理台面等。

（2）自助餐食台要有专人负责，随时补充菜肴和餐具，需要添加菜肴时，根据实际情况，提前通知厨房。

（3）负责自助餐食台的人员，要及时清理台面，保证台面的洁净和美观。

（4）酒水台要有专人负责，要准备足够的水杯、酒杯、冰块、冰桶等用具。

（5）酒水一般由宾客自取，但在开餐前 15 分钟也可由服务员递送，或在开餐中由专人负责添加。

3. 结账服务

由主管或经理负责及时结账，检查所有账目。

4. 热情送客

自助餐结束时，所有服务人员应列队送客。

5. 结束工作

将可回收利用的食品整理好，撤回厨房。要妥善保存自助餐食台的装饰品；清理餐桌，搞好卫生；关空调、关灯、关门。

5.4.3 自助餐服务注意事项

（1）负责巡视的服务员不要影响宾客交谈，更不能从正在谈话的宾客中间穿过。

（2）自助餐进行过程中，各岗位服务员应密切配合，如某区域特别繁忙时，其他区域服务员应及时、主动地给予协助。

（3）自助餐服务过程中，应谨慎小心，防止与过往宾客碰撞。

（4）自助餐进行过程中，应坚守自己的岗位，不要闲聊，以免冷落宾客。

（5）自助餐一般不提供"打包"服务。

（6）大型自助餐要注意准确统计宾客就餐人数。

5.5 鸡尾酒会服务

鸡尾酒会亦称酒会，是最简便的以及最灵活的宴请方式。鸡尾酒会是以供应各种酒水为主，也提供简单的小吃、点心和少量的冷热菜。鸡尾酒会一般不设座，宾客可以迟到或早退，不拘于形式，只准备临时吧台、食台，在餐厅四周设小圆桌，桌上放置餐巾纸、烟灰缸、牙签等物品，宾客可以自选菜肴、自由交际。鸡尾酒会酒水台如图5-10。

由于鸡尾酒会是属于一种比较自由轻松的酒会，很受现代人的欢迎，从酒会主题看，多是欢聚、庆祝、纪念、告别、开业典礼等。

图5-10 鸡尾酒会酒水台

5.5.1 鸡尾酒会前的组织准备工作

1. 会场设计

鸡尾酒会举行的地点可在室内，也可在室外、花园里，空间不受限制。

（1）按主办者的主办目的和要求设计布置酒会会标，并以盆景花草装饰宴会厅。

（2）根据宴请通知单的具体细节要求摆放台型、桌椅，准备所需各种设备。常见的台型有：V 型、T 型、S 型长台等。如果需要设演讲台，一般设在靠墙边的中央位置，以便能环视整个宴会厅。演讲台面应用鲜花装饰。

2. 吧台设计

鸡尾酒会一般是每 50 位宾客设置一个酒吧，按每人每小时 3.5 杯左右的标准准备酒水数量（每杯 220～280ml）。

3. 摆放餐桌

在会场内摆放数量适宜的小型餐桌（方桌或圆桌），应注意餐桌之间的距离要适宜，以方便宾客和服务员行走。同时在会场四周摆放少量座椅，以方便需要者使用。

4. 人员配备

宴会厅主管根据酒会规模配备服务人员，一般以一人服务 10～15 位宾客的比例配员。专人负责托送酒水、照管和托送菜点及调配鸡尾酒，提供各种饮料，做到明确分工。

5. 摆放小吃

在酒会开始前半小时左右摆放各种干果和小吃，同时在餐桌上摆放牙签筒、餐巾纸、花瓶、烟灰缸等。

5.5.2 鸡尾酒会接待程序和要求

1. 热情迎宾

酒会开始前几分钟，服务员托带有酒水的托盘，站在宴会厅入口处，准备欢迎宾客并送上迎宾酒。

2. 酒水服务

（1）服务员用托盘托送斟好的酒水来回走动，要集中精力，注意观察，及时将酒水送给客人。

（2）有专人负责收回客人放在小桌上的空酒杯、空盘，以保持桌面的清洁整齐。

（3）吧台服务员负责酒水和调配客人所点的鸡尾酒，并按收费标准保证酒水供应。

3. 就餐服务

（1）小吃一般由客人自取，热菜、特色点心一般有服务员托送。

（2）服务员要保证有足够数量的盘、碟、叉，随时撤收空盘，递送餐巾，补充食物。

4. 结束工作

（1）鸡尾酒会结束时，要配合主人做好结账工作。

（2）服务员要热情礼貌的送客并表示欢迎再次光临。

（3）立即清点酒水、食品，余下的酒品收回酒吧存放，以便结账、转账、收款。

（4）清洗酒杯、餐具，清扫场地，为下一餐做好准备。

5.5.3 鸡尾酒会服务注意事项

（1）有些鸡尾酒会不是全包价的，其收费方式有两种：一是记账，最后由主办单位一次付清；另一种是每位宾客点喝一杯，付一杯酒水的价钱，如 cash bar 就是零杯卖酒当场收费。管理人员在工作分工时，须向服务员讲清收费方式。

（2）对于整体包价的鸡尾酒会，事先应准确列算出所有供各种酒水的品种及数量，并与主办方予以确认。若酒会在进行过程中所耗用总量已超出计划标准，应及时与主办者协商后解决。

（3）如果来宾中老年人居多，必须充分考虑到中老年人的身体状况和特殊需求，餐桌旁应多放些椅子。

（4）在服务过程中，服务员要细心操作，不要碰着客人手中的酒杯，以防破坏场内气氛。

很多宾客为追求酒会气氛，会选择在花园、草坪、沙滩、露天平台等户外场所召开酒会。这就需要宴会负责人在与宾客确定酒会召开时间时，一定要考虑到当天的天气因素，是否适合召开户外酒会，是否需要准备太阳伞、雨搭等设施。也可以准备两手方案，天气好的情况下在户外进行，当天气突变时也可转移至室内举行，但酒店必须预留出可举办室内酒会的场地。

5.6 会议服务

优质的会议服务不但会为酒店带来可观的经济效益，也是酒店扩大影响，展示其企业形象的一个非常重要的窗口。会议服务具有形式多样、内容广泛、时间灵活、对设备要求高等特点，许多饭店接待会议都在饭店的大型多功能厅举行。多功能厅会议接待布置（如图5-11）。

图5-11　多功能厅会议接待布置

5.6.1 会议前的组织准备工作

1. 布置会议场地

接到会议通知单后，会议管理人员根据会议通知单的内容和要求，通知相关服务人员，按要求摆放台型与座椅，会议常用台型有：剧院式、课桌式、U型、回型、椭圆型、长方型、圆桌式、T型台等。

悬挂横幅或会标，准备讲话台或主席台、指示牌和签到台，签到台要摆放鲜花盆、签

5 宴会服务

到薄、签字笔等物品。

根据场地需要摆放大型绿色植物、盆景花卉来美化环境。

对于规格较高的会议或根据会议主办方的要求设置贵宾休息室。

会议期间如需要提供茶歇，可在会议厅门口一侧，放置食台，并在茶歇时间前15分钟，将点心、水果、咖啡或茶准备好。

2. 会议摆台

一般会议台面需铺设台呢，要求台面干净、平整，台呢距离地面1~2cm，以示美观。如果铺台布则需围上台裙。

根据宾客的需要，在每位中间摆放便签纸、圆珠笔或铅笔、茶杯、茶碟、矿泉水、台卡等。要求会议用纸干净、无褶皱；会议用笔无损坏、有笔油；会议茶杯无污染、无破损；杯垫干净、无褶皱。如需摆水果，要跟配果盘、水果叉及小毛巾或餐巾纸。

3. 设备调试

工作人员要提前将会议所使用的话筒、音响、投影、电视、空调、灯光效果等设备调试检查完毕，保证能够正常使用。空调要提前开启，并达到适宜温度。

5.6.2 会议接待程序与要求

1. 迎宾工作

宾客到来时，服务员要热情礼貌的迎接客人，签到台要有专人负责请客人在签到簿上签名，若是主要宾客，要引领客人先到休息室休息。

2. 会场服务工作

(1) 协助宾客入座，及时递送小毛巾，在宾客使用完毕后，立即收回。

(2) 从宾客右侧斟茶或托送其他饮料。

(3) 在会议进行过程中，服务时操作动作要轻，在没有服务工作时站在会议两侧，或站立在会场门口，适时进场为宾客续水，及时为宾客补充纸、笔等文具。

(4) 做好会议期间的茶歇服务。

(5) 讲话台的服务要有专人负责，并会熟练使用会议所有设备，如扩音话筒，多媒体设备，升降黑板等。

3. 会议结束工作

(1) 会议结束时服务员应提醒宾客带好会议文件，资料及随身物品。

(2) 服务员应列队门口送客，点头致谢。

(3) 向会议工作人员征求意见和要求，并办理结账手续。

(4) 检查厅内有无宾客遗忘的物品，如发现立即送还或及时上交。

(5) 清理场地，将茶具送至洗涤间清洗消毒；可回收的文具应收好，以便下次使用。

(6) 检查现场，关闭所有电源，作好收尾工作。

(7) 管理人员要对完成任务的情况进行小结，以利发扬成绩，克服缺点，不断提高会议接待服务的质量好水平。

5.6.3 会议服务注意事项

(1) 会议期间如需接传电话，须通过会议工作人员，不得大声疾呼。
(2) 会场应为无烟区域，不摆设烟缸，只有宾客提出需要抽烟时，才摆放烟缸。
(3) 会议期间禁止不相干人士入场。
(4) 服务员应及时准确的满足客人的要求，如有任何困难，自己不能独立解决，应及时向当班主管汇报，由主管进行处理。

> **案例 5-2**
>
> 万先生在饭店多功能厅参加一个国际会议，会议结束时突然发现后排右侧有一位多年不见的老朋友，赶忙过去打招呼。俩人一边聊，一边随着人群往外走，并上了老朋友的车一起离开饭店。等到晚上回家后才发现笔记本电脑没带回来，马上给饭店多功能厅打电话，接电话的服务员询问了客人遗失物品的特征后，证实在会议结束后收拾会场时，确实捡到一个放在地上的黑色提包，里面装有一台笔记本电脑，服务员已按程序将物品转交到大堂副理处，请客人不要着急，带好证件到饭店大堂副理处认领。客人第二天一早到饭店来领走了遗忘的笔记本电脑，留下了一封热情洋溢的感谢信。
>
> 服务员将拾到东西物归原主是应尽的责任和义务。在宴会、会议等大型活动过程中，服务员一定要加强巡视，随时提醒客人注意保管好自己的随身物品，尽量避免错拿和丢失的情况发生。服务员还要有安全防范意识，要随时注意观察现场情况，发现可疑人员后要立即报告保卫部门，防止不法人员乘机拾包。

5.7 旅游团队包餐服务

旅游团队包餐（如图5-12）是指由旅行社将参加同一旅游项目的人员组织在一起的旅游团体集体在餐厅中就餐的一种形式。旅游包餐一般由旅行社同餐厅协商，统一安排。旅游团队包餐具有以下特点：

(1) 需要事先预订，不同于零点餐厅可以随到随吃。
(2) 用餐标准统一，消费水准通常低于宴会和散餐。
(3) 用餐时间统一，人数集中，服务要求迅速。
(4) 菜式品种统一，但要注意每天有新品种，不重复。
(5) 服务方式统一，但也要体现团队的特点。

5.7.1 旅游团队包餐服务前的组织准备工作

由于旅游团队经过长时间的旅游活动，体力上消耗很大，一旦到达餐厅，就要求能够迅速提供菜点酒水及相关服务，所以做好餐前的各项准备工作是十分重要的。

1. 了解情况

接到旅游团队预订单后，工作人员要准确掌握旅游团队的基本信息与要求，以便更好地为宾客提供服务。

5 宴会服务

图 5-12 旅游团队包餐

(1) 掌握包餐标准。不同旅游团队的包餐标准不一定相同，但同一旅游团队的包餐标准是统一的，因此，工作人员要提前了解旅游团队包餐的标准，按标准为客人准备菜单及酒水单。

(2) 掌握就餐人数。工作人员根据就餐人数为客人合理安排好就餐餐位及所需的各种餐饮用具。

(3) 掌握包餐时间。包餐时间包括开餐时间和用餐时间，这两个时间工作人员都必须了解清楚，合理安排服务，提高服务效率，以免影响旅游团队的行程安排。

(4) 掌握特殊需要。餐厅工作人员应及时了解到该旅游团队的用餐习惯、口味特点、生活禁忌等特殊需要，以便提供灵活、优质的针对性服务。

2. 制定菜单

餐厅部经理和厨师，根据餐厅下达的旅游团队订餐任务单和团队宾客的就餐要求、标准等，综合考虑厨房的货源情况，共同制定团队包餐菜单，要将本地的名菜、特色菜安排上，以满足旅游客人的需要，同时做到菜品荤素搭配、营养丰富、菜量适中、有汤有点，符合原则。如果旅游团队连续几天在此就餐，更应将菜单调剂好，做到餐餐有新意，顿顿不重样。

3. 安排餐厅

根据旅游团队就餐人数安排合适的餐厅，合理调整餐桌布局，如果一个餐厅同时接待两个团队，要划分就餐区域，布置好每一团队的就餐方位，并配好必要的标志及桌号牌、席称牌等。同时大门口要放置指示牌，方便客人找到就餐餐厅。

4. 物品准备

餐厅工作人员根据旅游团队包餐的菜单标准、菜式品种、服务要求以及就餐人数等，准备好相应的摆台物品、服务用具、开餐用品、备用餐具等。

5. 餐台摆设

提前按要求摆好餐台、餐具，同时注意工作台的整理与摆设。

6. 全面检查

要求餐厅环境清洁卫生、布局合理美观、餐用具准备齐全、电气设备完好无损，服务员服装整洁，工号醒目、精神饱满，仪容仪表端庄。

5.7.2 旅游团队包餐服务程序和要求

1. 热情迎宾

迎宾员按指定的位置站立就位，恭候客人到来，客人到达时，问清旅游团队的名称，礼貌地将客人引领到准备好的餐台，为客人拉椅让座。值台员为客人递送香巾，斟倒礼貌茶。

2. 席间服务

客人到齐后，通知厨房准备起菜；值台员为客人斟倒饮料，如果客人需要饮酒，应及时摆上酒杯，斟倒酒水；值台员按规定标准送上菜点食品，上菜时，要向客人介绍菜肴的名称和特色；菜全部上齐后要告诉客人菜已上齐；用餐期间，值台员要勤巡视、勤斟饮料、勤换骨碟、勤清理台面。

3. 结账服务

客人就餐完毕，服务人员应及时为客人结账，从收银台取出结账单，交给旅游团的领队或导游签单，再由收银台将结账单金额转入旅游团在饭店的总账中，最后由饭店向旅行社统一结账；如遇个别客人在席间添加酒、菜时，就餐完毕应另外结账收款。

4. 送客服务

客人离座时，应主动为其拉椅，并提醒客人携带好随身物品，礼貌地向客人道别。

5. 结束工作

客人离开后，应及时清理台面，按标准重新布置餐台，为下一餐做好准备或继续接待其他客人。

5.7.3 旅游团队包餐服务注意事项

（1）为旅游团队客人服务的工作人员，应掌握本地区有关旅游、餐饮、交通、购物、风土人情等方面的基本知识，以便回答客人的询问。

（2）旅游团队抵店、离店和外出活动时间较难掌握，经常不能在规定的时间进行，因此，要加强与包餐单位、陪同及时联系，与厨房密切配合，做到客人进入餐厅就能迅速就餐，而且保持饭菜的温度。

（3）旅游团队进入餐厅后，往往会先去洗手间或要求洗手、洗脸，以消除旅途劳累，工作人员应及时为客人提示方向。

（4）准备好充足的茶水或凉白开，以便旅游客人外出时携带。

（5）由于行迹匆忙，容易造成随身行李、照相机等物品丢失，所以客人离席时要提醒客人携带好随身物品。

本 章 小 结

本章主要围绕宴会接待服务而展开，涉及宴会基础知识及不同类型宴会的接待服务程序和要求。宴会基础知识部分主要阐述了宴会的概念、特点、种类以及在餐饮经营中的重要性、宴会的预订与促销，并提出了宴会客史档案管理的内容和方法，这些都是做好宴会接待服务工作的基础和前提。无论是中餐宴会接待、西餐宴会接待还是自助餐服务、鸡尾酒会服务以及会议服务和旅游团队包餐服务，其关键核心点都是为宾客提供优质服务。把握不同类型宴会的特点与服务要求，有针对性的做好宴会接待服务工作，树立餐饮企业良好形象，不断提高企业竞争力，为企业带来良好的社会效益和经济效益。

思考与练习

一、判断题

1. 宴会内部促销是指通过一定的促销手段，把客人吸引到自己的宴会厅来。（　　）
2. 宴会厅的室温注意保持稳定，且与室外气温相适应。一般冬季保持在18℃～20℃之间。（　　）
3. 中餐宴会台型布置，桌与桌之间距离不小于1米。（　　）
4. 席间若有宾客突感身体不适，要立即请医务室帮助并向领导汇报，并将食物原样保存，留待化验。（　　）
5. 一般说来，同一餐厅的工作台的规格、样式不能一样。（　　）
6. 菜单样本是非正式的菜单，菜单上的菜肴还可以根据客人的要求进行调换。（　　）
7. 宴会酒单的品种必须包括餐厅供应的全部品种。（　　）
8. 宴会菜单一般放置在前厅、餐厅、宴会厅的醒目位置，以便客人取阅或带走，起到良好的促销效果。（　　）
9. 国宴和正式宴会需要张灯结彩，以增加隆重、热烈的气氛。（　　）
10. 当宾主席间讲话致辞或国宴演奏国歌时，服务员要停止操作，迅速退至工作台两侧肃立，姿势端正，厅内保持安静。（　　）

二、选择题

1. （　　）是指宴会的作用，是宴会功能上的一个重要特征。
   A. 社交性　　　　B. 计划性　　　　C. 聚餐式　　　　D. 规格化
2. 宴会厅（　　）根据酒会规模来配备服务人员。
   A. 迎宾员　　　　B. 领班　　　　C. 主管　　　　D. 经理
3. 有计划性的按照一定规格和程序组合起来，并具有一定质量、数量的整套餐点，是指宴会的（　　）。
   A. 形式　　　　B. 内容　　　　C. 规模　　　　D. 礼仪
4. （　　）是进行宴会预订较为有效的方法。
   A. 电话预订　　　　B. 面谈　　　　C. 信函预订　　　　D. 网络预订
5. （　　）是应用较广泛的常见预订方式，具有方便、经济的特性。
   A. 电话预订　　　　B. 面谈　　　　C. 信函预订　　　　D. 网络预订
6. （　　）可为餐饮企业领导的决策提供科学依据，为宴会组织管理提供各种信息。
   A. 宴会菜单　　　　B. 宴会宣传册　　　　C. 宴会酒单　　　　D. 宴会客史档案
7. 自助餐台的台布既要遮住台脚，又不能落地，应离地面（　　）左右。
   A. 5cm　　　　B. 10cm　　　　C. 15cm　　　　D. 20cm
8. 负责自助餐食品台的服务员应提前（　　）揭掉冷菜保鲜膜。
   A. 5分钟　　　　B. 10分钟　　　　C. 15分钟　　　　D. 20分钟
9. 鸡尾酒会一般是每（　　）位宾客设置一个酒吧。
   A. 30　　　　B. 50　　　　C. 80　　　　D. 100

三、简答题

1. 什么是宴会？宴会具有哪些特点？
2. 宴会在餐饮经营中的重要作用有哪些？
3. 简述宴会预订的程序。

4. 如何做好中餐宴会前的组织准备工作？
5. "八知""三了解"指的是什么内容？
6. 宴会前服务人员应能够准确说出菜单哪些内容？
7. 自助餐台的菜肴陈列有哪些讲究？
8. 西餐宴会前的组织准备工作包括哪些内容？
9. 如何做好会议的会场服务工作？
10. 简述旅游团队包餐的特点。

四、论述题

1. 论述宴会预订的常见方式及特点。
2. 论述宴会促销的方法与策略。
3. 论述宴会客史档案管理的方法。
4. 论述中餐宴会服务注意事项。
5. 如何做好西餐宴会的酒水及菜肴服务？
6. 鸡尾酒会前的组织准备工作包括哪些内容？

五、实训任务

1. 设计一份以"金秋十月，美食飘香"为主题的宴会促销方案。
2. 创设宴会情景，进行宴会接待服务训练。
3. 安排学生到当地一家星级酒店或知名餐饮企业，进行一次中餐宴会或西餐宴会的服务见习，并对本次宴会的场景布置、台型设计、服务程序的特点、优缺点，以及对客服务质量、客人满意度进行调查与分析，要求提交一份调研报告，并用幻灯片的形式向大家展示。

六、案例分析

酒水没有了

一天，某公司在饭店举办宴会，根据预订标准酒水自带。宴会进行了大半程，自带酒水用完了，一位客人对服务员说："请给我们桌再来一瓶白酒。"服务员说："对不起，没有了。"客人听了很不高兴，说："为什么没有了？我们还没喝够呢！"服务员生硬地说："酒水是主办单位自带的，你要喝找他们要去，我们没有。"由于服务员回答不妥，致使赴宴客人与主办单位造成误会，主办单位因服务员现场处置不妥而向饭店提出投诉。

1. 如果你遇到了此类情况，该如何向参加活动的客人进行解释才能得到客人的理解？
2. 在今后的工作中应如何避免此类事件的发生？

6 酒吧服务

问题引入

1. 作为一个酒吧的服务人员,营业期间都需要做哪些工作?
2. 您是否了解种类繁多的各色酒水饮料,要如何进行服务?
3. 您想为宾客调制出品味最佳的酒水饮品吗?

内容导读

随着经济的快速发展以及人们生活水平的不断提高,酒吧业已经成了现代都市文明的标志,酒吧也成为大众休闲娱乐和社会社交活动的重要场所。因此,酒吧的发展趋势隐藏着巨大潜力,酒吧产生的经济效益不言而喻。酒吧服务员必须掌握精细化服务知识才能够为宾客提供优质酒吧服务。本章着重从酒吧概述、酒吧营业前的组织准备工作、酒吧服务流程及注意事项、以及酒吧营业后的收尾工作等四个方便进行阐述。

学习任务

1. 掌握酒水的分类及基本知识。
2. 掌握酒吧服务流程。
3. 掌握鸡尾酒的调制、咖啡的调配、茶水的冲泡技巧。
4. 能够运用服务技巧,熟练地为宾客提供酒吧酒水服务。

> **开篇案例**
>
> **调不了的鸡尾酒？**
>
> 酒吧服务员安迪拥有非常好的调酒技术。有一天，一位客人点了一份"椰风海韵"。这是什么？酒水单上没有，酒水配方里也没见过。"对不起，先生，我从来没听说过这款鸡尾酒，我做不了。"
>
> 这时，酒吧经理杰森过来了，他笑着对宾客说："先生，您说的椰风海韵是怎么做的呢？"宾客说："那是去年我在三亚度假时喝过的，非常好喝。"杰森问客人这款酒是怎么调的？那位宾客回忆说："我记得，有菠萝汁、芒果汁、酸橘汁、还有椰子汁和白兰地。是冰的，装在椰子壳里。"酒吧经理杰森说："我明白了，您点的酒会在五分钟内做好。"

带你走进今日课堂

无论何种类型的酒吧都离不开工作人员的优质服务，服务质量的优劣直接影响到宾客的生理和心理感受。酒吧服务本身具有一定的技术性，每个岗位和环节都有特定的操作方法、程序和标准，要求酒吧工作人员必须掌握过硬的酒吧服务基本技能技巧，并将对客服务的真挚情感融入到整个酒吧服务工作中，使技能与服务完美结合，真正为宾客带来物超所值的享受。

6.1 酒水知识

6.1.1 酒的分类

1. 按酒的制造方法分类

酒基本上有发酵、蒸馏、配制三种制造方法。相应生产出来的酒也称为发酵酒、蒸馏酒和配制酒。

（1）发酵酒。发酵酒是指用制造原料——通常是谷物与果汁直接放入容器中加入酵母发酵而酿制成的酒液。饭店里常用的发酵酒有葡萄酒、啤酒、水果酒、黄酒、米酒等。

（2）蒸馏酒。蒸馏酒是将经过发酵的原料（发酵酒）加以蒸馏提纯，获得的含有较高度数酒精的液体。通常可经过一次、二次甚至多次蒸馏，便能取得高质量的酒液。饭店里常用的蒸馏酒有金酒、威士忌、白兰地、朗姆酒、伏特加酒、特基拉酒和中国的白酒。

（3）配制酒。配制酒常用浸泡、混合、勾兑等方法制造。浸泡制法多用于药酒，将蒸馏后得到的高度酒液或发酵后经过滤，按配方放入不同的药材或动物，然后装入容器中密封起来，经过一段时间后，药味就溶解于酒液中，饮用后便会得到不同的治疗效果和刺激效果，如国外的味美思（Vermouth），比特酒（Bitter），中国的人参酒、三蛇酒等。混合制法是把蒸馏后的高纯度酒液加入果汁、蜜糖、牛奶或其他液体混合制成。勾兑也是一种酿制工艺，通常可以将两种或数种酒勾兑在一起，例如将不同地区的酒勾兑在一起，高度数酒和低度数酒勾兑在一起，年份不同的酒勾兑在一起，形成一种新的品味，或者得到色、香、味更加完美的酒品。

2. 按配餐、饮用方式分类

按西餐配餐的方式分类，酒可分为餐前酒、佐餐酒、甜食酒、餐后甜酒和混合酒精饮料等。

（1）餐前酒。餐前酒也称开胃酒（Aperitif），是指在餐前饮用的喝了以后能刺激人的胃口、使人增加食欲的饮料。开胃酒通常用药材浸制而成。

（2）佐餐酒。佐餐酒也称葡萄酒（Wine），是西餐配餐的主要酒类。外国人就餐时一般只喝佐餐酒不喝其他酒（不像中国人那样无拘无束，任何酒都可以配制喝）。佐餐酒包括红葡萄酒、白葡萄酒、玫瑰红葡萄酒和汽酒。这类酒用新鲜的葡萄汁发酵制成，其中含有酒精、天然色素、脂肪、维生素、碳水化合物、矿物质、酸和丹宁酸等营养成分，对人体非常有益。

（3）甜食酒。甜食酒（Dessert Wine），一般是在佐助甜食时饮用的酒品。其品味较甜，常以葡萄酒为基酒加葡萄蒸馏酒配制而成。

（4）餐后甜酒。餐后甜酒又称利口酒（Liqueur）是餐后饮用的，是糖分很多的酒类，人喝了之后有帮助消化的作用。这类酒有多种品味，原材料有两种类型：果料类和植物类。果料类包括水果、果仁等，植物类包括药草、香料植物等，制作时用烈性酒加入各种配料（果料或植物）和糖配制而成。

（5）混合酒精饮料。混合酒精饮料（鸡尾酒）指由两种以上的酒水混合在一起饮用，通常在餐前饮用或在酒吧中饮用。

3. 按酒精含量分类

按酒精含量的不同，可分为低度酒、中度酒和高度酒。

（1）低度酒。低度酒酒度在20%（v/v）以下，常见的有葡萄酒、桂花陈酒、香槟酒和低度药酒。

（2）中度酒。中度酒有餐前开胃酒、餐后甜酒等，酒度为20%（v/v）～40%（v/v），国产的竹叶青、米酒、黄酒等属此类。

（3）高度酒。高度酒指酒度在40%（v/v）以上的烈性酒。国产的高度酒有茅台、五粮液、汾酒、白兰地、泸州大曲、二锅头等。

4. 按商业经营分类

中国酒通常采用商业经营的分类方法，将酒分为白酒、黄酒、果酒、药酒和啤酒。

（1）白酒。白酒是以谷物为原料的蒸馏酒，因酒度较高而又被称为"烧酒"。白酒特点是无色透明，质地纯净，醇香浓郁，味感丰富。

（2）黄酒。以谷物（主要是糯米和粳米）为主要原料，经过特定的加工酿制而成的一种低酒精含量的一种原汁酒，在12～18度之间。酒质醇厚幽香、味感谐和，按原料、酿造方法、风味可分为：江南黄酒（包括韶关黄酒和花雕酒），山东黄酒（包括老酒、青酒、兰陵美酒），福建黄酒（福建老酒和沉缸酒）。

（3）果酒。果酒是以水果、果汁等为原料的酿造酒，大都以果实名称命名，如葡萄酒、山楂酒、苹果酒、荔枝酒等。果酒特点是色泽娇艳，果香浓郁，酒香醇美，营养丰富。

（4）药酒。药酒是以白酒作为酒基，加入各种中药材经过酿制或泡制而成的一种具有药用价值的酒。各种药酒因其用酒、用料的不同,酒度也有不同,又因其加入的药料不同,其药用功效各有不同。常见的药酒有:五加皮酒,人参酒,五味子酒,灵芝酒,虎骨酒,竹叶青酒等。

(5) 啤酒。啤酒是以大麦为原料,啤酒花为香料,经过发芽,糖化发酵而成的一种低酒含量的原汁酒。通常人们把它看成为一种清凉饮料,酒精度在 1.2～8.5 度之间,啤酒含大量的二氧化碳和丰富的营养成份,能帮助消化,促进食欲,1 升啤酒能产生大量的热量,故有液体面包之称。

6.1.2 酒水简介

1. 发酵酒

发酵酒是指酿酒原料经过发酵后直接提取或用压榨法取得的酒浆。这种酒又被称为原汁发酵酒。如葡萄酒、啤酒、黄酒、米酒等。

(1) 葡萄酒。葡萄酒是用新鲜的葡萄或葡萄汁经发酵酿成的酒精饮料。其酒精度一般在 8.5～16.2 度之间。

① 红葡萄酒。红葡萄酒是以紫红色葡萄为原料,连皮带汁一起发酵酿制而成。因酒液中溶有葡萄皮的色素,故酒液呈红色,但陈酿时间越长,其颜色越浅。红葡萄酒通常在室温下饮用,最佳饮用温度为 18～22℃。

② 白葡萄酒。白葡萄酒是将葡萄去皮后仅取葡萄的肉、汁发酵酿制而成。因葡萄皮不参加发酵过程,故酒液中没有葡萄皮的色素而呈浅黄色,但陈酿时间越长,其颜色越深。白葡萄酒需冷藏后饮用,8～10℃ 为最佳饮用温度。

③ 桃红葡萄酒。桃红葡萄酒是将葡萄混合在一起连皮带汁发酵酿制而成。但在酿制的中途就将皮渣滤出,因而葡萄皮在酒液中浸泡时间较短,故酒液中仅溶有少许葡萄皮的色素而呈粉红玫瑰色。桃红葡萄酒也需冷藏后饮用,其最佳饮用温度为 6～8℃。

④ 起泡葡萄酒。起泡葡萄酒是指酒液在装瓶后进行第二次发酵,发酵过程中产生的二氧化碳气体自然地聚集在瓶内,使酒液带有气泡的葡萄酒,其酒度一般在 14 度以下。有汽葡萄酒因含有大量的二氧化碳,所以应冷藏后饮用,其最佳饮用温度为 4.5～7℃。

香槟酒(Champagne)是有汽葡萄酒的典型代表。法国政府规定,只有在法国香槟地区生产的有汽葡萄酒才可称为香槟,而在其他地区或国家出产的产品只能称为发泡葡萄酒。德国是世界上葡萄汽酒的最大生产国和消耗国,其名品有霍克(Sparkling Hock)、利富罗美(Sparkling Liebfraumi)、莫泽尔(Sparkling Moselle)等,其出口国外的产品通常称为塞克特(Sekt)。

(2) 其他水果酿造酒。广义地说,任何水果汁经发酵制成的酒都可以成水果酿造酒,唯独葡萄汁发酵制成的酒叫葡萄酒(Wine),因为这是使用最多的水果发酵酒。在商业用途上,其他水果发酵酒较少见。

国际上流行的水果发酵酒有苹果酒(Cider)和梨子酒(Perry)。水果发酵酒制法同葡萄酒差不多,酒精含量在 2% (v/v)～8% (v/v)。有些品种的酒度会稍一些。这些酒的甜味和水果味都很浓烈。

(3) 谷物酿造酒。谷物酿造酒的原材料主要是谷物类。谷物酿造酒的制作原理是将谷物中含的淀粉水解生成麦芽糖,麦芽糖加入酵母后发酵便可产生酒精和碳化物。谷物与葡

6 酒吧服务

萄等水果不同，制作发酵时需要加入酵母发酵，才能制成酒。

① 啤酒。啤酒是以大麦为原料，啤酒花为香料经发酵酿制而成的一种含有大量二氧化碳气体的低度酒。在欧美一些国家和地区，啤酒被认为是一种饮料。啤酒具有显著的麦芽和酒花清香，口味纯正爽口，内含丰富的营养成分，所以深受消费者喜爱。下面主要从啤酒的度、营养、分类三个方面介绍。

第一，啤酒的"度"。主要有两种：a. 麦芽汁浓度。麦芽汁浓度是指啤酒酒液中麦芽汁含量所占的体积比例，以度（°）来表示。啤酒的麦芽汁浓度一般在7°～18°之间。啤酒通常以麦芽汁浓度来衡量其口味与颜色。另外，啤酒的颜色也受麦芽烘烤程度的影响。近年还有一些麦芽汁浓度在7°以下的啤酒面市。b. 酒度。啤酒的酒度较低，一般在1.2～8.5度之间。它与麦芽汁浓度成正比。

第二，啤酒的营养。人体必需的营养素一般分为6大类，即碳水化合物（糖类）、脂肪、蛋白质、维生素、矿物质和水。啤酒中含有11种维生素和17种氨基酸（组成蛋白质分子的基本单位），且极易为人体所吸收。1升麦芽汁浓度为12°的啤酒经消化后所产生的热量相当于120g瘦猪肉、或250g面包、或300g鸡蛋所产生的热量。故啤酒在1972年被世界营养组织列为营养食品，有"液体面包"之称。

第三，啤酒的分类。按有无杀菌分，啤酒按有无杀菌（酵母菌）可分为生啤酒和熟啤酒两种；啤酒按其颜色可分为黄啤酒和黑啤酒；黄啤酒（Beer）是啤酒中的最主要品种，呈浅黄色。其酒度为3～5度，麦芽汁浓度10°～12°。黑啤酒（Stout）是以烘烤得较焦的麦芽为原料经发酵后酿成的啤酒，呈咖啡色或棕黑色。其酒度为5～8.5，麦芽汁浓度为14°～18°。啤酒按有无杀菌（酵母菌）可分为生啤酒和熟啤酒两种。生啤酒（Draught）又称鲜啤酒或扎啤，是指酿成的啤酒不经加热杀菌处理而直接入桶密封，口味较鲜美，但稳定性较差，极易变质，其保存期为3～7天。生啤酒在饮用时需经生啤机加工（加入二氧化碳并速冷）。熟啤酒是指酿成的啤酒需经过加热杀菌处理的瓶（罐）装啤酒。熟啤酒稳定性较好，但口味及营养不如生啤酒，其保存期一般为2～6个月。

中国啤酒的产量和质量均居世界前列，名品有山东青岛啤酒、北京五星啤酒、广东珠江啤酒、浙江中华啤酒、西湖啤酒以及香港特别行政区的生力啤酒（San Miguel）等。

外国啤酒的名品有荷兰的喜力（Heineken），德国的卢云堡（Lowenbrau）、贝克（Beck's），丹麦的嘉士伯（Carlsberg）、图波（Turborg），爱尔兰的健力士（Guinness，又称吉尼斯，其黑啤非常有名），美国的百威（Budweiser），日本的麒麟（Kirin）、札幌（Sapporo），新加坡的虎牌（Tiger）等。

知识链接6-1

啤酒的品鉴

一般遵循"一看（看泡沫、看色泽、看透明度）、二闻（闻香气）、三尝（尝口感）"的五个步骤来品鉴啤酒（见图6-11）。泡沫细腻丰富看起来更加的美观，而且可以延缓啤酒中二氧化碳气体的析出和扩散，让啤酒保持杀口力和爽口的感觉。不管啤酒是何种颜色及颜色是深是浅，色泽都应光洁醒目。品质好的啤酒浑身晶莹剔透，没有任何浑浊物、沉淀物或漂浮物。一杯品质良好的啤酒，应气味纯净香醇，轻轻嗅闻的时候，能感受到明显的麦香或果香，也能闻到酒花的香气，没有老化味、生酒花味或是变质酒花的味道。啤酒入口后要味道纯正，香味明显，或清爽新鲜，或饱满香醇，有令人愉悦的苦味，有二氧化碳气体对口腔的刺激，没有酵母的味道或其他异味，才是一杯好啤酒。

图 6-1 各色啤酒

② 黄酒。浙江绍兴加饭酒。据考证，在春秋战国时期绍兴地区就开始酿制黄酒，加饭酒是绍兴黄酒中最具独特风味的一个品种。它以上等糯米为原料，加入酒曲后用摊饭法发酵酿制而成。加饭酒需在缸或坛中密封陈酿，陈酿期越长，酒质越好。加饭酒酒味浓醇，甘美可口，营养丰富，酒度为 16.5 度左右，含糖量为 2%，有古越龙山、会稽山等品牌。

福建龙岩沉缸酒。沉缸酒产于福建省龙岩市，是以糯米为原料，加入红曲和药曲后发酵酿制而成。该酒也需陈酿（一般为二年以上）。沉缸酒香气浓郁、口味醇厚、余味绵长，酒度为 15 度左右，含糖量为 20%。

山东即墨老酒。即墨老酒产于山东省即墨市，是以黍米为原料，加入麸曲后发酵酿制而成。即墨老酒酒味浓郁，清香爽口，酒度为 12 度。

③ 日本清酒。日本清酒（Sake）借鉴了中国黄酒的酿造法，但却有别于中国的黄酒。日本清酒酒体协调，口味甘甜醇和，清香淡雅，饮后整体感觉良好。如"松竹梅"清酒的质量标准是：酒度 18%（v/v）、含糖量 3.5%、酸度 0.03% 以下。

日本清酒的制作工艺十分考究。精选的大米要经过磨皮，使大米清白；浸渍时吸收水分快，而且容易蒸熟；发酵时又分成前后两个发酵阶段；杀菌处理在装瓶前后各进行一次，以确保酒的保质期；勾兑酒液是注意规格和标准。

2. 蒸馏酒

（1）中国蒸馏酒。

① 白酒的香型。白酒是用粮食或其他含有淀粉的农作物为原料，以酒曲为糖化发酵剂，经发酵蒸馏而成。白酒（见表 6-1）的特点是无色透明，质地纯净，醇香浓郁，味感丰富，酒度在 30 度以上，刺激性较强。白酒根据其原料和生产工艺的不同，形成了不同的香型与风格，白酒的香型主要介绍以下五种。

清香型：清香型的特点是酒气清香芬芳，醇厚绵软，甘润爽口，酒味纯净。以山西杏花村的汾酒为代表，故又有汾香型之称。

浓香型：浓香型的特点是饮时芳香浓郁，甘绵适口，饮后尤香，回味悠长，可概括为

6 酒吧服务

"香、甜、浓、净"四个字。以四川泸州老窖特曲为代表，故又有泸香型之称。

酱香型：酱香型的特点是香而不艳，低而不淡，香气幽雅，回味绵长，杯空香气犹存。以贵州茅台酒为代表，故又有茅台香型之称。

米香型：米香型的特点是蜜香清柔，幽雅纯净，入口绵甜，回味怡畅。以桂林的三花酒和全州的湘山酒为代表。

复香型，也称兼香型或混香型。这种酒的闻香、回香各有不同，具有一酒多香的特点。白酒是我国酒品生产中很重要的组成部分。随着人们饮酒习惯的逐步改变，白酒的酒精含量在逐步降低，许多名酒的生产厂家都相继研制出中度白酒，以适合出口和国内广大消费者的需要。贵州董酒是复香型的代表，还有湖南的白沙液，辽宁的凌川白酒等。

知识链接 6-2

中国白酒的香型、特点及代表酒

中国白酒香型	代表酒及特点
酱香型	以贵州茅台、贵酒为代表。又称茅型。口感风味具有酱香、细腻、醇厚、回味长久等特点。
清香型	以山西汾酒为代表。又称汾型。具有清香、醇甜、柔和等特点，是中国北方的传统产品。
浓香型	以四川泸州老窖为代表。又称泸型。口感风味具有芳香、绵甜、香味谐调等特点。
米香型	以广西桂林三花酒、冰峪庄园、西江贡为代表。口感风味具有蜜香、清雅、绵柔等特点。
凤香型	以陕西"西凤酒"为代表。口味醇香秀雅、醇厚丰满、尾净悠长。
芝麻香型	以"一品景芝"系列酒为代表。具有清澈透明，芝麻香突出，幽雅醇厚，甘爽协调的特点。
豉香型	以广东佛山"玉冰烧酒"为代表。玉洁冰清、豉香独特、醇和甘润、余味爽净。
特香型	以江西"四特酒"为代表。以大米为原料，富含奇数复合香气，香味谐调，余味悠长。
老白干香型	以河北衡水"衡水老白干"为代表。酒色清澈透明，醇香清雅，甘冽丰柔，回味悠长而著称于世。
兼香型	酱中带浓型，表现为芳香，舒适，细腻丰满，酱浓协调，余味爽净悠长，如湖北白云边酒；浓中带酱型，主要表现在浓香带酱香，诸味协调，口味细腻，余味爽净。如黑龙江的玉泉酒等。
馥郁香型	以酒鬼酒为代表。入口绵甜、醇厚丰满、香味协调，具有前浓、中清、后酱的独特口味特征。

② 中国白酒名酒简介。茅台酒。茅台酒产于贵州省仁怀县茅台镇，是以高粱为主要原料的酱香型白酒，酒度为53%（V/V）。

汾酒。汾酒产于山西省汾阳县杏花村酒厂，是以高粱为主要原料的清香型白酒，酒度为 60%（V/V）。

五粮液。五粮液产于四川省宜宾市，是以高粱、糯米、大米、玉米和小麦为原料的浓香型白酒，酒度为 60%（V/V）。

剑南春。剑南春产于四川省绵竹市，是以高粱、大米、糯米、玉米、小麦为原料的浓香型白酒，酒度有 60%（V/V）和 52%（V/V）两种。

古井贡酒。古井贡酒产于安徽省亳县，是以高粱为主要原料的浓香型白酒，酒度为 60%（V/V）。

洋河大曲。洋河大曲产于江苏省泗洋县洋河镇，是以高粱为主要原料的浓香型白酒，酒度有 60%（V/V）度、55%（V/V）、38%（V/V）等多种。

董酒。董酒产于贵州省遵义市，是以高粱为主要原料的兼香型白酒，酒度为 58%（V/V）。

泸州老窖特曲。泸州老窖特曲产于四川省泸州市，是以高粱为主要原料的浓香型白酒，酒度为 60%（V/V）。

（2）外国蒸馏酒。

① 白兰地。白兰地是以葡萄或其他水果为原料经发酵、蒸馏而得的酒。以葡萄为原料制成的白兰地可仅称为白兰地，而以其他水果为原料制成的白兰地必须标明水果名称，如苹果白兰地（Apple Brandy）、樱桃白兰地（Cherry Brandy）等。新蒸馏出来的白兰地须盛放在橡木桶内使之成熟，并应经过较长时间的陈酿（如法国政府规定至少十八个月），白兰地才会变得芳郁醇厚，并产生其色泽。白兰地的储存时间越长，酒的品质越佳。白兰地的酒度为 43%（V/V）左右。

法国是世界上首屈一指的白兰地生产国，在法国白兰地产品中，以干邑最为著名。干邑，又称科涅克，产于法国南部科涅克地区的一个法定区域内。法国政府规定，只有在这个区域内生产的白兰地才可称为干邑（Cognac），其他地区的产品只能称白兰地，但不得称干邑。

干邑白兰地通常以一些英文字母来表示其陈酿时间，如 V.O 为 10~12 年；V.S.O 为 12~20 年；V.S.O.P 为 20~30 年；F.O.V 为 30 年以上；Napoleon 为 40 年以上；X.O 为 50 年以上；X 为 70 年以上；等等。干邑白兰地的名品有轩尼诗（Hennessy）、人马头（Remy Martin）、马爹利（Martell）、卡慕（Camus）等。

② 威士忌。"威士忌"一词出自爱尔兰方言，意为"生命之水"。威士忌以粮食谷物为主要原料，用大麦芽作为糖化发酵剂，采用液态发酵法经蒸馏获得原酒后，再盛于橡木桶内贮藏数年而成（普通品贮藏期约 3 年，上等品贮藏期在 7 年以上）。最著名也最具代表性的威士忌分类方法，是按照生产地和国家的不同，分为苏格兰威士忌、爱尔兰威士忌、美国威士忌和加拿大威士忌。威士忌的名品有百龄坛（Ballantine's）、芝华士（Chivas Regal）、约翰·詹姆斯（John Jameson）、占边（Jim Beam）等。

③ 伏特加。又名俄得克，最早出现于俄国，其名称来源于俄语"伏达"，是俄罗斯具有代表性的烈性酒，是俄语"水"一词的延伸。它主要以土豆、玉米为原料，经过蒸馏再加 8 小时的过滤，使原酒的酒液与活性炭充分接触而成，酒液无色透明，口味纯正，酒精度多为 34－40 度。伏特加的名品有绝对伏特加（Absolute）、芬兰伏特加（Finlandia）、斯米诺夫（Smirnoff）等。

④ 朗姆酒。它以甘蔗汁或制糖后的副产品中的糖蜜为原料，经发酵蒸馏成食用酒精，然后放于橡木桶中陈酿，最后与香料兑制而成。其酒液透明，呈淡黄色，有独特的香味，入口有刺激感，酒精度为40度左右。朗姆酒按其色泽可分为金朗姆酒、银朗姆酒和黑朗姆酒三类。朗姆酒的名品有百加得（Bacardi）、美雅士（Myers's）、摩根船长（Captain Morgan）、哈瓦那俱乐部（Havana Club）等。

⑤ 金酒。又称松子酒，起源于荷兰，是国际著名蒸馏酒之一。它的名称是从荷兰语中演变而来，意为"桧属植物"以麦芽和裸麦为原料，经过发酵后再蒸馏三次而成的谷物酒。现有荷兰麦芽式金酒和英美式干型金酒两种。荷兰金酒只适合纯饮或者加冰，不适合与其他酒水混合调制鸡尾酒。而英国干式金酒是酒吧在调制鸡尾酒中必不可少的基酒之一。金酒的名品有哥顿（Gordon's）、必富达金酒（Beefeather）、吉里贝（Gilbey's）等。

⑥ 特基拉酒。特基拉酒产于墨西哥的特基拉小镇，是墨西哥的主要烈性酒，它是以龙舌兰汁和无刺仙人掌为原料，使之压榨成汁并经过发酵的蒸馏而成。特基拉酒可净饮或加冰块饮用，也可用于调制鸡尾酒。其名品有凯尔弗（Cuervo）、斗牛士（El Toro）、欧雷（Ole）、玛丽亚西（Mariachi）等。

3. 配制酒

配制酒是指在各种酿造酒、蒸馏酒或食用酒精中加入一定数量的水果、香料、药材等浸泡后，经过滤或蒸馏而得的酒。配制酒又称混成酒，其配制方法一般有浸泡法、蒸馏法、精炼法三种。浸泡法是指将药材、香料等原料浸没于成品酒中陈酿而制成配制酒的方法；蒸馏法是指将药材、香料等原料放入成品酒中进行蒸馏而制成配制酒的方法；精炼法是指将药材、香料等原料提炼成香精加入成品酒中而制成配制酒的方法。

(1) 中国配制酒。

① 山西竹叶青。竹叶青产于山西省汾阳县杏花村酒厂，它以汾酒为原料，加入竹叶、当归、檀香等芳香中草药材和适量的白糖、冰糖后浸制而成。该酒色泽金黄、略带青碧，酒味微甜清香，酒性温和，适量饮用有较好的滋补作用；酒度为45%（V/V），含糖量为10%。

② 其他配制酒。其他配制酒种类很多，如在成品酒加入中草药材制成的五加皮；加入名贵药材的人参酒；加入动物性原料的鹿茸酒、蛇酒；加入水果的杨梅酒、荔枝酒；等等。

(2) 外国配制酒。

① 开胃酒。开胃酒是以成品酒或食用酒精为原料加入香料等浸泡而成的一种配制酒，开胃酒主要在餐前饮用，目的是刺激食欲，主要有味美思、比特酒、茴香酒等。

味美思（Vermouth）。味美思的制造方法如前所述。其名品有法国的诺利·普拉（Noilly Prat），意大利的马蒂尼（Martini）、仙山露（Cinzano）等。

比特酒（Bitters）。比特酒又称苦酒或必打士，是在葡萄酒或蒸馏酒中加入树皮、草根、香料及药材浸制而成的酒精饮料。该酒酒味苦涩，酒度在16～40%（V/V）之间，其名品有意大利的金巴利（Campri）、法国的杜本内（Dubonnet）等。

茴香酒（Anisette）。香酒是以茴香为主要香料，再加上少量的其他配料如白芷根、柠檬皮等在蒸馏酒中浸制而成的一种酒精饮料，酒度在25～30%（V/V）之间，其名品有法国的潘诺（Pernod）、里卡德（Ricard）等。

② 甜食酒。甜食酒是指西餐中专门佐食甜点的强化葡萄酒，其制作方法如前所述。

雪莉（Sherry）。雪莉产于西班牙，其名品有潘马丁（Pemartin）、布里斯托（Bristol）等。

钵酒（Port）。钵酒也称波特酒，产于葡萄牙，其名品有泰勒（Taylor's）、圣地门（Sandeman）等。

③ 餐后甜酒。又称利口酒或香甜酒，是在蒸馏酒或食用酒精中加入芳香原料配制而成。Liqueur 是指欧洲国家出产的利口酒，美国产品通常称为 Cordial，而法国产品则称为克罗美（Creme）。利口酒色泽娇艳、气味芳香，有较好的助消化作用，主要用作餐后酒或调制鸡尾酒。

利口酒从加入的芳香原料的类型可分为水果（果实）类利口酒和植物（药草）类利口酒。利口酒的酒度一般在 17～55 度之间。其名品有：本尼狄克丁（Benedictine D. O. M）；谢托利斯（Chartreuse）；乔利梳（Curacao）；金万利（Grand Marnier）；君度（Cointreau）；薄荷酒（Creme de Menthe）。

4. 软饮料

（1）茶。茶树原是一种野生植物，据记载第一个发现并饮用茶叶的是四千多年前的神农帝。茶树的正式栽培是从秦汉时期的佛门弟子开始的，至隋唐时期，我国人民渐渐养成饮茶习惯，并传输至国外。茶既是一种解渴饮料，又能利尿解毒、帮助消化，所以茶是一种较受人们喜爱的饮料。

茶是以茶叶为原料，经沸水泡制而成的饮品。茶作为三大嗜好饮料之首，风靡全世界，不仅有悠久灿烂的历史和文化，更是时下最健康时尚的饮料之一。中国是茶叶的故乡，也是世界上最早利用茶叶的国家。千年的饮茶史在我国形成了具有一定地域特色的茶文化，在饮茶过程中人们对水、茶、器具、环境都形成了一定的讲究和要求。

茶的种类很多，依据不同的标准，茶的种类划分也不同。如按采茶的季节不同，茶可以分为春茶、夏茶、秋茶、冬茶等；按照茶的发酵程度不同，茶可以分为不发酵、轻度发酵茶、半发酵茶、完全发酵茶、后发酵茶等；按照茶的制作工艺不同，茶可以分为绿茶、红茶、青茶、白茶、黄茶、黑茶等。

（2）咖啡。咖啡树是生长在热带和亚热带高原上的一种常绿灌木，栽种三年后开始结果。果实呈深红色，内有两颗种子，即为生咖啡豆。

每一品种的咖啡豆都有其不同的特点，为适应消费者的不同饮用需求，一般应将不同种类的咖啡豆进行混合。混合后的咖啡豆即可进行焙炒，使咖啡变得香味浓郁。焙炒好的咖啡豆经磨制而成为咖啡粉后即可调制咖啡。磨制时应注意咖啡粉的颗粒大小，一般说来，细颗粒的咖啡粉味浓，粗颗粒的咖啡粉芳香，为使调制好的咖啡既浓又香，应将粗细不同的咖啡粉进行混合，这样做也利于咖啡粉的保存。

咖啡是一种营养较为丰富的饮料，既能提神解渴，又能助消化，所以深受消费者喜爱，特别是欧美客人，更将其作为日常生活中必不可少的一部分。

（3）可可。可可是英文 Cacao 的译音，原产美洲热带地区，我国的广东、台湾等省也有栽培。它是用可可豆的粉末配制而成的饮料。可可豆含有 50% 的脂肪、10% 的蛋白质、10% 的淀粉，还有少量的糖分和兴奋物质可可碱。可可具有强心、利尿功效。可可种子在发酵、焙干后提取 30% 的可可脂做药用，余下物质加工成可可粉。可可粉具有浓郁的香味,加糖后即可冲饮。常见的可可饮品有清可可、牛奶可可、冰淇淋可可等。

(4) 矿泉水（Mineral Water）。矿泉水因水质纯净、无杂质污染、富含多种矿物质而深受消费者欢迎。饭店中常见的矿泉水有法国的皮埃尔矿泉水（Perrier）、伊维安矿泉水（Evian）及中国的崂山矿泉水等。但近年来全国各地均开发了许多优质矿泉水而不断有新品面市,各饭店可根据需要选用。

(5) 牛奶。牛奶含有丰富的共给人体热量的蛋白质、脂肪、乳糖和人体所需的最主要的矿物质钙、磷以及维生素等,其营养丰富,利于消化,极易为人体所吸收。没有任何一种单一的食品营养成分能和牛奶相比。

(6) 果蔬汁。各种鲜果蔬菜含有丰富的矿物质、维生素、糖类、蛋白质以及有机酸等物质。果蔬汁品种繁多,常见的果汁有橙汁、柠檬汁、蕃茄汁、西柚汁、菠萝汁、黄瓜汁、西瓜汁、苹果汁、葡萄汁和胡萝卜汁等。

果汁通常可分为三类。一是现榨果汁,即用新鲜水果放入榨汁机（Juice Squeezer）中现榨而成,一般保存时间较短,在冷藏箱中仅能存放24h;二是瓶（罐）装果汁,开瓶（罐）后即可使用,但需冷藏,其保存时间一般为3～5天（开瓶后）;三是浓缩果汁,在加冷开水稀释后即可使用,也需冷藏,开瓶（罐）后的浓缩果汁的保存期为10～15天,稀释后的果汁为2天左右。另外还有用果汁粉冲泡制成的产品。

(7) 汽水（Aerated Water）。汽水是一种富含二氧化碳气体的饮料,品种繁多,大致可以分为可乐型汽水、柠檬（或橙）味汽水及奎宁类汽水等几类。

可乐型汽水的名品主要有可口可乐和百事可乐;柠檬味汽水的名品有雪碧、七喜等,橙味汽水则有新奇士（Sunkist）等;而奎宁类汽水在酒吧较为常见,主要有汤力水（Tonic Water）和苦柠水（Bitter Lemon）。

(8) 圣代、巴菲和奶昔。
① 圣代是在冰淇淋上加有压碎的水果、核桃仁和果汁等原料的冷食。
② 巴菲是由冰淇淋、鲜果、打过的奶油组成的冻糕。
③ 奶昔是把冰淇淋、奶油或鲜奶等加以搅拌,待起泡后,放入玻璃杯里的冷冻食品。

6.2　酒吧概述

酒吧一次源自英文Bar,意为出售酒品的柜台。现代人把酒吧定义为：酒吧是专门为客人提供酒水和饮用服务,兼营各种佐酒小吃,为客人打造交友、聚会、放松身心的场所。

6.2.1　酒吧起源

酒吧是酒馆的代名词,英文名叫bar。它最早起源于美国西部大开发时期。最初,在美国西部,牛仔和强盗们喜欢相聚在小酒馆里喝酒。由于他们都是骑马而来,所以酒馆老板就在馆子门前设了一根横木,用来拴马。后来,汽车取代了马车,骑马的人逐渐减少,这些横木也多被拆除。有一位酒馆老板不愿意扔掉这已成为酒馆象征的横木,便把它拆下来放在柜台下面,没想到却成了顾客们垫脚的好地方,受到了顾客的喜爱了。其他酒馆听说此事后,也纷纷效仿。由于横木在英语里念"bar",所以人们索性就把酒馆翻译成"酒吧"。

知识链接 6-3

Pub、Bar、Lounge、Club 的区别

城中深巷有小肆，开于黄昏之际，烹以灵魂，佐以岁月，凡所愿，无不得。大部分人认为所有可以喝酒的地方都可以称之为 Bar。其实不然，在不同的国家地区对于不同性质的喝酒场所有不同的称呼。下面我们一起来看看 Pub、bar、lounge、club 都有什么不同。

首先 Pub 是英国的传统酒吧，在英国和前英国殖民地国家最常见（如图 6-2、图 6-3）。Pub，是 Public House 的简称，一千年前的英国农家喜欢自己酿酒，后来觉得自己喝不过瘾，于是就搬出来卖，为了能招揽顾客，于是便在外面挂上招牌，因为农夫不会写字，所以招牌上没有文字，只有图案。现在英国一些著名酒吧的招牌上，都有一些图案，比如有的招牌上面画了一只羊，那就表示这家酒吧老板的祖先是养羊的。在英国有很多酒吧都是历史悠久的，是许多作家、艺术家流连索取灵感的地方。每一家酒吧都有不同的图案，都代表着每一个非常不同的、传奇的故事。Pub 是英国人生活的一部分。Pub 往往大白天就开门迎客，提供简餐，比如汉堡薯条，分量足但是不一定很精致。这里一般不会有舞池，只会放放背景音乐，偶尔会有乐队演出，但是 DJ 很少会出现在 pub 里。

图 6-2 英国传统酒吧外部展示

图 6-3 英国传统酒吧内部陈设

Bar 就是酒吧这个词的来源，本来指的是酒吧里那张吧台。Bar 可以是各式各样的，因此几乎成为所有餐厅以外的饮酒场所的统称。既可以是破破烂烂的小酒吧，也可能是高大上的豪华酒吧；可能是舞厅夜店，也可能是有舞蹈、乐队、戏剧演出的场所。这里可以分为不同种类，如 Dive Bar，这可不是说潜水爱好者的酒吧，而是指简单普通的邻家酒吧，酒水和装修都比较简单，价格经济实惠——想象一下《辛普森一家》里爸爸 Homer 经常去喝酒的地方。Wine bar 或 Beer bar，顾名思义就是以葡萄酒或者啤酒为主的酒吧。Cocktail bar，不仅有鸡尾酒，而且是讲求鸡尾酒质量的酒吧，当然也是当代年轻人最爱去、最爱谈的酒吧。

Lounge 被称为休息室，也可以指酒店大厅、机场里的贵宾休息室。这类酒吧标榜的这一种"高级休闲"的生活方式，所以其酒水质量，人员服务，位置都是可圈可点的。酒水价格也相应较高。

Club 其实是 night club 的简称，一般指的是我们所说的夜店、舞厅。Club 和其他酒吧的区别在于里面有多个舞池而座位较少。跳舞或者看乐队现场演出是来这里的主要目的，音乐的音量非常大，而聊天往往转换为肢体语言。高级 club 里的酒也许品质好、价格贵，但这里的环境并不能算是品酒的地方。

6.2.2 酒吧的分类及特点

1. 根据服务内容分类

（1）纯饮品酒吧，主要提供各类饮品，也有一些佐酒小吃，如杏仁、果脯、果仁等坚果类食品。

（2）供应食品酒吧，根据所提供的不同餐饮产品又分为餐厅型酒吧、小吃型酒吧以及夜宵型酒吧。

（3）娱乐型酒吧，以娱乐为主酒吧为辅助。此类酒吧气氛活泼热烈，通常设有乐队、舞池且所占面积较大，吧台总体设计所占空间较小。

（4）休闲型酒吧，是客人放松精神、怡情养性的场所。吸引追求放松或约会的客人。此类酒吧座位舒适，灯光柔和，音乐轻缓，环境优雅，以供应软饮料为主。

（5）俱乐部型（沙龙型）酒吧，是指具有相同兴趣爱好、职业背景、社会背景的人群组成的社会团体，在一特定的酒吧进行定期聚会交流，享受酒水服务的场所。

2. 根据经营形式进行分类

（1）附属经营酒吧，是依附大型娱乐中心，商圈或酒店开设的提供饮料服务及休息的增兴服务场所。如娱乐中心酒吧、购物中心酒吧以及酒店酒吧等。

（2）独立经营酒吧，无明显附属关系，单独设立，经营品种较全面，服务设施等较好，间或有其他娱乐项目，交通便利，常吸引大量客人。如市中心酒吧、交通终点酒吧以及旅游地酒吧等。

3. 根据服务方式进行分类

（1）立式酒吧，是以调酒师为中心的酒吧，即客人不需要酒吧服务人员服务，一般自己直接到吧台上点取饮料。因调酒师始终处在与宾客直接接触中，所以也要求调酒师始终保持整洁的仪表，谦和有礼的态度，还必须熟练掌握调酒技术和酒吧收银工作。

（2）服务酒吧，多见于娱乐型酒吧，休闲型酒吧和餐饮酒吧。服务酒吧是指宾客不直接在吧台上享用饮料，而通常是通过酒吧服务人员开单并提供饮料服务。调酒师在一般情况下不与客人接触。

6.2.3 酒吧的布局

酒吧由前吧、后吧和服务区域三部分组成。

1. 前吧

前吧由吧台和操作台组成。台前摆放圆凳或有靠背的高椅子。吧台台面主要是放置饮料，调酒师在此调制酒水，顾客也可以在此饮用酒水饮料。

2. 后吧

后吧主要由靠墙放置的酒柜、冷藏柜、陈列展示柜等组成，具有展示与贮存的双重功能。

3. 服务区域

设有高级的小圆桌、低矮的椅凳或沙发等配套家具与装饰物。

4. 酒吧的布局须遵循的原则

（1）空间布置要合理。既要多容纳客人，又要使客人不感到拥挤和杂乱无章，同时还要满足客人对环境的要求。

（2）要方便服务客人。吧台设置对酒吧中不同角度坐着的客人来说都要能提供快捷的服务，同时也要便于服务员的服务。

（3）视觉醒目。吧台（前吧）是整个酒吧的中心，当客人迈向酒吧之时，便要能看到吧台的位置，感觉到吧台的存在，因而吧台应设置在最显眼的位置上。

6.3 酒吧营业前的组织准备工作

酒吧营业前的组织准备工作俗称开吧或开档，属于准备性工作。管理者应当为酒吧调酒师与服务人员提前预留出准备工作的时间，为接待宾客做好前期准备。

6.3.1 班前例会

在酒吧开始营业前，由酒吧经理或主管组织召开班前例会，主要对昨天的工作进行总结分析，分享当日预订情况，VIP客人信息，酒吧特色活动，及酒吧特价产品信息等，并对人员进行具体分工。检查全体人员的仪容仪表是否符合酒吧服务的规范要求。

班前例会结束后，各岗位人员应迅速进入工作岗位，并按照班前例会的具体分工与要求，各司其职，做好营业前的各项准备工作。

6.3.2 清洁卫生工作

1. 吧台的清洁

吧台包括前吧台、工作吧台和后吧台三部分。

前吧台台面通常由大理石或硬木制成，每天先用湿布抹净，再用洁净的干布擦拭干净，必要时打蜡保养，再使用洁净的干布擦拭光亮即可。如果酒水翻到在台面或者污点，不及时处理就会形成硬结的点块状污渍。因此，必须马上用抹布抹干。如果已经结成硬块，则先用湿毛巾擦拭，再用清洁剂喷再表面擦抹，至污渍完全消失为止。清洁后要在吧台表面喷上保养剂。

大多数工作吧台以不锈钢作为台面，可直接以清洁剂擦拭，清洁干净后用干布擦干。

后吧台多由酒柜、装饰柜、冷藏柜等组成，主要用于陈列和展示酒水及酒具等物品。由于后吧使顾客视线集中之处，也是店内装饰的精华所在，需要精心处理。因此后吧台的清洁工作格外重要。应先将酒架擦拭干净，再逐一擦拭酒瓶，要求瓶体干净、商标无破损；打开瓶盖后，瓶口应干爽、不黏滑。

整个吧台应光洁干净、无尘、无水渍。

2. 酒杯、工具的清洁

工作人员每天都应对酒杯和调酒用具进行清洁、消毒，即使对没有使用过的器具也不应例外。清洗过的杯具应在灯光下检查，确保杯体洁净光亮、无破损、无水印、无指纹。若发现酒杯破损，应立即剔除，并填写报损清单。

3. 雪柜、冷藏柜和储物柜的清洁

工作人员应对雪柜、冷藏柜和储物柜每天进行外部除尘，确保无污渍、无手印；冰箱内部，冰箱门胶条以及所有柜子内部每周应彻底清洁一次。

4. 地面的清洁

酒吧内的地面常用石质材料或地板砖铺砌而成，营业前应使用拖把擦洗地面，清洁干净后的地面应干净、无污渍、无脚印。

5. 客用服务区域的清洁

酒吧客用服务区域的清洁工作一般由酒吧接待服务人员完成，主要包括门厅、地面、宾客座位及台面的清洁卫生工作。同时还包括服务用具、客用物品及装饰物的准备及摆放。要求环境干净舒适，物品摆放整齐，气氛怡人。

6.3.3 备货工作

1. 备领酒水饮料

将所用的酒水饮料按照原料分类及饮用要求放在吧台的合理区域，检查所有软饮果汁和酒类，检查开封饮品是否贴有标签以及是否过期，并按"先进先出"原则及时补齐。若在备货过程中发现酒水饮料有缺货情况的发生，应及时填写酒水领货单，由酒吧经理签名，并联系酒仓仓管安排时间到酒仓提货。在领取酒水饮料时应认真核对酒水名称和清点酒水数量，以免产生差错；酒仓发货人与领货人需共同在酒水领货单和酒仓出库单上签字后，由领货人领回酒水，并入库登记妥善保管。

2. 备领酒杯和器具

将酒杯及器具清理后摆放在规定的吧台区域，并按照当日营业预订情况提前准备足够数量的酒杯及器具。但酒杯和一些器具容易破损，及时的领用与补充也是酒吧服务人员必须完成的日常工作。在领用时，要按照用量和规格填写物品领货单，由酒吧经理签批后到货仓提货。酒杯和器具领回酒吧后要先清洗消毒才能使用。

3. 备领易耗品

酒吧易耗品是指杯垫、吸管、搅拌棒、鸡尾酒签、餐巾纸、糖包等各种物品。在酒吧营业过程中对这些物品的消耗量较大且无法回收循环利用，因此酒吧工作人员要及时补充易耗品并清单库存。若库存量较低，则及时填写物品领货单，由酒吧经理签批后到货仓提货。

6.3.4 酒吧摆设

1. 摆设酒水

酒水的摆设主要是指瓶装酒的摆设，摆设前应确保酒架及陈列柜干净明亮、无尘雾、无水迹、无污渍，再将瓶装酒瓶身擦洗干净后，按照规定要求分类或调酒师习惯逐一摆放。摆放时酒瓶之间应有间隙，各类酒水商标应统一朝外摆放并面向宾客；高档名贵酒水应放置于高处或显眼处，与中档平价酒水分开摆放；酒吧常用酒与陈列酒要分开摆放，常用酒应放在操作台触手可及、方便拿取的位置上。总体来讲，酒水的摆设应美观大方、吸人眼球和方便工作。

2. 摆设酒杯

酒吧内酒杯的摆设通常采用悬挂与摆放两种方式。悬挂式摆设是指将酒杯悬挂于吧台上部的酒架内,因拿取不便此类酒杯多不使用,只起到装饰作用。摆放式摆设是指将酒杯分类,并整齐地码放在操作台上,这样可以方便调酒师及时拿取,提高工作效率。

酒杯是酒吧最主要的服务器皿,其清洁卫生状况的好坏直接影响到宾客的健康和饮用情绪。酒吧工作人员应严格遵循酒杯的清洁、消毒等程序,为宾客提供洁净卫生安全的杯具。

3. 摆设吧台用具及陈列品

将摇酒壶、量酒器、调酒杯、吧匙、滤网、捣棒、镊子、纸巾盒、吸管、盐盒、刀、砧板及杯垫等日常用具,在酒吧营业前全部清洗干净,按规定位置摆放酒具,营业中每次使用后必须马上清洗,擦干后放回原处。将香料罐、橡木桶及各类苦精等吧台陈列品整齐摆放。

6.3.5 服务准备

1. 调酒师的准备

作为一名调酒师要掌握各种酒的产地、物理特性、口感特征、制作工艺、品名以及饮用方法,并能够鉴定出酒的质量、年份等。此外,调酒师要根据客人的点餐内容搭配并推荐适合的餐酒,并兼顾对客服务。因此调酒师不仅要熟练掌握调酒技巧,更要具备全面的酒知识和极强的沟通能力保证提供最佳的对客服务。

制备冰块。用冰铲从制冰机中取出放入工作台的冰块池中备用。冰铲与冰块要分开摆放。调酒师还应提前备制特定形状的冰块或冰球来满足不同酒水出品的需求。

备好调酒辅料及装饰物。软饮料等辅料应备好放入冷藏柜;豆蔻、丁香、肉桂、巧克力粉、精盐及糖等各种调味类配料应按照酒水供应的配套要求,提前准备充足;酒吧常用装饰物原料包括柠檬、鲜橙、菠萝、樱桃、橄榄、青瓜、西芹等,调酒师应将装饰物提前加工成品放在盘内或杯内,用保鲜纸包好,存放在雪柜内,以备营业期间使用。切配好的水果装饰物的保质时间为 24 小时,隔天不再使用。

其他材料。杯垫架内的杯垫应补充齐全,吸管、搅棒、鸡尾酒签等按酒吧规定放入专用器皿中并在工作台上摆放整齐。

2. 酒吧服务人员

① 所有服务人员应熟悉酒吧产品信息,为客人进行推荐。
② 清理并检查榨汁机、搅拌机、咖啡机、生啤机等确保正常运行。
③ 领位员应熟悉酒吧台位安排,熟练掌握领位系统操作,热情问候客人并询问客人偏好。
④ 准备好托盘、餐巾纸、烟缸、酒水菜单、点酒单与笔等服务用具。
⑤ 整理好桌椅及工作台,并在桌面上摆放好装饰物、酒单、桌号牌等用品。
⑥ 做好客用区域的清洁工作。

6 酒吧服务

> **知识链接 6-4**
>
> ### 调酒师手中的冰，为什么那么大？
>
> 我们看到很多电影中酒吧里都有一个全场最酷炫的调酒师，有时候给他一个很短时间的镜头，他都能轻而易举地展示自己的调酒技艺，让你回味无穷。看他不知道往杯子里倒了些什么，再甩一甩、抛一抛，一杯色彩绚丽的鸡尾酒就做好了。因此，在很多人眼中调酒师是一个非常神秘的职业。
>
> 与调酒配方一样神秘的还有那块超大的冰，不懂为什么他们总是要拿一块比板砖还要大的冰在那慢慢精雕细刻的切，直接冻成用的那么大小不好吗？其实，有些鸡尾酒对冰块的要求特别的高。因此那些特制切割的冰块用于调制特定的鸡尾酒。那么，这些特制的巨大冰块与制冰机里的小冰块有何区别呢？
>
> 调酒师的巨大冰块又被叫作老冰，是纯净水煮开后再长时间冷冻而成，这样做成的老冰具有冰体透明无气泡，融化更慢的特点，这样放到酒中不会太快地融化又可以散发冰爽，对调成的酒的口感影响非常小。而制冰机中的普通冰块融化较快、且没有澄澈度较低，对出品的鸡尾酒品质影响较大。
>
> 通常调酒师先用刀把老冰分割成小一点的块（如图6-4、图6-5），然后用小刀切成成精致的形状，放入酒杯当中，冰块的晶莹剔透完全不输于鸡尾酒杯。在它们的双重衬托下，杯中颜色艳丽的鸡尾酒看起来就更神秘了。
>
>
>
> 图 6-4　切冰　　　　　　　　　图 6-5　凿冰球

6.3.6 营业前检查

营业前，调酒师及服务人员应对各自负责区域的卫生及物品准备进行全面检查，如发现不符合要求的应立即改正，同时注意整理个人仪容仪表，并在规定的工作区域迎候客人的到来。当班主管及经理应对工作区域及人员进行检查或抽查。

6.4　酒吧服务流程及注意事项

6.4.1　引领宾客入座

当宾客来到酒吧时，要热情迎宾，主动问候，在问清人数后将宾客引领入座。一般单个的客人喜欢坐在酒吧台前的酒吧椅上消费，而两个或两个以上的客人则应在询问后引领至沙发或小台落座。引领时应从宾客的意愿和喜好，不可强行安排座位。

如果是夜晚营业，可将小台上的烛台点燃或将装饰灯的点亮以营造温馨浪漫的气氛。待宾客落座后向宾客呈递打开的酒单，如果酒吧采取台卡式酒水单，则应从台面上将酒水台卡拿起再递给宾客。

> **知识链接6-5**
>
> ### 认识酒单
>
> 酒水单（如图6-6）是指酒吧供应酒水品种的单子。酒水单的内容主要包括酒水类别名称、酒水名称、酒水价格、销售单位、酒品介绍及酒吧名称等内容。特色酒品还应配有实物照片，例如鸡尾酒。
>
> 酒吧酒水单一般分为两大类：综合类酒单和专卖类酒单。综合类酒单上包括各类别饮品、食品的综合信息，如红酒类、鸡尾酒类、饮料类、小食类、果盘系列等。专卖类酒单上只列举某一类别酒品的详细信息，常见的专卖类酒单有葡萄酒单、鸡尾酒单等。
>
>
>
> 图6-6 酒吧酒单

6.4.2 点酒水服务

酒单呈递给宾客后，可以为客人预留出阅读酒单的时间，稍候片刻再上前询问客人是否需要点单。服务员或调酒师应主动向宾客介绍酒吧的各种酒水饮料及特色产品，并适当推荐酒吧的酒水促销方案，以供客人选择。在向宾客推荐产品时，要询问并权衡宾客的喜好及配饮原则。

当为宾客点完酒水后，服务员或调酒师应向宾客复述内容，进行确认。确认无误后为宾客开具酒水账单，清晰记录包括台号、座号、酒水饮料品种、规格、数量及特殊要求等各项信息。服务员应在下单5分钟后到吧台确认出品并将出品好的酒水饮料送给客人。服务员应记住每位宾客所点的酒水，以免送酒水时混淆。

6 酒吧服务

> **知识链接 6-6**
>
> ### 如何帮助顾客点单
>
> 在顾客点单之前,一定要问一句:
> "您想喝点什么?"
>
> **信息**
>
> 酒单的布局要使顾客马上就能了解上面的重要信息,同时要向顾客提供酒类的必备知识。
>
> **善于倾听**
>
> 要懂得倾听顾客的需求,不要打断顾客。
>
> **销售技巧**
>
> 调酒师也是一名销售员,对于酒吧来讲,获利最大的酒类的销售常常取决于调酒师的推销技巧。
>
> 您说的是……? 如果您愿意……我向您建议……您不想品尝我们的特色鸡尾酒吗?
>
> **重复一遍顾客的点单**
>
> 避免错误产生的必要手段,让顾客保持平静。
>
> **制备并且销售**
>
> 在顾客面前,最重要的是:不要在顾客还没有等到最后一道酒或者顾客还没有离开酒吧时就收拾桌上的空瓶。对于这种行为,顾客会有两种判断:感到自己不受欢迎,或者酒吧中的餐具不够用了。
>
> **结账**
>
> 只有在顾客要求时,才能把账单拿给顾客。账单要迅速且无误的打印出来,且正确的找零至关重要。这些细节决定了顾客是否会再次光临。
>
> **同顾客告别**
>
> 在送别顾客时,同欢迎顾客一样,用顾客有眼神交流。
>
> 基本原则:一个满意的顾客会为你带来 4 位顾客,而一位不满意的顾客可能会使 10 个顾客不再光临。

6.4.3 酒水服务

1. 酒精饮料

酒精饮料指供人们饮用的且乙醇含量在 0.5%(vol)以上的饮料,包括各种发酵酒、蒸馏酒及配制酒。

(1)烈性酒。烈性酒又被称为蒸馏酒,是将经过发酵的水果或谷物等酿酒原料加以蒸馏提纯酿制而成,酒精含量通常在 40% 以上的酒精饮料。目前世界著名的烈性酒酒品主要有:威士忌、白兰地、金酒、朗姆酒、伏特加、特基拉和中国的白酒。

① 不同烈性酒的饮用方法。

威士忌多用于餐前或餐后饮用,可净饮(不加任何其他材料),也可加冰兑汽水或苏打水等其他软饮饮用。

白兰地的传统饮用方法讲究用手捧温热球形杯具,以使白兰地酒液的温度得以上升,这样才能更加有利于白兰地的酒香散发,利于品鉴。

金酒的饮用方法通常为使用古典杯或烈酒杯，加冰兑和饮用或单独净饮。

朗姆酒可加冰兑和饮用或单独净饮。在产朗姆酒的国家，朗姆酒独特的风味是只有直接饮用才能品味到的。美国则大多用来调制鸡尾酒。

伏特加的饮用方法通常为使用古典杯或烈酒杯，加冰兑和饮用或单独净饮。

特基拉的酒性较烈，饮用方法也较为独特，传统的饮用方法即饮用时，首先把盐巴撒在手背虎口上，用拇指和食指握一小杯纯龙舌兰酒，再用无名指和中指夹一片柠檬片。迅速舔一口虎口上的盐巴，接着把酒一饮而尽，再咬一口柠檬片，整个过程一气呵成，无论风味或是饮用技法，都堪称一绝。

中国白酒一般在室温下净饮，但稍稍加温后再饮，口味较为柔和，香气更为浓郁。

② 烈性酒侍酒服务操作。

备杯。根据客人所点的烈酒品种，准备好相应的酒杯、搅棒、器皿。

备酒。烈酒需由调酒师在吧台内用量酒器将酒倒入杯中。客人在点混合烈酒时，须根据客人的要求在酒杯中添加冰块或附加饮料，正确使用装饰物，并将搅棒提前放入杯中。如客人有特殊要求，则按客人要求服务。

服务烈酒。服务员须使用托盘，按先宾后主、女士优先的原则从客人右侧为客人服务烈酒。

（2）鸡尾酒。鸡尾酒是以一种或多种酒品为基酒，添加辅料，用一定的方法调制而成，并以一定装饰物点缀的，酒味温和，酒度适当的混合饮料。

① 鸡尾酒的构成。一款色、香、味俱全的鸡尾酒通常是由基酒、辅料和装饰物三部分构成。

基酒。又称为酒基或酒底，主要以烈性酒为主，如威士忌、白兰地、特基拉、朗姆酒、金酒、中国白酒等蒸馏酒，也有少量鸡尾酒以葡萄酒或配制酒为基酒。

辅料。又称为调和料或鸡尾酒的和缓剂，它们与基酒充分混合后，可以缓和基酒强烈的刺激感，其中调香、调色材料使鸡尾酒含有了色、香、味等俱佳的艺术化特征，从而使鸡尾酒的世界色彩瑰丽灿烂，风情万种。可用作辅料的材料有很多，如碳酸类饮料、果汁类饮料及各类利口酒等。

装饰物。使用各种材料制作成各种形状，增加鸡尾酒的感官感受，使整个鸡尾酒和谐、完美、统一。常用的装饰物有红绿樱桃、橄榄、柠檬、菠萝、蔬菜、花草及其他物品。

② 鸡尾酒的调制方法。鸡尾酒的调制方法主要有四种：兑和法、调和法、摇和法以及搅和法。

兑和法。兑和法是将配方中的酒水按分量直接倒入杯里不需搅拌或做轻微的搅拌即可。但有时也用酒吧匙贴紧杯壁慢慢地将酒水倒入，以免不同的酒液冲撞混合。

兑和法操作技法：依据鸡尾酒配方的分量将酒水按其糖度含的高低（糖度越高，比重就越大），依次倒入载杯中，先倒入糖度含量高的（比重大的）酒水，再倒入糖度含量低的酒水。

使用兑合法调酒的关键在于，调酒师必须熟练掌握各种酒水不同的含糖量（比重的大小）。在进行调制时，必须做到心平气和，尽量避免手的颤动，以防影响酒液的流速冲击下层酒液使酒液色层融合。

常见的由兑和法调制的鸡尾酒有：B-52轰炸机，七彩虹（图6-7）等。

调和法。调和法是在酒杯中直接把冰块与酒水原料调匀出品的方法。

调和法的操作技巧：在调酒杯中加入数块冰块，再将酒水依据鸡尾酒配方规定量，依次倒入调酒杯中，以左手拇指、中指、食指轻握调酒杯的底部，将调酒匙的螺旋部分夹右手拇指和食指、中指、无名指之间，将匙背贴着杯壁以顺时针方向搅动数次。

调和法有两种：调和、调和与滤冰。调和与滤冰是在酒杯中把冰块与酒水原料调匀后再过滤冰块并倒入杯中的方法。调和与滤冰的操作技巧：在调酒杯中加入数块冰块，再将酒水依据鸡尾酒配方规定的量，依次倒入调酒杯中，以左手拇指、中指、食指轻握调酒杯的底部，将调酒匙的螺旋部分夹在右手拇指和食指、中指、无名指之间，将匙背贴着杯壁以顺时针方向搅动数次，将滤冰器加盖于调酒杯口上，过滤冰块，倒入已备好的载杯中。

常见的由调和法调制的鸡尾酒有：血腥玛丽、马天尼等。

摇和法。摇和法是将酒水与冰块按配方分量倒进摇酒壶中摇荡，摇匀后过滤冰块，将酒水倒入酒杯中。摇和法的基本操作技巧如下。

右手拇指按压调酒壶盖，其他手指夹住壶身；左手中指、无名指、小拇指托住壶底，其余手指夹住壶身。壶头朝向调酒师，壶底朝外，并将壶底略向上抬。摇和时可将摇酒壶斜对胸前，也可将摇酒壶置于身体的左上方或右上方肩上，做"活塞式"运动。注意用力要均匀有力，以便使酒液充分混合冷却。

常见的由摇和法调制的鸡尾酒有：红粉佳人（图6-8），玛格丽特等。

搅和法。搅和法是把酒水与碎冰按配方分量放进电动搅拌机中，启动电动搅拌机运转10秒，连冰块带酒水一起倒入酒杯。搅和法的操作技巧如下。把冰块放进碎冰机中打成碎冰。从搅拌机中取下搅拌杯，打开杯盖，加入碎冰，并按配方规定量依次放入搅拌杯中，盖上杯盖，把搅拌杯放回搅拌机机座上，启动开关约10秒，关闭开关。待马达停止后提起搅拌杯，打开杯盖并把已混合好的成品倒入载杯中。

常见的由搅和法调制的鸡尾酒有：香蕉得其利、美态等。

图6-7 七彩虹（兑和法制作）

图6-8 红粉佳人（摇和法制作）

③ 鸡尾酒调制注意事项。

调酒时，必须用量杯计量主要基酒、调味酒和果汁的需要量，不要随意把原料倒入杯中。

酒杯装载混合酒不能太满或太少,杯口留的空隙以 1/8 至 1/4 为宜。

使用后的量杯和吧匙一定要浸泡在水中,洗去它们的味道和气味,以免影响下一款鸡尾酒的质量。浸泡量杯的水应经常换,以保持干净、新鲜。

调酒人员必须保持一双非常干净的手,因为在许多情况下是需要用手直接操作的。

酒瓶快空时,应开启一瓶新酒,不要在客人面前显示出一只空瓶,更不要用两个瓶里的同一酒品来为客人调制同一份鸡尾酒。

一定要养成调配制作完毕后将瓶子盖紧并复位的好习惯。

调酒器中如有剩余的酒,不可长时间地在调酒壶中放置,应尽快滤入干净的酒杯中,以备他用。

要注意宾客到来的先后顺序,应先为早到的宾客服务。

如果客人所点的酒水是酒水单上没有的,可请教客人,按客人要求调制。

知识链接 6-7

瑞吉酒店与血腥玛丽不得不说的故事

1934 年,世界级名鸡尾酒血腥玛丽在这间纽约瑞吉酒店国王科尔酒吧(King Cole Bar)内诞生,而它就是——瑞吉酒店(图 6-9)St. Regis。

图 6-9 纽约瑞吉酒店

世界上没有哪一种鸡尾酒像血腥玛丽这样,有如此复杂的成分、那么全面的功用、这么大名气,以及能够带给人们无穷尽的乐趣。

而在 83 年后的现在,血腥玛丽已经与瑞吉管家、旋转楼梯、马刀砍香槟一起,成为了瑞吉酒店品牌的几大标志性传统元素。

作为一款伟大的鸡尾酒、醒酒药兼开胃酒,它对于调酒师意义巨大:它比其他任何一种鸡尾酒都富于创造性。因此,全球各地的瑞吉都继承了"血腥玛丽",并将最初的配方同各家酒店所在地的特色进行结合,通过调酒师们的创作,调配出反映本地独特风情的特制血腥玛丽。

深圳瑞吉酒店:盐玛丽

Yan Mary

作为海滨城市,深圳在历史上曾以其出产海盐的盐田(图 6-10)而闻名。因此,现深圳瑞吉酒店总经理、来自马来西亚的浪漫美酒家叶家文 Yap,在几年前以新鲜牡蛎和海盐为灵感,调配出了独特的"盐玛丽"鸡尾酒(图 6-11)。

6　酒吧服务

当唇边碰上杯沿，就让那些小盐粒悄悄地钻进你的口腔中，喝上一口盐玛丽，让它在口腔中慢慢环绕，感受盐的鲜味与番茄汁、伏特加等食材碰撞的奇妙口感，番茄汁的俏皮，伏特加酒的激情，西芹汁的清爽等感受都能在这一杯盐玛丽中感受到，新鲜调制出来的盐玛丽需在一个半小时内喝完，才能最真实地感受那股如神奇魔法般的味道。

图6-10　深圳盐田

图6-11　深圳瑞吉盐玛丽

拉萨瑞吉酒店：吐蕃玛丽
Tubo Mary

作为公元7世纪唐代吐蕃王朝曾经的商业和贸易中心，拉萨深受吐蕃文化的影响。为了向吐蕃王朝致敬，拉萨瑞吉度假酒店的调酒师从古老的西藏原料中汲取灵感，融合了多种鸟眼椒、大麦和淡奶油，创造了一款独具西藏特色的血腥玛丽鸡尾酒，并将该款独特的鸡尾酒命名为——吐蕃玛丽。

成都瑞吉酒店：川玛丽
Chuan Mary

"辣椒是四川的灵魂，花椒是川菜的精神"。在拥有悠久饮食文化的天府之国成都，成都瑞吉酒店的调酒师汲取了四川饮食文化的精髓，特制出一款添加了四川特有的花椒粉和脆辣椒的"川玛丽"。该款鸡尾酒富有创意的口感，能让味蕾瞬间感受到四川特有香料带来的冲击。

乃至世界各地的瑞吉都在创作着专属"血腥玛丽"，像是佛罗伦萨瑞吉酒店用意大利烈酒果乐葩（Grappa）替代了伏特加，做出一杯Bloody Brunello——因为用了托斯卡尼地区最有名的Brunello de Montalcino厂酿的果乐葩调配。但是又怕酒太烈，于是加了一点Acacia蜜糖，还用迷迭香换掉了经典的西芹梗。

至于大阪瑞吉酒店，则是一杯"将军玛丽"（Shogun Mary），加入了山葵和柚汁，香味独特，酒杯边缘沾的则是海盐和山葵粉的混合物，如果赶上樱花季，还会在杯中插一小支樱花。

爱瑞吉的人，必定不会错过这各具风味的各款血腥玛丽，而这款味道酸甜、清新的开胃酒，也可在家自制，作家海明威就曾记载过这款鸡尾酒的调配方法：

拿一个大的调酒桶，再把冰块填满它（这可以防止冰块太快溶化，令酒变得水汪汪），加上大量的伏特加酒，和同量的冰镇番茄汁，加一大茶匙Worcestershire汁，调匀，再挤柠檬汁进去，最后加一点西芹盐、红辣椒粉和黑胡椒，再不停地调拌。试一试味，如果感觉酒味太强烈，加番茄汁调稀，如果感觉没有个性，那么再加点伏特加就行。

——味道如何，试试呗。

167

> **知识链接 6-8**
>
> **鸡尾酒的品尝与鉴赏**
>
> 如何品尝一杯鸡尾酒呢?以下有三个步骤。
>
> 1. 观色。根据酒的颜色来判断调酒用料是否准确,如颜色不正则不能直接提供给客人。
>
> 2. 嗅味。即用鼻子去闻鸡尾酒的香味,但在酒吧中进行时不能直接拿起整杯酒来嗅味,可以使用吧匙。鸡尾酒的香味,首先包括基酒的香味,然后是其他各种辅料的香味。通过香味来判断鸡尾酒的口味是否正确。
>
> 3. 品尝。品尝鸡尾酒时需一口一口地喝,慢慢地品;细细地回味,才能领略到鸡尾酒的真正内涵。
>
> 如何鉴赏一杯鸡尾酒的好坏呢?鸡尾酒不能讲最好的,只能是成功的,其关键在于"平衡"二字。一杯在份量,外观,浓度以及味道达到平衡的鸡尾酒就是成功的,失去平衡的酒不是鸡尾酒,只能是混合酒。例如,一杯鸡尾酒,即使成分中包含了多种烈酒,饮用的时候让人感觉不到酒的浓烈,饮用后,酒精的作用才慢慢出现,这就是平衡的一种。

2. 非酒精饮料

非酒精饮料又称为软饮料,是指一种酒精浓度不超过0.5%(容量比)的提神解渴的饮料。

(1) 咖啡。

① 咖啡冲泡方法。一杯好的咖啡必须是色、香、味俱全,除与咖啡的品种有关外,还与冲泡的方法有密切关系。通常咖啡的冲泡有过滤式、蒸馏式和电热式咖啡壶冲泡三种。

过滤式冲泡法。准备好过滤器和过滤纸,将过滤纸用手摊开,套入过滤器内。把一定量的咖啡粉放置于过滤纸内,将滚沸的水浇在咖啡粉上,第一次浇开水的量要少些,第二次比第一次稍多,第三次以后就要平均。当咖啡浸泡在开水里时,水温会降低到约90℃,再过滤到咖啡壶里时会降低到80℃左右。咖啡浸泡的时间要尽量短,一般2~3分钟为宜,若时间过长,则会把不良成分溶解出来,影响咖啡的味道。

蒸馏式冲泡法。蒸馏式冲泡的器具,重点在玻璃制的蒸汽咖啡壶和其虹吸作用,透明玻璃可以清楚地看到冲泡的全过程。将一定量的咖啡粉加入上壶,再扣到盛满水的下壶上,将下壶壶身充分拭干后,用酒精炉加热,水沸腾时便涌入上壶,与咖啡粉混合,下壶的水全部沸腾后持30秒钟,然后移开酒精炉,上壶的水自然回流,这时,撤去下壶便可倒入杯中了。

电热式咖啡壶冲泡法。这是一种最简单、方便的冲泡方法,使用时,把咖啡粉加入特制的咖啡壶里,同时加入适量水,盖上盖子,然后通电,即会自动冲泡过滤,滴入底部的壶内。此种冲泡法可以大量供应咖啡,但与前两种方法比较起来口感最差,若咖啡摆放时间过长,则会变质、变酸。

② 咖啡冲泡要求。

水质的要求。冲调咖啡一定要讲究水质,不能用含有大量铁质的水,也不能用含大量碱性的硬水,一般冲泡咖啡可选用纯净水、磁化水、蒸馏水,而不用矿泉水。水质较好的普通自来水也可以,但早上最初的自来水、前一天存放的水及第二次煮沸的水要尽量避免使用,最好能使用净水器或活性炭的过滤水,可以避免水中的杂质及气味。

水温的要求。冲泡咖啡的水温应在80℃～90℃之间,如果水温太高,会增加咖啡的苦味;水温太低又影响咖啡芳香味的发挥。

器皿的要求。使用玻璃器皿和陶瓷器具煮咖啡最为合适。如果使用金属器皿会起氧化反应,使咖啡的味道发生改变。

调制好的咖啡应使用陶瓷和玻璃器皿盛装,这样可使咖啡保持原有风味。同时,要保持器皿干净,没有油渍。

用量的要求。咖啡的用量要根据所煮咖啡颗粒的大小以及喝咖啡者的喜好来定。通常细粉状咖啡可比细颗粒状的咖啡少放一些,而粗颗粒状的咖啡又比细颗粒状咖啡多放15%左右。若以500克咖啡冲泡40～50杯以下量的咖啡,那就是浓咖啡;如果冲泡出50杯～60杯,则为浓度适中的咖啡。

糖的选择。咖啡加糖的目的是要缓和苦味,而且根据糖分量的多少,可以调配出完全不同的味道。各种糖有不同成分的甜味,可以按咖啡的风格,选用不同的糖。

白砂糖:它是粗粒结晶固体,色白。多为8克小包装以便每次使用。

黑砂糖:一种褐色砂糖,有点焦味,普遍用于爱尔兰咖啡的调制。

方糖:便于保存,且溶解速度快。

咖啡糖:专门用于咖啡的糖,为咖啡色的砂糖或方糖,与其他的糖比较,咖啡糖留在舌头上的甜味更持久。

牛奶制品的选择。选择不同的牛奶制品,能够赋予咖啡另一番风味,享受变化多端的口感。

鲜奶油,又称生奶油。这是从新鲜牛奶中,分离出的含脂肪的高浓度奶油,鲜奶油的脂肪含量最高为50%,最低也有25%,冲泡咖啡通常是使用含脂肪量25%－35%的鲜奶油。

发泡式奶油。生奶油经搅拌发泡后就变成泡沫奶油,这种奶油配合含有苦味的浓咖啡,味道最佳。

炼乳。把牛奶浓缩1～2.5倍,就成为无糖炼乳。一般的罐装炼乳是经加热杀菌过的,但开罐后容易腐坏,不能长期保存。冲泡咖啡时,炼乳会沉淀到咖啡中。

牛奶。牛奶选用于调和浓缩咖啡或作为花式咖啡的变化来使用。

其他添加品的选择。咖啡因各地人们的喜好不同,有着许多不同的饮用方式,同时为了增进咖啡的美味,而使用各式各样的添加物。

香料。肉桂(分成粉状或棒状)、可可、豆蔻、薄荷、丁香等,其中肉桂、可可常用于卡布奇诺。

水果。柳橙、柠檬、菠萝、香蕉等,用于花式咖啡的调味及装饰,丰富咖啡的另类享受。

酒类。白兰地、威士忌、朗姆酒等,用以调配花式咖啡。

调配花式咖啡(图6-12)。

图6-12 精美的花式咖啡

③ 咖啡冲泡注意事项。

咖啡豆的选择一定要新鲜。同时,要保存在严密的容器内,并放置在干燥和阴凉的地方。

正确研磨咖啡豆。注意点是根据煮咖啡器具来选择咖啡研磨程度。

使用恰当的咖啡杯,搭配正确的咖啡勺。

咖啡壶在使用后,必须立即用清水冲洗,以防有残留的咖啡油脂附着在壶壁上,影响下次冲咖啡的品质。

咖啡师懂得服务礼仪,能够正确为客人提供服务;并有针对性的向客人推荐各类咖啡。

知识链接6-9

如何选择咖啡豆

"新鲜"是选择咖啡豆最重要的因素,要判断所选的豆子新鲜与否有几个步骤:

第一,观察咖啡豆颗粒的大小是否一致,外表是否光鲜有光泽;

第二,抓一把咖啡豆,用手捏捏感觉一下是否为实心豆;

第三,靠近鼻子闻一闻香气是否浓郁;

第四,拿一颗豆子放入口中嚼两下,有清脆的声音表示豆子的保存良好没有受潮;

第五,注意咖啡豆的外包装是否完好。如果包装袋有空气透入,那么咖啡豆极易因接触到空气而使豆子吸进湿气,影响咖啡豆的品质。

(2) 茶。

① 茶叶的种类。

绿茶。绿茶不属于发酵茶,是以鲜嫩的芽叶为原料,不经过发酵,保持茶叶原有的特征,其干茶色泽和冲泡后的茶汤、叶底以绿色为主调,故此得名。其名品有杭州的西湖龙井、江苏的碧螺春、安徽的黄山毛峰等。

红茶。红茶属于全发酵茶,冲泡后汤色和叶底均呈现出棕红色。其名品有祁门红茶、云南滇红等。

乌龙茶。乌龙茶属于半发酵茶,外形色泽呈青褐色,故又叫"青茶"。乌龙茶综合了绿茶和红茶的制法,品质介于二者之间,既有红茶的浓鲜味,又有绿茶的清芬香,所以有"绿叶红镶边"的美誉。乌龙茶为我国特有的茶类,主要产于福建的闽北、闽南及广东、台湾三个省。其名品有福建铁观音、武夷岩茶等。

花茶。花茶是我国特有的品种,又名窨花茶、香花茶、香片,是以绿茶、红茶、乌龙茶茶坯及符合食用需求、能够吐香的鲜花为原料,经香花熏制而成的。花茶用的鲜花种类众多,主要品种有茉莉、白兰、珠兰、玫瑰等,其中以茉莉花茶为上品。

紧压茶。紧压茶属于再加工茶。是将红茶、绿茶、乌龙茶等茶类分别作为原料,经过蒸制后放入模具中,压制成不同形状的砖茶、茶饼、球状茶,然后经过干燥处理,制成的一种茶类品种。制造紧压茶是为了缩小茶叶的体积,便于贮存、运输、携带,适合运销到交通不便的边远地区。紧压茶中的代表品种有云南沱茶、普洱茶、湖北青砖茶、湖南茯砖茶、广西六堡砖茶等。

② 茶水冲泡的要求。

水质的要求。泡茶用水要求水甘而洁,活而鲜,天然水最好。酸度接近中性。水的硬度低于25度。水的硬度一般以每升水所含的碳酸钙的量来衡量,含量为1毫克/升时为1度。硬度小于10度的水质为软水,大于10度的水质为硬水。泡茶以软水为佳。重金属和细菌、真菌指标必须符合饮用水的卫生标准。

水温的要求。泡茶用水烧煮时,一定要掌握火候。以免水过"老"或过"嫩"。冲泡的水温当根据茶叶而定。一般嫩的绿茶温度宜低,一般名茶和高档绿茶只能用80℃水温的水冲泡。条索紧结的茶,为使芽叶迅速展开,香味透出,温度宜高些;花茶、红茶水温可略高,应在90～95℃;乌龙茶、砖茶必须100℃的沸水。

茶叶与水的比例要求。茶叶与水要有适当的比例,水多茶少,味道淡薄;茶多水少,茶汤苦涩不爽。

茶具的要求。泡饮不同的茶叶,还应配以不同的茶具。如泡花茶宜用盖碗茶具,龙井茶最好用无色透明的玻璃杯,碧螺春最好用薄如蛋壳的白瓷茶杯,乌龙茶要用"微型茶壶"。一般红茶、绿茶最好选用紫砂壶。

冲泡次数的要求。按照中国人饮茶习俗,一般红茶、绿茶、花茶和高档名茶均以冲泡三次为宜。而且,每次添水时,杯内尚留有约1/3的茶水,所以每泡茶汤浓度也比较近。乌龙茶冲泡时,第一泡目的是洗茶,茶汤弃去不饮,故作四次冲泡。进行调配"花式茶饮"时,多用一次煮渍法(紧压茶)或一次泡沏法(红碎茶)取得的茶水。

知识链接 6-10

中国历史十大名茶

在中国茶叶历史上,曾多次评出了中国十大名茶,说法不完全统一,这里主要介绍曾被列为中国十大名茶的茶品特征。

西湖龙井茶：

属绿茶类，产于浙江杭州西湖西南龙井村四周，故名西湖龙井。其外形扁平光滑、挺直，色泽嫩绿或翠绿匀和而油润，香气优雅清高，汤色碧绿清莹，叶底细嫩成朵，以"形美、色绿、香郁、味甘"之四绝而著称于世。

洞庭碧螺春：

属绿茶类，产于江苏省吴县太湖洞庭山，其外形条索纤细卷曲似螺，茸毛密披，银白隐翠，汤色碧绿明亮，香气浓郁芬芳，滋味鲜醇甘厚，回味绵长。

黄山毛峰：

属绿茶类，产于安徽省黄山风景区内山，其形似雀舌，匀齐壮实，峰显毫露，色如象牙，有鱼叶，清香高长，汤色清澈，滋味鲜浓醇厚，甘鲜回甜，叶底嫩，肥壮成朵。

君山银针：

属黄茶类，产于湖南省岳阳市洞庭湖中的君山岛，其芽头肥壮，紧实挺直，芽身金黄，满披白毫，具有"金镶玉"的美称，汤色橙黄明净，香气清郁，滋味甘甜醇和，叶底明亮匀齐。冲泡杯中时，冲泡数次起落数次，以其"三起三落"享誉中外。

祁门红茶：

属红茶类，主要产地为安徽省西南部黄山支脉区的祁门、东至、贵池、石台、黟县等地。其外形紧秀，锋苗好，色泽乌黑泛灰光，俗称"宝光"，香气浓郁高长，似蜜糖香，又蕴含着花香，有独特的"玫瑰香"，汤色红艳，滋味醇厚，回味隽永，叶底嫩软红亮。祁门红茶1915年在巴拿马万国博览会上荣获金质奖章，在国际市场上享有极高信誉，被誉为"群芳最""王子茶"。

六安瓜片：

属绿茶类，产于安徽省六安地区。其外形似瓜子单片，无芽、无梗，边缘微翘，色泽翠绿，香气清高，滋味鲜醇回甘，色泽清澈透亮，叶底嫩绿明亮。

信阳毛尖：

属绿茶类，产于河南省大别山区信阳县。其外形条索细圆紧直，色泽翠绿，白毫显露，汤色清绿明亮，香气清高，滋味浓醇，叶底嫩绿匀齐，素以"色翠、味鲜、香高"著称。

武夷岩茶：

属乌龙茶类，产于"奇秀天下"的福建武夷山，外形条索紧结，叶端扭曲，色泽青褐油润呈"宝光"，香气浓郁，既具蜜香，又有花香，汤色橙红清澈，滋味醇厚鲜爽回甘，叶底肥厚。

安溪铁观音：

属乌龙茶类，产于福建省安溪县西坪一带，其条索呈颗粒状，紧结、重实，呈青蒂绿腹，头似蜻蜓，尾似蝌蚪，色泽砂绿油润，红点明显，叶表白霜，香气如空谷幽兰，清高隽永，汤色金黄明亮，滋味醇厚甘甜，叶底厚软，具缎面光泽。

太平猴魁：

属绿茶类，产于安徽省太平县、泾县一带，其外形两叶抱芽，平扁挺直，自然舒展，白毫隐伏，有"猴魁两头尖，不散不翘不卷边"之说。色泽苍绿匀润，花香高爽，滋味甘醇，汤色清绿明净，叶底嫩绿匀亮。

(3) 其他软饮料。其他软饮料的服务细则。

客人选定饮料后询问是否需要冰镇或常温饮料，服务员去往吧台取饮料，并在托盘中摆放饮料。取饮料的时间不准超过5分钟。

饮料取回后，左手托托盘，右手从托盘中取出饮料。若客人人数较少且采用零点方

6 酒吧服务

式，可提前将软饮倒入饮料杯中 3/4 处直接出品。若客人人数较多，且主人已提前订好软饮，则按照先宾后主、女士优先的原则，依次从客人右侧将饮料斟倒入客人餐具前的饮料杯中 3/4 处。同时要为客人提供酒巾、吸管等物品。

斟倒过程中速度不宜过快，瓶口不可对着客人，避免可乐等含气体的软饮料溢出或溢出的泡沫溅出，弄脏客人衣物；对同一桌的客人须在同一时间段内按顺序提供饮料服务。

服务人员应随时观察客人的饮料杯，当发现客人杯中饮料仅剩 1/3 时，须立即询问客人是否需要添加软饮，如客人同意添加，开具饮料单为客人添加饮料；如客人不再需要添加饮料，等客人喝完饮料后，须从客人右侧撤下空饮料杯。

知识链接 6－11

Sparkling Water | **全世界都在流行的气泡水，究竟有什么不一样？**

气泡水等于苏打水？不是所有带泡的水都叫气泡水。

很多人以为含有气泡的水就是气泡水，其实不然。市面上的苏打水也有气泡，但它不是气泡水。那我们来看看气泡水与苏打水的区别是什么。

气泡水一般分为两种：天然气泡水和人工气泡水。

天然气泡水，是指来自地表下水源永冻层的冰块受外力挤压所产生的，能从水源深处吸收更多的矿物质，除了含有天然二氧化碳气体，它还富含钾、钠、钙、镁等天然矿物质和微量元素。天然气泡水在打开瓶盖后，通常气泡持续时间很长，而且气泡丰富细腻，口感较为清新。

人工气泡水，使用的是天然矿泉水，本身无气泡或者气泡较少，后期再把食用级的二氧化碳注入其中，换言之就是"后期打气的矿泉水"。一般人工气泡水打开瓶盖后，气泡感较弱，而且消散得很快，气泡也较为粗糙。

苏打水，也称弱碱性水。一般靠人工往纯净水中加入碳酸氢钠，融入水后产生二氧化碳气体的同时也会产生大量的钠。苏打水营养价值较低，适合作为鸡尾酒或果汁的底物水。

一般区分这几种水，除了看他们本质上的区别，还要看他们的 TDS 值，即"完全溶解物质"。国际上用它的含量作为矿泉水的一项衡量标准，看水中含有多少矿物质。美国食药监要求矿泉水必须来自地理或者物理保护的地下水源，且 TDS 数值不得低于 250mg/L，才能被称作是矿泉水。天然气泡水中含有丰富的天然矿物质，所以 TDS 值相对较高。而人工气泡水的矿物质含量较少，所以 TDS 值相对来说没那么高。苏打水因为是纯净水，TDS 值自然也就跟他没什么关系啦。

为什么全世界都在流行喝气泡水呢？

早在 160 年前，欧洲就已经出现气泡水了，人们将它当作矿泉水一样，作为日常饮用水。如果你经常去欧美国家，你会发现点餐时服务员总会问你："sparkling or still?"。大约 20 年前，气泡水才开始进入中国，但当时在国内还很少见。随着健康意识的提升以及广告的宣传，越来越多的人开始对日用水有了新要求。

气泡水因无糖、无添加、零卡路里的"健康标签"逐渐在国内走红，成为了年轻人和健身人士的新宠。与市面上那些碳酸饮料相比，气泡水中丰富的矿物质和微量元素，具有一定的保健作用。其保健作用体现在提神醒脑、消除肌肉酸痛、阻断脂肪与糖类的吸收、促进消化、消除便秘、增加饱腹感及散热消暑等功效。

6.4.4 为客人存酒服务

当客人大量点单酒水时，可能无法一次性消费完毕。此时客人在酒吧会申请寄存剩余酒水，即存酒服务。

当客人表示要存酒时，酒吧服务员要取来一式两联的客用存酒牌，写清所存酒水的名称及剩余数量、可保存日期，并请客人核实后签名确认。将存酒牌的其中一联，取下交客人保管，以便下次取存酒时提供。另一联存酒牌挂在酒瓶上，交酒吧放入指定酒柜中保管。酒吧服务员需要在《存酒记录本》上记录客人信息，存酒名称、日期及所保存数量，并签字确认。

在客人存酒时，酒吧服务员应向客人讲明，开封过的葡萄酒只能存放7天，未开封的葡萄酒及烈性酒或已开封的烈性酒存放时间为3个月。存放除葡萄酒和烈性酒以外的其他酒类，需经过酒吧经理同意。若因客人逾期未按时取寄存的酒水，造成酒水发生变质，酒吧不负责任且有权处理过期酒水。一般酒吧服务员会在存酒保质期前3~7天致电提醒客人。

当客人要取回存酒时，需出示存酒牌，由酒吧服务员核对存酒资料后，取出存酒交给客人。酒吧服务员需在《存酒记录本》上注明取酒日期，并签名确认。客人每次使用存酒并再次寄存，都须重新填写存酒牌与《存酒记录本》，及时更改分量及日期。

若所剩酒水客人不需保存或带走，将视为客人放弃的物品。由酒吧服务员收回后统一处理，不可擅自私存。

6.4.5 结账送客服务

当宾客要求结账时，调酒师或服务员从收款台取来账单，仔细审核账单，查对台号、酒水数量、品种、价格有无错漏。检查无误后将账单放入账单夹内，从客人右侧将账单夹放在客人面前，宾客审阅认可后方可结账。结账时服务员应礼貌询问客人的结账方式，一般有现金结账、信用卡结账及网络结账三种方式。

（1）当客人选用现金结账方式，服务员应检查客人所付现金，将钱与账单送去收银台，检查收银员找零金额是否正确，然后将账单条和找零送还给客人。

（2）当客人选用信用卡结账方式，服务员应从收银台处取出刷卡机，送至客人餐桌前。当客人递出信用卡时，服务员应审核信用卡，确保信用卡卡面完整且在有效期内；在刷卡时应核对卡号和刷卡机荧屏显示的卡号一致。若审核过程中出现问题，应及时告知客人并将信用卡退回。若审核无误，将正确的消费金额输入刷卡机中，请客人输入密码并确认。交易完成后，打印交易凭条两张，请客人核对单据金额，并在单据第一联签字确认。同时酒吧服务员应审核卡背面预留印鉴与客人在单据上的签字是否相符。审核完毕后，单据第一联商户存根联与账单即刻交回收银台处结账，信用卡与第二联客户存根联交由客人保管。

（3）当客人选用网络结账方式，服务员应从收银台处取出扫码机，送至客人餐桌前。为客人再次确认消费金额，请客人出示付款码，扫码付款。支付成功后，打印交易凭条两张，请客人核对单据金额，并在单据第一联签字确认。将单据第一联商户存根联与账单即刻交回收银台处结账，第二联客户存根联交由客人保管。

6.4.6 酒吧服务注意事项

（1）应随时检查酒水、配料是否符合卫生质量要求，如发现变质应及时处理。

（2）认真聆听并处理客人对酒水和服务的投诉。如客人对某种酒水不满，应设法补救或重新调制一杯。

（3）不可催促客人点酒、饮酒，任何时候都不能流露出不耐烦的表情。

（4）为醉酒客人结账时应特别注意，最好请其同伴协助。

（5）记住常客的姓名及饮酒爱好，主动、热情为其提供满意的服务。

（6）填写交接班记录时，应把有关内容填写清楚，并注明完成的时间。

6.5 酒吧营业后的结束工作

6.5.1 清理检查酒吧

一般情况下，酒吧于营业结束前 15 分钟，应告知宾客作最后的点要酒水。当宾客全部离开后才能动手清理酒吧。把脏的酒杯、工具全部统一清洗干净，工具要回收到工作柜内锁好；垃圾桶送垃圾间倒空，清洗干净；陈列酒、散卖酒和调酒用酒要分类放入柜中锁好；所有水果装饰物必须处理掉，不可留到次日再用；未作刀工处理，干净完整的水果用保鲜膜封好放到冰箱内保鲜；凡是开了罐的汽水、啤酒和其他易拉罐饮料都要全部处理掉；酒吧台、工作台水池要清洗一遍；擦干净桌面及座椅，要求无污物，恢复酒吧台凳的摆放原貌；整理好各类单据表格；清洁地面，做到干爽、洁净。

6.5.2 清点酒水

把当天销售的酒水及酒吧现存的酒水经过清点后，按实际数字填写在酒水记录簿上，方便及时计算成本与销售额。

6.5.3 完成每日工作报表

填写当日营业额、当日客人人数、平均消费额、客人投诉记录和突发事件处理记录等。

6.5.4 安全检查

（1）切断电源。应切断冰箱、制冰机外的一切电源，包括灯、电视机、咖啡机、搅拌机、咖啡炉等。

（2）安全检查。清理、清点工作完成后，要再全面检查一次，特别是火灾隐患。

（3）锁好门窗。锁好酒吧门窗，将酒吧钥匙交至前厅保管，同时要做好登记，填写酒吧名称、交钥匙时间和本人姓名。

> **知识链接 6-12**
>
> **酒水盘点表**
>
> 每日或每月定期做酒水盘点的作用有哪些呢?
> 1. 统计当天、当月或固定时间段的库存,统计各种酒水的剩余数量,整理库容;
> 2. 统计当天、当月或固定时间段产品销售情况,制定各种产品销售计划,按计划采购原料;
> 3. 方便员工熟悉酒吧各项产品数据和销售情况,加深对酒水产品的了解;
> 4. 及时发现酒水产品销售过程中的错误和遗落。
>
> 以上均是酒水盘点表做账的好处,定时定期盘点,总结一定时期的情况,进行汇总,有利于公司掌握各种销售和库存情况。

本 章 小 结

本章通过对酒吧服务的阐述,重点介绍了酒水饮料的基础知识、酒吧服务的程序、不同酒水服务的技巧,使学生能够了解不同酒品的基本知识,掌握鸡尾酒调制、咖啡调配、茶水冲泡的基本操作方法,熟悉酒吧服务流程,遵循酒吧服务工作标准,为宾客提供规范、优质的个性化酒吧服务。

思 考 与 练 习

一、判断题

1. 酒吧根据服务内容可分为附属经营酒吧与独立经营酒吧。　　　　　　　(　　)
2. 在清洁吧台时,可以按照前吧台、工作吧台和后吧台三个区域进行清洁。(　　)
3. 补充酒水时一定要遵循"先进先出"的原则,特别是保质期短的原料。　(　　)
4. 气泡酒的最佳饮用温度为8℃~10℃。　　　　　　　　　　　　　　(　　)
5. 鸡尾酒是由基酒、辅料及装饰物三部分组成。　　　　　　　　　　　(　　)
6. 英国干式金酒只适合纯饮或者加冰,而不适合与其他酒水混合调制鸡尾酒。(　　)
7. 冲调咖啡一定要讲究水质,能用含有大量铁质的水,不能用含大量碱性的硬水,可以使用矿泉水。　　　　　　　　　　　　　　　　　　　　　　　　　　　　　　(　　)
8. 乌龙茶冲泡时,第一泡的味道是最佳的。　　　　　　　　　　　　　(　　)
9. 鲜榨果汁,即用新鲜水果放入榨汁机中现榨而成。此类果汁的保存时间较短,在冷藏柜中仅能存放24小时。　　　　　　　　　　　　　　　　　　　　　　　　(　　)
10. 客人外带的酒水一般不可以寄存。　　　　　　　　　　　　　　　　(　　)

二、选择题

1. 下列哪个选项不是以酒的制造方法分类酿造的酒类(　　)。
   A. 发酵酒　　　　B. 蒸馏酒　　　　C. 甜食酒　　　　D. 配制酒
2. 一般情况下,切配好的水果装饰物保质时间为(　　)小时。
   A. 12　　　　　　B. 24　　　　　　C. 36　　　　　　D. 48
3. 使用(　　)的关键在于调酒师必须熟练掌握各种酒水不同的含糖量。
   A. 兑和法　　　　B. 调和法　　　　C. 摇和法　　　　D. 搅和法
4. 一般情况下,酒吧于营业结束前(　　)分钟,应告知宾客作最后的点要酒水。
   A. 15　　　　　　B. 30　　　　　　C. 40　　　　　　D. 60

5. 红葡萄酒的适宜饮用温度是（   ）。
   A. 6℃～8℃   B. 8℃～10℃   C. 10℃～12℃   D. 18℃～22℃
6. 干邑白兰地 V. S. O 的陈酿时间是（   ）。
   A. 10～12 年   B. 12～20 年   C. 20～30 年   D. 30 年以上
7. 调制经典鸡尾酒玛格丽特时，应采用（   ）调制。
   A. 调和法   B. 摇和法   C. 兑和法   D. 搅和法
8. 以苹果为原料，经过发酵蒸馏制成的白兰地，其英文酒标应为（   ）。
   A. Cherry Brandy   B. Brandy   C. Apple Brandy   D. Grape Brandy
9. 冲泡（   ）茶时，必须使用 100℃的沸水。
   A. 绿茶   B. 红茶   C. 花茶   D. 乌龙茶
10. 客人在酒吧存烈性酒，最长的留存时间是（   ）
    A. 7 天   B. 一个月   C. 两个月   D. 三个月

三、简答题

1. 酒吧营业前的组织准备工作包括哪些环节？
2. 简述摆设酒水的要求。
3. 调制鸡尾酒有哪些方法？
4. 冲泡咖啡有哪些方法？
5. 简述酒吧营业结束工作的内容。

四、论述题

1. 论述外国蒸馏酒的名称及其代表酒品。
2. 论述根据酒吧的特点进行分类。
3. 如何做好点酒服务？
4. 论述鸡尾酒调制的注意事项。
5. 论述酒吧服务的注意事项。

五、实训任务

1. 营造酒吧环境，练习酒吧对客服务技能。
2. 练习鸡尾酒调制的操作方法。
3. 练习咖啡冲泡的操作方法。
4. 练习茶水冲泡的操作方法。
5. 在酒店酒吧进行社会实践，主要针对酒吧对客服务、酒水调制、咖啡调配、茶水冲泡、软饮服务等工作，要求写出实践报告。

六、案例分析

换一种方式说话可以提高销售额

以前，服务员总是问客人："先生，您喝点什么？"结果在很多时候客人就点最大众化的饮料——雪碧，有的客人则干脆说："不要了。"一段时间下来，饮料的销售额平平。后来，经理要求服务员换一种问法："先生，我们餐厅有椰汁、芒果汁、胡萝卜汁等饮料，您要哪一种饮料？"结果很少有客人再点价格相对较低的雪碧，转而选择价格相对较高的椰汁、芒果汁或胡萝卜汁中的一种。从这以后，饮料的销售额有了明显的增长。

请你分析：
1. 为什么换一种询问方式提高了饮料的销售额？
2. 酒吧服务员在今后的销售工作中应该更注意什么？

下 篇
餐饮经营管理篇

7 餐饮市场分析与定位

问题引入

1. 不同的餐厅针对哪些不同的客人呢？
2. 如果你是客人，你喜欢什么样类型的餐厅、菜品、装修风格？
3. 想开一家餐厅的话，该如何进行市场调研呢？

内容导读

定位是对产品未来的潜在顾客的脑海里确定一个合理的位置，也就是把产品定位在未来潜在顾客的心目中。即锁定要为之服务的人群，以及确定如何满足其需求层次的决策。因此在餐厅筹划之前需要缜密的策划能力和了解与竞争对手之间的主、客观情势，慎重行动方能奏效。在本模块内容中，通过市场定位，使餐饮经营者明白餐饮企业所处的位置，通过市场调研了解面对的是什么类型和层次的顾客，才能根据需求设计餐饮产品，展开后续的促销活动。总之，餐饮经营的成败取决于对目标市场的研究与分析，而关键又在于餐饮市场定位是否准确与可行。

学习任务

1. 了解餐饮消费者的需求特点，把握餐饮消费者的生理与心理需求
2. 掌握餐饮市场调研的内容、步骤和方法，对餐饮市场做出预测
3. 熟悉餐饮目标市场细分的作用、依据和程序，进行餐饮目标市场选择与定位
4. 了解餐厅选址应考虑的因素，掌握餐厅选址的步骤，能够对餐厅命名

餐饮经营与管理

开篇案例

奥比特欢乐餐厅的改变

一位上海某名牌大学 MBA 毕业的某拍卖行的张总凭着艰辛打拼，一步步走到著名拍卖师的行列，收入颇丰。因为工作的关系，他经常到酒店应酬，对餐饮经营产生了浓厚的兴趣，于是，在经过一系列精心准备后，上海奥比特欢乐餐厅在今年 10 月 1 日开业纳客。这家餐厅的运营理念是"因为用心，所以专业"。体现的是用心、专业。由此展开，牌匾采用华贵的亚克力材质制作；门面、餐厅的装修风格按照统一的 CI 标准规划；馅饼加工区采用通透的大玻璃隔断，顾客可以在采购同时观察到厨师的现场操作；员工在工作中佩戴各岗位专用的工作帽、一次性手套、一次性口罩，严把卫生关，树立专业形象；器皿和外卖用餐盒采用真正的环保标准产品，决不糊弄消费者；加工馅饼所用的原材料，面粉是特精的，豆油是军供的，肉类是绿色保鲜排酸的，都是当地的名牌产品。但餐厅开业后，餐厅效益与预想的目标差异太大，经营状况不理想。

经过调研，这家餐厅所处的位置是办公区，周边是济南几个著名的写字楼，写字楼距离餐厅将近500 米，而在餐厅左侧 30 米处，是上海市的一所著名中学。本商圈中，消费人群主要是两类：一是写字楼里的白领，一是中学里的学生。张总认为餐厅要做好经营定位，要认准成人午餐市场，不应该把学生顾客作为主攻目标，采取措施，限制学生顾客进场消费，把午市、晚市的空间让给有消费能力的成人顾客。白领阶层到奥比特餐厅消费面临三道槛：500 米步行、下课后的学生人流、20 余家盒饭配送企业的前后围堵，因为这三道槛，能进入奥比特餐厅的白领顾客寥寥无几。

所以，张总经过反复思考，对奥比特餐厅进行了重新的市场定位，把顾客群主要定为学生一族，除此别无选择。张总面对学生顾客，重新确定品种、价格、促销及沟通方法，而环境、服务、品质等因素保持不变。餐厅定位在"青少年一代"，整体的感觉规划为阳光、活力、激情；主打菜品确定为菠萝咕佬肉、糖醋里脊、水果沙拉等甜品菜，瞄准青少年喜甜喜奇的消费特点，设计一套青少年菜谱；背景音乐选择青少年喜闻乐见的歌曲，摒除餐饮常用的钢琴曲和萨克斯曲；店内 pop 广告招贴画的诉求对象定在青少年，语言风格为青少年所喜爱，如：不许偷看、烧毁作业、免费吃喝等趣味性的标题，极大的吸引了青少年的注意力，甚至形成了议论猜测餐厅活动的小浪潮。通过话题传播，提升了餐厅的知名度和美誉度；设计学生套餐，吸引经济能力稍差的学生进店就餐；除掉大玻璃上的宣传用语，增大通透度，使店内热闹的就餐场景非常方便的为过往行人所注意，以制造"这里有一家生意很好的餐厅"印象，为进一步扩大客户群体留下伏笔；调整餐厅灯光，使就餐环境色调明朗；调整价格水平，使之符合青少年的消费档次。奥比特餐厅调整完毕后，三天后即出现上升势头，20 天后，销售额已实现翻番。

带你走进今日课堂

7.1 餐饮消费者需求分析

7.1.1 餐饮消费者需求的特点

总的来说，餐饮消费者的需求由于受到各种因素的影响而各有千秋，但一般而言，都应具备以下共同特点：

1. 多样性

餐饮消费者的需求总是受到各种因素的影响，比如说：生活方式、收入水平、民族传统、宗教信仰、文化水平、兴趣爱好、情感意志等，因此对餐饮消费需求存在着不同程度的差异，餐饮消费者需求的对象与满足的方式也是千差万别的。在餐饮方面，餐饮消费者对餐饮产品和餐饮服务的要求多种多样。

2. 对象性

人们的任何餐饮消费需求总是有具体的对象，并按照一定的方向去满足它。例如在现实生活中，餐饮消费者为了生存，需要衣、食、住、行等。这些具体的事物和具体的对象是随着消费者的认知的加深而由一般刺激发展为具体的消费行为目标。

3. 发展性

餐饮消费者的需要都是随着社会的进步、科学技术和文化水平的提高而逐步发展的，随着需求对象的范围和满足方式的变化而变化。这也称为"需求上升规律"，即把人的餐饮消费需求视为一个永无止境的连续系统。

4. 周期性

餐饮消费者的需求并不因为满足而终止，有一些需求会周期性重复产生的。这种需求的周期性与有机体和周围环境变化的周期性有一定的联系。例如人们对食物的一日三餐的需求就是非常典型的代表。

5. 选择性

这是指餐饮消费者对所需求对象和内容的选择，包括对同类食物或不同类食物的选择，这种选择随餐饮消费者的自身需求特点而决定。

6. 制约性

餐饮消费者需求是受制约的，它来自于生活条件、人们的思想意识观念、伦理道德的制约。人类在满足自己餐饮消费需求的时候，总是要考虑到满足餐饮消费需求的方式、方法和实际的可能性。如出于保护野生动物的考虑，人们正在努力改变捕杀野生动物当作自己美味佳肴的行为。

7. 可变性

内外部各种因素的影响对餐饮消费者的需求产生和发展起着极其重大的作用。对自己的消费需求或者去满足、实现，或者抑制、减弱。餐饮消费者的需求既可以通过引导而形成，也可以因外界的干扰而受到削弱或变换。比如，在某种事物缺乏的时候，或受到外在刺激（广告等）的影响时会产生相应的需求；当某种食物的价格偏高时，餐饮消费者货币支付能力有限，会抑制对这种食物的需要，而寻找其他价低的食物代替。

7.1.2 餐饮消费者的生理需求

马斯洛需求层次理论将人的需求划分为五个层次，由低到高，并分别提出激励措施。其中底部的需求为生理需求，只有在满足了这个需求个体才能感到基本上舒适。那么，对饥、渴的需求就是我们首先要说的餐饮消费者的生理需求，这些生理需求包括安全、营养、风味、质量、卫生等。

1. 安全

对产品的需求如同顾客在生活上最基本的需求，即对食物安全的要求。这个安全，包括食品卫生的安全、就餐环境的安全。顾客来到餐厅，都希望自己的财产、健康和精神不受到伤害。如食品是否安全、财物是否会失窃、地面是否会使人滑倒受伤、餐具是否会将客人割伤等都应引起管理者的注意。这些要求包含了一些表象和深层次的内容，一旦出现上述情况，那么所造成的后果是难以挽回的。其实，只要我们认真一点、勤快一点，就可以做到保证顾客的安全。

2．营养

人们对营养的关注是随着现代生活节奏的加快而引起的，要有强健的体质与充沛的精力适应快节奏的生活秩序，就必须加强营养。商务部在2008年9月就提出了《餐饮业营养配餐技术要求》(SB/T 10474—2008)。营养配餐，就是按人们身体的需要，根据食物中各种营养物质的含量，设计一天、一周或一个月的食谱，使人体摄入的蛋白质、脂肪、碳水化合物、维生素和矿物质等几大营养素比例合理，即达到平衡膳食。营养配餐是实现平衡膳食的一种措施。

3．风味

消费者光临餐厅的主要动机就是为了品尝风味佳肴，消费者对风味的期望和要求各不相同，有的喜爱清新爽口，有的愿意色浓味香，有的钟情原汁原味，有的倾向价廉物美。这个风味是在家里做不出来的，特别是一些有地方特色的风味产品，他们更是趋之若鹜。风味是指客人用餐时，对菜肴或其他食品产生的总的感觉印象，它是刺激对食物挑选的最重要的因素。风味是用餐者所品尝到的口味、嗅觉和质地等综合感觉效应。

4．质量

质量的含义因人而异，美食家要求食物的高质量，而大多数客人对食品的质量要求会根据菜肴的价格而浮动，但无论怎样，他们都要求菜肴应做到色香味形饰俱佳，且食物原料新鲜，注重口味与营养结合。因此餐厅应针对客人的不同口味和喜好，做到食物品种多样化，按照不同的季节，提供多样化的菜式和饮品。

5．卫生

现在的消费者都非常讲究卫生，没有人愿意去一个脏兮兮的饭馆吃饭。每一位消费者都非常注意食品的卫生，每当消费者一进餐厅，他们就开始自觉或不自觉的观察和判断餐厅各方面的卫生状况。所以，卫生是消费者的基本生理需求，餐厅卫生要高度重视，确保消费者不受病害的威胁。"病从口入"这句话人人都知道。餐厅卫生关系到广大宾客的身体健康及生命安全。因此，宾客对餐厅的环境卫生、餐具卫生、食品卫生、服务人员的个人卫生等都有着较高的要求。卫生的餐厅可以唤起顾客的食欲和心情，这也是顾客选择哪家进餐的前提。

7.1.3 餐饮消费者的心理需求

餐饮消费者在进行餐饮消费前具有一定的消费偏好，针对消费者的心理，需要进行餐饮消费需求心理和餐饮产品心理效应的方法研究。从餐饮消费心理角度来说，心理学家马斯洛认为宾客外出对餐饮的需要出于两个原因：一是把在餐厅进餐看作是消遣和娱乐活动；二是宾客对餐厅的需求实际上隐含了客人对情感、社交、自我实现等较高层次需要方面得到满足。细致来分，心理需求有以下六个方面：

7　餐饮市场分析与定位

1. 求便利的需求

宾客离开自己熟悉的工作和生活环境,来到餐厅相对陌生的环境,心中会存有担心和疑问,如"我要赶时间,上菜能否快点";在宴请接待时会担心"能否按期按要求搞好接待?"。针对这些问题,餐厅应考虑所提供的服务应尽量给客人以便利感。现在的客人到餐厅吃饭,追求的是方便、快捷。要满足这种方便、快捷的需求,需要我们的服务要尽量地简洁、明了,不要太繁琐、复杂。这样客人在用餐的过程中会觉得很愉快。

2. 求享受的需求

宾客到餐厅是为消费而来,是"花钱买享受"而不是"花钱买气受"的,因此我们提供的服务必须是让客人获得一种自由、亲切、尊重、友好的感受,让客人高兴而来,满意而归。因此,必须让宾客感到我们的服务充满着尊重之心和友好之情,感受到我们的服务人员不但乐于服务,而且善于服务,从而下次在度光顾,这就是餐厅服务给客人留下的亲切感。

3. 求尊重的需求

宾客都有满足自尊心、虚荣心的需求。尽管大部分人在社会上是普通人,但却希望别人将他作为一个不同与其他人而受到尊重和接待。这就要求服务人员在态度上要表示出热情和友善,听其吩咐,对其关心,礼貌周到。求尊重的需求,实际上包含了对客人人格的尊重;对客人消费口味的尊重;对客人宗教信仰的尊重。

4. 求价格的需求

现在的客人在餐饮消费过程中,已经从盲从转向理性,要求花出去的每一分钱都能够实实在在地得到回报,他们非常注重物有所值。这也是餐饮经营者在设计产品、价格的时候,必须认真思考的一个关键问题。优美的环境和良好的气氛、精美的食品、优质的服务、合理的价格,才会让宾客感到物有所值。

作为消费者,总希望能买到价廉物美的商品。什么才是适度的价廉物美,经济学家根据消费者的心理而调研出了科学定价法。比如说尾数定价法,利用价格在尾数上的差别对消费者产生不同的心理效益,20元与25元通常不被认为有何差别,但29元和31元在消费者看来差别就突出了。

5. 求气氛的需求

许多宾客正是因为餐厅的环境和气氛好才来餐厅消费的,如餐厅的装饰美观适用、良好的色彩搭配、高雅的格调,通过灯光灯饰、艺术品、鲜花等烘托出的幽雅气氛等,都是宾客所需要的。人们除了物质上的需求外,更需要得到精神上的满足。舒适的环境能营造食客就餐的情绪,同时也让其得到享受和尊崇感。

6. 求气派的需求

很多客人到餐厅来吃饭,除了用餐以外,还有一个重要的目的就是,显示自己的身份和气派。有些客人经常在朋友面前讲,这个餐厅很上档次,非常好,我经常到这个餐厅来吃饭。他这么说的目的无非有两个。第一,显示他有钱;第二,到这里来消费,档次高,说明他有品位。顾客往往不是直接告诉餐厅经营者他要显示气派,要追求档次,要在朋友面前露脸。另外,在显示气派、讲究身份的过程中,有的客人经常会以专家的口吻、专家的眼光来对菜品做点评。这种点评,有时候说得对,有时候不一定对,这就需要我们引起重视了。如果客人以美食家的

口吻来评价产品,即使评价不在点子上,我们也不要去纠正他、批评他。

总之,作为餐饮经营者要去了解消费者的需求,要更深层次地去了解、去研究,而不能停留在表面上。了解得越多、越深,对消费者的需求也就越清楚。那么,我们在进行产品设计和服务设计,甚至包括环境设计时,就有了针对性。

7.2 餐饮市场调研及预测

7.2.1 餐饮市场调研

1. 餐饮市场调研的内容

对于餐饮业经营者而言,经营的首要工作就是进行市场调研。一般来说,经营者在下决心之前,总是要做一番深思熟虑的,并对成功的可行性做出评估。所谓"知己知彼,百战不殆",所以在经营一个餐馆之前,必须要通过市场调研了解供需状况,明确目标市场,分析竞争对手,从而确定经营思想及策略。

市场调研是应用科学的方法,系统、全面、准确及时地收集、整理和分析市场现象的各种资料的过程,是有组织、有计划地对市场现象的调研研究活动。通过市场调研所取得的市场资料,客观地描述了市场状况,并且可以分析研究市场发展变化的规律。那么,餐饮市场调研的内容包括以下几个方面:

(1) 经营的外部环境。消费者的任何活动脱离不开所处的社会外部环境,餐饮企业的生产、经营活动也一样。一个地区的社会外部环境是由政治、经济、文化、气候、地型等因素所织成的,而这些因素往往是餐饮企业自身难以驾驭和影响的。只有在了解的基础上去适应它,并将其为我所用,才能取得成功。内容大致有以下几个方面:

① 国家政局的稳定性;
② 政府对饮食服务行业的法规、政策、税收及其他规定;
③ 当地的经济发展水平、发展方向;
④ 当地人口总数量、居民的收入状况、消费水平、消费趋势及购买力;
⑤ 当地的饮食风俗;
⑥ 原材料、劳动力资源、能源的供应情况及其来源的稳定性;
⑦ 交通、邮电、旅游、港口和城市建设动态信息;
⑧ 自然气候、地理条件、治安状况等。

(2) 位置因素。市场调研的主要内容之一就是选择经营可行的地点。这主要是因为,餐饮产品不同于其他制造业产品,不是将产品从生产地向顾客消费地输送,而是将顾客吸引到餐厅内来就餐。

选择餐厅的位置要优先考虑收益,即"在此开店能赚多少钱?"当然,客人云集的地方是餐厅的最佳位置。例如:商店聚集、行人往来众多的地区、交通方便、居民集中居住区等等。对位置因素调研主要是了解以下情况:

① 根据不同地段特点可把位置分为八大类:商业中心、居民住宅小区、车站附近或交通要道、食街、企事业单位集中地、旅游风景区、经济开发区、市郊等。

餐饮经营者需要分析这些位置的特点,寻找与之相适应的餐厅类型。

7 餐饮市场分析与定位

② 根据各地段的交通状况，需考虑以下几个方面：

该地段铁路、公路及其他乘客的进出量；市内公共交通设施状况；餐厅附近公交车数量；附近停车场状况等。

此外，还要注意一点：就是未来城市建设可能对餐厅经营带来的影响。如生意原本兴隆的餐馆，因为其门前建立高架道路，给人行走带来不便，而致使生意一落千丈。所以，在开店之前对位置因素做调研时，还应当去当地政府的城建机构的规划处了解各地段的未来发展建设状况。

(3) 客源市场。调研客源市场首先要弄清楚餐厅的客源区（指人们为了品尝某产品而愿意跑的路程、距离范围）的人口数、不同年龄组的人数、男女性别数、各种职业人数、比例以及平均收入状况。除此之外，还要调研客源区的流动人口总数、年龄的组成以及经济收入状况。在此基础之上，对客源区的潜在顾客群体具体的餐饮消费特点、水平、类型和消费者愿意作具体调研。

(4) 竞争对手。对竞争对手调研的目的在于了解竞争对手的情况，分析竞争形势，从而避免盲目开店，以致造成经营的失败。对竞争对手的调研，首先要从了解全市区的餐饮业整体状况开始。全市餐厅（餐厅）的总数量，高、中、低档的比例；各类型餐厅的数量比例，经营状况比较；全市餐厅的地理分布图；大多数餐厅的经营状况；餐厅经营的发展趋势。

其次，主要是对直接竞争者进行调研。直接竞争者包括：一是与本餐馆处于同一位置的其他餐厅，二是与本餐厅经营范围和目标顾客相似，提供类似产品和服务的餐厅。仔细搜索直接竞争者，然后详细调研下列内容：

名称、类型、地理位置、总数量；面积与座位数，每餐的座位周转率；店面及内部装潢状况；营业时间、日营业高峰期；主要顾客类别；菜单及菜肴品质；人均消费额；服务状况；雇员工资；其他（营业年数，促销手段等）。

根据上述调研内容，我们就可估算出竞争对手的销售收入，了解其经营状况了。

此外，还要分析竞争对手经验成功的因素和惨淡经营的原因，这对确定新建餐厅的经验策略十分重要。除了上述现实的竞争对手外，我们还应注意一些潜在的对手，对有无其他人也打算在该地开餐厅做一番调研。很明显，最大限度的掌握竞争对手的情况，有助于我们制定切实可行的经营策略，处于竞争的优势地位。

餐饮市场调研的内容是多方面的，但最重要的不外乎上述四点。好的开始是成功的一般，若能详细调研这些市场因素，对于方案的制定是大有好处的。

2. 餐饮市场调研的步骤

餐饮市场调研是一种有目的、有计划进行的调研研究活动，是正确认识市场现象本质和规律性的过程。科学的市场调研必须按照一定的步骤进行，保证市场调研的顺利进行和达到预期的目的。

餐饮市场调研的步骤大致可分为四个阶段。

(1) 市场调研的准备阶段。市场调研的准备阶段是市场调研的决策、设计、筹划阶段。这个阶段的具体工作有三项，即确定调研任务，设计调研方案，组建调研队伍。合理确定调研任务是搞好市场调研的首要前提；科学设计调研方案是保证市场调研取得成功的关键；认真组建调研队伍是顺利完成调研任务的基本保证。准备阶段对市场调研具有重要意义，它是整个调研的起点。市场调研的领导和组织者，必须花相当大力量做好这一阶段的各项工作。

（2）市场调研收集资料阶段。在确定了调研课题，设计好了市场调研方案，组建起调研队伍之后，就进入市场收集资料阶段。收集资料阶段的主要任务是，采取各种调研方法，按照调研方案的要求，收集市场资料。调研收集资料阶段是唯一的现场实施阶段，是取得市场第一手资料的关键阶段。市场调研的组织者必须集中精力做好外部协调工作和内部指导工作，力求以最少的人力、最短的时间、最好的质量完成收集资料的任务。

（3）市场调研研究阶段。市场调研研究阶段主要任务是对市场收集资料阶段取得的资料进行鉴别与整理，并对整理后的市场资料做统计分析和开展理论研究。鉴别资料就是对市场收集资料阶段取得市场资料，包括全部文字资料和数字资料做全面的审核。整理资料是对鉴别后的市场资料，进行初步加工，使调研得到的反映市场现象个体特征的资料系统化、条理化，以简明的方式反映市场现象总体的特征。

（4）市场调研总结阶段。总结阶段是市场调研的最后阶段，它的主要任务是撰写市场调研报告，总结调研工作，评估调研结果。撰写调研报告是市场调研的重要环节，必须使调研报告在理论研究或实际工作中发挥重要作用。此外，还应对调研工作的经验教训加以总结，为今后的市场预测工作打下基础。评估调研结果，主要是学术成果和应用成果两方面，对市场调研加以评估，目的是总结市场调研所取得成果价值。认真做好总结工作，对于提高市场调研研究的能力和水平，有很重要的使用。

3. 餐饮市场调研的方法

餐饮企业在经营过程中，是经常需要进行市场调研活动的，餐饮企业市场调研的方法基本上与企业通行的市场调研法相同，只是在内容上不同，常用的方法有：

（1）询问法。询问法是用询问的方式收集市场信息资料的一种方法，它是调查和分析消费者购买行为和意向的最常用的方法。询问一般是要求被询问者回答有关的具体问题，如对菜肴的口味、价格、服务、质量、上菜速度等方面的意见或建议。询问法又可分为集体问卷法、访问面谈法、台面设计法、电话询问法等。

（2）观察法。观察法是由调查人员到调查现场直接进行观察的一种调研方法。观察法的优点是运用从旁边观察来代替当面的询问，使被调查者不感到自己是被调查，从而获得更加客观的第一手资料，另外，对于一些不宜询问的内容可以采取观察法，如餐馆门前的客流量、车流量、就餐人数、每桌的就餐人数等。观察者可以是市场调查人员，也可以是服务人员，也可以借助辅助手段，如摄像机、照相机等。观察法又可分直接观察法、实际测定法、行为记录法等。

（3）实验法。实验法就是在一定条件下进行小规模的实验，通过观察、询问、分析，了解其发展趋势的一种方法。例如，餐厅将个别菜肴的价格调高或调低，观察或访问消费者的反映，来判断价格变动后对销售量的影响。又如，想新上哪些品种或什么风味，事先也可以在小范围内实验，征求意见，摸清菜式或风味的走向，然后在决定是与否。

（4）资料分析法。资料分析法是利用内外部现成资料，运用统计的方法对调查项目进行分析的一种调查方法。这是一种间接的调查方法，它简便易行，节省人力和财力。采用这种方法应尽量将各种所需资料收集齐全，请熟悉业务人员共同分析研究。这种方法还可以弥补直接调查的不足。但是资料分析法所依据的是历史资料，现实正在发生变化的各种因素不在其内，这是其缺点。资料分析法常用的形式是发展趋势分析和相关分析。

（5）委托法。委托法即委托调查机构进行资料信息收集，在整理出对企业有用的信息，从而决定企业的投资意向，经营策略，定场定位等。特别是现代餐饮企业开扩异地市场一定要进行市场调研，一定要了解当地消费者对企业经营产品的接受程度。

7.2.2 餐饮市场预测

所谓市场预测，是对某一特定地区某种特定产品需求量和供应量的预测。市场需求量预测可分为市场潜量预测和市场发展趋势预测。前者是分析产品在目前或近斯可能的最大需求量，后者是分析产品在今后一定时期内的需求变化趋势。

1. 餐饮市场预测的种类

市场发展趋势预测，按时间长短可分为长期、中期和短期预测三种。

（1）长期预测。一般指 5 年以上的预测，应根据国民收入的增长、消费水平和购买支付能力的变化，以及生产、运输能力和科学技术等客观条件的发展变化等进行分析预测，从而确定产品长期的经营方向和发展规模。

（2）短期预测。一般指一年以内的预测，根据各季度和月份的客观变化，预测需求的季节性变化，从而具体安排生产活动。

（3）中期预测。介于长期预测和短期预测二者之间，一般指 3 年左右的预测。

2. 市场预测方法

市场预测方法可分为定性预测和定量预测二种。

（1）定性预测。主要依靠专家经验，借助于调研、了解、直观分析的手段，对事物的未来发展做出预测，如，专家意见法、市场调研法。它比较适用于新产品以及掌握历史数据不多的产品市场供需预测，也比较适用于对那些突变型、跳跃式发展的经济事件预测。此类方法的特点是可以较好地考虑法律政策、技术变化等因素对市场行为的影响，但是缺乏定量方法的严密性。

（2）定量预测。主要是借助于数学方法，采用时间序列、因果分析、消费水平和最终用途分析等方式进行数学推算或估算，常用于餐饮市场经济发展趋势分析。这类方法可以识别市场发展变化的因果关系，因而能够较好地预测未来情况，尤其是预测可能的突变点。

7.3 餐饮目标市场选择与定位

7.3.1 餐饮市场的细分

1. 餐饮市场细分的概念与作用

餐饮市场细分，也称为餐饮市场划分。它是根据顾客的需求、顾客的购买行为和顾客对菜肴和酒水、用餐环境和餐饮服务的消费习惯的差异性，把餐饮市场划分为不同类型的消费者群体。每个消费者群体形成一个餐饮分市场或称为餐饮细分市场。这样一个餐饮市场可以分为若干个细分市场。餐饮市场细分的目的是确定本企业目标市场并针对目标市场制定营销策略。

餐饮细分市场是客观存在的，主要依据餐饮市场供应的多元性和市场需求差异性。由于餐饮市场细分是根据顾客的购买愿望、购买需求和购买习惯的差异性而实施的。餐饮市场细分作用有以下几个方面的体现：

① 可以根据餐厅自身条件选择适当的目标市场，拟定最佳经营组织，制定最佳营销组合，降低经营费用，充分利用餐厅的人力资源、财力资源和设备设施；

② 餐饮市场细分有利于餐厅发掘新的餐饮市场机会，把各目标市场的需求与市场上已有的餐饮产品进行比较，及时发现尚未得到满足的餐饮需求和营销机遇；

③ 有利于餐厅集中各种资源，扬长避短，寻找和发挥本餐厅的餐饮经营优势；

④ 有利于企业针对目标市场制定适当的营销方案，使餐饮产品、营销渠道、促销策略和餐饮价格等更适合本餐厅的餐饮目标市场；

⑤ 有利于餐厅发挥专业化优势，深化专业经营内容，增强顾客忠诚度，达到餐饮经营的可持续发展。

餐厅的餐饮市场细分并不意味着餐厅要占领各细分市场，相反，是为了帮助企业选择那些最具有开发价值、最适合本饭店能力和条件的餐饮市场。与此同时，在市场细分的过程中餐厅不仅要对消费者需求进行细分，而且也要对竞争对手进行细分，从而清楚地了解哪些餐饮分市场存在竞争者，哪些餐饮分市场竞争激烈，哪些餐饮分市场竞争缓和。从而餐厅可制定更加合理的市场竞争战略，夺取市场份额，增强企业竞争能力。

2. 餐饮市场细分标准

(1) 反应敏感。餐饮市场细分的目的是为了制定行之有效的营销策略，针对不同的细分市场运用不同的营销组合，如不同的营销渠道、不同的价格、不同的营销手段等，从而刺激不同的餐饮市场。如果营销组合在各自细分市场无法达到预期的营销效果，细分市场就失去了意义。

(2) 规模可观。"细分"一词不意味把餐饮市场划分得越细越好，相反细分后的市场必须在经济上可行，即具备足够的规模使饭店在满足这特定餐饮市场需求的情况下获得利润。此外，还应注意，不要仅考查现有的餐饮市场规模，并应重视潜在的或可开发的餐饮市场规模；不应拘泥于某一个地区的餐饮市场规模，应放眼诸多餐饮市场的总合。

(3) 界限明确。有效的餐饮市场细分的首要标准是界限明确，即找出各分市场间的分界线，突出每个细分市场间的差异，反映每个细分市场的鲜明特点，以便能有的放矢地制定营销策略。因此应尽可能使用量化指标。

(4) 量力而行。餐饮市场要细分到何种程度，最终要根据饭店自身能力和产品特点。饭店的经营规模、资金实力、经营能力、物流供应及餐饮服务能否适应细分后的市场；产品类型、消费水平和品牌价值能否迎合目标顾客的偏好，这些都是饭店在餐饮细分市场中必须全面考虑的问题。

(5) 通道畅通。经过细分所选定的餐饮市场必须是本企业可进入的。对于国际市场，它体现为目标市场国家的关税壁垒和非关税壁垒。如果市场壁垒过高，餐饮产品就很难以消费者可接受的水平送至目标顾客群体。这样的餐饮市场是可望不可及的。

3. 餐饮市场细分的一般程序

(1) 根据企业自身的资源及能力，先确定一个大致的商圈；

7 餐饮市场分析与定位

(2) 列出该圈内所有现存和潜在的消费者的需求;

(3) 企业针对不同消费群体的分析,结合自己的经验,判断、分析可能存在的市场;

(4) 确定在细分市场时,所应考虑的因素,删除那些对各个市场都重要的因素,确定那些能代表该细分市场物质的因素;

(5) 确定这些市场名称,并进一步了解各个细分市场的需求和购买行为;

(6) 把各个细分市场消费者人口地理分布和消费特征联合起来分析该细分市场的规模;

(7) 针对该市场推出一套营销策略。

4. 餐饮市场细分依据

餐饮市场细分的依据是餐饮需求。不同的地理区域、人口特征、消费心理和消费行为的群体餐饮需求不同。如果能够有效地结合细分后的餐饮市场会更加明确,因而更有利于支持目标市场营销决策。

(1) 按区域特征划分。区域细分是按不同的地理单位(如不同国家,国内各地区,国家、城市、区、县及标准都市统计区等),将消费市场划分成若干个亚市场。例如,按照本市区分,可分为外地客人和当地客人,当地客人又可分为住宅区,商业区、工业区等。根据某年我国西餐市场的营销统计,经济发达的省会城市和沿海城市对大众化西餐和西式快餐有较高的需求,对传统西餐有部分需求,而其他城市对西餐快餐有部分需求,对传统西餐有少量需求或无须求。

(2) 按人口统计特征因素划分。人口特征包括人口数量、年龄、性别、家庭人数、收入、职业、教育、宗教、社会阶层和民族等。通过调研发现不同年龄、不同性别、不同收入、不同文化程度和不同宗教信仰的消费群体对餐饮的原料、风味、工艺、颜色、用餐环境和餐饮价格有着不同的需求。此外,经济优越的年青人、外出打工人员、求学和公务的就餐者、商务宴请团体、会议和旅游团队等的餐饮需求个性化很强。

(3) 按行为特征细分。所谓按行为特征细分餐饮市场是根据顾客对餐饮购买的目的和时间,使用频率,对企业的信任度,购买产品的态度和方式等将顾客分为不同的消费群体。例如,按顾客购买餐饮的目的、时间和方法可以将餐饮市场分为平时用餐、休闲、宴请、早餐、午餐、下午茶、晚餐和夜餐,零点和套餐等。这就形成了不同的消费群体。

(4) 按心理特征细分。很多消费者在收入水平及所处地理环境等基本条件相同下却有着截然不同的餐饮消费习惯。这种习惯通常由消费者心理因素引起,因而心理因素也是餐饮细分市场的一个重要原则。这里心理因素主要指人们习惯的生活方式和个性爱好等存在着差异。生活方式指人们对生活的消费、工作和娱乐的不同态度。个性爱好指消费者个人性格和兴趣爱好。不同个性爱好会产生不同的消费需求。例如,人初到陌生环境,需要进行餐饮消费时,总表现出一种无可适从的不确定性心理,这是由于对餐饮环境、菜肴和酒水、价格及供应方式等不了解造成;怀旧心理在中老年人中普遍存在,老年食客常抱怨目前的某些菜肴风味不如以前,他们常喜欢在"老字号"餐厅用餐。

> **知识链接 7-1**
>
> **麦当劳的市场细分报告**
>
> 麦当劳作为一家国际餐饮巨头，创始于五十年代中期的美国。由于当时创始人及时抓住高速发展的美国经济下的工薪阶层需要方便快捷的饮食的良机，并且瞄准细分市场需求特征，对产品进行准确定位而一举成功。当今麦当劳已经成长为世界上最大的餐饮集团，在109个国家开设了2.5万家连锁店，年营业额超过34亿美元。
>
> 回顾麦当劳公司发展历程后发现，麦当劳一直非常重视市场细分的重要性，而正是这一点让它取得令世人惊羡的巨大成功。麦当劳的成功正是因为它根据地理、人口和心理要素准确地进行了市场细分，并分别实施了相应的战略，从而达到了企业的营销目标。
>
> 一、麦当劳根据地理要素细分市场
>
> 麦当劳有美国国内和国际市场，而不管是在国内还是国外，都有各自不同的饮食习惯和文化背景。麦当劳进行地理细分，主要是分析各区域的差异。如美国东西部的人喝的咖啡口味是不一样的。通过把市场细分为不同的地理单位进行经营活动，从而做到因地制宜。
>
> 例如，麦当劳刚进入中国市场时大量传播美国文化和生活理念，并以美国式产品牛肉汉堡来征服中国人。但中国人爱吃鸡，与其他洋快餐相比，鸡肉产品也更符合中国人的口味，更加容易被中国人所接受。针对这一情况，麦当劳改变了原来的策略，推出了鸡肉产品。在全世界从来只卖牛肉产品的麦当劳也开始卖鸡了。这一改变正是针对地理要素所做的，也加快了麦当劳在中国市场的发展步伐。
>
> 二、麦当劳根据人口要素细分市场
>
> 通常人口细分市场主要根据年龄、性别、家庭人口、生命周期、收入、职业、教育、宗教、种族、国籍等相关变量，把市场分割成若干整体。而麦当劳对人口要素细分主要是从年龄及生命周期阶段对人口市场进行细分，其中，将不到开车年龄的划定为少年市场，将20～40岁之间的年轻人界定为青年市场，还划定了年老市场。
>
> 人口市场划定以后，要分析不同市场的特征与定位。例如，麦当劳以孩子为中心，把孩子作为主要消费者，十分注重培养他们的消费忠诚度。在餐厅用餐的小朋友，经常会意外获得印有麦当劳标志的气球、折纸等小礼物。在中国，还有麦当劳叔叔俱乐部，参加者为3～12岁的小朋友，定期开展活动，让小朋友更加喜爱麦当劳。这便是相当成功的人口细分，抓住了该市场的特征与定位。
>
> 三、麦当劳根据心理要素细分市场
>
> 根据人们生活方式划分，快餐业通常有两个潜在的细分市场：方便型和休闲型。在这两个方面，麦当劳都做得很好。
>
> 例如，针对方便型市场，麦当劳提出"59秒快速服务"，即从顾客开始点餐到拿着食品离开柜台标准时间为59秒，不得超过一分钟。
>
> 针对休闲型市场，麦当劳对餐厅店堂布置非常讲究，尽量做到让顾客觉得舒适自由。麦当劳努力使顾客把麦当劳作为一个具有独特文化的休闲好去处，以吸引休闲型市场的消费者群。

7.3.2 餐饮目标市场选择

餐饮目标市场选择是在餐饮市场细分的基础上，通过评估和分析，选定一个或若干个细分的餐饮消费群体作为本企业餐饮目标市场并为他们制定相应的营销策略过程。

7 餐饮市场分析与定位

1. 餐饮目标市场选择的原则

一个餐厅是否找准了它的目标市场，餐厅营销人员还得用以下几条原则对可能成为目标市场进行衡量和评估。

（1）可衡量性。一个目标市场应当能用某种数量指标和数量单位（如市场需求量、消费者购买力等）来衡量。例如，我们用市场需求量来对当地居民这一目标市场进行定量分析。假设某饭店餐饮部估计当地居民在餐厅用餐人数每年为10万人，每年在餐厅用餐的频率为4次，每人每次的平均花费为50元，那么，当地居民对餐厅的需求量为2 000万元，还有这个目标市场的市场占有率、市场增长率以及餐厅在这个市场上的销售量、营业额等，营销人员都能利用统计图示法、均数分析法、交叉影响分析法、开平方分析法、回归法等对它进行衡量。

（2）可达性。即可接近性。也就是说，餐厅能否通过广告和其他促销手段到达这个亚市场。例如为了迎合在外吃午餐商界人士、赶在剧场开演前用晚餐的人们及其他一些珍惜时间的人，餐厅决定经营快餐。营销人员就应强调明亮的灯光照明，令人兴奋的色彩组合，开阔的店堂空间，紧凑的餐桌布局这一餐厅气氛，大做广告宣传，利用简明易懂的菜单、大众化的菜肴、快速服务等促销手段进行推销。

（3）充足性。即目标市场必须具有足够潜力使餐厅值得开发和经营，并能帮助餐厅确定营销策略，带来可观的利润。

（4）竞争不致充斥或控制该市场。所选的目标市场应能持续较长时间，具有较强的生命力而不是昙花一现。也不会因为竞争太激烈而难以在该目标市场上立住脚。如果现有的销售市场非常充足，那么一家油炸鸡店、汉堡包店和一家牛排店是不可能相互竞争的。但是在同一街区的3家汉堡包店则必定会有竞争。倘若再开一家汉堡包店，再跻身于这一目标市场，则势必削减原有餐馆的市场。结果，每个经营者都无法控制该市场，最终所分到的利益都很少。

2. 目标市场选择范围

餐厅在确定餐饮目标市场范围时应考虑：在该细分市场上能否体现企业产品和服务优势？企业是否完全了解该细分市场顾客群体的需求和购买潜力？该细分市场上是否有许多竞争对手？是否会遇到强劲的竞争对手？企业能否迅速提高在该细分市场上的市场占有率？确定餐厅的餐饮目标市场范围可采用以下五种范围：

（1）产品—市场集中化。即餐厅经营一种餐饮产品，满足某一特定细分市场。例如，销售高消费的风味菜肴，服务于高星级的商务饭店。

（2）市场专业化。即餐厅经营不同种类的餐饮产品，比如仅服务于商务饭店。例如经营广东菜肴、法式西餐及大众化的咖啡厅和中餐厅菜肴。

（3）产品专业化。即餐厅实施单一餐饮产品，服务于各细分市场。例如，餐厅在不同等级和不同种类的饭店经营不同消费水平的广东菜肴等。这种策略适用于对市场有充分了解和有专业人才和特色产品的饭店。

（4）有选择的专业化。即餐厅有针对性地经营适当种类的餐饮产品，服务于被选择的若干细分市场。例如，某饭店集团根据一定地区的三星级和四星级商务饭店，经营广东菜肴和浙江菜肴及大众化西餐。

（5）整体市场覆盖化。即企业用各种餐饮产品服务于各细分市场。例如，饭店集团根据自己不同餐饮产品组合服务于不同地区、不同消费水平和不同种类的餐饮市场。

3. 目标市场营销策略

目标市场营销策略指餐厅根据自身的资源、能力和竞争优势确定适合本企业的餐饮消费群体，然后采取措施使企业经营成功的方法。目标市场营销策略包括：

(1) 无差异营销策略。无差异营销称为规模营销，企业只考虑餐饮需求的共性，而不考虑某单一餐饮市场需求的特殊性。这种营销策略是全面覆盖的营销策略，注重市场的面，而忽略市场的点，其目的是通过大批量的经营，降低成本，获得规模效益。例如管理人员认为任何旅游和外出人员都需要在外用餐，用餐是顾客的普遍需求，只要饭店的餐饮产品质量优良，顾客满意，企业就会盈利。然而这种营销策略不能满足不同餐饮需求的顾客。随着我国餐饮市场的发展和竞争，饭店采取无差异营销策略将愈来愈困难。

(2) 差异营销策略。差异营销是餐厅根据不同顾客的餐饮需求，把整体餐饮市场需求划分为若干不同的市场需求，并为不同的细分市场制定和实施不同的营销组合。这种营销策略可避免与竞争对手短兵相接，增强饭店竞争力，可建立和维护相对固定的顾客群体，从而赢得顾客的信赖。当今许多成功的饭店认为，饭店必须在有限的餐饮市场领域内满足特定的消费群体。

(3) 集中营销策略。集中营销策略指餐厅不面向整体餐饮市场，也不将经营力量分散在若干个细分市场，而是精心选择一个或几个相似的餐饮细分市场作为目标市场，集中资源，实行专业化经营。例如会议饭店应专心经营会议餐饮、宴会餐饮及大众化中餐和西餐零点等。

7.3.3 餐饮目标市场定位

在餐饮市场细分的基础上选定目标市场后，就要进行市场定位。餐饮市场定位是指为了让餐饮产品在目标市场顾客的心目中树立明确及深受欢迎的形象而进行的各种决策及活动。通过市场定位，使餐饮经营者明白企业所处的位置，面对的是什么类型和层次的顾客，才能根据需求设计餐饮产品，展开促销活动。总之，餐饮经营的成败取决于对目标市场的研究与分析，而关键又在于餐饮的市场定位是否准确与可行。

1. 餐饮目标市场定位的过程

餐饮目标市场定位的过程大致可按以下四个步骤进行。

(1) 选择适合的客源层次。餐饮企业在进行市场定位时，要根据目标市场不同层次的顾客的不同需求进行有条件的挑选，明白不同层次的顾客的关键利益所在，有针对性地投其所好。

(2) 树立起与众不同的市场形象。在选择了具体的目标市场之后，经营者就应考虑饭店应树立什么样的形象来博取客人的好感与信赖。决策时要从客人的立场来思考问题，忧客人之忧、乐客人之乐。例如民族旅游餐厅如果能反映出浓郁的民族风情和地方特色，就能引起客人的好奇与喜欢。

(3) 宣传媒介的选择。餐厅的市场形象一经确定，就应通过宣传媒介向目标客源市场传递和宣传。宣传要注重简练、具体，强调特色和顾客能获取的好处，与此同时，挑选合适的媒介也是十分必要的。在选择时既要注意媒介在餐饮目标市场的影响力，又要注意节约广告开支。

(4) 餐饮产品的设计。餐饮产品能否被顾客接受并使客人满意是检验餐饮企业经营质量优劣的标准，也是进行市场定位需最终达到的目的。同时通过产品的魅力又可加深餐饮企业在顾客心中的地位，巩固餐饮企业所树立起的信誉。

2. 餐饮目标市场定位策略

餐饮市场定位虽然从产品开始，但这一概念的实质是建立某一饭店餐饮产品在顾客心目中的位置。因此成功的餐饮市场定位应抢先市场，提高饭店知名度和美誉度。餐饮目标市场定位策略包括：

(1) 避强定位策略。是指企业力图避免与实力最强的或较强的其他企业直接发生竞争，而将自己的产品定位于另一市场区域内，使自己的产品在某些特征或属性方面与最强或较强的对手有比较显著的区别。这种定位最大的优点是餐厅能迅速在市场上站稳立场，并能在消费者心目中树立形象。由于这种定位方式风险较小，成功率较高，常被餐饮企业采用。

(2) 迎头定位策略。是指企业根据自身的实力，为占据较佳的市场位置，不惜与市场上占支配地位的、实力最强或较强的竞争对手发生正面竞争，而使自己的产品进入与对手相同的市场位置。这一策略特点，开发本餐厅的特色菜肴、酒水、环境、设施和服务，与其他企业的餐饮产品形成区别，产品或品牌在同行业的市场上占据领先的位置和主导地位。通常，这一政策可控制较大的餐饮市场份额，从而可控制产品开发的进程和价格变动趋势。

(3) 创新定位策略。寻找新的尚未被占领但有潜在市场需求的位置，填补市场上的空缺，生产市场上没有的、具备某种特色的产品。餐厅瞄准某一竞争对手，运用各种营销组合争夺技术领先优势和市场份额，并保持一定的市场份额，突出自身的市场地位。这种策略是一种激励本企业奋发上进的定位方法，如果成功会取得到很大的市场优势。

(4) 重新定位策略。餐饮企业在选定了市场定位目标后，如定位不准确或虽然开始定位得当，但市场情况发生变化时，如遇到竞争者定位与本企业接近，侵占了本企业部分市场，或由于某种原因消费者或用户的偏好发生变化，转移到竞争者方面时，就应考虑重新定位。重新定位是以退为进的策略，目的是为了实施更有效的定位。

7.4 餐厅的选址及命名

正确有效的选址等于企业经营成功了一半。店址是餐饮企业接近目标顾客的重要手段，是理解顾客寻找行为的重要标志，那些经营成功的餐饮企业都非常注意店址的开发和店名的选择。

7.4.1 餐厅选址

成功的店铺选址直接关系到该店铺良好的经营业绩，选址不当是餐饮企业经营失败的原因之一。店址属于一项长期投资，一旦决定就较难改变。在同一商圈内，成功的选址可以为餐饮企业带来持久的竞争优势，不易为竞争对手轻易模仿，从而降低经营风险，避免经营败绩。成功的选址对于树立餐饮企业形象、提升知名度有着重要作用。合适的选址要求店址有很好的能见度、便利性和符合营建要求，无形中为餐饮企业作了很好的宣传广告。

1. 餐厅选址中应考虑的因素

在餐厅选址的过程中,必须对所选定的潜在地址的相关因素进行详细的分析,影响餐厅营业地址选择的因素从宏观上讲包括地理因素、社会因素、文化因素、经济因素和市场因素等,具体来讲包括以下内容:

(1) 地理因素。首先要明确区域规划,在确定餐厅地址之前,必须要向当地有关部门咨询潜在地点的区域建筑规划,了解和掌握哪些地区被分别规划分为商业区、文化区、旅游区、交通中心、居民区、工业区等资料;其次要知道地点特征,如餐饮企业经营所在的区域,如政治中心、购物中心、商业中心、旅游中心以及饮食服务区的距离和方向;还要了解街道形式,这个因素主要考虑到街道和交通的形式会吸引人们到这个地方来,还是他们因旅游而使人口发生移动。最后要确定交通状况,可以从公路系统和当地政府机关获得。也可以选取一天中最有意义的样本数据作为参考。

(2) 社会因素。社会因素包括消费时尚、饮食习惯等。例如对于年青白领阶层来说,从工作的压力和自己的身份考虑上,吃饭就不仅要讲究派头乐了,还要讲究情调,例如把西餐厅设在离地面较高的地方,这样不仅能拥有安静的环境,还可以让顾客在用餐的同时,能够观看城市的风景。

(3) 文化因素。文化教育、民族习惯、宗教信仰、社会风尚、社会价值观念和文化氛围等因素构成了一个地区的社会文化环境。这些因素影响了人们的消费行为和消费方式,决定了人们收入的分配方向。一般而言,文化素质高的人,对餐饮消费的环境、档次的要求比文化素质低的人要高。文化环境的不同,影响经营的规格和规模。

(4) 经济因素。经济因素主要有地区经济状况、餐厅经营的经济成本两个方面。而经济成本包括土地价格或建筑物租金、能源供应、原材料的供应及价格水平、劳动力供应状况及工资成本高低以及旅游资源。

(5) 市场因素。该地区的市场竞争状况对于餐厅选址甚为重要,一个地区餐饮行业的竞争状况可以分成两个不同的部分来考虑。一是直接竞争的评估,即提供同种经营项目,同样规格、档次的餐饮企业可能会导致的竞争,这对餐饮企业来说,是消极的。二是非直接竞争,包括不同的经营内容和品种,或同样品种、不同规格或档次的餐饮企业,这类竞争有时起互补作用,对餐饮企业是有利的。

2. 餐厅选址的原则

餐厅的选址是一项复杂的工作,在考虑上述基本因素的基础上,还应确定具体的经营场所。选择具体的经营场所应遵循下列基本原则:

(1) 目标市场原则。任何餐饮企业,都要根据目标市场,选择适当的地点,建立相应的规模,选择相应的设施设备和相应的经营内容和服务档次。例如连锁餐厅的目标市场一般是高、中档次的工薪收入的阶层,地址宜选择商业中心、居民区域和工薪阶层工作区域,经营方式上可选择快餐、自助餐等。

(2) 容易接近原则。餐厅应选择在交通便利的商业区、经济区、文化区,要尽可能的设置规模相当的停车场,方便顾客来往;餐厅应按所在地人们行进、停留的规律选址。总之,餐厅原则上应选择在顾客容易接近的地段和位置,因为顾客是以方便性来决定进入哪家餐饮企业的。

(3) 具有可见度原则。餐厅的可见度是指餐厅位置的明显程度,比如说选址的位置无论在街头、街中、巷尾,应让顾客从任何一个角度看,都能获得对餐厅的规模和外观的感知,当然这需要从建筑、装饰等几个方面来完善。一般而言,餐厅宜紧靠某条主要街道,繁华的商业区域或某个公寓区。

(4)投资预期目标原则。餐厅在选址时,除考虑外部因素外,还应考虑自身的条件,如经营品种、方式等,要以能实现预期投资目标的地点来衡量地理位置的优越程度。

■ 案例 7 - 1

例如肯德基与麦当劳(如图7-1)市场定位相似,顾客群基本上重合,所以我们经常看到一条街道一边是麦当劳,一边是KFC,这就是KFC采取的跟进策略。因为麦当劳在选择店址前已做过大量细致的市场调查,接着它开店不仅可省去考察场地时间和精力,还可以节省许多选址成本。当然KFC除了跟进策略外,它自己对店址的选择也很有优秀之处可以值得借鉴。

有了店址的评估标准和一些成功案例,我们可以就可以开发出一套店址的评估工具,它主要由下面几个表格组成:租赁条件表、商圈及竞争条件表、现场情况表、综合评估表。

图7-1 麦当劳与KFC

3. 餐厅地址的确定

(1)餐饮圈评估。餐饮商圈,意指在餐饮店坐落的地点所能够交易的范围、规模。例如,徒步可达区域的店可能是在方圆1000米以内,乡镇地区则可能是方圆3000米以内的店铺(同类餐饮店数量少、缺乏竞争等因素),视具体情况而定。从上面的定义中可以比较清晰地了解商圈的含义,但对于具体的餐饮店而言,商圈并不仅仅用如此简单的概念就能诠释,这还要求我们掌握一定的评估方法。

一个地方是否适合开店,需要从多方面权衡,要考察店铺的地理位置是否便利,人与车的主要动向和总体流量,地点的可接近性,以及视觉和其他感官效果等。我们通过调查,掌握商圈内消费者的分布情况,包括数量、质量、结构、消费能力及就餐动向大体计算出餐饮店商圈范围内的住户数、消费水平、客流量,在此基础上研究消费者的一般需求特点和就餐规律,从而粗略估算餐饮店未来能够达到的营业额。由于住宅区的顾客群较为稳定,而且随着经济发展,越来越多的人没有时间和精力自己在家下厨,到餐饮店就餐就成了他们的首选。同时,这部分人群有一定的消费能力,容易给餐饮店带来稳定的收益。所以通常餐饮店会在住宅区周围选择店面,当然也要合理的考虑交通主动脉的配合,因为

增大外来客源也是增加营业额的有效途径。

由于一些法规要求，不允许在住宅小区内开店，因此也不一定强求把餐饮店设在住宅区内，一般情况下，只要保证商圈内有3000以上的生活人口存在，而且其步行时间在10分钟以内就可以达到预期的效果。国外比较成熟的商圈通常以店铺所在点为中心，半径1000米较为普遍，目标人群在2600~3000人之间，如果以家庭户数算，每户3.6人，则家庭数在722~833户之间。

① 消费能力评估。虽然商圈内的人口数一定程度上决定着他们的消费能力，但有时并不能完全代表餐饮店能吸引的有效客流。这还取决于商圈内的家庭状况、人口密度、客流量、购买力等多种因素。

家庭状况。商圈内家庭构成决定了未来餐饮店的类型。新时代的人越来越注重自己的饮食结构，提倡营养与口味的协调，崇尚多功能的饮食。对于一个由年轻人组成的两口之家，饮食就会偏重于色泽和口味，而在一个有独生子女的三口之家的家庭中，饮食选择主要是以孩子为中心来进行的，因而更注重营养与卫生，家庭成员的年龄与性别也会对商品需求产生影响，老龄化家庭的饮食多倾向为保健、营养等，女孩子多的家庭饮食重点就多半会放在素食和餐厅的浪漫氛围上。

广义的家庭，也包括企业、学校、医院等，不同类型的企业和单位，其对餐饮种类的需求不同，可以根据他们从事职业的特征、收入状况和消费水平安排相应的饮食和相关服务项目。有些地区外籍人士相对较多，也可以根据他们的饮食习惯，消费能力设定适合他们的餐饮。

人口密度。人口密度通常以每平方公里人数或户数乘以平均每户人数来衡量，一般来说，人口密度低的地区顾客光临的次数少，人口密度高的地区，顾客光临的次数就多。通常相同类型的餐饮店之间会有一定距离，大部分人会选择距离自己居住地近的，适合自己消费水平的店面就餐，人口密度大的地区就餐人数多。因此，在人口密度高的区域所设的店面规模可相应扩大，以适应就餐需求。

客流量。客流分为当下客流和潜在客流。餐饮店选择开设地点总是选在当下客流最多、最集中的地点，以使多数人能够就近用餐。在评估地理条件时，必须要认真测定经过该地点行人的流量，也就是未来餐饮店的潜在客流量。一般潜在客流量多的地方如地铁站、公交车站、学校、医院、影剧场以及游览地附近会有更大的商机。另外，办公楼附近也是设店的有利地址。

车流动线。店铺应选择在车流动线较多的地方，车流动线指车辆行走时的移动路线。如在十字路转角处附近的店铺，其车流动线有四条；位于双向车道马路的店铺有两条车流动线处在单向车道马路的店铺则只有一条车流动线。车流动线的多少会决定此地的人流量。车流动线越多，人流量越大。而人流量的大小同该地上下车人数也有较大关系。上下车乘客人数的调查重点为：车站上下车乘客人数历年来的变化。上下车乘客人数越多的地方越有利。上下车乘客人数若减少，在又无新的交通工具替代的情况下，商圈人流也会减少。

消费能力。商圈内家庭和人口的收入水平决定了他们的消费水平，而消费水平又影响着未来餐饮店销售额的高低。通常是通过入户抽样调查获取家庭人均收入水平情况。

② 商圈的竞争评估。在做商圈竞争评估时必须考虑这样一些因素：现有餐饮店的数

量、现有餐饮店的规模分布、新餐饮店开张率、已开餐饮店的优势和劣势、短期和长期变动以及饱和情况等。餐饮店过少的商圈，只有很少餐饮店提供满足商圈内消费者需求的服务；餐饮店过多的商圈，竞争过大，以致每家餐饮店都得不到相应的投资回报；商圈的饱和指数是对是否可以在此商圈开店的重要参考指标。

饱和指数计算公式：

$$IRS = C * RE/RF$$

式中：IRS——商圈的餐饮消费饱和指数

　　　C——商圈内的潜在顾客数目

　　RE——商圈内消费者人均餐饮消费支出

　　RF——商圈内餐饮店的营业面积。

假设在一个商圈内有 1 万个家庭，每周在饮食方面支出 200 元，共有 10 个店铺在商圈内，共有 10000 平方米销售面积，则该商圈的饱和指数为：IRS ＝ 10 000 * 200/10 000 ＝ 200 饱和指数越大，意味着该商圈内的饱和度越低；饱和指数越小，则意味着该商圈内的饱和度越高。一般说来，餐饮店要选择饱和指数较高，饱和度较低的商圈开店。

(2) 商圈的划分与选择。

① 划分商圈。计划进入某城市，要先通过有关部门或专业咨询公司收集这个地区的资料。把资料准备齐全，就可以开始规划商圈。根据收集到的资料按照消费者的数量、质量、结构、消费能力、流量、客流状况、客流方向、客流速度为依据，规划出适合本店的商圈。下面介绍两种商圈的设定方法。

真空法：在地图上以店面位置为中心，用圆规划个圆圈，然后在圆圈内根据家庭数目，算出可能的消费额。对于现在的竞争性店面，计算其大约的营业额，剩下的部分即为本地基本营业额。

类推法：商圈大部分都因为交通或地形的影响而呈现水波状。顾客跨越其经常活动的区域而到其他区域的餐厅中用餐的比率并不大，所以人口稀少的地方，就是商圈的界线。接着就需要对竞争店附近、闹市区及美食街的消费者，进行当面的问卷调查，将顾客的来回路径及位置在地图上标注出来。接着在地图上以本店为中心，按比例画出半径如 500米、1000 米、5000 米的圆圈，决定每一圆圈的人口数并计算平均每人的消费额，将画得的地区，顺序分为 1、2、3 级商圈，即主要商圈、次要商圈和边际商圈，了解顾客主要来源的位置，作为积极推广与促销的重点。

商圈构成如图 7-2 所示。

图 7-2　商圈构成

主要商圈：包括55%~70%的顾客
次要商圈：包括15%~25%的顾客
边际商圈：包括约5%的顾客。

② 选择商圈。即确定目前重点在哪个商圈开店，主要目标是哪些。在商圈选择的标准上，一方面要考虑餐厅自身的市场定位，另一方面要考虑商圈的稳定度和成熟度。餐厅的市场定位不同，吸引的顾客群不一样，商圈的选择也就不同。

商圈的成熟度和稳定度也非常重要。比如城市规划发展新区，在这个区域的核心位置选择一个地方设立店址，将来这里有可能成为成熟商圈，但一定要等到商圈相对成熟稳定后才进入。过于着急进入，可能会造成店铺亏损。投入一家餐饮店前期投入不是小数目，所以要尽量避免这种风险，要遵循稳健的原则。

(3) 聚客点的测算。

① 确定这个商圈内最主要的聚客点位置。例如，厦门的禾祥路是很成熟的商圈，但禾祥路上不是所有的位置都是聚客点，所以开店的原则是：争取在最适合开店的地方及其附近开店。

古话说"一步差三市"开店地址差一步就有可能差三成的买卖，这跟人流动线（人流活动的线路）有关，转弯，岔路，都可能造成人流量的变化，看似路程上差不了几米的距离，但生意却差了很多，这些在选址时都要考虑进去。人流动线是怎么样的，在这个区域里，人从地铁出来后是往哪个方向走等，这些都需要前期对人流量进行测量，有完整的数据分析之后才能据此确定地址。

② 分析竞争对手所在位置是否会分流客源。例如，某个社区的马路边有一家成都火锅店，客流主要自东向西走。这时候在这家火锅店西边再开一家类似的火锅店就不妥当了，原有的这家成都火锅店会分流你的客源。

7.4.2 餐厅的命名

餐厅的名字代表着餐厅的一种特别的形象意义，当今市场竞争非常激烈，起一个好的店名不但可成为餐厅的广告，从营销策略和品牌战略上都可以成为财富。餐厅命名的思路要从餐厅定位、目标客户、主营产品、装修风格、整体色系等方面着手。

1. 餐厅命名的原则

(1) 符合法律规定。给餐厅命名切记不要触犯有关法律的禁忌。如果起的名有政治意识反倾向，就会使顾客产生误解，如"东洋餐厅""民国小吃城"、这些店名都是禁用的，因为它们会对社会造成不良的影响。

(2) 符合《企业名称登记管理规定》。餐厅店面不管起什么样的名字，首先要符合名称管理规定，名称不得含有下列内容和文字：有损于国家、社会公共利益的；可能对公众造成欺骗或者误解的；外国国家（地区）名称、国际组织名称；政党名称、党政军机关名称；群众组织名称、社会团体名称及部队番号；汉语拼音字母（外文名称中使用的除外）、数字；其他法律、行政法规规定禁止的。

(3) 易看、易听、易念、易写、易记。一个好的名称最起码的要求是，写出来好看好认，叫起来响亮好听，想起来寓意深刻、回味无穷。尽量不要用有谐音、可联想其他字、容易造成混淆的店名；尽量不要用难懂的字，以免使顾客感到困惑；尽量要达到：笔画少、字数少、排除难词；尽量使店名具有联想性，可以帮助记忆。

(4) 命名切记太俗。有些名字不但听起来叫人不那么舒服，而且太俗显得没有文化修养，甚至有些店名会让顾客产生误解。比如："威虎山土匪烤鸭店""吃不了兜着走餐馆"。对于那些不能产生良好效果的店名，应尽量不予起用。

(5) 命名要名副其实。起名不能太大或太离谱，顾客进门会大失所望，回头客就少了。不要把本来规模不大档次一般的餐厅，起名为某某饭店、某某大厦。还有些餐厅在起名时费尽了心思，总想与名牌餐厅混淆，采用移花接木以及音同字不同的手法起店名，如"谭佳菜"与谭家菜，"全聚得烤鸭店"与全聚德烤鸭店，"大全梨烤鸭"与大鸭梨烤鸭等。要防止发生侵权嫌疑。

2. 餐厅命名的方法

(1) 以姓氏命名。无论是东方还是西方，大多数餐饮企业都是以人名或地名命名的。如世界著名的麦当劳是以制作汉堡包的两兄弟的姓氏命名的。以人名给餐饮企业命名，会给顾客一种亲切感，这对于中小型餐饮企业尤其显著。用姓氏为餐厅起名在我国早已有之，如谭家菜（如图7-3）、钟水饺（如图7-4）、馅饼周等。

图7-3 谭家菜

图7-4 钟水饺

(2) 以地名命名。以一个城市的区、县或街巷甚至一处地点命名的餐馆也不为少见。以地名命名的餐厅，会让人感受到融融乡情，好处是突出地区，了解餐馆的地理位置和方位，就餐更容易找到。比如，正阳门酒楼（如图7-5），一般应在前门大街周边，再如地安门小吃店、新街口（如图7-6）饭店即必定应该在地安门一带和新街口周围。

(3) 以风味命名。有些餐厅起名不但有姓氏、地区，往往最主要的还是尽量突出自己的经营内容和具体的风味特色。如创始于20世纪40年代龙抄手，当时成都春熙路"浓花茶社"的张光武等几位伙计商量合资开一个抄手店，取店名时就谐"浓"字音，也取"龙凤呈祥"之意，定名为"龙抄手"（如图7-7）。

(4) 以文学名句命名。如名闻中外、有160年历史的名餐馆楼外楼就是从南宋诗人林升《题临安邸》"山外青山楼外楼，西湖歌舞几时休；暖风熏得游人醉，直把杭州作汴州"诗中得到启发而取为"楼外楼"（如图7-8）。而"杏花村"酒楼使人联想到"借问酒家何处有，牧童遥指杏花村"的诗句。

图7-5 正阳门

图7-6 新街口

图7-7 龙抄手

（5）以历史典故命名。中国地大物博，风土人情也各异。所以，在餐馆取名时一定要认真了解并充分考虑当地的历史地理、风俗习惯等因素。例如"天天过年"是山东临沂最

7 餐饮市场分析与定位

图7-8 楼外楼

著名的饺子店之一，1995年其创始人开设第一家水饺店时，想到的是旧社会的临沂人民生活十分贫困，只有在过年的时候才能吃上水饺，而现在生活好了，水饺成了家常便饭，每天都可以吃，所以取名"天天过年"（如图7-9），以表达对美好生活的祝福。这店名取自临沂的历史典故，具有浓郁的临沂本土风情，易勾起本地人的回忆。

图7-9 天天过年饺子馆

除以上几种给餐厅命名的方法以外，还有许多值得提的内容供参考。如以一至十从百至千的数字起名法；还有选用方位起名法，如东、南、西、北、中、上、下、左、右等；还有用寓意起名法，如福、禄、寿、喜等。当然还可举出许多命名的方式方法，但所起的店名要与餐馆的具体内涵有关联并切合实际为好。

本 章 小 结

餐饮市场有着庞大的顾客人群，从理论上讲，地球上有多少人口，餐饮市场的潜在顾客就有多少。一个餐饮企业是无论如何无法同时满足形形色色消费者的消费需求的，因此，就必须在了解餐饮消费者的需求的前提下，从本企业所处的地理位置、经营环境等状况出发，在进行广泛市场调研分析的基础上，掌握餐饮市场预测的步骤和方法，进行有效的市场细分。通过细分市场，有利于餐饮企业合理地选择目标市场，集中力量提供有特色的产品和服务，更好地为目标客户服务。接着根据餐饮企业目标市场的定位，进行餐厅的选址与命名。不过市场定位、竞争对手并不是固定不变的，由于大市场环境变化、区域市场牌局重洗、竞争对手更迭、企业战略整合等原因，餐饮市场定位有时也必须根据新的形势重新来过。

思考与练习

一、判断题

1. 餐饮消费者需求是不受制约的，它来自于生活条件人们的思想意识观念伦理道德的制约。（　　）
2. 营养是指客人用餐时，对菜肴或其他食品产生的总的感觉印象，它是刺激对食物挑选的最重要的因素。（　　）
3. 市场预测是应用科学的方法，系统全面准确及时地收集整理和分析市场现象的各种资料的过程，是有组织有计划地对市场现象的调研研究活动。（　　）
4. 餐饮市场发展趋势预测，按时间长短可分为长期中期和短期预测三种。（　　）
5. 区域特征包括人口数量年龄性别家庭人数收入职业教育宗教社会阶层和民族等。（　　）
6. 影响餐厅营业地址选择的因素从宏观上讲包括地理因素社会因素文化因素经济因素和市场因素等。（　　）
7. 成功的店铺选址直接关系到该店铺良好的经营业绩，选址不当是餐饮企业经营失败的原因之一。（　　）

二、选择题

1. 餐饮消费者需求的特点有（　　）。
   A. 多样性对象性　　B. 发展性周期性　　C. 不变性永恒性　　D. 选择性制约性
2. 下面哪些（　　）属于餐饮消费者的生理需求。
   A. 风味安全　　　　B. 卫生营养　　　　C. 质量　　　　　　D. 便利气派
3. 餐饮市场调研中经营的外部环境不包括（　　）。
   A. 国家政局的稳定性　　　　　　　　B. 餐厅经营的发展趋势
   C. 当地的经济发展水平发展方向　　　D. 自然气候地理条件治安状况
4. 询问法是餐饮企业市场调研的一种方法，它包括（　　）。
   A. 行为记录法　　B. 集体问卷法　　C. 访问面谈法　　D. 电话询问法
5. 餐馆厅将个别菜肴的价格调高或调低，观察或访问消费者的反映，来判断价格变动后对销售量的影响属于餐饮市场调研中（　　）法。
   A. 询问　　　　　B. 观察　　　　　C. 实验　　　　　D. 资料分析
6. 餐饮市场细分标准包括（　　）。
   A. 反应敏感　　　B. 规模可观　　　C. 界限明确　　　D. 量力而行
7. 餐饮市场按行为特征进行细分，可以将餐饮市场分为（　　）餐饮群体。
   A. 习惯型　　　　B. 瞬时型　　　　C. 计划型　　　　D. 合作型
8. 餐厅的选址是一项复杂的工作，应确定具体的经营场所。选择具体的经营场所应遵循下列哪些（　　）原则。
   A. 目标市场　　　B. 具有可见度　　C. 容易接近　　　D. 投资预期目标

三、简答题

1. 什么是市场调研？餐饮市场调研的内容包括哪些方面？
2. 餐饮企业在经营过程中，进行餐饮企业市场调研的方法有哪些？
3. 餐饮市场细分依据有哪些？

7 餐饮市场分析与定位

4. 餐饮目标市场定位的过程大致可按以下哪几个步骤进行？
5. 通常餐厅的选址按哪几步骤进行？
6. 餐厅命名的方法有哪些？
7. 在餐厅选址的过程中，必须对所选定的潜在地址的相关因素进行详细的分析，影响餐厅营业地址选择的因素有哪些？

四、论述题

1. 餐饮消费者的需求会受到各种因素的影响，请分别列出餐饮消费者的生理需求和心理需求。
2. 餐饮市场细分是根据顾客的购买愿望购买需求和购买习惯的差异性而实施的。其作用有哪几个方面的体现？

五、实训任务

考察学校周边的环境，找出此区域内最大的餐饮消费群体，根据其消费需求，为一家餐厅进行市场定位。

六、案例分析

案例1：

上海的香香餐厅最近被炒得滚烫，出了大名，生意兴隆。早前的香香餐厅也是面向大众的，一直经营面条，豆浆油条，生煎等，生意颇兴。几年前，它进行了一次大规模装修，竣工后便想上档次，将大众化早点取消，改为经营当时颇为时髦的三黄鸡，但顾客却寥寥无几，一招不成又换一招，再次装修成了灯光诱人环境雅致的小餐厅，经营较高档次的酒菜火锅等，还配上了卡拉OK设备，但事与愿违，生意惨淡，二次装修投资付诸东流。最后，它终于下定决心简单整修后，专营生煎馒头与油豆腐细粉汤——典型有大众化，结果却出现了意想不到而人合乎情理的结果。它每天早上7点至晚上10点，连续不断供应生煎馒头，在香香餐厅买上两个生煎3元加一碗汤3元，合计6元，任何时间顾客都要排队，成了一大景观。而早点的这笔开支，占人们全月收入的0.3%—0.5%。在此基础上，它又连续开出三家连锁生煎馒头店，开一家成一家，生意甚是鼎盛。

请思考：香香餐厅取得成功的关键是什么？给你带来了什么样的启示？

案例2：

郑州有一家连锁的餐饮小吃店，名为"姐弟俩"土豆粉，创建于2001年，经过10多年的发展，在全国各地发展的加盟连锁店已达数百家。它主要的消费群体是休闲族和逛街族，其光临的目的有解馋约会聊天休息等。这类小吃店具有显而易见的8大优势：1. 好吃又不贵，人人吃得起；2. 品种丰富，口味多样；3. 绿色天然，营养保健；4. 购买方便快捷；5. 持续性消费；6. 老少皆宜；7. 投资小，回报快，利润高，劳动强度低；8. 无须经验，上手快，轻松即可经营。姐弟俩还对加盟者就经营定位开店的面积位置店面条件装修风格培训周期都有具体的安排。

请思考：这种小型的餐饮店它的选址应该在哪些区域？在经营中还需注意哪些方面？

8 餐饮产品及营销策略

问题引入

1. 说说您遇到过的餐厅的促销方式。
2. 您想知道菜单上菜肴的价格是怎么制定出来的吗？
3. 您有足够的信心来推销餐饮产品吗？

内容导读

餐饮产品的生产制作、餐饮服务人员的服务劳动，最终都只有通过有效的餐饮产品销售业务管理，才能完成产品到商品的转变。俗话说："深藏国中人不知，"酒香不怕巷子深的年代已经过去了，餐饮产品只有通过营销活动才能实现其价值。餐饮营销是指在市场调研基础上的适应市场、占领市场与创造市场的业务活动。抓好了餐饮销售管理这一环节，就能使餐饮生产的产量、品种进入规范、有序的状态，生产出适销对路的产品；同时能够促使企业根据市场的变化，确定相应的价格水平，也能让企业在市场中调整自己的经营策略和服务方法。那么，餐饮企业究竟应通过怎样的方式与手段来推销自己的产品？怎样让餐饮促销活动与众不同，吸引顾客注意力？怎样让餐饮形成良好的口碑，并让顺客理解、认同并产生喜爱？这就是本章试图想要回答与解决的问题。

学习任务

1. 了解餐饮产品定价的影响因素
2. 了解餐饮产品销售分析
3. 熟悉餐饮产品定价程序
4. 熟悉餐饮产品价格策略
5. 掌握餐饮营销策略

8 餐饮产品及营销策略

开篇案例

最是一年春好处

有一年春节期间,某饭店宽阔的广场矗立起一座巨大而夺目的花坛。斗春的花儿,在凛冽寒风中争奇斗艳,以春之使者的风范,恭迎着每一位光临的客人。从那天起,人们春节里又多了一个绝妙的春游佳景——到饭店赏花、看花展。

饭店举办此次画展,主要是针对春节营业淡季以吸引周边客人消费。一段时间以来,赏花的客人络绎不绝,中餐早茶的生意也随之兴隆,大有春之若至花招来之势。

带你走进今日课堂

8.1 餐饮产品的含义

餐饮产品是指餐饮企业向社会提供的,并且能满足人们需要的实物产品和无形服务的总称,包括产品的色彩、形状、构成、质量、服务等。

8.2 餐饮产品的特性

8.2.1 餐饮产品的有形性

顾客到餐厅消费餐饮产品时,他们要消耗饮食品,以满足生理的基本需要。饮食品是有形的实物,顾客在消费时是以交换的方式使饮食品的价值转移。

8.2.2 餐饮产品的无形性

顾客在消费饮食品的同时需要辅以相关的服务。服务质量的高低决定于顾客的感觉,属于无形的。服务虽然不是实物,但有价值,也是通过交换的方式转移价值。这说明,餐饮产品又具有无形性。需要强调的是,消费者对餐饮产品无形部分的需要有不断扩大的趋势。餐饮产品的无形部分越来越常见地成为理智消费者选择餐厅的根据。

8.2.3 餐饮产品是有形与无形有机结合的整体

餐饮业发展到今天,其产品已经是有形与无形结合的整体。

一家餐厅所提供的产品由菜单展示。由名菜美点和经营者的智慧组合而成的菜单是餐厅餐饮产品的一个标志,是无形与有形结合的产物。现代的餐饮产品不单单是饮食品,也不是简单的饮食品加服务,而是服务对饮食品的配合。可以说,餐饮产品是由饮食品、服务、环境体现的企业形象。消费者要从餐饮产品消费的过程中同时获得物质和精神的满足;稍有不满,便会转向别家产品。

8.2.4 消费地点的规定性

一般来说餐饮产品是在餐厅就地消费的。即使是上门烹调,餐饮产品也是被客人就地享用的。消费地点的规定性决定了餐厅同时接待顾客的人数是有限的。

8.2.5 消费的时限性

消费者每次的餐饮消费都要耗费一定的时间来完成整个就餐过程。餐饮产品每天的销售次数大致可根据餐厅的营业时间与消费者的平均就餐时间来计算。

8.2.6 重复消费性

只要消费者对餐饮产品满意，那么他的消费是重复的。重复率越高对经营者越有利。因此，经营者千方百计去争取回头客。

8.2.7 需求的持续性

作为一般意义的餐饮产品，社会将在很长的时间内仍然是需要的，消费者满意的餐饮产品能在市场上保留下来。另外，餐饮产品需求的持续性又可表明餐饮产品的生命周期是可以延长的。某些一时不受欢迎的产品如果进行改进或调整，它们的生命周期有可能延长。

8.2.8 餐饮产品的文化性

不管是厨房产品，还是就餐环境和员工服务，都承载了丰富的地域特色文化，这种文化从菜点风味与命名、餐厅的装修、员工服饰与礼仪等都能体现出来。可以说，一个餐厅的饮食文化是其餐饮产品的灵魂。

8.2.9 餐饮产品的多功能性

餐饮产品不仅能满足人们的基本生理需求和对地域饮食文化的需求，还具有社交功能、商业功能和休闲功能等。借助就餐，人们可以增加相互的交流和认识，可以谈生意做买卖，还可以在这里舒缓情绪、娱悦身心。

8.2.10 餐饮产品的可组合性

餐饮产品的可组合性体现在以下三个方面：第一，从菜点的创新来看，餐饮原料与烹调加工方法的不同组合可开发许多新菜点；第二，从宴席的开发来看，同样的菜点用不同的组合与包装方式（如命名、盘饰、形状等）可以开发许多的宴席；第三，菜点、宴席与就餐环境、员工服务等的相互改进与组合，将会给顾客提供更多不同特点的餐饮产品。由于餐饮产品的可组合性，有利于餐饮企业进行产品的开发创新，故餐饮企业不仅要保证老产品的传统和特色，还要适时推出新产品，以满足顾客新的需求，并增强自己的竞争力。

8.3 餐饮产品的生命周期

8.3.1 餐饮生命周期含义

餐饮产品与其他产品一样，也存在市场寿命，存在导入期、成长期、成熟期和衰退期四个阶段的生命周期。但是，由于餐饮产品的构成比较复杂，特性与其他产品不同，因此，对餐饮产品生命周期的观察方法、判断标准也就与其他产品有所不同。餐饮产品生命周期的描述指标除了销售量（销售额）外，还可以利用人均消费额、座位周转率或接待人次和销售份数等指标。

8.3.2 区分生命周期阶段指标依据

区分阶段的关键是选取合适的描述指标。餐饮产品的复杂性使得选取描述指标也是复杂的。

1. 基本指标

描述餐饮产品生命周期的基本指标是餐饮销售额。餐饮销售额主要包括菜肴、点心、主食、饮料等销售的金额。

2. 分解指标

由于餐饮产品有自己特殊的性质，反映其生命周期所处阶段除消费额指标外，还可以有人均消费额和座位周转率等等指标，均称为分解指标。

人均消费额叫人均消费标准。人均消费额反映顾客的消费水平，是顾客对餐厅所提供的餐饮产品质量认可和满意的程度。当餐饮产品由较低的人均消费额转向较高的人均消费额时，餐饮产品在顾客心目的地位是在提升，反之，则是在下降。

座位周转率与接待人次同是反映接待顾客量的指标。座位周转率比较容易清晰地反映接待顾客量的变化状态，故在作分析研究时更常用一些。接待顾客量高低的变化能反映餐饮产品知名度、被接受认可的广泛程度、美誉度的变化。人均消费额和座位周转率这两个指标不受营业规模扩大或减少所影响，因此具有一定的通用性。

餐饮销售额由人均消费额、座位数、座位周转率和营业天数等几个因子总合而成，属数量性质的指标。因子间此增彼减的平衡抵消使得它反映餐饮产品市场状况的灵敏度、准确性都不会很高。在实际中，有不少的企业就因销售额数据没变化的表象而失去警觉的。而人均消费额、座位周转率对餐饮产品市场寿命的反映就会比较灵敏，比较直接。

3. 辅助指标

在现代餐饮经营管理中，餐饮经营者会经常观察菜点饮料哪些好销，哪些不好销。好销的留下来，不好销的淘汰。这种做法是企业对自己产品生命周期所作的初级分析。餐饮产品品种多，结构复杂，需要建立一个专用的产品生命周期分析系统，把这件繁重的工作变为简单的常规工作。建立这个系统需要用到的是销售份数的指标（或实物的单位数，如公斤、克、只、条等等）。我们把这个销售份数指标叫作辅助指标，它可从一个侧面来分析餐饮产品的市场寿命状况。这类指标的运用与一般实物产品指标运用相同。

4. 指标计算的注意事项

（1）餐饮产品的人均消费标准会受到社会经济发展状况的影响。如果社会经济发展有异常变化，人均消费标准也将表现出异常状况。分析时需要剔除影响因素。

（2）快餐厅供应的品种有的单一有的多样，有的供应正餐，有的兼营小吃，情况比较复杂，座位周转率的高低需要根据具体的情况具体分析。

（3）短期的座位周转率的上升不能证明顾客对餐饮产品的接受。

（4）餐饮企业同时接待顾客的人数是有限制的。接待量超过了负荷服务质量就可能下

降,餐厅的声誉就会受到影响,后果将是十分严重的。因此,为了准确判断指标的变化,应当引入目标指标的概念,即餐饮企业应根据市场定位、餐位数、对客源容量变化幅度的估计、对人均消费标准变化幅度的估计等因素,制定销售额、座位周转率的目标指标,以目标指标作为标准作出上升或下降的判断。在超过目标指标后的上下变化可视作无变化,特别是不要把这些变化用作餐饮产品生命周期阶段转折的依据。

(5)一年中,大多数的餐饮食肆都有旺淡月份之分。如果按月份、按季度或按半年来统计数据的话,应该剔除季节因素。

8.3.3 餐饮产品生命周期中的营销策略

1. 引入期

引入期产品是餐饮企业的新产品,对新产品的市场营销一般着重考虑价格和促销两个因素。高价格和低价格与高促销和低促销经组合共有四种策略。

(1)快速撇脂策略。以高价格和高促销的市场的营销组合推出新产品采用这种营销策略的目的是为了以最快速度获取利润。这里将利润比喻成牛奶表面的奶油层,所以该策略叫作"撇脂"。快速撇脂策略适用的条件:餐饮产品的目标市场的知晓度极低;一旦消费者知道这种产品就会有强烈的愿望消费它,并有相应的支付能力;餐饮企业有能力尽快建立顾客的品牌偏好,以应对可能迅速招致的竞争者。

(2)慢速撇脂策略。以高价格和低促销的市场的营销组合推出新产品高价格是为了撇脂获利,低促销费用是为了节约市场营销成本。由于促销力度小,产品渗透市场的速度就慢。快速撇脂策略适用的条件:市场范围不大,只需要较低促销费用就可以充分传播新产品的信息;目标市场顾客绝大部分都知道该产品;对该产品有购买意向的顾客愿意支付高价并有支付能力;竞争者介入有一定困难,不容易引发激烈竞争。慢速撇脂策略的适用条件以高促销和高价格的市场营销组合推出新产品。

(3)快速渗透策略。低价格容易吸引更多的消费者购买,所以向市场的渗透能力强,而且由于较高的促销费用投入,渗透速度可能很快。快速渗透策略适用的条件:市场范围大;新产品在目标市场上知晓度很低;目标市场消费者对该产品的价格敏感;在竞争中较多的市场上;能够通过销量的提高迅速降低成本。快速渗透策略的使用条件以低价格和低促销的市场的营销组合推出新产品。

(4)慢速渗透策略。低价格的市场的渗透力强,低促销不易引起人们的关注,两者的组合使产品具有慢速渗透的特征。慢速渗透策略适用的条件:市场范围大;目标市场消费者大多知晓和熟悉该产品;目标市场消费者属价格敏感型,即价格弹性较大;具有一定的潜在竞争者。慢速渗透策略适用的条件。

2. 成长期

(1)改进和提高产品质量。主要是改进菜品和服务两个方面的质量。

(2)寻找新的市场细分。通过进一步细分市场或对现有细分市场进行重新分析,确定商品尚未满足的顾客群,迅速进入这一新市场。连锁企业的新店开发就是这一策略的使用。

(3)改变广告宣传的重点。一方面,餐饮企业的广告从介绍传达产品信息转为说服和讯到消费者接受和购买产品;另一方面,将广告重心转到宣传产品形象上,逐渐树立产品品牌。

（4）对于价格敏感型的市场采取适当的减价餐饮企业由于接待能力有限，所以只有当接待量有剩余时才能使用此策略；或在同一地区开分店时适时使用降价策略；对餐饮企业的外卖产品，完全可使用此策略。

3．成熟期

成熟期的市场营销重点是保持已有的市场占有率，有能力的话进一步提高市场份额。

（1）市场改良市场改良通过增加购买人数和增加顾客消费量进行，其目的是增加市场份额。可采取的策略有：寻找新的顾客或转变非使用者；进入新的市场细分；争取竞争对手的顾客；寻求能够刺激消费者、增加产品使用率的方法。

（2）产品改良。成熟期产品的改良也是保持和扩大市场占有率的有效途径，重点从菜品、服务、流程等方面加以考虑。

（3）市场营销组合的改良。价格。成熟期尚有接待容量的情况下，可考虑适当降低价格或采用较大的数量折扣，也可考虑增加免费的服务项目；广告。重新检查原有广告的有效性，通过调整广告的诉求，重新激起顾客的关注；成熟期的产品需要更加灵活的促销方式及不断创新的促销方法，这样才能激起消费者继续选择产品的热情。如采取"集点优惠""消费排名"等促销活动。

4．衰退期

面对衰退期的产品，餐饮企业应根据自己的市场营销能力和实际市场状况，绝对继续还是退却。

（1）继续策略。继续延续成熟期的原有策略，既不增加投入也不减少投入，继续原有目标市场的经营，直至完全退出市场。

（2）收缩策略。大幅度降低促销水平，尽量减少销售和促销费用，以增加目前的利润。这种策略有可能导致产品加速衰退，但仍能从重视与该产品的顾客中继续得到利润。

（3）放弃策略。对于衰落比较迅速的产品，应当机立断，放弃经营。

8.4　餐饮产品的价格管理

餐饮产品的价格是否合理，对产品的销售、企业在市场中的竞争力及市场占有率、企业的营业收入和利润等都会产生极大的影响。因此，价格历来是企业经营管理中最敏感的问题，必须引起餐饮企业管理者的高度重视。

8.4.1　餐饮产品定价的影响因素

餐饮企业在制定产品价格时的影响因素很多，餐饮企业的管理人员必须予以认真、充分的分析研究，才有可能制定出有利于企业生存与发展的合适的餐饮产品价格。影响餐饮产品定价的因素一般说来可分为两大类，即内部因素与外部因素。

1．影响餐饮产品定价的内部因素

影响餐饮产品定价的内部因素是指餐饮企业在定价时自己有能力控制的因素，如成本和费用、餐饮产品、档次、原料、工艺、人力资源、经营水平等。

（1）成本和费用。任何餐饮企业经营的最基本要求即餐饮产品的价格必须高于其成本和费用，只有这样，餐饮企业才有利可图，因此，成本和费用是影响餐饮产品定价的最基本因素。从餐饮企业的实际经营活动看，餐饮企业总的成本和费用中占较大比例的是固定成本和变动成本，不同的成本结构对企业的营业收入和利润的影响较大。表8-1说明了餐饮企业的成本、营业收入和利润之间的相互关系。

表8-1 餐饮企业成本、营业收入和利润的关系　　　　　　　　　　　单位：元

	甲餐饮企业		乙餐饮企业		丙餐饮企业	
	正常收入	增收10%	正常收入	增收10%	正常收入	增收10%
营业收入	100 000	110 000	100 000	110 000	100 000	110 000
固定成本	30 000	30 000	35 000	35 000	40 000	40 000
变动成本	55 000	60 500	50 000	55 000	45 000	49 500
总成本	85 000	90 500	85 000	90 000	85 000	89 500
利润	15 000	19 500	15 000	20 000	15 000	20 500
增减率	30.00%		33.33%		36.67%	

从表8-1可以得知，在营业收入变化相同的情况下，如果固定成本所占的比例较大，则餐饮企业的利润增幅也较大；反之，如果变动成本所占的比例较大，则餐饮企业的利润增幅就较小。

(2) 餐饮产品。产品是企业定价的基础，只有优质的产品才能吸引消费者前来购买，当某些产品成为一种品牌时，定价就变得很容易。餐饮产品丰富多彩，知名度和美誉度较高，这些餐饮企业的定价工作比较得心应手，且具有很强的竞争力，企业的经济效益也有较充分的保证，价格高且赢利大。西方一些专家、学者经过研究后认为餐饮产品由五个部分组成，每一个部分都可能给消费者带来满足或不满足。构成餐饮产品的五个部分为：地理位置、设备与设施、服务、形象和价格。

(3) 档次。餐饮企业档次的高低直接影响餐饮产品的定价水平。

> **案例8-1**
>
> 某地的一家五星级饭店的餐厅菜单上有一款名为"上海猪柳面"的点心，其描述性说明为："配以猪肉丝、香菇和绿叶蔬菜，用鸡汤煮制的新鲜面条"；售价65.00元。

(4) 原料。餐饮原料对价格的影响显而易见。如市场上普通的养殖甲鱼售价为28.00元/千克，而野生甲鱼的售价却高达360.00元/千克。原料成本不同，其定价必然不同。

(5) 工艺。餐饮产品的制作工艺对定价水平的影响也非常大。一般说来，工艺复杂的菜肴，其销售价格较高，而工艺相对简单的菜肴，其销售价格则较低。

(6) 人力资源。餐饮企业人力资源数量的多少和质量的高低势必会影响其定价水平。因为这涉及到餐饮企业的经营费用。如果餐饮企业用工数量较多，为保证其正常的赢利水平，其定价水平必然较高；如果餐饮企业招用较多的名厨（厨师）、名师（服务师），其定价水平也必然较高。

8 餐饮产品及营销策略

> **■ 案例 8-2**
>
> 某地两家同地段、同档次、同规模的酒楼，酒楼 A 以每月 12000 元的高薪聘用了当地的一位名厨，而酒楼 B 则以普通的薪资聘用了一批刚从烹饪学校毕业的年轻厨师。结果是两家酒楼的价格水平相差 10% 以上。

（7）经营水平。某餐饮企业在当地连锁发展了五家餐厅，这五家餐厅的餐饮原料实行招标采购，结果因其进货量大而使餐饮原料的采购成本大大低于当地同类餐饮企业的进价，所以其菜肴的定价也因此低于同类餐厅而顾客盈门，经营形势相当乐观。

> **■ 案例 8-3**
>
> 某四星级饭店的餐饮部为在激烈的市场竞争中生存并发展，每月举办一次"美食节"，并在美食节期间进行累计消费优惠促销活动，结果使该饭店的餐饮在当地成为一个品牌，生意一直红红火火。

2. 影响餐饮产品定价的外部因素

影响餐饮产品定价的外部因素是指餐饮企业无法控制的、但对企业定价有较大影响的因素，如市场需求、行业种类、竞争、市场的发展和环境等。

（1）市场需求。餐饮企业在进行产品定价时，必须充分了解市场需求，才能使企业实现自己的经营目标。但餐饮企业面对的市场需求不稳定、经常变化而且比较复杂，因此，餐饮企业应加强对市场的调查研究，并进行经常性的销售分析，以发现市场需求的变化动态及其规律，并采取相应的措施，以灵活的价格策略来吸引消费者。

（2）竞争因素。其他餐饮企业，特别是档次相近的餐饮企业的价格，对本餐饮企业价格的制定具有较大的影响和制约。如本企业的价格高于竞争对手，则无法吸引消费者。但若价格低于竞争对手，则很快便会引发一场降价大战，对任何企业都不利。因此，餐饮企业在制定价格策略时，必须要考虑到竞争因素。

> **■ 案例 8-4**
>
> 杭州与萧山仅隔一条钱塘江，两地的人民生活水平差不多。但萧山的餐饮企业的价格水平要比杭州的餐饮企业高 10% 以上，原因是杭州知名的大型餐饮企业多，致使餐饮企业之间的竞争异常激烈，餐饮企业的定价水平自然较低。

（3）市场发展情况。市场发展过程一般包括初期缓增长阶段、腾飞阶段、高峰稳定阶段和下降阶段。不同的市场发展阶段要求制定不同的价格策略。如一家餐饮企业在正处于初期缓慢增长阶段的市场中开业，则该企业首先应对竞争对手的产品的质量和价格等进行调查研究，并进行比较分析，然后制定相对比较低的价格策略，以便在这样的市场阶段赢得更多的消费者，并确立一定的竞争优势。

(4) 环境。餐饮企业在制定价格策略时，必须考虑到企业所处的外部环境因素，如目前饭店及餐饮行业的气候和发展趋势；餐饮原材料的通货膨胀；国家有关价格、竞争、行业结构等方面的政策法规；社会公众及消费者的意见等等。餐饮企业应认真分析这些环境因素，从而制定出既适合环境，又具有一定竞争力的价格策略，以保证企业的经济效益。

(5) 本地区人民生活水平。餐饮企业的价格水平在很大程度上受到当地人民的平均生活水平的影响。一般说来，当地人民的生活水平高，餐饮企业的定价水平就会高一些；而如果当地人民生活水平较低，则餐饮企业的定价水平也就会低一些。当然，餐饮企业的竞争的激烈程度也在很大程度上影响餐饮企业的定价水平。

■ 案例 8-5

　　香港九龙地区有一家名为"上海菜馆"的餐厅，规模不大，档次也一般，但其菜单上有一款称为"上海醉鸡"的冷菜，售价 98.00 元港币，青岛啤酒的售价为每瓶 26 元港币。可见当地人民生活水平与餐饮产品的价格水平之间的关系。这样的价格对许多大陆居民来说是天价，但对于香港居民而言，是较为合理的价格，因为一名普通的酒店服务员的月薪也高达一万港币。

(6) 气候。气候对餐饮消费者的影响是较大的，如在炎热的夏季，某些清热降火类菜肴的销售量大增，其销售价格必然比寒冷的冬季要高，而冬季时火锅、沙锅类菜肴旺销，此类菜肴的价格也必然比平时有所上扬。

■ 案例 8-6

　　江南某星级饭店以餐饮闻名，当地四季的温度差异较大，在炎热的夏季，其菜肴价格比平时增加 10% 左右，但还是宾朋满座；而在寒冷的冬季，该饭店的菜肴价格比平时增加 15% 左右，但客人还需提前一周预订才能确保有餐位。管理人员经调查分析得知，一方面，本饭店的餐饮已经成为品牌，所以能吸引众多的消费者；另一方面，消费者在太冷、太热的情况下，不愿亲自下厨做饭，而饭店的中央空调充足，也是吸引客人的一大优点。

(7) 消费者的心理价位。餐饮企业的价格水平必然受目标市场客源消费水平的影响。企业目标市场客人的消费水平较高，其产品的定价水平也较高，反之亦然。

■ 案例 8-7

　　某四星级饭店位于该市商业中心，入住饭店的商务客人较多，餐饮部为吸引住店客人前来餐厅消费，特别推出价格为 98.00 元/人的商务套餐，并在饭店前厅设置醒目告示牌，在客房等地放置商务套餐的宣传资料，结果是前来享用商务套餐的商务客人人数大为增加，且增加了商务宴会的销售。

8.4.2 餐饮产品定价程序

1. 判断市场需求

高档餐厅的市场需求是确定和探求消费水平和支付能力较强的客人对产品的需求量和对价格的态度,从而制定产品价格。

2. 确定定价目标

其定价目标是要保持产品价格和市场需求的最佳适应性,使价格既为用餐客人所接受,又能保证企业获得必要的利润。主要有五种:一是市场份额导向目标。它以增加市场份额为中心,采用市场渗透策略定价;二是利润导向目标。它以追求利润为中心,多采用声望定价策略定价;三是成本导向目标。它以降低成本为中心,多采用薄利多销策略定价;四是竞争导向目标。它以开展市场竞争、增强企业产品竞争能力为中心,多采用观望策略定价;五是享受导向目标。它以满足客人物质和精神享受为重点,多采用高价促销策略定价。

3. 预测产品成本

从定价目标的要求看,预测产品成本主要是分析成本、费用水平,掌握餐饮经营盈利点的高低,以便为制定价格提供客观依据。

4. 分析同行竞争对手价格

价格是开展市场竞争的重要手段。其定价方法又有三种:一是按市场价格定价。不管竞争对手的价格,这样可以保证一定利润,不致因高价将客吓跑;二是按高于竞争对手的价格定价,这样可以强调产品质量,但可能减少收入;三是按低于竞争对手的价格定价,这样可以树立价格低廉的产品声誉。

5. 制定毛利率标准

(1) 分类毛利率。其表现形式又有销售毛利率和成本毛利率两种。前者是以销售额为基础制定的毛利率,后者是以原料成本为基础制定的毛利率。

(2) 综合毛利率。综合毛利率是某一等级、某种类型的企业或餐厅餐饮产品的平均毛利率,如企业平均毛利率,企业内部的中餐厅、西餐厅、咖啡厅的不同毛利率等。它的作用是控制企业或餐厅餐饮产品总体价格水平。

分类毛利率是形成综合毛利率的基础,综合毛利率则是控制分类毛利率;综合毛利率是在各种分类毛利率和各类餐饮产品经营比重的基础上确定的。

6. 选择定价方法

具体定价方法有以成本为中心、以利润为中心和以竞争为中心三种类型。饭店宾馆、涉外餐馆应结合企业餐饮产品的定价目标来选择其具体的定价方法。

8.4.3 餐饮产品定价策略

1. 满意利润策略

该策略以争取正常利润为主,重点在掌握企业综合毛利率和分类毛利率,使产品价格补偿原材料成本和流通费用后,有比较满意的利润。一是产品价格的最终确定要充分考虑

分类毛利率标准,如海鲜、传统名优产品,毛利率要从高,反之则从低。二是分类毛利率的比较标准要以同一档次、同类产品为主,毛利率大体和其他同类企业、同一档次和同类产品相当;三是具体产品的价格水平相对稳定,使产品价格和实际利润水平与同行、同一等级的同类产品在体相当,求取合理利润。

2. 市场占领策略

运用市场占领策略在价格制定上,要大力降低成本费用开支,然后以较优惠的价格吸引就餐客人,造成局部优势,从表面看,产品价格比同行同类产品略低,但成本低、质量好。企业具有竞争优势,可以占领新的市场或扩大市场占有率。需要具备两个条件:一是企业餐饮经营有较大的规模、资金技术雄厚,有一定承受能力。二是目标市场对企业餐饮产品的价格变动比较敏感,能够较快引起客人的重视。

3. 声望价格策略

为创造企业某种风味,某类产品的名贵形象,形成市场声望,在一定时期内采用高价,尽快取得高额利润。一是企业刚开业,设施设备及产品质量高,估计自己的某类产品投入目标市场后,会深受客人的欢迎,趁产品对顾客有较大吸引力,价格弹性较小之时,制定较高价格,形成自己产品的名贵形象,获得丰厚利润。二是企业经营某种特殊性,其产品在市场上具有较高的垄断性,如北京饭店的谭家菜,仅此一家,别无分店。

4. 差别价格策略

根据不同市场或同一市场不同消费者群的具体情况,对同类餐饮产品制定不同的价格。

5. 竞争人才策略

该策略以开展市场竞争、扩大产品销售、增强竞争能力为主要定价目标。如果自己的产品和服务明显高于竞争对手,深受客人欢迎,立即采用较高价格,造成产品名贵形象;如果自己的产品和同行竞争对手没有太大区别,则以竞争对手同类产品价格作为自己的比较参数,价格较低,形成竞争优势;如果同类产品竞争激烈,企业则尽快开发新产品,吸引对方顾客,加速市场分化,形成局部优势。正确运用着这种策略,关键在于及时掌握餐饮产品价格的调价时期和价格水平,竞争价格既不能过高,又不能过低,否则,必然影响企业经济效益,反而削弱了竞争实力。

6. 心理价格策略

餐饮产品心理价格策略,主要有三种表现:一是对追求餐饮享受的客人。人们认为,价格反映产品质量和服务质量,不计较花钱多少,价格较高,越能反映产品质量,提高自己的声望,因而,餐饮价格应尽量从高。二是多数客人对产品价格比较敏感,可采用奇数订价,以适应客人的消费心理。三是对有一定声望的企业和一些高质量的产品,可采用偶数订价法。

8.5 餐饮产品的营销策略

8.5.1 餐饮常规推销策略

餐饮促销策略,就是餐饮企业在广告宣传、营业推广、专项活动等方面的谋划与方略,目的在于扩大餐饮企业的影响力,促进餐饮企业的销售。餐饮企业应在不同的时间、

8 餐饮产品及营销策略

不同的场合，据不同的购买对象，采取不同的促销策略。

1. 广告促销策略

餐饮经营要"出人头地"，必须善于利用广告的独特效果，"一鸣惊人"，以促进餐饮产品的销售。

（1）广告媒介选择。餐饮广告须通过媒介实现，餐饮企业可利用的媒介主要可分为以下几种：

① 传统媒介。传统媒介，指的是通过某种机械装置定期向社会公众发布信息或提供教育娱乐的交流活动的媒介，包括以下几类：

电视。选择电视作为广告载体，传播速度快，覆盖面广，表现手段丰富多彩，可将声像、文字、色彩、动感并用，是感染力很强的一种广告形式。但此种方法成本昂贵，制作起来费工费时，同时，还受时间、播放频道、储存等因素的限制和影响，信息只能被动地单向沟通。

电台。电台是适于对本地或者周边地区的消费群体进行广告宣传，其特点是成本较低、效率较高、大众性强，一般可以通过热线点播、邀请嘉宾对话、点歌台等形式，来刺激听众参与，从而增强广告效果。但是这种方式同样也存在不少缺陷，如传播手段受技术的限制，不具备资料性、可视性，表现手法单一，接受被动等。

报纸杂志。这类载体适于做美食节、特别活动、小包价等餐饮广告，也可以登载一些优惠券，让读者剪下来凭券享受餐饮优惠服务。此种方法具有资料性的优点，成本也较低，但是形象性差、传播速度慢、广告范围也较小。

邮寄品。邮寄品通过邮政部门，将餐厅商业性的信件、宣传小册子、餐厅新闻稿件、明信片等直接邮寄给顾客的广告形式。它比较适合于一些特殊餐饮活动、新产品的推出、新餐厅的开张，以及吸引本地的一些大公司、企事业单位、合作机构以及老客户的活动。这种方式较为灵活，竞争较少，给人感觉亲切，也便于衡量工作绩效，但是费用较高，且费时费工。

② 新媒介。新媒介，即以数字信息技术为基础，以互动传播为特点，具有创新形态的媒介。

网络。餐饮企业利用一些受众密集或有特征的网站摆放商业信息，并设置链接到某目的网页。网络广告利用数字技术制作，只要被链接的主页被网络使用者点击，就必然会看到广告，这是任何传统广告无法比拟的。餐饮企业可以利用网络刊登广告，进行产品促销。这种广告方式具有传播范围广、覆盖面大、信息发布及时等特点。

移动电话。包括数字杂志、数字报纸、数字广播、手机短信、移动电视、网络、桌面视窗、数字电视、数字电影、触摸媒体、手机网络等。

③ 自媒介。自媒介，即私人化、平民化、普泛化、自主化的传播者，以现代化、电子化的手段，向不特定的大多数或者特定的单个人传递规范性及非规范性信息的媒介。

内部宣传品。在餐厅自己制作餐饮宣传品，例如可以印制一些精美的定期餐饮活动宣传册，介绍本周或本月的各种餐饮娱乐活动；特制一些可让顾客带走以作留念的"迷你菜单"；各种图文并茂，小巧玲珑的"周末香槟午餐"、"儿童套餐"的介绍等，将它们放置于餐厅的电梯旁、门口，或者服务台等处，供顾客取阅；店内餐厅放置各种有关食品节、甜品、酒水、最新菜点等信息的帐篷式台卡等。

企业网站。网站可提供菜品介绍、会员招募、网络调研、顾客网络体验、网络订餐等内容，餐饮企业网站是综合性的网络营销工具，网站以顾客为核心，处处围绕顾客需求进行设计，体现餐饮的服务特性和顾客导向性。例如，顾客可以在网站中实现用餐预订、用餐需求表达等。

博客、微博。发表宣传广告型文章，介绍餐饮产品、服务情况，以引起潜在顾客的注意，这类广告促销的方式有利于推销产品、树立正面形象、提升企业与产品知名度，与网络潜在的客户建立一种新的沟通方式，从而赢得市场，获得更多的利润。

微信。微信营销是网络经济时代企业营销模式的一种，是伴随着微信的火热而兴起的一种网络营销方式。微信不存在距离的限制，顾客注册微信后，可与周围同样注册的"朋友"形成一种联系，订阅自己所需的信息，商家通过提供顾客需要的信息，推广自己的产品，从而实现点对点的营销。微信营销主要体现在以安卓系统、苹果系统的手机或者平板电脑中的移动客户端进行的区域定位营销，商家通过微信公众平台，结合微信会员管理系统展示商家微官网、微会员、微推送、微支付、微活动，已经形成了一种主流的线上线下微信互动营销方式。

（2）餐饮广告策划。美国学者经过大量的研究发现，尽管现代社会充斥着形形色色的广告，但人们往往不会有意留意每一个广告，实际上也不可能明确地看到或听到每一个广告，顾客对广告的注意率是相当低的。所以，为了使餐饮广告引起顾客的注意，激发其购买兴趣，就需要有一个独特的广告创意，创意就是通过有关人员的精心构思，运用艺术手段，把掌握的材料组合，创造成一个能表现广告主题思想，且具有实际操作性的艺术创作过程。

① 广告策划原则。策划原则主要有主题、新奇、有情、严谨和通俗。

主题。精彩创意强调，一则广告作品的成功，贵在以"精"取胜，而不是以"全"取胜，它主张通过单纯的品质构建一则广告作品的主题。餐饮广告创意必须具有鲜明而突出的主题，能鲜明地表达餐饮产品的个性。众所周知，任何一家餐饮企业，都可以发现一些与众不同之处。有的企业在制作餐饮广告时，往往将焦点问题放在如何在有限的广告作品内（如有限的篇幅或有限的收视时间内），将企业或产品所拥有的与众不同，尽可能完整地、全面地展现在目标受众之前。在这种意愿的主导下，一则有限的广告作品堆砌了一大堆文字或图片，反而会造成事与愿违的结果。

新奇。餐饮广告创意必须具有独特的表现方式和诉求突破口，通过一些出人意料、惊人的方式表来表现餐饮或产品的优势，以此刺激消费。

有情。餐饮广告的真正效果就是社会公众在接触广告的瞬间发出赞叹，并在赞叹之余产生联想。所以，餐饮广告要取得良好的效果，必须能拨动顾客的心弦，其关键在于能否以情感人，形成美好意境。在感性消费的今天，顾客更需要在这种消费意境的引导下，进入一种特定的消费氛围，获得良好的消费感觉。

严谨。餐饮广告必须观点正确，论述有据，布局严谨，构思严密，搭配合理。

通俗。广告是一种面对大众的信息传播活动，因此，广告创意要通俗易懂，使顾客容易理解。但是，通俗不是肤浅，而是深入浅出、形象生动。

② 广告策划意境。意境是广告的核心，在广告创意中，为了形成良好的意境，应通过语言、画面、声响等手段，从时机、环境和方法三个方面设计出富有情节性、艺术性的作品。

语言意境。语言意境即借助人们对语言的联想规律，创造出具有美好、正面、积极导向意义的广告作品，产生美好的意境。但凡具有一定文化功底的人，面对不同的文字、词语、标语或口号，都会产生不同的联想，更有甚者会进入一种"想入非非"的境界。可见，语言在创造意境方面功不可没。著名的酒店管理先驱里兹先生提出的一句广告语是："里兹酒店，酒店中的国王，国王们的酒店！"这句广告语就能引起人们对里兹酒店的想象，奢侈豪华的店堂布置，高级舒适的设施设备，细致周到的服务，不知不觉之中就进入一个国王们的世界！在广告创意的过程中，为了形成语言意境，我们要善于选择富有诗意的语言，因为这样的语言本身就有其自然的意境，但是，这些语言又应该是朴实、自然、简约的。朴实是方便人人都能产生联想，自然是为了保证"顺着思路"获得相应的意境，简约是方便受众阅读。

画面意境。以直观、生动、形象的画面，作用于受众的视觉器官，引发人们进入某种行为、生活意境，这就是一个成功的广告作品。人们在接触不同的画面时，同样会徜徉在画面所形成的意境中。在广告创意中，为了形成画面意境，我们要善于选择有代表性的画面，并且在画面上留有余地，激发人们去想象。比如皇冠假日酒店在推销四川美食时，在杂志上除配有山水画外，还创作"空山灵雨斜阳，忆四川；今嗜珍懂叙酒情，在眉山"诗句，把四川美食引入诗意般境界。

声响意境。以逼真的声响刺激受众的听觉器官，引导受众进入某种生活意境。声响意境一般多用于电视广播广告作品中。在餐饮作品中，可模拟一些餐饮消费上独有的声音来增添现场感，如干杯的声音、开酒的声音、起锅的声音等。

情节意境。根据受众的心理活动规律，设计有情节性的剧情，展示某种理想化的社会活动，引导公众产生参与该情景的欲望。如一些酒店在设计春节餐饮广告时，通过"母亲在厨房操劳"和"厨师在厨房操劳"的两幅画面的对比，设计一种情节情景，提出""在这特殊的日子里，让我们的母亲好好休息！"在广告创意中，为了形成良好的情节意境，应善于从时机，环境和方法三个方面设计出富有情节性、艺术性的活动表现，否则，流于一般的情节无法激发意境的产生。

③ 广告策划过程。餐饮媒介策划一般需要经过以下三个环节。

信息处理。策划创意来源于基础资料，策划人员应多角度、多渠道地收集各类相关信息，并对信息进行细致的筛选、分析、经过"咀嚼"，得出最终的分析结果，尤其是要找出餐饮产品或服务最能吸引公众的地方，即找准广告的诉求点，为决策服务。信息处理的一般过程括过滤，鉴别、分析、综合等，这个过程也就是对信息做"去粗取精、去伪存真、由此及彼、由内到外"的工作。

立意构思。在"咀嚼"信息的基础上，策划人员应对各类有效信息进行多方组合，确定广告的主题和关键词，并在此基础上寻找表现主题的各种手段。在立意构思阶段，策划人员可集合群体的智慧进行互相启发，常用的方法是头脑风暴法。

求证抉择。当构思获得初步满意后，策划人员应在小范围内征求广告受众的意见和建议，并通过科学的分析和对比，对所得构思进行检验和求证。在此基础上继续修改，直至形成满意的构思。

(3) 餐饮广告评估，主要分为广告评估方式、广告评估指标和广告评估方法。

① 广告评估方式。对广告效果进行评估不意味着一定要在广告活动结束之后才进行，

根据评估的不同时间,广告效果评价方式可分为以下三种。

事前评估。事前评估指在广告尚未正式推向受众之前,为了检测广告创意结果而进行的评估。目的是通过评估,测试广告表现的效果,及时寻找失误,以调整原有的广告方案。

事中评估。事中评估指在广告活动进行了一段时间,但还没有结束时开展的效果评估。目的是检验本次广告活动的效果,对广告进行必要的修正和补充。

事后评估指在整个广告活动全部结束之后进行的效果评价。目的是通过本次广告活动效果的评估,总结经验教训,作为今后广告活动的借鉴和参考。

② 广告评估指标。对广告传播效果的评估活动,就是在广告作品接触顾客之后,餐饮企业以广告在顾客中引起的各种心理效应的大小作为判断标准,从广告的传播效果和销售促进效果两方面入手,进行广告评价活动。餐饮广告传播效果评估指标主要包括以下五个方面。

注意度,指该广告发布后,曾经留心注意过该广告的人数占总体客数的比例。衡量是否被注意的标准是当一则广告出现时,被调查者能否说出以前是否见过或听过,能有所反应的,则表明注意过,反之则表明未曾有过注意。

知名度,指该广告发布后,知道有这一个产品的人数占顾客总人数的比例。

理解度,指该广告发布后,对产品有所了解的人占总体顾客数的比例。

记忆度,指广告发布之后,能对广告的一些主要信息有所记的人占总体广告接受者的比例。

好感率,指广告发布后,对广告内容持肯定态度的人占顾客总人数的比例。

③ 广告评估方法。餐饮广告销售效果的评估是对广告经济效益的测定,它以广告发布以后占有率等的改变情况作为评估广告效果的依据。测定销售效果的最简单的办法就是对照广告推出前后餐饮的营业额和利润率的变化,但是由于餐饮的营业额受多种因素的影响,在比较时,应注意考虑这些因素对当期营业展开作用的大小。测定销售效果的方法很多,最简洁的是对照各类营业报表,套用如下公式,评估广告的经济效果。

$$每元广告费收益 = 本期营业额 - 上期营业额 / 本期广告支出$$

$$销售增长率 = 广告实施后的营业额 - 广告实施前的营业额 / 广告实施前营业额 \times 100\%$$

$$广告增销率 = 销售增长率 / 广告费增长率 \times 100\%$$

2. 营业推广策略

营业推广,是指刺激市场的快速或激烈的反应所采取的鼓励达成交易的促销措施。主要包括针对顾客的推广、中间商的推广和员工的推广,这里仅对顾客推广加以阐述。餐厅的优惠促销主要有以下几种形式。

(1) 优惠型促销策略。优惠促销,是为鼓励顾客反复光顾和在营业的淡季时间购买、消费餐饮产品和服务而采取的一系列折扣办法。优惠型促销策略,包括折扣策略、赠送策略和团购策略。

① 折扣策略。折扣是针对顾客求廉心理而设计的促销策略,实质就是"加量不加价",顾客购买一定数量的产品时,可按事先公开的规则,获得餐饮企业赠送的同类或其他产品。时段折扣。可以在餐饮销售的淡季和非营业高峰期间,实行半价优惠和买一送一等优惠促销活动,以吸引更多的顾客,进而增加销售额;团购折扣。餐饮企

业可以给予团购顾客一定的优惠；套餐折扣。当经过仔细设计将若干种菜肴组合成一种套餐时，餐厅可以按较低价格出售，即以一定的折扣价格吸引新顾客，增加整体收入。

② 赠送策略。策略主要有赠券、试用样品和额外赠品。

赠券。赠券的使用在餐饮业极为普遍，尤其在营业淡季更多地采取这种方法，赠券通常以免费或以较低的价格向顾客销售产品，它常与其他促销方式结合运用，例如发中奖奖品、给于折扣等。

试用样品。餐饮企业开发出新的餐饮产品和服务时，可将样品送给某些顾客品尝，以了解他们是否喜欢这种产品。当新产品和服务得到顾客的认可以后，餐厅再将其列入菜单。

额外赠品。餐厅在以正常价格供应食品饮料给顾客后，另外再赠送一些其他小礼品，赠品不仅对儿童有吸引力，即使成人也乐意接受。酒店赠送的礼品应根据顾客用餐目的、用餐时间和不同节假日，有选择地赠送以便满足顾客的不同需求。赠品的包装要精致，赠送礼品的种类、内容和颜色等方面与赠送对象的年龄、职业、餐饮习俗及用餐目的相协调。

③ 团购策略。网络团购作为一种便捷的购物模式已成为顾客的一种新的消费方式，同时也成为众多企业的营销方式。团购，就是认识的或者不认识的顾客联合起来，来加大与商家谈判的能力，以求得最优价格的一种购物方式。餐饮企业可以利用团购网站，推出需要推销的餐饮产品，以扩大影响，增加销售。

(2) 体验型促销策略。这是针对顾客追求文化品位和精神享受的心理体验而设计的促销活动。

① 展示型促销。展示型促销，即通过营造一种独特的餐饮消费氛围，以刺激顾客餐饮消费欲望、促进顾客消费行为，提高餐饮消费水平的策略。

环境刺激。餐饮企业通过制造一种比较浓厚的营业气氛，以影响顾客的餐饮行为。比如，在电梯内或大堂等地，设置餐饮告示牌或橱窗，招贴诸如菜肴特选、特别套餐、节日菜单和新增项目等信息，或刊登特色菜肴的照片等。又比如餐厅通过食物推车进行现场销售，如酒水、冷菜、甜品、水果等，从而营造出适应其经营方式和产品特色的气氛和情调，充分满足顾客进餐时的精神享受的需求。

现场加工。在就餐现场加工制作那些具有一定表演性质的烹饪操作，尤其各类特色点心（如刀削面的刀工）的制作，以刺激顾客的消费欲望。

透明厨房。展示厨房也是现代餐厅经常使用的环境促销方法。餐厅一改传统"前"厅"后"厨的经营模式，将生产加工现场完全展示在顾客面前，以透明的加工、生产过程迎接顾客的监督和检查，增加其信任和满意程度。在餐饮消费中，常听顾客评价"酒店厨房不看不知道，一看吓一跳"，许多顾客都本着"眼不见为净"的阿Q消费心理谨慎消费。而透明式的经营做法以过硬的卫生形象取得顾客的真正信任和支持。

电视点炒。顾客点菜后，其中的主菜或部分菜点的烹制过程通过电视进行实况转播，让顾客观看厨师的整个工作过程。具体做法有三种：一是点菜法，顾客点好菜之后，将要点炒的菜由专门的灶台制作，并将这制作全过程通过电视转播到餐厅，让顾客欣赏厨师技艺的同时监督整个烹饪过程；二是点厨法，即顾客若需要观赏某一厨师的特别技艺，可采用类似"点唱"的做法进行"点厨",观赏厨师技艺的同时也可学习他们的一技之长;三是顾客参与法,若顾客本身有良好的烹任技艺又想一展所长,可上点炒台一露身手,通过电视转播到餐厅,增加同来的亲朋好友的餐饮情趣。

② 竞赛型促销。竞赛型促销,即针对顾客好胜好强的心理而设计的、诱导顾客参与某一餐饮产品或餐饮企业形象有关的竞赛活动。其典型的活动方式有生活趣味竞赛、技能操作竞赛、娱乐竞赛、体育竞赛、相关知识竞赛等。

③ 抽奖型促销。抽奖型促销,即针对顾客饶幸心理而设计的,主要是通过中奖概率来吸引顺客的活动。抽奖类活动的基本准则是抽奖不是针对部分有特殊才华的顾客而举行的,而是针对所有的顾客举行的,奖品的获得不是依靠竞技而是依靠个人的运气。

(3) 忠诚型促销策略。忠诚型促销策略,即为围绕顾客忠诚而采用的、为常客提供一系列附加值的关爱措施。

① 升级奖励。升级奖励,即针对经常消费的顾客采用服务与折扣优惠升级的促销策略,以提高顾客的转移成本。比如高规格的接待礼仪、贵宾专属服务、高折扣、免收服务费、赠送创新菜肴、水果拼盘等。

② 积分奖励。积分奖励是一种用于奖励餐厅常客,提高顾客忠诚度的优惠促销方法,即餐饮按照顾客消费额的大小计算顾客的分数,顾客每次在餐厅消费后获得的分数可以累加,形成顾客的总积分数。接着餐厅根据顾客的积分多少,制定和实施不同档次的奖励计划,例如给予免费客房、免费消费、兑换餐饮产品等。

③ 联合促销。联合促销,是指餐饮企业与其他企业基于相互利益的考虑,以某种形式与运作手段共同为自已的顾客提供多种利益的促销手段。例如,餐厅与葡萄酒生产商合作,举办葡萄酒节,促销期间,餐厅不但供应优惠的葡萄酒,而且菜肴价格打折销售,从而提供给顾客更多的优惠又比如会员共享机制,即两家单位各自的会员在两家企业均可享受一样的礼遇与优惠。

(4) 场景化促销策略。随着社会发展,我国的人口结构发生了变化,"80 后"、"90 后"成为主要的消费群体。作为在互联网时代成长起来的一代人,他们的消费习惯与消费行为都与互联网密不可分,基于移动互联网的场景化营销模式应运而生。所谓场景化促销,就是围绕网民输入信息、搜索信息、获得信息的行为路径和上网场景,构建以"兴趣引导+海量曝光+人口营销"为线索的网络营销新模式。

① 场景基本维度。场景,是指在某一时间和地点,由一定的人物和人物活动所组成的生活画面。场景可以分为两种:一是虚拟场景,如电影、戏作品中的各种场面,由人物活动与背景等构成;二是真实场景,即生活中发生的某个现实活动情景。场景化营销,至少应考虑以下四个维度的场景化。

场景化产品。这个设计不仅仅是包装的设计,而是包括产品规划在内的设计。具体包括两部分:一是产品的场景化表现,包括产品场景化命名、产品概念的场景化、产品包装场景化等;二是产品规划,通过对整个消费市场的洞察,要对餐饮产品进行上市节奏的规划,包括产品细分、产品的价值定位(如高端产品、中端产品等)。

场景化沟通。这是完成产品和顾客见面的一个过程,需要通过中间环节的场景化建设来完成。主要包括:终端媒体化建设,通过产品和终端的有机结合,从而形成产品在终端的强势表现,让顾客能够一眼看到你;规划线上和线下的销售渠道,形成互动,全面覆盖你的目标消费群体。在场景化沟通的这个环节，要根据企业的实际情况和竞争状况，并对不同类型的渠道进行场景化建设，并让这些渠道具有相互支持或者相互呼应的能力。

场景化交易。通过设定合适的价格体系，完成顾客和产品间的价值认同，从而完成物超所值的消费体验在这一过程中，顾客会通过产品的品牌表现和价格所呈现的价值两个方面去比较产品间的不同，从而做出选择。

场景化消费。顾客购买产品之后，只是完成了从产品到商品的一个过渡，并没有完成最终的消费体验，我们需要向顾客传递消费体验，并促使顾客能够通过体验产品而产生认同，从而让顾客的参与感最大化。

② 场景营销核心要素。塑造场景化必须同时具备四个核心要素：

体验。体验作为商业逻辑的首要原则，将大范围、多维度重塑和改造场景。

链接。基于移动互联网技术和智能终端所形成的动态链接重构，让场景能够形成一种多元的碎片化。

社群。社群感、亚文化形成内容的可复制，造成大规模传播和顾客卷入感。

数据。大数据成为量化驱动场景营销的底层引擎和枢纽元素。

③ 场景营销成功关键，成功关键主要有以下几种方式。

洞察顾客。这是通过对顾客生活中的需求场景的研究，从而挖掘打动顾客的"触点"，实质是通过场景洞察顾客的消费心理。餐饮顾客的消费主要受四个方面因素的影响：一是消费观念，这来自他们多年形成的价值观，无论是追求实惠，还是追求品质，这些观念决定了他们选择的范围，二是消费态度，这是由收入水平决定的。一般情况下，高收入的家庭在消费时倾向于高价值的产品或服务，而低收入的家庭则相反。三是品牌认知，被购买的品牌的影响力和这些品牌所传达的品牌价值对不同的人群具有不同的影响。四是朋友圈，这是顾客购买过程中形成信任感的最佳路径，周围朋友认可的品牌，他们基本上会通过分享而最终形成共识。因此，酒店应积极运用神经营销学的基本思想，以准确洞察顾客的消费心理与消费习惯。同时，基于大数据和移动互联网的数据营销是未来的主力发展方向。随着互联网技本的发展，每个顾客的消费行为和特征都会被记录，形成大数据，为场景营销提供支撑。

激发顾客情感。场景营销本质上是一种体验营销，让一切都具有体验感，让顾客感到愉悦，产生黏性，形成口碑，菲利普·科特勒说过，营销是创造和满足需求。场景营销就是构建一个情景触发顾客的需求并满足他。这个需求可能是刚性需求，也可能是柔性需求。场景可能是现实场景，也可能是虚拟场景，或者是混合场景。总之，这些场景可能是顾客的痛点，也可能是顾客的兴奋点，或者是痒点，无论是哪种情况，如果顾客和某个场景所呈现的特征产生共鸣，则顾客的购买就成为可能。

创造真实瞬间。随着以网络为代表的虚拟世界的日益强大，顾客对于真实的渴求也与日俱增。所以，场景构建要以顾客为主体，在特定时间、地点，为顾客创造特定的生活场景，尽可能客观自然，不落斧凿痕迹，让顾客感到亲切真实。

实施精准推送。场景营销必须根据顾客习惯，在合适的时机，以合适的方式，推送合适的场景，以达到满足顾客欲望、响应顾客需求、创造顾客价值的促销效果目的。

> **知识链接 8-1**
>
> 　　神经营销学是指运用神经学方法来确定消费者选择背后的推动力。运用核磁共振造影，研究者画出被测试者的脑部图，来揭示他们是如何对特别的广告或者物品产生反应的。

3. 人员促销策略

人员促销，即员工采用口头表达形式，劝说顾客购买餐饮产品。餐饮人员推销可分为专业销售人员的外部促销和餐饮服务员服务现场的内部促销。以下仅对专业销售人员的促销加以阐述。在顾客主权的市场经济时代，餐饮专业销售人员必须通过有效的方式在业务、需求等方面与顾客建立联系，形成一种互助、互求、互需的关系，把顾客与企业联系在一起，减少顾客的流失，以此来提高顾客的忠诚度，赢得长期而稳定的市场。

（1）接近顾客技巧。餐饮专业销售人员接近顾客的技巧主要体现在以下三个方面。

① 接近准备。餐饮专业销售人员在正式与客户接触前，需要做许多准备工作，有所准备才能取得良好的效果。专业销售人员应在温习餐饮业务相关知识的基础上，做好顾客资格鉴定、购买行为习惯了解两项工作。顾客的资格鉴定主要是通过购买需求、能力、数量、决策权等来判断对象是否是餐饮企业的潜在顾客，特别是在团队顾客的接近准备中，其决策者往往是餐饮产品卖成功的关键；购买行为习惯的了解，可帮助餐饮专业销售人员有针对性地向顾客推销餐饮产品，提高成交率。

② 约见技巧。对顾客进行预先约见具有省时省力的特点，餐饮专业销售人员通过做好充分准备，能使促销计刻顺利进行。为达到这一目标，必须认真研究约见顾客的技巧，当用电话约见时，推人员必须预先设计好开场白，谈话简洁、语调平稳、用词贴切。信函约见，专业销售人员在展示餐饮产品特色、约定具体电话联系时间的同时，应尽量以私人的口吻写给目标顾客，使内容充满人情味。他人介绍时，专业销售人员应注重委托人的选用。

③ 接近方法。餐饮专业销售人员接近顾客的方法主要有：一是利益接近法，即用餐饮企业所能提供给对方的价值，如优惠券、赠券等来激发其兴趣，进而转入业务洽谈；二是产品接近法，以利用餐饮产品特色引起顾客的注意，从而顺利进入促销面谈；三是赞美接近法，餐饮专业销售人员迎合顾客受称赞的心理，成功地接近顾客；四是送礼接近法，通过赠送小礼品，引起顾客的兴趣与好感，来接近客人。

（2）展示洽谈技巧。展示洽谈是指餐饮推销人员运用各种方式、方法和手段，将餐饮产品呈现给顾客，并说服其购买的过程，是专业销售人员传递餐饮企业信息的过程，在介绍和展示产品时，餐饮专业销售人员一方面要以生动的方式展示餐饮产品的特色、功能、使用价值和利益等信息，另一方面要用各种方法说服顾客购买产品。

① 展示方法。展示是指在促销过程中向顾客介绍餐饮产品的过程，也是促销过程的中心部分，其目的是向顾客表达能够带给顾客的好处，证明能够满足顾客的利益需求。专业销售人员在将产品的对客利益理解清楚的基础上，应灵活应用体验示范法、写画示范法。当谈话地点在餐饮企业时，专业销售人员即可以使用体验示范法，让顾客参观餐厅、品尝食物，使客亲身感受酒店餐饮产品的特色与优势。当谈话地点在餐饮企业范围之外

8 餐饮产品及营销策略

时,因餐饮产品的不可携带性,专业销售人员可使用写画示范法,把酒店的宣传资料,如照片、宣传册、价目单等,接待数据以及认证书复印材料等,展示给顾客,以引起顾客对餐饮产品的兴趣与肯定。

② 报价技巧。价格关系到餐饮企业和顾客双方的利益,是相对较敏感的话题。专业销售人员在报价时,一定要选择成熟的时机、准确的价位,以及容易被顾客接受的表达方式。餐饮人员促销过程中常见的报价方式有:自高向低,这有利于提高收人,但会给顾客带来一定的压力,常用于上门顾客;自低向高,这一方式相对安全,是淡季常见的报价方式;分列式,该方式是根据餐饮服务项目的性质来分别报价;综合式,主要针对有多项服务需求的顾客,采用包价方式。

③ 洽谈技巧。缺乏想象力的推销员在和顺客见面后,往往急于进入推销状态,他们会追不及待地向顾客介绍自己的产品。科学的促销,需要专业餐饮销售人员通过好的开场白、恰当的提问方式等,迅速将顾客的注意力吸引到促销的餐饮产品上来。同时,餐饮专业销售人员应做好听众,通过倾听了解顾客的心理活动,发现其兴趣所在,从而确认顾客的真正需求,以觉不新调整促销计划,突出促销要点。

(3) 业务成交技巧。业务成交是顾客同意并接受餐饮专业销售人员的推销建议,并商定具体购买餐饮产品的阶段。专业销售人员要通过排除成交障碍,利用相关的业务成交技巧,达成交易。

① 排除成交障碍。首先,排除顾客异议障碍。若发现顾客欲言又止,餐饮专业销售人员应主动少说话,请对方充分发表意见,以自由问答的方式真诚地与顾客交换意见。对于一时难以纠正的偏见,可将话题转移,对恶意的反对意见,可以"装聋扮"。其次,排除顺客价格障碍,当顾客认为价格偏高时,应充分介绍和展示产品、服务的特色和价值,使客户感到"一分钱一分货",面对低价,应介绍定价低的原因,让顾客感到物美价廉。最后,排除习惯势力障碍。实事求是地介绍顾客不熟悉的产品,并将其与他们已熟悉的产品相比较,让客户乐于接受新的餐饮产品。

② 促进业务成交。在最终达成交易阶段,餐饮专业销售人员仍有许多工作要做。由于餐饮产品的无形性,顾客在购买时必然存在一定的疑虑、怀疑、胆怯的心理。因此,餐饮专业销售人员必须密切关注顾客的心理状态,来判断成交迹象,捕捉成交时机,主要有:顾客的语言信号,如"太好了!""他们也一定会喜欢";顾客的行为信号,如顾客频频点头、特别告诉你号码;顾客的神情信号,如顾客态度更加友好、紧锁的双眉分开等。同时,在促销成交时,周围的环境对成交与否很重要,竞争对手的顾客争夺,顾客朋友不经意地否定,都可能改变顾客的购买决策,使促销工作前功尽弃。

③ 做好售后服务。这是确保客户满意,获得重复购买,建立长期合作关系的必要环节。成交后应立即着手准备好有关履约的交货时间、购买条款和其他具体工作。推销人员在接到订单后,要制定售后工作访问日程表,以确保有关安装、指导、技术培训和维修等售后服务工作得到妥善安排。

8.5.2 餐饮口碑营销策略

如前所述,随着移动互联网的普及与新媒体时代的到来,口碑对于酒店餐饮经营越来越重要。如何塑造良好的餐饮品牌形象并有效传播已成为酒店餐饮经营的重要课题。

1. 口碑营销基本要素

口碑，泛指众人的议论，其源于群众，形成于共识，传颂于基层。口碑营销，就是餐饮企业运用各种有效的手段，引发顾客对其产品、服务以及企业整体形象的谈论和交流，并激励顺客向其周边人群进行介绍和推荐的营销方式和过程。口碑营销，离不开以下五个基本要素。

(1) 谈论者。谈论者是口营销的起点，餐饮的谈论者范围包括餐饮产品的粉丝、顾客、媒体、员工、供应商和经销商，这一环节涉及各个角色的设置。口碑营销往往都是以产品使用者的角色来发起，以产品试用为代表。如果将产品放在一个稍宏观的营销环境中，还有很多角色成口碑营销的起点。例如，餐饮员工和经销商的口碑建立就不容忽视。当然，寻找意见领轴，更是重中之重。意见领神是一个小圈子内的权威，他的观点能被拥护者接受，他的消费行为能受到粉丝的狂热模伤。雅虎前营销副总裁 Seth Godin 认为，口碑传播者分成强力型和随意型两种，强力型主导传播的核心价值，随意型扩大传播的范围，口碑营销要取得成功，强力型口碑传播者和随意型口碑传播者都不可或缺。

(2) 话题。传播必须有话题，必须给人们一个谈论的理由，如产品、价格、外观、活动或代言人等在今天这个信息爆炸、媒体泛滥的时代，顾客对广告，甚至新闻，都具有极强的免疫能力，只有制造新颖的口碑传播内容才能吸引大众的关注与议论。其实，口碑营销就是一个炒作和寻找话题的过程，总要发现一点合乎情理又出人意料的噱头，让人们尤其是潜在的顾客来"说三道四"。餐饮企业应该想方设法制造一种"稀缺病毒"，不一定是关于品牌本身的信息，但基于产品本身的口碑可以是"病毒"，这就要求餐饮产品要足够酷，要有话题附着力，这样才容易引爆流行，掀起一场口碑营销风暴。

(3) 工具。口碑营销是新媒体时代众多营销方式的一种。口碑营销虽然有宣传费用低、可信任度高、针对性强等优点，但也充满着小市民的偏见、情绪化的言论。口碑在顾客中诞生、传播，对于酒店而言则属计划外信息，本身具有很强的不可控性，因此，需要餐饮企业借助网站广告、邮件、博客、BBS（电子公告牌系统）等工具帮助信息更快传播。采用这一方式需要对不同道的传播特点有全面的把握，需要借助丰富的广告投放经验进行有效的工具选择和效果评估。此外，信息的监测也是一个重要的环节，从最早的网站访问来路分析，到如今兴起的舆情监测，口碑营销的价值越来越需要一些定量数据的支撑。毫无疑问，传播技术的进步让顾客获取消费信息到最后形成购买决策的整个过程发生了变化。传统的广告理论认为，顾客购买某个产品，要经历关注、引起兴趣、渴望获得产品进一步的信息、记住某个产品到最后购买 5 个阶段，整个传播过程是一个由易到难、由多到少的倒金字塔模型。移动互联网为顾客的口碑传播提供了便利和无限时空，如果顾客关注某个产品，对它有兴趣，一般就会到网上搜索有关这个产品的各类信息，经过自己一番去伪存真、比较分析后，随即进入购买决策和产品体验分享过程。在这一过程中，可信度高的口碑在顾客购买决策中起到关键作用，这在一定程度上弥补了传统营销传播方式在促进顾客形成购买决策方面能力不足的短板。当然，口碑营销也不能忽视传统媒体的功能。

(4) 参与。参与是指参与到人们关心的话题讨论中，也就是鼓动顾客主动参与热点话题的讨论，其实网络中从来不稀缺话题，关健在于如何寻找到和餐饮产品价值和餐饮经营理念相契合的接触点，也就是接触点传播，实现口碑裂变。关键是需要把分享变成体验的

8 餐饮产品及营销策略

一部分，让顾客以分享为乐。

① 利益分享。天下没有免费的午餐，这样的道理或许每个人都明白，但人性的弱点让很多人在面对免费物品时总是无法拒绝，给顾客优惠券、代金券、折扣等各种各样的消费奖励，让他们帮餐饮企业完成一次口碑传播过程，酒店的口碑营销进程也会因此大大提速。

② 情绪分享。众多营销专家发现，现代顾客越来越情绪化，甚至被情绪牵着钱包走，餐饮的口碑营销应当运用情绪感染策略来激发目标顾客群体的积极消费情绪。以情绪作为重要线索来满足客的需求，不仅可以推介产品和服务，还可以促进与现有顾客与在潜在顾客展开深入交流，从而增强餐饮企业对顾客群体的消费特征的把握。

③ 内容分享。餐饮企业优质的传播内容能让更多的顾客了解餐饮产品，使具有传播基因的内容产生强烈的裂变效应。将内容发挥最大的效用是口碑营销策略的关键，可以通过VR（虚拟现实技术）、视频、信息图、社交媒体信息、新闻稿等形式，层层递进，以内容吸引受众，激发兴趣，主动分享；以内容吸引人，聚集同好人群，构建品牌社区；以内容融入生活，成为顾客对于美好生活的奇托或向往，成为一种品位的象征。

（5）跟踪。如何发现评论，寻找客户的声音？这是口碑营销必须特别关注的问题，很多公司和软件都开始提供这方面的服务。相信借助于这些工具，很容易发现一些反馈和意见。但更为关键的是，知道人们已经在谈论你或者他们马上准备谈论你，你会怎么办？参与他们的话题讨论？还是试图引导讨论？抑或置之不理？口碑营销的主要工作之一与其说是将好的口碑传播出去，不如说是管理坏口碑。遗憾的是，世界上还没有管理口碑的万能工具，但这不妨碍营销人士朝这个目标努力。餐饮企业当然可以雇用专业公司来做搜索引擎优化服务，屏蔽掉有关公司的任何负面信息。但堵不如疏，好办法是开通企业博客、品牌虚拟社区，及时发布品牌信息，收集顾客的口碑信息，找到产品服务的不足之处，处理顾客的投诉，减少顾客的抱怨，回答顾客的问题，引导顾客口碑向好的方向传播。值得注意的是，现在顾客厌倦了精心组织策划的新闻公关稿、广告宣传语，讨厌你说我听、"我的地盘我做主"的霸道，他们希望与品牌有个平等、真诚、拉家常式的互动沟通机会。在营销传播领域，广告失去了一位盟友，但品牌多了一个与顾客建立紧密关系的伙伴。

2. 口碑营销基本方式

口碑营销的主要目的在于提高酒店餐饮品牌的知名度、满意度，赢得顾客对传播品牌的理解、喜爱与认同。为此，餐饮企业必须采用顾客喜爱的传播方式。根据餐饮品牌特征及现在的文化环境，餐饮企业应特别注重以下三种传播方式：

（1）事件传播方式。事件传播，即餐饮企业通过策划、组织和利用具有新闻价值的人物或事件，吸引媒体、社会团体和顾客的兴趣与关注，以提高餐饮品牌的知名度、美誉度，树立良好的餐饮品牌形象，最终促成产品销售的手段和方式。

① 事件传播特征。主要有以下几种方式：

事件依托性。事件传播的核心就是事件，无论是餐饮企业自行策划事件还是借用已有的社会热点，事件传播始终围绕着一个主题，以此实现企业的传播目标，建立企业的良好形象。

第三方公正性。事件传播是通过借助第三方公正组织或权威个人，将其产品、服务、理念较真实地传递给目标市场及目标群体，提升其关注度。所以，事件传播比广告更具隐蔽性和持久性。

双重目的性。事件传播的目的表现在产品（服务）销售和形象塑造两个方面，借个事件进行有针对性的传播，能避免媒体多元化而形成的噪声干扰，从而提升企业品牌的关注率。

宣传成本较低。事件传播的本质就是让事件策划成为新闻，以新闻事件方式进行的宣传和销售促进，避免了其他传播方式的高额宣传费用，可以产生低投入高回报的宣传效果。

② 事件传播原理。主要有以下几种：

事件传播的原始动机——注意力的稀缺。注意力是对于某条特定信息的精神集中。当各种信息进入人体的意识范围，人们将关注其中特定的一条信息，然后决定是否采取行动。注意力对于企业来说，是一种可以转化为经济效应的资源，把握住大众的注意力也就有了事件传播的动力。

事件传播的实现桥梁——大众媒介议程设置。大众媒介议程设置，即大众传播媒介具有一种为公众设置议事日程的功能，传媒的新闻报道和信息传达活动以赋予各种议题不同程度显著性的方式，影响着人们对周围世界的"大事"及其重要性的判断。因此，如果企业想成功实施一次事件传播，只有凭借传媒开展的新闻传播、广告传播等大众传播活动，营造出有利于企业的社会舆论环境，才能帮助企业达到借势或造势的目的，引起大范围的公众重视。

事件传播的必要途径——整合传播资源。事件传播需要整合多种媒体发布渠道，整合多种媒体渠道传播的信息，整合多种传播工具。

③ 事件传播关键。主要有以下几种：

目的性。事件传播须有明确的目的，要与自己餐饮企业的特征及餐饮品牌核心价值相匹配。

重要性。重要性即事件内容的重要程度，判断内容重要与否的标准主要看其对社会产生影响的程度，影响越大，新闻价值也越大。

接近性。越是心理上、利益上和地理上与受众接近或相关的事实，就越能引起人们的注意。

显著性。新闻中人物、地点和事件的知名度越高，新闻价值也越大。国家元首、政府要人、知名人士、历史名城、名胜古迹相关的新闻，往往新闻价值较大。

趣味性。大多数受众对新奇、稀奇、古怪、独特、有人情味的东西比较感兴趣。一个事件只要具备一个要素就具备新闻价值，如同时具备的要素越多、越全，新闻价值自然越大，肯定会成为新闻媒介竞相追逐的对象。

(2) 社交媒体传播方式。社交媒体传播是以移动互联网为主要沟通平台，配合传统网络媒体和大众媒体，通过有策略、可管理、持续性的线上线下沟通，建立和转化、强化顾客关系，实现客户价值的传播策略。

① 社交软件平台传播。社交软件平台传播是指企业利用社交平台，通过向顾客传递有价值的信息，最终实现企业品牌强化或产品、服务、销量提升的一种传播策略。社交软件平台传播应特别注意以下几点。

传播内容实用有趣。内容应以餐饮产品的特点为基础，以顾客利益为核心加以设计，应注意将顾客的身份与类别进行细化,深入分析本餐饮企业顾客的特征,并根据其兴趣点,进行信息的推送和活动的开展,尽可能让顾客感到有用好玩,从中受益而乐于转发。

推送时机恰到好处。餐饮企业应通过简化流程、对推送信息的大小进行合理化控制等方式来降低顾客的时间成本、精力成本和经济成本。同时,推送的时间、频率也要恰当,以免扰顾客。

互动环节有的放矢。社交软件平台本质是沟通平台,所以参与互动必不可少,餐饮企业应通过对顾客的评价、响应进行及时反馈,定期开展高频率的活动,让顾客参与到餐饮企业的社交平台互动中来,甚至通过模块设计,使顾客能与关注餐饮企业的其他顾客进行交流,加强顾客的参与性。

② 微电影传播。微电影是指企业为本身塑造的一种影视宣传媒介,通过微视频的模式,将企业精神、企业产品等企业重要的信息进行剧情化、视频化、专业化制作的一种视频载体。"碎片化"的信息接收方式的形成催生了微电影的诞生发展。微电影形式简单,短小精悍,恰好在"体型"上契合了受众即时消费的诉求,它既可以满足时间上的"碎片化"需要,也可以满足传播上的碎片化"需求。运用微电影传播,应特别关注以下几点。

精准制导。餐饮企业须清楚自己的品牌和产品定位,准确地把握目标消费群体,在此基上进行精准传播,寄商业诉求于有声有像的电影情节中,以达到吸引观众又传播企业广告诉求的双重目的。

内容至上。好的微电影作品应将企业品牌融入故事情节,与观众情感共鸣,使观众在潜移默化中接受企业品牌。

娱乐体闲。普通的企业宣传片纯粹以宣传自身为目的,容易引起受众的抵触情。所以,微电影应以一种娱乐体闲的方式进入网民的视野,让受众从中享受到轻松愉悦的感觉,使全民参与收藏、分享、讨论甚至是二次创作,进而释放微电影的影响力。

科学评估。微电影效果评估可从三个维度来测评:一是微电影的播放量和主动传播的数量;二是品牌知名度提升,可用百度指数、淘宝指数等工具来统计;三是订单转化率。

(3) 故事传播方式。故事传播是指通过创造与传播故事,来扩大企业与产品的影响,形成口碑并提高产品观念价值的传播活动。餐饮企业在进行故事营销的时候需要考虑下列问题。

① 故事来源。故事来源必须是可靠的、可信的。餐饮企业的故事来源可以包括餐饮企业的发展历程,餐厅各处摆放物品或装饰的创作情节,餐饮企业在管理经营活动中动人的事迹或优秀的服务案例,各类顾客给予餐饮企业的表扬信或重要人物的留影。

② 故事主题。故事主题是吸引人的关键,餐饮企业所选择的故事主题应该符合下列几个标准。

符合餐饮所提供的服务和产品的特性。故事主题要能够准确展示卓越的餐饮品质充分表达对顾客真挚的感情。

符合餐饮目标市场客户的心理诉求。选择能够引起顾客共鸣,打动顾客内心,满足顾客精神享受以及提升顾客身价的故事主题。

展现餐饮企业个性,具有独到之处。选择餐饮品牌经典的故事,给老故事以新的注解,不断加入新故事,使餐饮品牌故事始终富有活力,为人们津津乐道。

③ 故事传送。好的故事还需要有好的方式使其广为流传,故事传播的选择关系着故

事营销的最终效果。故事的传送需要关注以下三个方面。

谁来讲。故事的创作主体是餐饮企业，但是故事的传播者则需要依靠第三人具有良好社会背景与较大社会声望的名人是理想的故事传播者，因为他们具有更大的影响力和权威性，在故事的传播中往往会事半功倍。同时，顾客也是餐饮企业需要重视的故事传播者。

在哪讲。餐饮企业可以有计划地使用各种媒介来传播故事，日常的服务活动更是故事传播的主要途径。

怎么讲。选择有趣的、具有感染力的表现形式能够使故事更加扣人心弦，常常能够不知不觉地实现餐饮企业传播餐饮品牌内涵、文化与价值的目的。

3. 口碑营销策划重心

餐饮口碑营销以餐饮品牌为对象，所以其基本流程大体表现为，审视品牌传播主体—了解并研究目标受众—进行品牌市场定位—确立品牌表征—审视品牌文化—确定品牌传播信息—选择并组合传播媒介—实施一体化传播—品牌传播效果测定与价值评估—品牌传播的控制与调整。餐饮品牌传播策划，须特别注重以下有关重要要环节。

（1）品牌诉求提炼。餐饮品牌诉求，即餐饮品牌精神和特点的凝练表达，主要表现形式是一句简单明了的广告语，餐饮品牌诉求的目的在于直击顾客内心，促使或引导客选择该品牌产品。

① 准确精练。餐饮品牌诉求应有醒目、精准的主题与新奇的表现方式，以引起顾客的注意。

② 独具神韵。餐饮品牌诉求应具有前所未有、别出心裁或与众不同的特色，特点。为此，需特别注重诉求的独特点、产品的利益点与顾客欲求点的有机统一。

③ 拨动情感。餐饮品牌诉求要收到良好的效果，必须能拨动顾客的心弦，其关键在于能否以情感人，形成美好意境。在感性消费的今天，顾客更需要在这种消费意境的引导下进入一种特定的消费氛围，获得良好的消费感觉。

（2）传播渠道选择。餐饮品牌传播需要选择恰当的渠道，即传播媒介与媒体，介是一种物质实体，是传播信息所使用的工具，如报纸、杂志、电视、广播等；媒体是指拥有使用并经营媒介的机构，如报社、电台、电视台等。餐饮企业应根据自身餐饮品牌特征、诉求主题及受众对象等因素，科学选择传播媒介。

① 受众吻合。不同媒介有不同的受众，餐饮品牌传播媒介选择，首先必须了解目标客群体经常关注的媒介，把握其在餐饮购买决策时习惯使用的信息来源，选择与目标受众高度吻合的传播媒介。

② 背书效应。媒介本身就是一个品牌，在社会公众中都有自己的影响力与影响范围。若媒介的影响力强、认可度高，则其传播的信息的可信度也就越高，通过它进行品牌传播就能起到背书效应，无形之中产生一种亮丽的光环。

③ 综合考量。越强势的媒介所起的背书效果越大，购买价格也越高。餐饮品牌传播媒介选择，应注意综合考量，主要应对以下五个方面进行评价：一是品牌附加值评价，媒介对品牌附加值的影响，是提升还是贬值；二是覆盖质量评价，媒介与投放品牌的目标人群、投放地域、人群特征等的契合度；三是内容质量评价，媒介的风格、主题、内容、文案、情节等水平；四是信息接收评价，受众信息接收的干扰度与接收信息的主观意愿；五

是投资回报率评价，到达率、有效到达率、人均到达成本，投入产出比。

④ 多元互补。每一种传播媒介都有各自不同的优势、劣势及受众群体。所以，要提高品牌传播效果应注重多种媒介的有机整合。

(3) 传播创意设计。通过优秀、独特的创意与表现形式，使餐饮企业的餐饮品牌诉求引起目标受众的关注，得到认同与信赖，并获得其忠诚。在此，应注意以下四个基本法则。

① 引发注意。在媒介多元、受众强势的背景下，要引起顾客注意，必须注重餐饮品牌传播的娱乐化，即通过娱乐化元素的使用，制造出愉悦生动的顾客品牌接触经历，进而表达品牌的主张，达到与顾客沟通的目的的品牌传播活动。主要类型有三种：一是娱乐化广告传播，即通过幽默、夸张的故事情节、语言台词或代言人等娱乐元素进行幽默化创意表现的广告，使顾客在观看广告时感觉到心情愉快，有效地降低顾客对广告的抵触心理；二是娱乐化公关传播，即通过赞助商和参与媒体举办娱乐节目或娱乐性活动等公关活动来实现品牌传播；三是娱乐化促销，淡化商业功利性而让促销过程充满娱乐元素和娱乐气氛的营销活动。

② 强化记忆。酒店餐饮产品实际上是一种体验产品，要让顾客真正领略并喜欢，应注重餐饮品牌传播的体验化。设置适宜的互动性品牌交流和沟通情境是体验化品牌传播的基本要求。互动性品牌交流和沟通就是使顾客介入个性化的餐饮品牌体验中，其特点是：使餐饮品牌传播从利益驱动的服务向可回忆的个性化的体验发展；从传统的广告、公关传播向与顾客每一个可能接触点的多渠道传播方向发展。当然，餐饮品牌传播的多次反复，是强化记忆、增强记忆的最有效方法。

③ 植根意识。餐饮品牌传播能够让顾客震撼，感染、感化顾客的心灵世界和心理意识状态。为此，酒餐饮企业应注重顾客购买心理的开发和研究，特别是与消费理念、消费意识等相吻合，餐饮品牌传播事件化，尽可能弱化商业行为。

④ 培养忠诚。餐饮企业的餐饮品牌传播途径主要有广告传播、销售传播、公关传播与人际传播，不管以何种途径进行传播，均应围绕培养顾客忠诚这一基本目标展开。顾客忠诚，关键在于信任、偏爱和情感三个基本要素。

信任。取得顾客的高度信任，这是创造忠诚顾客的前提条件。顾客对餐饮企业的信任主要指三个方面：一是确实能够满足消费需要的信任；二是确实能在消费中受到尊重、获得愉悦的信任；三是确实能在消费中获得利益的信任。

偏爱。提供足以使顾客有所偏爱的产品、服务和承诺，这是餐饮企业创造忠诚顾客的基本条件。偏爱是导致顾客最终做出消费决策的直接影响因素。顾客的偏爱主要包括两个方面的含义：一是顾客对酒店提供的产品、服务及承诺的透彻了解和高度信任；二是顾客对酒店提供的产品及承诺的特别爱好与赞赏，前者是形成偏爱的前提条件，后者是形成偏爱的决定因素。

友情。信任与偏爱带来的友情是酒店创造忠诚顾客的最终结果。诚招天下客，餐饮企业以诚待客，以情感人，必然带来顾客对企业的忠诚回报。企业与客户之间的关系是建立在感情基础上的，他们与餐饮企业之间建立了一种稳固的关系，形成了一种深刻的品牌忠诚。

8.6 餐饮产品销售分析

8.6.1 销售弹性系数分析

销售弹性系数是不同时期销售额的变化和客源变化之间的比值。客源是影响餐饮产品销售的首要因素，随时分析客源变化对销售量的影响，并以此为依据，采取相应措施，是提高餐饮产品销售量的重要条件。

销售弹性系数始终大于0，它说明客源变化和销售量的变化之间存在着正比例性质的关系，但影响的程度不同，存在三种可能。

(1) 当$r>1$时，说明客源变化对销售量的影响程度最大。这时，增加客源可以更大比例地增加餐饮产品销售收入，因为客人的人均消费水平在提高，消费结构在改变。餐饮经营者应尽量在这时多组织客源，也可适当提高价格或加强产品推销。

(2) 当$r=1$时，说明客源变化和销售量的变化成等比例关系，增加一定客源，其销售收入按人均消费比例的增长。这时市场相对稳定，客人消费结构没有改变，但不宜调整价格，防止引起客人消费结构波动。

(3) 当$r<1$，说明客源变化对销售量的影响较大，这时，增加客源可以增加一定收入，但不成比例。因为客人的人均消费水平在降低，消费结构在改变，市场处于波动下降状态，提价是危险的，可能能上不起下起敏感性反映。这时应在产品质量和服务质量上下功夫，提高客人消费水平。

8.6.2 价格弹性系数分析

随进分析价格变化对销售量的影响，合理掌握价格，求得价格和市场销售的最佳适应性，也是提高餐饮产品销售的重要条件。餐饮产品价格受原材料成本、管理费用、市场竞争等多种因素影响，但是最终通过接待人次和客人对餐饮产品的喜爱程度表现出来而影响销售收入。

价格弹性系数是指价格变化对客源、从而对销售量的影响程度。

价格弹性系数始终小于0，它说明价格变化和销售量的变化之间存在反比例性质的关系，但影响程度不同，也有三种可能：

(1) 当$r>-1$时，说明价格变化对销售量的影响较小，市场求大于供，有利于扩大产品销售，也可以适当调价，以扩大产品销售，增加经济收入。

(2) 当$r=-1$时，说明价格变化会引起销售量等比例的变化，价格越高，销售量越少。如果各种产品都涨价，提高综合毛利率，客源会大量减少，涨价毫无意义，而且对客人消费心理引起连锁反应，这时要保持价格的稳定性。

(3) 当$r<-1$时，说明价格变化对销售量的影响最大，市场处于敏感期，客人对价格的敏感性较强，这时涨价会引起销售量更大比例的减少，影响销售收入。管理人员应保持价格稳定，最好是适当降价，增强竞争力，扩大产品销售。

8.6.3 产品销售额 ABC 分析

一般来说，A类菜销售额的累积百分比在60%~65%，B类菜在25%~30%，C类菜在 10%～15%。通过分析，管理人员可反 A 类菜作为经营重点，对于 B 类菜给予适当重视，对于 C 类菜则给予一般性照顾。

8.6.4 喜爱程度与毛利分析

通过喜爱程度和毛利分析，可以发现哪些菜肴喜爱程度高，毛利也高，哪些在这两个方面次之，哪些菜两者都低，从而发现产品销售的主要利润来源，把产品销售和利润结合起来，将管理人员的工作重点引向那些客人既愿意购买，利润水平又较高的产品上，使之获得更大的经济效益，而对那些喜爱程度和毛利都较低的菜肴则逐步淘汰。其分类标准是：第一类，产品喜爱程度和毛利额都较高，均超过先进平均数；第二类，产品毛利额较高，喜爱程度一般，企业能获得实际利益；第三类，产品喜爱程度高，毛利额一般。

本 章 小 结

餐饮经营的成功与否最根本上基于两个方面：来源和节流。做好餐饮促销是开源的基本要求和有力手段，而餐饮控制是节流的主要手段。通过本章的学习，要求能够对餐饮销售管理有一个正确的理解。了解餐饮产品定价的影响因素、餐饮产品销售分析，熟悉餐饮产品定价程序及餐饮产品价格策略。同时能够熟练掌握餐饮营销策略中的产品、价格、销售渠道、推销策略，并在实践中能正确地加以应用。

思 考 与 练 习

一、判断题

1. 成本和费用是影响餐饮产品定价的最基本因素。（   ）
2. 餐饮产品价格受原材料成本、管理费用、市场竞争等多种因素影响，但是最终通过接待人次和客人对餐饮产品的喜爱程度表现出来而影响销售收入。（   ）
3. 销售弹性系数是不同时期销售额的变化和客源变化之间的比值。（   ）
4. 客源是影响餐饮产品销售的首要因素，随时分析客源变化对销售量的影响，并以此为依据，采取相应措施，是提高餐饮产品销售量的重要条件。（   ）
5. 口碑营销是新媒体时代众多营销方式的一种。口碑营销虽然有宣传费用低、可信任度高、针对性强等优点，但也充满着小市民的偏见、情绪化的言论。（   ）

二、选择题

1. （   ）是影响餐饮产品定价的最基本因素。
   A. 餐饮产品   B. 餐饮档次   C. 成本和费用   D. 餐饮经营水平
2. （   ）是指餐饮消费者对餐饮企业的地理位置、设备设施、服务、内外环境、企业名称等各项因素的印象的综合与总和。
   A. 服务   B. 形象   C. 档次   D. 经营水平
3. （   ）策略以开展市场竞争、扩大产品销售、增强竞争能力为主要定价目标。
   A. 满意利润   B. 市场占领   C. 声望价格   D. 竞争人才
4. 销售弹性系数分析中，当（   ）时，说明客源变化对销售量的影响程度最大。
   A. r＞1   B. r＝1   C. r＜1   D. r≥1
5. 价格弹性系数分析中，当（   ）时，说明价格变化对销售量的影响较小，市场求大于供，有利于扩大产品销售。

A. r>-1　　　　　B. r=-1　　　　　C. r<-1　　　　　D. r≥-1

三、简答题

1. 餐饮产品定价的程序是什么？
2. 餐饮产品定价策略有哪些？
3. 简述餐饮营销策略？
4. 简述餐饮产品销售分析的方法？
5. 试述餐饮产品定价的影响因素？
6. 餐饮的口碑营销包含哪些基本要素和基本方式？

四、实训任务

请你为餐厅设计一次特殊促销活动，阐明促销活动的目的、推销对象、推销内容、活动负责人和费用预算。

五、案例分析

一天晚上10:00，一位客人走进一家小饭馆，叫了一份虾仁炒饭。很快就听到了旁边两个人的小声对话：

"饭没有了。"

"再煮一锅。"

"再煮一锅？"

"再煮一锅。"

约半个小时后，客人吃到了想要的虾仁炒饭。饭间，客人忍不住问那位身兼服务员的老板：

"饭店要打烊了，你再煮一锅饭岂不是浪费？你完全可以叫我换一家餐厅的呀？"

"不浪费"老板说，"要想吸引一位顾客，做宣传、打广告等所需的费用远比一锅饭的成本大得多。而且，您已经走进了我的店，这就给了我们机会，有时机会也是利润啊。"

思考：结合本章所学内容，你从案例中得到哪些启示？

9 餐饮布局与设备用品管理

问题引入

1. 你认为一个餐厅应该具备哪些功能呢？
2. 你喜欢餐厅哪种风格的装饰与布置？
3. 你对餐厅的设备设施了解有多少？

内容导读

餐饮区是餐厅重要的公共服务区域，其设计布局是否科学合理，对企业经营成败有着举足轻重的影响。餐饮区的设计布局不仅直接关系到饭店企业的建筑成本、设备成本和营业费用，而且直接关系到工作效率、服务质量。因此，作为设计师必须对餐饮区各个区域的设计特点和设计要求了若指掌，并能够做出相应的装饰与布置。而餐厅设备、餐用具、家具是保证营业接待工作有序开展的必要物质条件，优质和有特色的餐厅服务设备可提高餐厅服务效果，提高顾客满意度，增加餐厅入座率。

学习任务

1. 熟悉餐厅功能布局设计的原则，能够对餐厅的内部空间做出合理划分
2. 了解餐厅中餐位面积及座位数、桌椅以及餐厅的动线安排
3. 全面了解餐厅装饰与布置的要求及考虑要素
4. 掌握餐厅设备用品的选择与使用

餐饮经营与管理

开篇案例

餐厅的服务区域

所有餐厅应当把自己的餐厅划分成若干个部分，这就是区域。每个区域一般有12~24个座位，这取决于桌子的大小和其他因素。通过这种方法，服务人员可以只负责餐厅一个部分的服务工作，而不是整个餐厅的服务。许多餐馆只安排一个服务员负责一个区域，有的餐馆会安排一个领班和几个服务员负责一个拥有60个座位的区域。甚至，有的餐馆安排一个由3名服务员组成的小组，负责一个拥有60个座位的区域。

经理应该组织划分好区域，以便为客人提供最好的服务。例如：一个餐厅有4张4人餐桌，2张2人餐桌，餐厅可以远眺大海，即就是这样一个20个座位的餐厅，也不能只把它看做一个区域。这些桌子将会成为客人们来餐厅就餐的首选位置，所以经理最好把它们划成2~3服务区域，但是这些桌子又必须摆在一起。假如你是经理，哪一种布置计划会给你的客人提供最好的服务呢？

经理划分餐厅的服务区域时，应该考虑以下几个问题：

（1）餐桌到厨房的距离。离厨房越远的区域，安排的餐桌越少。为这个区域里的客人服务，服务员要花较长时间取食物。因此，尽量不要推荐客人坐到这一区域里。每一桌客人的人数小桌子可以坐两个人，大一些的桌子可以坐4~6人，大小混合在一起摆放的桌子，对于划分区域是比较理想的。通常一个区域最多24个座位，由一位服务员负责。24个座位的区域不应该都由两个人的座位（所谓的两点餐桌）组成，那样对于服务员来说是无法服务的，因为他不可能一次服务那么多不同的用餐者。理想的是，一个区域由一个6人餐桌，3个4人餐桌和3个2人餐桌组成。当然，这种区域应该距离厨房较近，所有的区域都应该由不同座位数的桌子组成。

（2）区域的吸引力。在每个餐厅，都会有那么几张餐桌位置比较好，特别吸引客人。一般来说，靠近厨房和卫生间的餐桌是少人问津的，而临窗并能观赏外景的桌子则是最好的。如果餐厅里有演出娱乐活动，则靠近演出的位置最为抢手。最受欢迎的区域应该安排较少的桌子，而靠厨房的区域则可以多些，因为受欢迎的区域坐的客人会比较多。经理应该轮流安排所有的服务员都有机会在受欢迎的区域里工作。

（3）每个餐桌所要求的食物准备数。如果一个餐馆的菜谱上有许多菜肴将要在客人的餐桌旁加工并烹制完成，那么这个区域里的座位数应该不超过24个，因为服务员要做许多餐桌边的烹饪工作以及调拌色拉等。他们会在餐桌边花费较长的时间。桌边烹饪需要较大的空间，因为手推车和其他准备设施要求餐桌之间有一定的距离，这样的区域要比美式区域安排的座位少。

（4）员工的能力。每个经理都会认识到，本餐馆一部分员工的能力要比另一部分员工强，这些员工能够服务更多的客人。当经理安排区域的时候，应该把这个因素考虑进去。

对未来经理们的忠告：一个用意良好的年轻经理在没有征询服务员的情况下，经常会错误地更改服务区域。经理在做出这样的更改决定之前，必须征询服务员和客人们的意见，因为小费构成服务员的主要收入，所以在改变区域安排之前，与服务员共同计划、协商是至关重要的。

在考虑过所有的因素之后，有两种安排区域的方法。第一种是论资排辈法，第二种是轮流坐庄法。

论资排辈法

在这种方法下，资历最老的服务员被安排在固定的区域，这一区域成了他们的小餐厅，在他们休假期间，他们的区域由一位信得过的服务员，通常也是有一点资历的员工接替服务。通常在这种制度下，最好的区域被安排给那些受雇于餐馆时间最长的服务员。这种制度适合于那些经常有回头客的老餐馆，一些客人把光顾这类餐馆当成家常便饭，他们通常预订自己固定的座位，希望每次都由同一个熟悉的服务员服务。这种方法一旦确定，服务的区域就不可能再更改了。

轮流坐庄法 许多餐馆经理和员工更喜欢这种方法。服务员每天一次轮流在所有不同的区域里工作，比如说，服务员玛丽星期一在1号区域服务，星期二在2号区域服务，一个星期依次轮流下去。通过这种方法，经理可以在淡季把那些较差的区域关闭掉。但这要求经理更要加强计划与组织，因为所有的服务员既在较好的区域，又要在较差的区域工作。

无论餐馆选择哪种方法，顾客的满意是决定性的因素。由于顾客的满意度在很大程度上取决于服务员的态度，所以选择哪种方法要看是否满足餐馆、客人以及服务人员的需要。

带你走进今日课堂

9.1 餐厅功能布局设计

9.1.1 餐厅功能布局设计原则

1. 满足实用功能需求的原则

不论餐厅空间是什么形态、什么类型、经营什么餐饮，不管他的文化背景如何、体现什么文化品位，所划分的功能区域布局的大小、形式、组合方式，都必须从功能出发，注重餐厅功能布局设计的合理性。

餐厅是生产产品和销售产品的一个复杂的综合体，有满足产品销售的餐厅大厅，有满足产品生产的厨房，有招揽客人的门面，还有其他配套的服务设施，如卫生间、储藏间、机房、更衣室等。所以餐厅功能布局设计的格局大体上分为外观设计、室内设计、厨房设计三大部分。首先，餐厅的店面是最好的广告，它体现餐厅的主题思想，也是给顾客的第一印象，主要作用是招引顾客，让顾客留有记忆，从而使餐厅形成品牌。其次，室内设计是餐厅设计的重点，将在本节内容中做详细介绍。最后，合理安排厨房区域内各工序流程及厨房内各种设备、器械和用具的具体位置，科学的设计和布局可以帮助厨房减少浪费，降低成本，方便管理，提高工作质量，提高生产率和减少员工外流。这部分内容将在后续章节中体现。

2. 功能协调方便的原则

餐饮类功能布局设计应做到各项功能协调方便。在布局上，要考虑服务方式、顾客数量、所需设备及建筑结构特点。厨房与餐厅面积配比恰当，操作区内的热菜、冷菜、面点厨房和加工间、操作间、洗碗间协调。设置用餐区面积要预先考虑好传菜设备和顾客等位所占的空间。应考虑到顾客进出、餐厅点菜、传菜上菜、为顾客取酒水和收餐的操作方便，考虑到厨房原料进出、原料加工、洗菜择菜、烹调上菜等各道工序之间的衔接和协调，并尽量缩短各道工序与前后工序之间的行走距离以提高效率，要避免顾客就餐活动路线和工作人员的传菜和服务路线相交叉。

3. 满足精神功能的要求的原则

人们对餐厅功能布局精神方面的要求，是随着社会的发展而发展的，顾客的心理活动千变万化，难以把握，个性化、多样化的消费潮流，使餐厅功能布局里融入了浓厚的文化品位和个性。餐饮业发展是否成功，其竞争的焦点是把握顾客的心理活动，提高餐厅空间的精神功能是餐饮业发展的灵魂，因此要用文化品位去打动消费者的心。

4. 具有独特个性、主题鲜明的原则

个性独特的餐厅是餐饮业的生命。餐厅功能布局设计得有特色是餐饮企业取胜的重要因素。艺术的魅力不是千篇一律，餐厅文化也需要打造与众不同的文化。人们总是希望在不同的场所感受不同的文化氛围，所以餐厅功能布局的个性尤其重要。餐饮类功能布局对于品牌与文化内涵的体现重要程度比较高，在设计风格上可吸收民族的、地域或某一类型主题，并使之成为卖点。

9.1.2 餐厅的内部空间划分

餐厅内部的设计与布局，即室内设计，应根据餐厅空间的大小来决定，要使各不同功能的空间布局合理，座位安排及餐位数合理。餐厅的内部空间，按其使用功能，可分为客用空间（用餐区、等位区、衣帽间等）、公用空间（盥洗间、电话间等）、管理空间（服务台、办公室等）、流动空间（通道、走廊等）等，必须达到比例恰当，布局合理，点面结合，错落有致的效果。餐厅平面设计如图9-1。

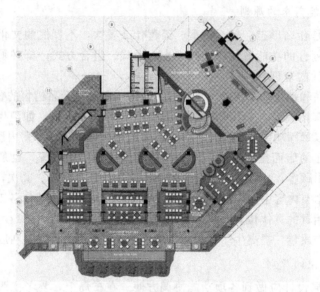

图9-1 餐厅平面设计图

1. 客用空间

用餐区（如图9-2）是餐厅重要的公共服务区域，其设计布局是否科学合理，对企业

图9-2 用餐区

9　餐饮布局与设备用品管理

经营成败有着举足轻重的影响。用餐区的设计布局不仅直接关系到餐饮企业的建筑成本、设备成本和营业费用，而且直接关系到工作效率、服务质量。因此，作为设计师必须对用餐区各个区域的设计特点和设计要求了若指掌。

等位区（如图9-3）主要是供客人等候座位时休息用，一般配有沙发、茶几及书籍报刊，是餐饮类空间最能体现人气的区域，其等候位的数量应根据整个餐饮空间的座位数量配比。

2. 公用空间

公共空间最重要的是洗手间（如图9-4），设置要合理，便于顾客使用，色调要体现整洁、安静、舒适；光线要柔和。评估一家餐厅应从装潢最好的洗手间开始，因为任何人都可以由洗手间的整洁程度来判断该餐厅对于食物的处理是否合乎卫生，所以应引起特别重视。

图9-3　等位区

图9-4　洗手间

3. 管理空间

服务台（如图9-5）的位置应根据顾客座位的分布来设置，尽量让服务区照顾到每一位顾客。服务台应设在显著的位置上，服务台的周围应有宽敞空间，长度要考虑工作人员的数量和服务范围，有酒水服务功能的应配置酒水柜和酒水库房。每个出入口都应设置知客台，备餐台的多少应由服务形式和服务质量决定。办公室（如图9-6）则需要能方便的进入餐饮空间，及时掌握和了解经营情况。

图9-5　服务台

图9-6　办公室

4. 流动空间

餐厅通道、走廊（如图9-7）的设计与布置应体现流畅、便利、安全，切忌杂乱。要求从视觉上给人以统一的意念，既要完整，令每个服务员都能顺利的工作，顾客的行走安全随意，又要灵活安排，根据餐厅的形状设计高效的通道，使其平面变化达到完整与灵活相结合的布局效果。

图9-7 走廊

9.1.3 餐位面积及座位数的确定

1. 餐位面积的确定

在空间规划上，就需求空间而言，一位客人所需最低的活动面积为$2m^2$，一些咖啡馆、小吃店或快餐店，一位客人所需的面积平均而言$1.3m^2$即可。另外，用餐区的餐桌间距必须能让服务员方便服务，让客人方便出入。餐桌的排列既要考虑提高餐厅的使用率，又要考虑宾客入座的舒适和席间服务的方便，同时还要讲究排列的艺术效果。餐厅的面积一般以$1.85m^2$/座计算，大型豪华宴席厅：$1.8-2.5m^2$/座；大型宴席厅：$1.5\sim2m^2$/座；普通大众型餐厅：$1.2\sim1.5m^2$/座；咖啡厅：$1.5\sim1.8m^2$/座；酒吧：$1.8-2m^2$/座；自助餐厅：$0.8-1.4m^2$/座。

2. 座位数的确定

对于餐厅而言，座位数的一般根据两种方式确定。第一种适用于酒店、宾馆中的餐厅，它是根据酒店中客房数来决定餐位数，这是一种较为传统的经验测算法。第二种适用于独立的餐饮企业，一般根据销售收入和客容量预测决定餐位数，即餐厅经营者在计划餐饮设施的类型、菜单内容及规格时，应根据仔细深入的市场调查研究，而要决定具体餐位数时，则可依据该餐厅的销售收入和宾客数量的预测。

9.1.4 餐厅的桌椅的安排

桌椅是餐厅经营必备的设备之一。餐厅的规模、档次和经营方式决定了桌椅的形式，数量和档次。餐桌的配置要根据餐厅营业面积的大小和形状，按照餐厅的档次和经营形式，合理选择餐桌的形式和安排餐桌间的距离，确定通道的位置、走向和宽度，最终确定餐桌的形式、规格和数量。

1. 餐桌的形式

餐桌一般有圆桌、长桌和方桌（如图9-8、9-9、9-10所示）三种形式。一般情况下，中餐用圆形台面，除中餐外，其他餐饮风格一般使用方形台面。台面的选择还应针对餐厅环境和内部结构，从经济性的角度看，选择台面不是一成不变的，而是根据餐厅的内部结构，合理布局，充分利用有限面积，最大可能地接待客人。

图9-8 圆形餐桌

图9-9 方形餐桌

图9-10 长方形餐桌

2. 餐桌的规格

选择餐桌规格的最重要因素是每桌顾客数的最大统计频率，即就餐顾客数组合最多的数值。餐厅经营最重要的原则之一是不丢失顾客和使座位有最大的使用效率。目前，餐厅中坐席的配置一般有：单人座、双人座、四人座、六人座、火车厢式、圆桌式、沙发式、长方形、情人座、家庭式等形式，方桌最小宽度为70cm；四人方桌90×90cm；四人长桌120×75cm；六人长桌150×75cm；八人长桌230×75cm。圆桌最小直径：1人桌75cm；2人桌85cm；4人桌105cm；6人桌120cm；8人桌15cm。餐桌高72cm，餐椅座面高44～45cm，吧台固定凳高75cm，吧台桌面高105cm，服务台桌面高90cm，搁脚板高25cm。餐桌规格可做适当的搭配，以适应不同的顾客群体。

3. 餐桌摆放与排列

餐桌摆放的形式有多种。一般来说，中低档的餐厅多选用长桌和较大的圆桌，容易紧凑地摆放，而小方桌则用于补充边角；高档餐厅多选用中方桌和中、小圆桌，这样的餐桌能摆放得宽敞，能使顾客感到舒适，并可使餐厅的格局更具情调。餐桌排列一般纵横排列法，餐桌间的距离要均匀，排列大小、形状不同的餐桌时，可以从餐厅的里端开始往外由大到小，即由大圆台到小方台，一行行均匀排列，小方台可摆成正方形，也可摆成斜方形，但整个餐厅须整齐一致。

4. 座椅的安排

座椅的档次、材质、色调和风格应与餐桌配套。座椅的数量分为两个部分：基本数量和补充数量。基本数量按照餐桌的基本座位确定，补充数量可以按每张餐桌可以摆放的最大数量减去标准摆放数量来确定，也可以按每张餐桌预备1至2把来确定。两部分数量相加就是应配置的座椅数量。

9.1.5 餐厅的动线安排

餐厅动线是指顾客、服务员、食品与器皿在餐厅内流动的方向和路线。顾客动线应以从大门到坐位之间的通道畅通无阻为基本要求。餐厅中服务人员的动线长度对工作效益有直接的影响，原则上愈短愈好。餐厅的通道应体现流畅、便利、安全，切忌杂乱。其基本要求是：尽可能分流，进出门分设，客用通道与服务通道相对分离，避免交叉碰撞，尽量选取直线，避免迂回曲线，通道的宽度要符合营业服务的需要。

9.2 餐厅装饰与布置

9.2.1 餐厅装饰与布置的要求

餐厅是为就餐客人服务的直接现场，和谐统一、美观雅致的内部环境会使饭店客人心情愉快、赏心悦目。餐饮经营者在布置餐厅环境时，必须考虑环境对就餐客人心理活动和就餐行为的影响。

(1) 餐厅布置应符合整齐和谐、井然有序、清洁明亮、图案淡雅、摆设新颖、挂幅别致的特点

(2) 餐厅布置要坚持个性化与适应性相结合，民族化与现代化相结合，典雅化与气氛化相结合的原则

(3) 餐厅布置应考虑到照明对不同客人的心理影响

(4) 餐厅布置应考虑到色彩对客人用餐心理的影响

(5) 餐厅装饰物要与整个餐厅的氛围相协调

9.2.2 餐厅装饰与布置的考虑要素

餐饮装饰与布置的优劣是由许许多多的因素决定的，除了空间大小、家具，以及装饰材料等硬件以外，餐饮装饰与布置同样对就餐的环境质量起着重要的作用，餐饮装饰与布置的营造可以通过色彩、光源、装饰陈设与绿化和室内景观等方面来实现。

1. 色彩

餐厅是人们进餐的场所，人们在整个进餐过程中自始至终受餐厅空间界面色彩的影

响。色彩不仅影响着人的心理和生理感受，同时左右着整个餐厅的环境气氛。在实际应用中，应根据经营的目的确定餐厅的色调。如希望顾客延长就餐时间，要选用安静、悠闲、柔和的色调；如要提高顾客的流动率，就要使用刺激、活跃、对比强烈的色调。除此之外，一般应当确定餐厅的主色调。主色调确定后，可以用其他的颜色作为配合，同时应防止喧宾夺主。大堂内的色调构成主要取决于墙面、地面、吊顶、窗帘、家具、台布、灯光等，除要表达特殊目的外，应以清新淡雅为主，不宜过深。

餐饮空间的室内色彩多采用暖色调，遵循上浅下深的原则来处理，自上而下，顶棚最浅，墙面最深，踢脚板与地面最深，这样上轻下重，稳定感好，色彩明朗、欢快，与明采光相配合，使其金碧辉煌有舒心悦目。以达到增进食欲的效果，虽同为暖色调，但中间的差异还是很大的，如中餐厅（如图9-11）若是皇家宫廷式的，则色彩热烈浓郁，以大红和黄色为主；若是园林式的则以粉墙为主、略带暖色，以熟褐色的木构架穿插其中，也可以木质本色装饰。而西式餐厅（如图9-12）则更多的采用较为淡雅的暖色系，如粉红、粉紫、淡黄或白色等，当然也有用熟褐色的，有的高档餐厅还施以描金。在一些小餐厅中也有采用冷色调的，如有的海鲜馆为了体现海底世界的特征，采用蓝色色系，再辅以鱼等装饰挂件，很好地体现了设计主题。

图9-11　中餐厅

图9-12　西餐厅

2. 光源

用餐环境的好坏，光源是不容忽视的重要一环。光是体现室内一切，包括空间、色彩、质感等审美要素的必要条件。只有通过光，才能产生视觉效果。用照明和灯饰来制造气氛，突出餐饮空间的重点、亮点，划分空间，制造错觉，以调整空间气氛等方面起了不可忽视的作用。餐饮店堂的光线不外乎自然光、照明光、投射光和反射光四种。

（1）自然光。大部分餐厅设立于邻近路旁的地方，并以窗代墙；也有些设在高层，这种充分采用自然光线（如图9-13）的餐厅，使顾客一方面能享受到自然阳光的舒适，另一方面又能产生一种明亮宽敞的感觉，使顾客心情舒展而食欲增加。

（2）照明光。通常情况下，原生的光线适宜于店堂的时段有限，因照明光（如图9-14）是店堂光线的主要部分。顾名思义，此类光主要的功能是为整个空间提供足够的照度，是以使用功能为主要目的。这类光可以由吊灯、吸顶灯、筒灯以及光带来提供。餐饮企业的灯光布置是一个整合的过程，要正确处理明与暗、光与影、实与虚等关系。

图 9-13 自然光

图 9-14 照明光

（3）反射光。这类光主要由各类反射光（如图 9-15）槽来提供，其目的主要是烘托空间气氛，营造温馨浪漫的情调，使整个环境富有层次变化。

（4）投射光。投射光（如图 9-16）是由各种投射灯具所提供，投射光具有吸引视线、限定范围的作用，常用来突出墙面重点装饰部位以及装饰画等。为了营造出别具特色的室内气氛，投射光的投射方向也常作为出奇制胜的手段，如水平方向与自下往上等常会给人的意想不到的效果。

图 9-15 反射光

图 9-16 投射光

3. 装饰陈设与绿化

装饰陈设是主题餐饮空间设计的一个重要组成部分，也是对主题餐厅空间组织的再创造。装饰陈设是各种装饰要素的有机组合，对整个主题餐厅风格起到画龙点睛的点缀作用。从家具的辅助作用，装饰陈设还能直接地反映出当地的人文、地域特征，在某种意义上还能提高主题餐厅的文化氛围和艺术感染力。它包括：家具的陈设、织物的式样、艺品摆放、绿化植物陈设、灯饰配置等。装饰陈设在环境设计中，人称"二次装饰"。对主题餐饮空间效果具有极强的"锦上添花"的作用。

（1）家具的陈设。由于餐饮空间的家具（如图9-17）比较多，体量也较大，在餐厅内部十分突出，因而其尺寸、颜色对于空间影响很大。一般小面积的餐厅利用低矮和水平方向的家具使空间显得宽敞、舒展；大面积、净空较高的空间则用高靠背和色彩活跃的家具来减弱空旷感。

（2）织物的式样。餐饮空间的织物（如图9-18）使用，由于织物在餐厅的覆盖面积大，因而对餐厅的室内气氛、格调、意境等起着很大的作用。由于织物本身具有柔软、触感舒适的特殊性，所以又能有效地增加空间的亲和力。餐饮空间的织物一般有：地毯、台布、窗帘、吊帘、墙布、壁挂等。餐厅织物材料和工艺手段，在餐饮空间设计中具有举足轻重的地位。

图9-17 家具

图9-18 织物

（3）艺术品摆设。艺术品（如图9-19）的摆放对室内环境气氛和风格起着"画龙点睛"的作用。艺术品由于陈设点的不同、大小不同、风格不同，对餐厅的空间气氛起到极其重要的作用。在风格古朴的餐厅内，铜饰、石雕、古董、陶瓷和古旧家具等是最好的艺术陈设品；在传统风格的中式餐厅中，中国的青铜器、漆艺、彩陶、画像砖以及书画都是最佳的装饰品；在主题风味餐厅中，可以选用具有浓郁地方特色的装饰艺术品，如潮洲菜馆可摆饰大型的潮洲木雕和贴金画银的木雕装饰物；如经营民族特色菜的餐馆摆设些民间工艺品；如玻璃、刺绣、织花、编艺、蜡染、剪纸等均有独特的民俗味道。

（4）绿化植物陈设。绿化是室内设计中经常采用的装饰手段，几乎所有的餐饮空间都有绿化的妆扮。它以其多姿的形态、众多的品种和清新的绿色得到了人们的青睐。绿化在餐饮空间中的运用非常广泛。由于人们对自然的向往，对植物的偏爱和赞美，而且绿化植物（如图9-20）可以调节人的精神，调节室内空气，减少噪音，改善小气候，并且增加视觉和听觉的舒适度。它主要是利用植物的材料并结合常见的园林设计手法和方法，组织、完善、美化餐饮空间，协调人与环境的关系，丰富并升华了主题餐饮空间。

图 9-19 艺术品

图 9-20 绿植

（5）灯饰配置。灯光的种类不应是孤立存在的，它要为餐饮经营服务，吊灯（如图 9-21）、吸顶灯、宫灯、壁灯（如图 9-22）、筒灯、暗灯、地灯（如图 9-23）等，不同的灯饰系统化使用才能显现出它的魅力。现在人们越来越重视光源在餐饮中的作用，但还远远不够，餐饮企业不能仅仅限于灯饰问题的研究，更应推及整个餐饮装饰领域。

图 9-21 吊灯

图 9-22 壁灯

图 9-23 地灯

9 餐饮布局与设备用品管理

4. 室内景观

在餐饮空间中，为了表达某个主题，或是增加室外气氛，经常在一些不影响使用功能的所谓"死角"设计室内景观，这些景观让就餐者感受到某些寓意或情调。例如在进行生态餐厅中的室内景观设计时，以植物造景为主，辅助以小桥、流水、曲径、山石瀑布等，创造"自然""生态"的园林化的景观。

知识链接 9-1

中式餐厅室内装饰布置

一、风格与特征

在我国，中式餐厅是宾馆饭店和老字号特色饭店的主要餐饮场所，使用频率较高。中式餐厅是以品尝中国菜肴，领略中华文化和民俗为目的，故在环境的整体风格上应追求中华文化的精髓。与此同时，中国东西南北幅员辽阔，民族众多，地域和民俗的差异很大。充分发挥这些特色，使就餐者在就餐过程中感受中华文化的博大精深，领略各地的民风民俗。因此，中式餐厅的装饰风格、室内特色，以及家具与餐具，灯饰与工艺品，甚至服务员工的服装等都应围绕"文化"与"民俗"展开设计创意与构思。

二、平面布局与空间特色

中式餐厅的平面布局可以分为两种类型：以宫廷、皇家建筑空间为代表的对称式布局和以中国江南园林为代表的自由与规格相结合的布局。

1. 宫廷式

这种布局采用严谨的左右对称方式，在轴线的一端常设主宾席和礼仪台。这种布局方式显得隆重热烈，适合于举行各种盛大喜庆宴席。这种布局空间开敞，场面宏大。与这种布局方式相关联的装饰风格与细部常采用或简或繁的宫廷作法。

2. 园林式

这种布局采用园林的自由组合的特点，将室内的某一部分结合休息区处理成小桥流水，而其余各部分结合园林的漏窗与隔扇，将靠窗或靠墙的部分进行较为通透的二次分隔，划分出主要就餐区与若干次要就餐区，以保证某些就餐具有一定的紧密性。以满足部分顾客的需要，这些就餐区的划分还可以通过地面的升起和顶棚的局部降低来达到。这种园林式的空间给人以室内空间室外化的感觉，犹如置身于花园之中，使人心情舒畅，增进食欲。与这类布局方式相关联的装饰风格与细部常采用园林的符号与做法。

三、家具的形式与风格

家具的形式与风格在中式餐厅的室内设计中占据着重要的地位。中式餐厅的家具一般选取中国传统的家具形式，尤以明代家具的形式居多，因为这一时期的家具更加符合现代人体工学的需要。除了直接运用传统家具的形式以外，也可以将传统家具进行简化、提练，保留其神韵，这种经过简化和改良的现代中式家具，在大空间的中式餐厅中得到了广泛应用，而正宗明清式样的家具则更多地应用于小型雅间当中。

家具在餐饮空间中由于其面广量大，常常成为重要的视觉要素，因此在室内设计的初步阶段就应对家具的造型或设计进行充分的考虑。一般来讲，家具的形式和色彩基本决定了餐厅装修设计的基调。

四、照明与灯具

中式餐厅的照明设计应在保证环境照明的同时，更加强调不同就餐区域进行局部重点照明。进行重点照明的方法有两种：

1. 采用与环境照明相同的灯具（常常为点光源）进行组合，形成局部密集，从而产生重点照明。这种方法常常应用于空间层高偏低，以及较为现代的中式餐厅。

2. 采用中式宫灯进行重点照明

这种方法常结合顶棚造型，将灯具组合到造型中。这种方法适合于较高的空间，以及较为地道的中式餐厅。这种传统中式宫灯应根据空间的高低来确定选用竖向还是横向的灯具。另外，宫灯在大餐厅中的数量要恰当，不宜过多，否则，会造成零乱之感。

任何一种灯具的选择都应充分注意到其显色性。显色性不好，会影响到食物的色彩，造成变色，从而影响顾客的食欲。一般说来，白炽灯的显色性比较适合于餐厅，也可以在以白炽灯为主的基础上，在一些走道部分，运用少量节能灯，与白炽灯相间隔，达到既注意显色性，又节约能源。餐厅中切忌用彩色光源。

五、装饰品与装饰图案

一个完美的中式餐厅，只有中式风格的设计与装修是远远不够的。缺少了视觉中心的设计是不能给顾客留下深刻印象的。因此，在空间和交通的视觉焦点，以及一些墙面的"留白"部分，常常以一些带有中国特色的艺术品和工艺品来进行点缀，以求丰富空间感受，烘托传统气氛。在中式餐厅中，常用到以下装饰品和装饰图案：

1. 传统吉祥图案

在中国深受喜爱，它拙中藏巧，朴中显美，它以特有的装饰风格和民族语言，几千年来在民间装饰美术中流行，给人们对美好生活的向往带来精神上的愉悦。吉祥图案包括：龙、凤、麒麟、鹤、鱼、鸳鸯等动物图案和松、竹、梅、兰、菊、荷等植物图案，以及它们之间的变形组合图案等。

2. 中国字画

具有很好的文化品味，同时又是中式餐厅很好的装饰品。中国字画有三种长宽比例：横幅、条幅和斗方，在餐厅装饰中到底确定何种比例和尺寸，要视墙面的大下和空间高度而定。

3. 古玩、工艺品

也是中式餐厅中常见的点缀品，它的种类繁多，尺寸差异很大。大到中式的漆器屏风，小到供掌上把玩的茶壶，除此之外，还有许多玉雕、石雕、木雕等，甚至许多中式餐馆常见的福、禄、寿等瓷器。对于尺寸较小的古玩和工艺器常常采用壁拿的处理方法，配以顶灯或底灯，会达到意想不到的视觉效果。

4. 生活用品和生产用具

也常常用于中式餐厅的装饰。特别是那些具有浓郁生活气息和散发着泥土芬芳的用品和用具常常可以引起人们的幽思，使人浮想联翩，感慨不已。这种装饰手段在一些旅游饭店的中式餐厅运用颇多，它可以使旅游者强烈地感受到当地的民风民俗。这类装饰品有的是悬挂于墙面、甚至顶棚，也有的在餐厅的角落或靠墙边一带做成一个小小的景观，这种落地的处理一定要注意不要影响交通，也不能占太大的面积，否则会产生喧宾夺主之嫌。

9.3　餐厅设备用品的选择与使用

餐厅设备用品是保证营业接待工作正常开展的必要物质条件。餐厅的餐用具、家具、设备种类繁多，数量很大。优质和有特色的餐厅服务设备用品可提高餐厅服务效果，提高顾客满意度，增加餐厅入座率。

9.3.1 餐厅设备用品的种类

1. 家具类

（1）桌子。桌子主要分为以下几种：

① 圆桌：直径为 120cm 的桌面是为 4 至 6 位宾客准备的，直径为 160cm 的桌面是为 8 位宾客作准备的，直径为 180cm 的桌面是为 10 位宾客准备的，每个宾客所占宽度应为 50cm。

② 长条桌：规格一般定 180cm 长，60cm 宽，一般用于西餐厅，也可在宴会中作为酒水台或服务员的服务台使用。

③ 服务桌：是上下菜的落台，其长度是根据餐厅分布的状况以及家具本身的造型和风格的要求来决定。一般的规格为长 60cm 米至 100cm，宽为 45cm，高为 90cm 左右。

④ 转台：在 10 人座以上的圆桌面上，一般都配有转台，转台底座内装有滚球轴承，菜点摆放在转台上，便利地上要轻轻的转动，所需的菜点就会转到客人面前，其规格一般有 3 种，分别为转台，12 人转台和 14 人转台，一般为玻璃制的。

（2）餐椅。餐椅主要分为以下几种：

① 木椅：可分为木制生椅和硬木制座椅，硬木椅一般配有精美的座垫，以显示出它的庄严和豪华，一般配有这种座椅的餐厅，在整体布局上应与传统的中国风格相适应。

② 不锈钢椅：主要柜架为电镀钢管，特点是重量轻，结实，可叠摞在一起，所需安放面积小，便于搬动，规格一般是椅背高是 90cm，座椅高度为 45cm，面积为 45cm×45cm。

③ 儿童椅：为了方便带儿童的宾客前来就餐，座高为 65cm 左右，座宽、座深都比普通餐椅小，但必须带扶手和栏杆，以免儿童跌落。

④ 沙发：沙发是餐厅休息室不可缺少的家具，一般为组合沙发，沙发靠背倾斜度在 92~98 度。

⑤ 茶几：与沙发配套的家具，一般为木制的，主要用途是供宾客摆放饮料、茶具、烟缸等，一般为长方形。

（3）酒柜。是陈列和销售酒水的设施，有实木酒柜和合成酒柜，合成酒柜采用电子，木板，PVC 等材质组合的酒柜，目前市场上的酒柜，具有恒温、恒湿等功能，放进精致的红葡萄酒，不易受外界温度及湿度影响，保证葡萄酒不会因氧化而变质。

（4）备餐柜。用来当作收纳功能储物柜，供放置碗碟筷和服务用品，以及临时放汤和菜肴用，也是服务员分菜的地方。备餐柜可分为木制、金属两大类，因此在选购时应根据进餐的环境，选购适合材质的备餐柜。

2. 餐具类

（1）中餐餐具如图 9-24 所示。

① 陶瓷制品：各种菜盘、餐盘、汤碗、饭碗、茶具等。

② 水晶、玛瑙类制品：水晶玻璃杯具，玛瑙杯具及玉杯具等。

③ 金银器具：镀金菜盘，镀金鱼翅碗、镀金汤碗、银筷、汤匙等。

（2）西餐餐具如图 9-25 所示。

① 陶瓷制品：各种规格的餐盘，汤碗，咖啡具等。

② 水晶类制品：水晶杯具等。

图9-24 中餐餐具

图9-25 西餐餐具

③金银器具：银餐刀、餐叉、不同规格的匙。

3.餐厅服务车及保温锅

（1）服务车。餐厅服务车包括运输各种餐具和菜肴运输车、开胃菜车、切割车、牛排车、甜点车、烹调车、酒水车和送餐车等。

①餐具和菜肴运输车常用于宴会的摆台和撤餐具（如图9-26）等。

②开胃菜车用于餐厅的开胃菜的陈列和推销，车上常放少许冰块保持菜肴的凉爽。

③切割车用于通过烧烤等方法制作的菜肴，例如：烤乳猪、烤牛肉、烤鸭等的展示和切割。

④烹调车（如图9-27）有各式各样，适合与不同的菜肴烹调和销售，例如：煮粥车、蔬菜车、小笼蒸车等。

图9-26 收餐车

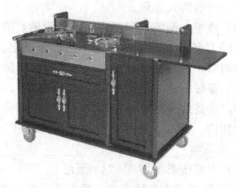

图9-27 烹调车

⑤甜点车是餐厅推销蛋糕、排、布丁及其他甜点和水果的小车。一个由厨师精心布置的甜点车非常有吸引力。

⑥酒水车（如图9-28）用于咖啡厅和西餐厅，它包括烈酒车和咖啡车等。烈酒车主要用来陈列和销售开胃酒、各种烈性酒和餐后甜酒。咖啡车是餐厅推销咖啡的小车，车内

展示几种顾客最欢迎的咖啡豆，车上装有小型煮咖啡的装置。

⑦ 送餐车（如图9-29）是餐厅服务员向客房运送菜肴和酒水的服务车。为了运送热菜肴，一些送餐车还装有保温设备。

图9-28 酒水车

图9-29 送餐车

（2）保温锅（如图9-30）。餐厅里一般配备有各式不锈钢保温锅，又称布菲炉。其主要规格有80×45cm长方形保温锅，也有45×45cm的方形保温锅，还有直径40cm的圆形保温锅。保温锅是由酒精或固体燃料为加热源，保温锅一般为三层，下面一层放水，中间一层放各式需要保温的菜肴，下面一层放燃料。保温锅可保持菜肴原有的热度，从而保持菜肴的质量，保温锅使用最多的是在自助餐的场合，在宾客进餐时间分散不集中的情况下，保证菜肴的温度。

图9-30 布菲炉

4. 棉织品、地毯

（1）棉织品。指台布、餐巾、毛巾、台裙、窗帘等。这些棉织品是餐厅经营和服务的必需品。选用何种质地、颜色和规格的棉织品必须考虑餐厅的主题、档次、环境气氛和棉织品的耐用性、洗涤方法及价格等因素，常见的布草质地有全棉、化纤、亚麻和维萨等。

（2）地毯。是餐饮企业常用的设施，尤其是高级餐厅。铺有地毯的餐厅显得非常雅致。目前，许多大众餐厅和快餐厅不铺地毯，给顾客明快的感受。

5. 电器设备

（1）空调器。现代化的餐厅，一般都设有空调设施，保持室内恒温21~24度。由于饭店规格档次不同，空调设施也不尽相同，在许多大饭店内各个餐厅采用的都是中央空调系统，在有的小型饭店内则采用各自独立的空调器来调节温度。

（2）冰块机（制冰机（如图9-31））。现代化的餐厅，特别是酒吧间对冰块的需用量较大，通过制冰机，保证冰块的供应。

（3）电开水器。不论何种餐厅，开水的需要量都是很大的，电开水器（如图9-32）使用方便，水的温度稳定，洁净卫生。

图 9-31　制冰机

图 9-32　电开水器

（4）电饭煲。电饭煲（如图 9-33）是近年来中餐零点餐厅使用的食品保温设备之一。它的主要用途是保证米饭、粥等主食的温度。

（5）毛巾保温箱（如图 9-34）。餐前、餐后为宾客送上香巾这一服务程序的组成部分，但毛巾必须保持一定的温度，这就要借助于保温箱。

图 9-33　电饭煲

图 9-34　毛巾保温箱

（6）洗杯器（如图 9-35）。洗杯器是专门洗刷各种玻璃杯具的专用工具。

（7）吸尘器。吸尘器（如图 9-36）用于餐厅各个部位的吸尘，有地毯的餐厅更应备有吸尘器。

（8）地板磨光机（如图 9-37）。目前许多涉外饭店餐厅地面是铺地板的。地板必须定期除尘上蜡，地板磨光机的作用是在地板打蜡后磨光。

图 9-35　洗杯器

9 餐饮布局与设备用品管理

图 9-36 吸尘器

图 9-37 地板磨光机

9.3.2 餐厅设备用品的使用与保养

1. 餐厅家具的使用和保养

餐厅的家具是餐厅的最基本的经营设施，必须加强管理，以木头为原料制作的餐厅家具是餐厅最常用的家具。一般注意这几个方面：严防受潮与暴晒；定期上蜡打光；注意调节室内的空气与适宜通风；注意巧搬轻放。

2. 餐具类的洗涤与保养

（1）餐具类的洗涤与消毒。

① 瓷器的洗涤消毒方法。瓷制餐具的洗涤消毒方法其程序为一去残渣；二是洗涤剂洗涤；三用清水冲洗；四消毒。消毒过的餐具，须用专用布擦干水渍，分类分档整齐的放在特制的碗厨柜内，并盖上洁白干净的布巾，关好厨柜门，防止灰尘再次污染。

② 玻璃器具的洗涤消毒方法。多种水晶杯、壶，玛瑙杯具一般采用洗涤剂清洗，用热水冲干净，然后使用干净的专用布巾仔细认真擦拭，边擦过检查。检查的方法是手拿杯具的底部，杯子对着光亮处，检查是否有污渍滑洗掉，擦好的杯具一定是透明光亮无污渍。擦后的杯具要杯口朝下依次整齐码放在专用的杯具柜内或杯箱内。

③ 镀金、镀银餐具的洗涤消毒方法。用后的餐具要认真洗涤，中餐高级象牙筷，用后洗涤时应用专用洗涤剂清洗。用清水冲净后，再用干净的揩布揩干。需要注意的是象牙筷的切不可用温度过高的水来洗刷或浸泡，以免象牙筷发生弯曲或断裂。

（2）餐具类的使用和保养。

① 瓷器的使用与保养。瓷器是餐厅服务的主要用具之一。洗净消毒后的碗碟，须用专用布擦干水渍，防止灰尘污染，在搬运碗碟等瓷器餐具时，要装妥托平，防止因倾斜碰撞而打碎。餐后收拾餐具要大小分档，叠放有序，防止因乱叠而造成压裂压碎。

② 玻璃器皿的使用与保养。玻璃器皿要求经常检查，妥善保养，各种水杯，酒杯用过后都要用消毒揩布揩干水渍，保持杯的透明光亮，操作时，动作要轻，使劲得当，拭干后的杯子都要扣于盘格内，依次排列，安全放置，切忌重压或碰撞以防止破裂。

③ 银器的使用与保养。餐厅的银器皿必须细心洗擦，精心保养。凡属贵重餐具，一

一般由后台管理部派专人负责,对银器的管理分档登记造册,在用的银器需天天清点。在大型宴会上餐具数量多,种类多,流量大,更需过细检查。

3. 餐厅服务车及保温锅的使用与保养

(1) 各种餐车的使用与保养。餐车在使用时不能装制过重的物品,多数餐厅内使用的餐车小巧轻便,应认真履行专车用的原则,不能作其他用途。餐车车轮较小,在使用时推的速度不能过快,如遇地面不平或、厅内地面有异物容易翻倒。餐车每次使用后一定要用带洗涤剂的抹布认真擦洗,镀银的车辆应定期用专用银粉擦净。

(2) 保温锅的使用与保养。保温锅的保温热源有两种:一种是固体燃料,另一种为酒精燃料,所以在操作时应慎重。在操作时先在保温锅添上足够的开水然后将装有菜肴的盘放上,盖好锅盖,然后才可以点燃固体燃料或酒精,随时掌握燃料的燃烧情况。待要熄火时,固体燃料一般用盖子盖好即可。酒精燃料要用浸湿了的布巾盖在燃料碗上,动作要准确无误。

4. 棉织品、地毯的使用与保养

(1) 棉织品的使用与保养。餐厅棉织品使用后一定要及时清洗,妥善保管,切忌以台布包裹在地板上拖,换下来的潮湿布件应及时送走,如果来不及送的,应晾干过夜,否则,易于损坏;晚餐和宴会后换下的台布要刷去残羹杂物放在橱内过夜,以防虫鼠咬破,第二天清晨应即送洗衣房;棉织品应轮换使用,这样能减轻布件的破损和避免久放发脆。

(2) 地毯的使用和保养。地毯要精心保养,每天用硬扫帚或吸尘器扫除纸屑、吸掉灰尘,定期清洗。如果发现地毯上有痰迹墨迹,应及时用少许的肥皂水把布贴揩净,晾干。有油迹的地方可用汽油揩擦,收藏保管地毯时,必须首先吸掉灰尘,洗刷干净,并放些樟脑丸,卷成圆形,两端用纸包好,储藏在干燥通风的地方,防止虫蛀,霉烂。

5. 空调器的使用和保养

(1) 保持舒适的室温。过冷或过热都不利健康。使用冷气时最好控制在比室外温度低4~5℃为佳。使用暖气时控制在22~24℃的范围内。另外暖气下降1℃或冷气高1℃都可节约10%的电力。

(2) 舒适而经济地使用空调器为了保证室内均匀的温度,要调整好风向。使用暖风时使风向向下,调节到暖风直吹地面。夏天为防止日光直射,冬天为保暖起见,拉上窗帘效果更加明显。

(3) 不要使风长时间直吹皮肤,长时间使风直吹皮肤,对健康十分不利。

(4) 注意通风换气。在使用空调器时也要注意通风换气。

(5) 头要插牢,电源插头如果松弛,会引起漏电或过度发热。

(6) 电源的接通、切断控制机器,这样做会引起触电或过度发热。

(7) 在运转中的风扇或电气元件十分危险,要特别注意。

(8) 入口和次风口。以上动作会给空调增加负担,使性能下降或引起保险装置失效,机器停止运转等现象。

(9) 洒可燃性药剂:杀虫剂、油漆等易燃性物质会引起火灾,不要直接对空调器喷洒。

(10) 注意老鼠从空调管道跑进,影响空调的正常使用。

9 餐饮布局与设备用品管理

本章小结

随着国民生活从温饱型向小康型的演进，人们在餐饮上的消费观念已从充饥型逐步转向享受型、休闲型。消费者十分注重从餐饮中获得精神享受，而这方面，对客人的感观情绪最有决定性影响的是餐饮的环境与气氛，尤其是室内的空间设计以及餐厅的装饰与布置，都应该具有文化与文明的内涵，幽雅、舒适、温馨，给人以某种情调的感染，使人心情放松，得以享受美好的生活和人生。由于餐厅本身经营与管理以及餐饮产品的特性，餐厅的设计必须依据一定的原则与理念，主题内容的定位不同也决定了主题餐厅的设计包罗万象，内容繁多，在这里，我们就需掌握餐厅功能布局设计，餐厅的装饰与布置以及餐厅中设备用品的选择与使用。

思考与练习

一、判断题

1. 餐厅的店面是最好的广告，它体现餐厅的主题思想，也是给顾客的第一印象，主要作用是招引顾客，让顾客留有记忆，从而使餐厅形成品牌。（ ）
2. 餐饮业发展是否成功，其竞争的焦点是把握管理者的心理活动，提高餐厅空间的精神功能是餐饮业发展的灵魂。（ ）
3. 餐饮空间的室内色彩多采用冷色调，遵循上浅下深的原则来处理，自上而下，顶棚最深，墙面最浅，踢脚板与地面最深。（ ）
4. 装饰陈设在环境设计中，人称"二次装饰"。对主题餐饮空间效果具有极强的"锦上添花"的作用。（ ）
5. 象牙筷子可以用温度过高的水来洗涮或浸泡。（ ）
6. 餐厅动线是指顾客、服务员、食品与器皿在餐厅内流动的方向和路线。（ ）
7. 餐厅是为就餐客人服务的直接现场，和谐统一、美观雅致的内部环境会使饭店客人心情愉快、赏心悦目。（ ）
8. 用餐区是餐厅重要的公共服务区域，其设计布局是否科学合理，对企业经营成败有着举足轻重的影响。（ ）

二、选择题

1. 餐厅功能布局设计的格局大体上分为外观设计、（ ）、厨房设计三大部分。
   A. 室内设计   B. 菜单设计   C. 装饰设计   D. 人员设计
2. 餐厅的内部空间，按其使用功能，可分为（ ）。
   A. 客用空间   B. 公用空间   C. 管理空间   D. 流动空间
3. 在空间规划上，就需求空间而言，一位客人所需最低的活动面积为（ ）。
   A. 2m²   B. 1.5m²   C. 0.8m²   D. 1.3m²
4. 餐饮店堂的光线不外乎（ ）四种。
   A. 自然光   B. 照明光   C. 投射光   D. 反射光
5. 瓷制餐具的洗涤消毒方法其程序为一去残渣；二是洗涤剂洗涤；三用清水冲洗；四（ ）。
   A. 烘干   B. 消毒   C. 晾晒   D. 擦干

三、简答题

1. 餐厅功能布局设计原则是什么？
2. 请简要说明餐厅的座位数如何确定？

3. 餐厅装饰与布置的考虑要素有哪些？
4. 餐厅设备用品可分为哪些种类？
5. 根据木质家具的特性，做好家具保养的基础上要注意哪些方面？

四、论述题

餐饮经营者在布置餐厅环境时，必须考虑环境对就餐客人心理活动和就餐行为的影响，那么餐厅装饰与布置的要求是什么？

五、实训任务

对你感兴趣的某一类餐厅做调查分析（如中餐厅、西餐厅、日式餐厅、各种快餐厅、小食店、咖啡厅等），包括该类餐厅的风格特点、餐饮习惯、就餐方式、该行业的市场分析等，做出其相应的功能分区、装饰与布置以及餐饮设备用品的选择的方案。

六、案例分析

张女士欲为将要过生日的父亲预订几桌宴席，于是在某酒店宴会预订处看完菜单后表示很满意并当即预交了押金。接着便与接待她的员工小王进行了进一步的接洽。为了给宴会增添气氛，她提出通过付费的方式请酒店协助对餐厅装饰一下。小王答复客人酒店最多只能帮助提供一条横幅，收费是100元。客人听后觉得酒店的收费过高，且能提供的服务项目太少，对酒店较为失望。无奈之下杨女士自己请来了礼仪公司，花800元将餐厅进行了一番装饰。

之后，客人又提出需在餐厅放置卡拉OK设备，小王说提供设备可以，但提醒客人：酒店的设备可能不太好。事后，小王对设备到底能不能用心里不太塌实，便打电话到工程部确认，谁知工程部回答说，酒店目前只有一台设备可以使用，但已经被另外一批客人预订了。因此小王只得又去向客人说明情况，请客人自己从家中带设备来。到了这种程度，杨女士也只能又一次向酒店做出让步，同意了自带设备的要求。而与此同时，宴会预订的小孙又向客人提出自带的酒水必须在当天15：00前送至酒店。客人虽对此有所不快，但考虑是办喜事，便再一次同意了酒店的这一要求。

最后，杨女士提出宴会后，准备以每人50元的标准至歌厅唱歌娱乐一下，可歌厅的主管小刘却说客人消费标准太低，50元的标准只能喝茶，如需唱歌至少每人需要60元的标准；同时告诉客人，酒店的碟片不好，需自带碟片。至此，客人针对一连串的不满，终于忍无可忍，向酒店提出了抗议。

请思考：这位客人的要求过分么？作为餐厅经理，你认为这件事的责任在哪里？该如何处理？

10 餐饮原材料管理

问题引入

1. 您出外吃饭遇到过食物中毒事件吗?
2. 您知道如何挑选食品原材料吗?
3. 了解餐厅的食品原料是怎么存放的吗?

内容导读

餐饮部在饭店中是唯一向客人提供实物形式的消费品的部门,因此,除了与其他部门一样向客人提供优质服务的同时,还要注意实物产品即菜肴的质量。现代人更注重菜肴原材料的鲜、活、奇、营养、无污染等特性。通过对餐饮原材料的严格管理,可以为菜肴质量奠定坚实的基础,同时通过制订和落实采购、保管、领发、盘存制度,尽可能保证材料的质地,减少原材料的不合理使用,为做好餐饮企业的成本控制提供基础,也为餐厅向消费者让利赢得空间。

学习任务

1. 原材料采购管理
2. 原材料验收管理
3. 原材料库存管理
4. 原材料发放管理

餐饮经营与管理

开篇案例

餐饮业成"315"曝光重灾区：食材过期、操作违规为通病

经济日报—中国经济网北京2019年3月18日讯：民以食为天，食以安为先，吃得安全、放心对老百姓来说是"天大的事"，也是关系到国计民生的重大课题。近年来，随着我国餐饮行业的规模不断扩大，质量安全水平也在不断提升，但与此同时，仍存在忽视原材料管理、从业人员食品安全意识淡薄、操作不规范、诚信经营缺失等诸多问题。

在历年的"315"的"打假黑榜"上，均不乏餐饮企业的身影。正值今年"315"期间，已有西贝、外婆家、元气寿司、站点披萨等多个知名餐饮品牌的门店被曝光后厨卫生状况差、原材料质量存疑，其中，食材过期几乎成为了这些涉事门店的"通病"，为人们敲响了食品安全的"警钟"。

（1）西贝：餐具洗后仍有油污，边切肉边擦抹布。3月17日，据江苏公共新闻频道报道，16日中午，记者和执法人员在西贝莜面村南京金鹰店发现，所谓清洗消毒后的餐具上仍有油和污渍。对此，店长表示，餐具使用前工作人员会再用口布擦拭。当执法人员问："有没有做到一次性毛巾擦一个杯子扔一个？"店长表示"没做到"。此外，后厨配餐人员的操作也有问题，有人一边切肉夹馍的馅，一边用擦桌子的抹布擦手。在前厅透明厨房中工作的厨师也都没有佩戴口罩。在检查后，执法人员当场下达责令改正通知书，要求该店立刻进行整改。当日下午，内蒙古西贝餐饮集团有限公司发来声明，表示会认真整改。

（2）外婆家：厨师脚踩案板，食材疑似过期。3月15日，江苏公共新闻频道曝出"卧底"外婆家南京水平方门店后厨的视频。视频显示，该门店在人员招聘、操作规范、食材质量方面均存在重大问题。据"卧底"透露，在被门店招聘为"大厨"的过程中，并未向其要求提供健康证和身份证。在后厨中，多名厨师脚踩案板翻入操作间，员工在洗菜池中涮拖把，卫生状况让人担忧。视频显示，这家门店疑似使用过期食材，每次有检查人员来之前贴上当天生产的标签。"人走了就撕掉，有人来检查会有人通知的。"该店员工称。事件发酵后，外婆家餐饮集团公开发布致歉信，表示已对涉事门店停业整改，门长和厨师长停职接受调查，集团派专门的调查小组进驻门店，将及时公告调查结果。同时，集团要求旗下所有门店彻底自查，规范操作，落实制度，引以为戒。针对过期食材贴虚假标签一事，外婆家集团有关人员对经济日报—中国经济网记者表示："按公司规定，不得篡改、修改食品保质期；过期食品必须报损，不得使用。"

（3）站点披萨：过期食材照样用，员工称"经常这样"。据北京时间报道，2018年12月，暗访记者进入站点披萨北京亚运村店厨房工作，发现大量沙拉料包、烧烤料、奶酪等食材均已过期。视频显示，后厨中真空包装袋中的熟鸡蛋已经过期，但仍然被做成了鸡蛋沙拉售卖给顾客。袋装的小西红柿也过期两天，仍然没有处理掉。对此，后厨员工称"经常这样"。在被质疑过期沙拉是否还能食用时，员工称"少说话多干活"。此外，在暗访中，记者发现店内并无消毒设备，员工也仅使用洗涤剂来清洁餐具。资料显示，站点比萨隶属于北京市捷彭亚诺餐饮管理有限公司。被曝光后，捷彭亚诺方面有关人员表示，公司内部存在管理上的问题，已对餐厅经理进行降级处理和内部处罚。对于消毒设备不符合规定的问题，该人员表示，当时正在店面升级导致设备摆放不到位。

（4）元气寿司：乌冬面中疑似吃出"小强"。3月13日，有网友在微博爆料称，在元气寿司成都万象城店用餐时，在乌冬面里吃出了一只蟑螂。对此，3月15日午间，元气寿司在其官方微博上发布声明，表示对事件中的顾客致歉，并表示已对内部进行深度自查，深化管理，确保为消费者提供安全、卫生的食品与用餐环境。元气寿司并非首次因卫生问题被消费者诟病。2018年5月，有顾客称在深圳店用餐时，在天妇罗蘸料中吃出了类似蛆虫的白色活虫，在酱料碗旁边的墙壁上发现有虫子在爬行。

10 餐饮原材料管理

带你走进今日课堂

餐饮企业的日常运作从总体上可分为三大环节，即进货环节、生产环节和销售环节。这三大环节是一个有机整体，即餐饮企业要满足客人的需求，而食品原料的采购又必须满足生产的需求。只有使产、供、销在运行中形成协调的一体化格局，才能使餐饮企业进入良性循环，其中的供即食品原料的采购是第一个环节，也是其他环节正常运转的前提。

10.1 餐饮原材料采购管理

餐饮原材料采购是指餐饮企业根据生产经营的需要，以适当的价格订货，并购买到所需质量的食品原料。作为餐饮企业日常运转的第一个环节，采购是非常重要的，因为餐饮企业必须购买食品原料和其他辅料以便生产和出售食品、饮料。采购过程运行的好坏将影响资金的使用或流失。例如，如果采购的物品太少，出现库存短缺，就会影响餐饮产品的生产；如果采购得太多，导致原料积压，资金周转速度太慢，就会加大企业成本。

10.1.1 餐饮原材料采购部门

1. 饭店采购部负责所有餐饮原材料的采购

在一些高星级、较大规模的合资、独资饭店往往采用这种模式。由于原材料的采购者与使用者归属于两个不同的部门，对采购的管理就比较严密，便于总经理和财务管理人员对采购资金、采购成本进行直接控制。这种方法缺点是：采购周期较长，餐饮部不能灵活地根据市场原材料价格的变化调整购买的品种、数量。

2. 餐饮部负责所有餐饮原材料的采购

这种形式在我国中资饭店最为常见。由于采购员归属于餐饮部，所以便利于专业化管理，原材料的供给和生产信息反馈迅速，在采购的及时性、灵活性和原材料质量的可靠性方面能得到保证。但是，该体制下，采购的数量控制、资金及成本控制难以掌握，同时往往缺乏严格的监督机制，容易造成管理上的漏洞。

3. 饭店采购部和餐饮部共同管理食品采购工作

采购部和餐饮部对采购工作进行分工，一般而言，餐饮部负责鲜活原材料的采购，而采购部负责可贮存原材料的采购；或者食品采购员由餐饮部选派，受采购部管理。这种方法的优点是采购员较熟悉业务，而大宗货物的采购成本收到采购部、财务部的及时监督与控制，缺点是往往造成多头管理，职能上划分不清，给协调工作带来不少麻烦。

10.1.2 餐饮原材料采购方式

1. 直接市场采购

对大多数中、小餐饮企业而言，采购员往往拿着现金直接在食品市场或农贸市场进行交易。此方法虽然未必能得到最优惠的价格，但是库存可以降至最低，原材料的新鲜程度得到保障。

2. 供应商报价采购

对于供货次数频繁的生鲜食品原材料，往往由采购部门将其列成表单，要求供应商（至少是3个）报价，然后选择其中原材料质量适宜、价格最优的供货单位，通常还要求供货商在送货时自动清点存货，以保证存量的合理性。

3. 直接至产地采购

此方式一是可以保证原材料的新鲜度，二是易取得较低的价格。如有的海鲜餐厅直接到渔港与船主交易，更有大型餐饮企业自己在城郊建立原材料基地，如养鸡场、鱼塘等。

4. 招标采购

它是大型餐饮企业、集团公司等对大宗货物的采购时采用的规范化的采购方法。采购单位以投标邀请的形式将需要采购的原材料名称及规格标准寄给有能力的供货单位，由后者进行报价投标。

5. "一次停靠"采购

餐饮原材料的品种繁多，供货渠道各异，各个供应商对同一种原材料的报价有高有低，如果饭店仅以最低报价为依据决定向谁购买，势必花大量的人力、时间处理票据和验收进货。为了减少采购、验收和财务处理的成本费用，饭店将原材料进行归类，同类原材料向一个综合报价较低的供应商购买。

6. 其他采购方式

两家以上的餐饮企业，联合采购某些同标准的原材料，以取得供应商的批发价优惠，我们可以把它称为合作采购；某些饭店集团或联号，建有地区性采购办公室，为旗下同属该地区的饭店集中采购等。

10.1.3 餐饮原材料采购程序

采购是由餐饮企业的生产特点及原料供应情况决定的，包括订货和购买两个部分。订货指根据餐饮企业的生产需要量、库存、质量要求、价格适宜度，结合供应商的各项条件，综合其他方面影响因素确定需要购买的物品及其数量的过程。购买指根据订货确定的物品及其数量实施购买行为，完成采购的过程。采购程序是采购工作的核心之一。各饭店可根据自己的管理模式，制定符合本饭店的采购程序，但设计的目的和原理是相同的，图10-1为通常的餐饮原材料采购程序。餐饮原料的采购程序可分为：递交请购单、处理请购单、选择供货商、与供货商洽谈、实施采购、送货验收、付款。具体的采购程序为：厨房（开单）→餐饮总监、行政总厨（审核签字）→采购部经理（审批）→采购员（按单采购）。

1. 递交请购单

无论是厨房还是仓库，凡需要购买物品均需填写请购单，然后将请购单交给采购部进行采购。

2. 处理请购单

采购部接受到各厨房、仓库送来的请购单以后，组织人力将请购单进行归类、分工，然后制定订购单。

10 餐饮原材料管理

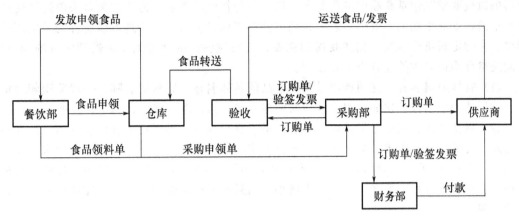

图 10-1 餐饮原材料采购程序

3. 征集价目表，确定供货商

采购部在采购物品之前，应把本企业的采购规格标准发放给供货商，再从不同的供货商手中获取原料的报价单，选定最佳供货商。

4. 实施采购

当采购部门决定向哪一位供货商或供货单位定购原料时，采购部要制定正式的订购单或订货记录向供货商定货，同时将交一份订货单给验收处，以备收货时核对。当供货单位或供货商将货物送上门后，则交于验收部门进行验收，当验收完毕后，凡厨房订的鲜活原料，直接交与厨房，由厨房开出领料单。

5. 处理票据，支付货款

当验收完毕，验收人员必须做到以下几点：一要开具验收单；二要在供货发票上签字；三要将供货发票、原料订购单、验收单一起交于采购部，再由采购部转到财务部审核，经审核无误后，支付货款。

6. 信息反馈

信息反馈包含两个方面：一是将市场的供货行情反馈给厨房，二是将厨房使用原料后的意见反馈给供货商。这样，厨师长们就能及时掌握市场的货源情况和价格行情，便于在工作中进行有效地成本控制和新产品的开发。

总之，采购规格标准应成为采购的依据，购货的指南，供货的准则，验收的标准。而且，采购规格标准应随着菜肴的变化需要不断地改进和完善。

10.1.4 餐饮原材料采购控制

餐饮原材料采购工作是餐饮店经营过程中一个很重要的环节，它直接影响着酒店的经济效益。但采购工作涉及的方面很多，其中不确定因素也有很多，管理起来就有了很大难度，一旦出现问题，将影响整个餐厅的运营与声誉。因此，做好采购工作，就一定要熟悉各种原料的采购标准，做好餐饮原材料采购控制。

1. 原材料采购质量控制

餐饮原料的质量通常是指原料的新鲜度、成熟度、纯度、清洁卫生、固有的质地等。

原料的质量要求既包括食品的品质要求，同时还包括使用要求。为了避免口头叙述产生的理解误差，提高采购的有效性，通常采用书面形式加以说明，这就是习惯所称的采购规格标准。在制定规格标准时，叙述要简明扼要、言简意明，尽量避免使用模棱两可的词语。采购规格标准内容主要包含以下几方面：

（1）餐饮原料名称。注明所需采购的食品的具体名称。原料的名称，一般使用较通俗的、常用的商业名称。比如，鸡，就应写明老母鸡、肉用鸡、仔鸡、光鸡、活鸡等。

（2）规格要求。主要是指原料的大小规格、重量规格、容器规格和包装外形等。规格的确定一要依据生产需求量的大小，二要根据市场的价格。比如，淀粉，市场上有500克一袋的，也有20千克一袋的。如果生产量大，则可购20千克一袋的，因为小袋装的价格要高于大袋装的价格。反之，生产使用量小，如果单纯从价格角度考虑，往往会造成不必要的浪费。

（3）质量要求。主要是指原料的品质、等级、商标、产地等内容。餐饮原料的品质应注明其新鲜度、成熟度、纯度、清洁程度和质地等特征，注明等级可省去许多叙述，可直接标明一级还是二级。对于一些原料有关部门还未正式规定等级的，可作适当说明，标明质量特征。商标是不可忽视的，有些原料在购买时要认准商标，以防假冒产品。产地表示原料是否正宗。另外，对于原料的上市状态也应作一定的说明。比如，原料是新鲜的还是冰冻的；是淡干品还是咸干品；是加工制品还是非加工制品等。对于质量要求的说明要详细具体，不可含糊其辞。

（4）特殊要求。对原料的特殊要求的说明，可依次列在备注上。比如，原料是国产货还是进口货，包装标记、代号、送货要求、其他服务要求等。

2. 原材料采购数量控制

（1）原材料种类。

① 鲜活原料。鲜活原料指的是蔬菜、鲜鱼、鲜肉、水果和新鲜奶制品等，这些原料一般在购进后的当天或短时间内使用，用完后再购买，所以采购的频率较高，一般采用日常采购法和长期采购法。

② 干货原料。干货原料通常指的是干货或冷冻储存的不易变质的食品原料，如大米、面粉、盐、糖、调味料及冷冻类的肉类、水产品等，此类原料一般用定期采购法或永续盘存法来控制采购数量。

（2）原材料采购数量控制。

① 鲜活原材料采购数量控制。鲜活原料必须遵循先消耗再进货的原则，因此，要确定某种原料的当次采购量时，必须先掌握该原料的现有库存量，并根据营业预测，决定下一营业周期所需要的原料数量，然后计算出应采购的数量。实际操作中，可以选用以下方法。

日常采购法。日常采购法多用于采购消耗量变化大，有效保存期较短而必须经常采购的鲜活原料。每次采购的数量用公式表示为：

$$应采购数量 = 需使用数量 - 现有数量$$

公式中，需使用数量是指进货间隔期内对某种原料的需要量。它要根据客情预测，由行政总厨或餐饮部经理决定。在确定该数字时，还要综合考虑特殊餐饮活动、节假日客源变化、天气情况等因素。现有数量是指某种原料的库存数量，它通过实地盘存加以确定。

应采购数量是需使用数量与现有数量之差。因为鲜活原料采购次数频繁，有的几乎每天进行，而且往往在当地采购，所以一般不必考虑保险储备量。日常采购原料可以采用饭店自行设计的"市场订货单（见表10-1）"来表示。表中的原料名称可以实现打印好以免每次重复填写，其余几栏则要每次订货时根据需使用数量和现有存量的实际情况填写。

表10-1　XXX饭店市场订货单

　　　　年　　　　月

原料名称	需使用量	现有存量	需购量	市场参考价		
				甲	乙	丙
花菜						
芹菜						
番茄						
土豆						
……						

长期订货法。某些鲜活类食品原料的日消耗量变化不大，其单位价值也不高，宜采用长期订货法。一是饭店与某一供应商签订合约，由供应商以固定的价格每天或每隔数天向饭店供应规定数量的某种或某几种原料，直到饭店或供应商感到有必要改变已有供应合约时再重新协商；二是要求供应商每天或每隔数天把饭店的某种或某几种原料补充到一定数量。饭店对有关原料逐一确定最高储备量，由饭店或供应商盘点进货日的现存量，以最高储备量减去现存量得出当日需购数量。采购定量卡见表10-2。

表10-2　采购定量卡

原料名称	最高储存量	现存量	需购量
鸡蛋	5箱	2箱	3箱
鲜奶	100千克	20千克	80千克

长期订货法也可用于某些消耗量较大而需要经常补充的饭店物资（如餐巾纸）。这些物品大量储存会占用很大的仓库面积，不如由供应商定期送货更经济。

② 干货及可冷冻储存原料的数量控制。干货属于不易变质的食品原料，它包括粮食、香料、调味品和罐头食品等。可冷冻储存的原料包括各种肉类、水产品原料。许多饭店为减少采购成本，求得供应商的量大折扣优惠，往往以较大批量进货。但这样也可能造成原料积压和资金占用过多，因此，必须对这类原料的采购数量严加控制。

确定干货及可冷冻储存的原料的采购数量一般有两种方法，即定期订货法和永续盘存卡订货法。

定期订货法。定期订货法是干货原料采购中最常见的一种方法。因为餐饮原料品种多，使用频繁，为减少进货次数，使食品管理员有更多的时间去处理鲜活类原料的采购业务，饭店通常把同类原料或向同一供应商采购的原料，定期在同一天采购。也就是说，不同类的原料和向不同供应商采购的原料的进货尽量安排在不同的日期，使验收员和仓库保管员的工作量得到平均分布。

永续盘存卡订货法。永续盘存卡订货法也称订货点采购法或定量订货法，它是通过查阅永续盘存卡上原料的结存量，对达到或接近订货点储量的原料进行采购的方法，一般为大型饭店所采用。使用永续盘存卡订货法的前提是对每种原料都建立一份永续盘存卡（见表10-3），每种原料还必须确定最高储备量和订货点量。

表10-3 永续盘存卡

食品原料永续盘存卡		编号：3112		
品名：西红柿罐头		最高储存量：250听		
规格：	单价：	订货点量：120听		
日期	订货单	进货量/听	发货量/听	结存量/听
4-26				135
4-27	345 678		15	120
4-28			17	103
4-29			16	87
4-30			17	70
5-01			15	55
5-02		210	16	249

3．原材料采购价格控制

采购价格的控制是采购工作的重要任务之一，成功的采购就是要获得理想的采购价格。餐饮原料的价格受诸多因素的影响，因而价格的波动较大。影响餐饮原料价格的主要因素有：市场货源的供求情况；采购数量的多少；原料的上市季节；供货渠道；饮食市场的需求程度；供货商之间的竞争以及气候、交通、节假日等。面对这样的价格因素，对采购价格实行控制是必要的。控制采购价格的途径有以下几个方面：

（1）限价采购。限价采购就是对所需购买的原料规定或限定进货价格，这种方法一般适用于鲜活原料。

（2）竞争报价。竞争报价是由采购部向多家供货商索取供货价格表，或者是将本饭店所需的常用原料写明规格与质量要求请供货商在报价单上填上近期或长期供货的价格，采购部根据所提供的报价单，进行分析，确定向谁定购。

（3）规定供货单位和供货渠道。为了有效地控制采购的价格，保证原料的质量，饭店的管理层可指定采购人员在规定的供货商处采购，以稳定供货渠道。这种定向采购一般在价格合理和保证质量的前提下进行。在定向采购时，供需双方要预先签订合约，以保障供货价格的稳定。

（4）控制大宗和贵重餐饮原料的购货权。贵重食品的原料和大宗餐饮原料其价格是影响餐饮成本的主体。因此有些饭店对此则规定：由餐饮部门提供使用情况的报告，采购部门提供各供货商的价格报告，具体向谁购买必须由饭店管理层来决定。

（5）提高购货量和改变购货规格。根据需求情况，大批量采购可降低原料的价格，这也是控制采购价格的一种策略。另外,当某些餐饮原料的包装规格有大有小时,购买适用的大规格,也可降低单位价格。

(6) 根据市场行情适时采购。当有些餐饮原料在市场上供过于求,价格十分低廉,且厨房日常用量又较大时,只要质量符合要求,可趁机购机储存,以备价格回升时使用。

10.2 餐饮原材料验收管理

10.2.1 餐饮原材料验收体系

为了使验收工作顺利完成,并确保所购进的原料符合订货的要求,对验收场地、设备、工具、验收人员以及各种验收票据提出如下要求:

1. 验收的场地

验收场地的大小,验收的位置好坏直接影响到货物交接验收的工作效率。理想的验收位置应当设在靠近贮藏室至货物进出较方便的地方,最好也能靠近厨房的加工场所。这样便于货物的搬运,缩短货物搬运的距离,也可减少工作的失误。此外,验收工作涉及许多发票、账单等,还需一些验收设备工具,因此需要设有验收办公室。

2. 验收设备、工具

验收处应配置合适的设备(见图10-2),供验收时使用。比如磅秤,就是最主要的设备之一,磅秤的大小可根据饭店正常进货的量来定。验收既要有称大件物品的大磅秤,又要有称小件、贵重物品的台秤和天平秤,各种秤都应定期校准,以保持精确度。

验收常用的工具有:开启罐头的开刀,开纸板箱的尖刀、剪刀、榔头、铁皮切割刀,起货钩;搬运货物的推车,盛装物品的网篮和箩筐、木箱等。这些验收工具既要保持清洁,又要安全保险。

图10-2 验收工具

3. 验收人员(见图10-3)

(1) 身体健康,讲究清洁卫生;
(2) 熟悉验收所使用的各种设备和工具;
(3) 熟知本企业物品的采购规格和标准;
(4) 具有鉴别原料品质的能力;

（5）熟悉企业的财务制度，懂得各种票据处理的方法和程序，能加以正确处理；

（6）具有保护企业利益的意愿，有良好的职业道德，有坚持原则的公心；

（7）做到验收后的物品项目与供货发票和定购单项目相符，供货发票上开列的重量和数量要与实际验收的物品重量、数量相符，物品的质量要与采购规格相符，物品的价格与企业所规定的限价相符；

（8）忠于职守，秉公验收。

图10-3 验收人员

10.2.2 餐饮原材料验收程序（见图10-4）

1. 根据供货发票检查货物的价格、质量和数量

（1）凡可数的物品，必须逐件清点，记录下正确的数量。

（2）以重量计数的物品，必须逐件过秤，记录下正确的重量。

（3）对照采购规格标准，检查原料的质量是否符合要求。

（4）抽样检查箱装、匣装、桶装原料，检查是否足量、质量是否一致。

（5）发现原料重量不足或质量不符需要退货时，应填写原料退货单，并取得送货人签字，将退货单随同发票副页退回供货单位。

图10-4 原材料验收程序图

2. 办理验收手续

当送货的发票、物品都经验收后，验收人员要在供货发票上签字，并填验收单，以表示已收到了这批货物。也有些单位根据经营要求设计验收单，在验收完毕的物品上加盖验收单，在供货发票上也加盖上验收章。如果到货无发票，验收员应填写无供货发票收货单。

(1) 分流物品，妥善处理。原料验收完毕，需要入库进行保藏的原料，要使用双联标签，注明进货日期、名称、重量、单价等，并及时送仓库保藏。一部分鲜活原料直接进入厨房，由厨房开领料单。

(2) 填写验收日报表和其他报表。验收人员填写验收日报表的目的是保证购货发票不至于发生重复付款的差错。可作进货的控制依据和计算每日经营成本的依据。

10.2.3 餐饮原材料验收控制

验收工作虽然是由验收人员来完成，但作为负责餐饮产品质量控制的部门经理和厨师长，应不定期地对验收工作进行督导，以便于验收工作能符合管理的目标。

为了避免验收工作出现问题，经营管理者应做到以下几点：

(1) 指定专人负责验收工作，不能谁有空谁来验收。

(2) 验收工作应与采购工作分开，不能由同一个人担任。

(3) 对于兼做其他工作的验收员，验收时间应与其他工作时间分开。验收要在指定的验收处进行。

(4) 货物一经验收，应立即入库或进入厨房，不可在验收处停留太久，以防失窃。

(5) 尽量减少验收处进出人员，以保证验收工作的顺利进行。

(6) 发现进货的原料有质量问题，应督促验收人员退货。

■ **案例 10-1**

金陵饭店有个"海关"

金陵饭店的验货组被人誉为"海关"，这当然是指严把验收的这个环节。验收组创建于1988年，开始时只验收饮食原材料，后来才渐渐扩大到验收其他物资，验收品种达到上万种。验收人员的工作不只是坐在店内等货上门，他们经常要到市场上去搞调查研究，了解行情和资源。他们一贯坚持原则，不为名、不为利，不收供货商任何形式的好处。由于他们的铁面无私，仅1995年1月到8月就有240余笔进货因验收不符合饭店标准而拒收或降价收购，为饭店挽回损失28万多元。

把金陵饭店的验货组成为"海关"是很恰当的，这里的工作人员个个都有一张铁面孔，而且对货物的情况了如指掌。为保证买进的货物符合饭店的要求，他们制定了严格的收货标准，严格把住质量、价格和数量三关。在质量相同的情况下，用货比三家的办法挑选价格最便宜的；在价格相同的情况下，则挑选质量最佳的。为饭店最大限度地降低了成本，保证了饭店的经济效益。

10.3 餐饮原材料库存管理

原料的库存与领发是食品原材料控制的重要环节，因为它直接关系到餐饮产品生产质量、生产成本和经营效益。良好的库存管理，能有效的控制食品成本。如果控制不当，就会造成原材料变质、腐败、账目混乱、库存积压，甚至还会导致贪污、盗窃等严重事故的发生。

10.3.1 餐饮原材料库存要求

1．分类储存，确保质量

（1）检查入库的原料是否适于存放。如果不有合适的，就必须进行加工或重新包装。如有些干货原料，为了防止受潮发霉，要用真空机予以真空包装。

（2）将有特殊气味的餐饮原料与其他原料隔开存放，以免串味。

（3）注意各种餐饮原料所需的存放温度和储存期。

（4）密切注意食品的失效期，应遵循先进先出的贮藏原则。

（5）一旦发现餐饮原料有霉变、虫蛀、有异味时，应立即予以处理，以免影响其他物品。

（6）要遵守《食品卫生法》的有关条例，保证餐饮原料的清洁和安全。

2．控制库存的数量和时间

（1）该原料的耗用量大小；

（2）原料采购所需时间；

（3）原料的物理、化学属性，是否适宜久存和多存；

（4）企业流动资金的多少等。

原料的合理存量必须与合理的储存时间相配合。储存时间也应考虑到生产的周期、采购周期和原料储存的有效期。加速库存周转，尽量缩短原料的储存时间，这是仓库保管员的一大职责。

3．遵守仓管制度，确保贮藏安全

为了正确反映库存物品的进、出、存动态，仓库要建立严格的管理制度，要做到账（保管日记账）、卡（存货卡）、货（现有库存数量）相符。食品仓库的账要以每个品种为单位，分批设立账户，设立明细而完整的账单。一物必有一卡，存货卡要与账单相符，与存货相符。只有这样，才能防止差错、防止被窃与丢失。仓库控制的另一种方法是：定期或不定期地进行盘点，发现有误差或有失效物品时要追查责任。

10.3.2 餐饮原材料库存分类

餐饮原材料库存主要有三种不同分类：按地点分类：中心库房、各餐饮经营点的分库房；按物品的用途分类：食品库、酒类饮品库、非食用物品库；按贮存条件分类：干藏库、冷藏库、冷冻库。第三种是比较常见的分类之一。

1．干藏库

（1）干藏库贮存原材料种类（见图10-5）。米、面粉、豆类食品、粉条、果仁等；食油、酱油、醋等液体作料以及盐、糖、花椒等固体调料；罐头、瓶装食品包括罐头和瓶装的鱼、肉、禽类；食品、部分水果和部分蔬菜；糖果、饼干、糕点等；干果、蜜饯、脱水蔬菜等。

（2）干藏库管理要求（见图10-6）。

①食品应放置在货架上储存，货架离开墙壁至少10cm，离地面15cm，以便空气流动和清扫，要随时保持货架和地面的干净，防止污染；

图 10 - 5　干藏库原材料

图 10 - 6　干藏库

② 食品放置不仅要远离墙壁，同时还应远离自来水管道、热水管道和蒸汽管道；热水管和蒸汽管道应隔热良好；

③ 使用频率高的食品，应存放在容易拿到的下层货架上，货架应靠近入口处；

④ 重的食品应放在下层货加上，并且高度适中，轻物放在高架上；

⑤ 库中的食物应有次序地排列，分类放置，同类食品必须放在一起；

⑥ 遵循先进先出的原则，始终保持久存的食品移到架前面，新入库的放在后面；

⑦ 有些食品由于体积的原因不能放在货架上，则应放在方便的平台或车上；

⑧ 各种打开的包装食品，应储存在贴有标签的容器里，并能达到防尘、防腐蚀的要求；

⑨ 所有有毒的货物，包括杀虫剂、去污剂、肥皂，以及清扫用具等，还要存放在食品储藏室。

2. 冷藏库

（1）冷藏库贮存原材料种类（见图 10 - 7）。新鲜的鱼、肉、禽类食品；部分新鲜的蔬

图 10 - 7　冷藏库原材料

菜和水果；蛋类、乳制品；糕点、冷菜、熟食品、剩菜等；需使用的饮料、啤酒等。

（2）冷藏库管理要求（见图10-8）。通常冷藏的食品应经过初加工，并用保鲜纸包裹，以防止污染和干耗，存放时应用合适盛器盛放，盛器必须干净；热食品应待凉后冷藏，盛放的容器需经消毒，并加盖存放，以防止食品干燥和污染，避免熟食品吸收冰箱气味，加盖后要易于识别；存放期间为使食品表面冷空气自由流动，放置时要距离间隔适当，不可堆积过高，以免冷气透入困难；包装食品储存时不要碰到水，不可存放在地上；易腐的果蔬要每天检查，发现腐烂时要及时处理，并清洁存放处；鱼虾类要与其他食品分开放置，奶品要与有强烈气味的食品分开；存、取食品时需尽量缩短开启门或盖的时间；要减少开启的次数，以免库温产生波动，影响储存效果；随时和定期地关注冷藏的温度；定期进行冷藏间的清洁工作。

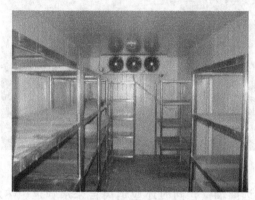

图10-8　冷藏库

3.冷冻库

（1）冷冻库原材料种类。需长时间保存的冻肉、鱼、禽、蔬菜食品和已加工的成品和半成品食物。

（2）冷冻库管理要求（见图10-9）。冰冻食品到货后应及时置于-18℃以下的冷库中贮藏，贮藏时要连同包装箱一起放入，因为这些包装材料通常是防水气的；所有新鲜食品需冻藏应先速冻，然后妥善包裹后再贮存，以防止干耗和表面受污染；存放时要使食品周围的空气自由流动；冷冻库的开启要有计划，所需要的东西一次拿出，以减少冷气的冷失和温度的波动；需除霜时应将食品移入另一冷冻库内，以利于彻底清洗冷冻库，通常应选

图10-9　冻藏库

择库存最少时除霜；取用应实行先进先出的原则，轮流交替存货；任何时候要保持货架整齐清洁；定期检查冷冻库的温度情况。

速冻食品一般都保藏在−18℃～−23℃之间的冷冻库内，在真空包装或保鲜膜。

10.3.3 餐饮原材料库存方法

对原材料科学合理的存放，可以保持较高的工作效率，便于原料的入库、上架、清仓盘点和领用发放。

1. 分区分类

根据原材料的类别，合理地规划货品摆放的固定区域。同一品种的原料不能放在两个不同的位置上，否则容易被遗忘，也给盘点带来麻烦，甚至可能引起采购过量。

2. 四号定位

"四号定位"就是用4个号码来表示某种原料在仓库中的存放位置。这4个号码依次是库号、架号、层号和位号。任何原料都要对号入位，并在该原料的货品标牌上注明与账页一致的编号。如西式火腿在账页上的编号是2—1—1—3，即可知它存放于2号库、1号架、第一层的第3号货位上。"四号定位"法便于存料发放、盘点清仓，也便于新来的仓库保管员尽快掌握贮藏业务。

3. 立牌立卡

对定位、编号的各类原料建立食品存货标签（料牌）和永续盘存卡。料牌上写明原料的名称、编号和到货日期，卡片上记录物品的进出情况和结存数量。

4. 五五摆放

根据分类后的物资形状，对包装较为规范的罐、瓶、盒、箱装的原料，以五为计量基数堆放，即做到"五五成堆、五五成行、五五成排、五五成串、五五成捆、五五成层"。

10.4 餐饮原材料发放管理

10.4.1 餐饮原材料发放方式

1. 直接发放的原料

直接发放的原料主要是鲜活原料也就是直接采购的原料。这些原料经验收合格后无须入库保存，从验收处直接发到厨房，其价值按当日进货价格计入当天食品成本账内。食品成本控制员在计算当日食品成本时只需从验收日报表中直接进料栏中抄录数据即可。

2. 仓库原料发放

仓库原料发放包括干藏食品、冷藏食品和冻藏食品。这些原料经验收后入库储存，当生产需要时再由仓库发放到厨房和酒吧，在发出当日转入当日食品成本。

10.4.2 餐饮原材料发放控制

1. 发料要求

（1）任何原料的发放都必须通过规定的手续进行，发料人要坚持原则，做到"五不发货",即没有领料单不发货;领料单没有经过审批不发货;领料单上有涂改或不清楚的不发货;手续不全的不发货;腐败变质的原料不发货。

(2) 贮藏室的发货人员,必须熟悉本饭店管理者签名笔迹,也可将各部门审批人的签名笔迹张贴在墙上,以便核对。发料人必须在领料单上签字,如有发料差错可迅速查出。

(3) 发料应做到及时、准确。仓库要安排好各生产厨房的领料时间,以免造成上午领料人多、工作量大,忙中出错或耽误厨房领料的时间。为了做到按时供给,厨房可配合仓库一道来完成。厨房各生产点根据客情和正常供应的情况,将第二天所需的原料开好领料单,提前交给仓库,仓库保管人员可在适当的时间里将厨房所需的物品取出,放置在推车上或特定的货架上,以便第二天领发,这样不仅加快了领料速度,还可减少许多差错。

(4) 在发放时,如遇到贮藏室缺货时,应在领料单上这种原料的旁边注明"缺货"二字,发料人员不得随意涂改领料单。

(5) 根据领料单做好餐饮原料的发放记录和存货记录,使库中的实物与账目中一致,使仓库的账目与成本控制员或成本会计手中的账目一致。

2. 定时发料

为使仓库管理人员有充分的时间整理库房,检查各种原料的库存情况,不至于忙于发料而耽误其他工作,应规定每天的领料时间。有的酒店规定每天早上两个小时(如 8:00~10:00)和下午两个小时(2:00~4:00)为仓库发料时间,其他时间除紧急情况外一般不予发料。也可规定领料部门提前一天送交领料单。提前送交领料单有以下优点:可以使仓库管理员有充分的时间提前准备,避免和减少差错;能减少领料人员的领料时间;可促使厨房管理人员对次日的顾客流量作出预测,计划好次日的生产。定时发放有利于仓库保管,减少库存原料的丢失。

3. 凭单发料

生产部门根据自己所需的食品原料填写领料单,仓库必须按领料单备料、发料。领料单的使用能有效地控制成本,也能较快地计算出当日食品成本。

领料单在使用时应注意以下几点:

(1) 字迹工整、清楚,不得随意涂改领料单。领料单上如有空白处,应当着收料人的面划掉以免被人私自填写。

(2) 各项内容应填写完整。食品金额和酒水金额最好分开填写,这样利于分类统计成本。

(3) 领料单一式四联,一联留存,三联交仓库领料,其中一联交财务处,一联交成本控制员。

(4) 审批签字。领料单必须由厨师长或领料部门指定的管理人员签字,仓库才能发料。

仓库发料时,领料人和发料人都要签字。

4. 正确计价

原材料从仓库发出后,仓库保管员应该在领料单上列出各项原料的单价,计算金额,并汇总领取食品饮料的总金额。有食品标签的肉类食品和价格相对稳定的干货类食品原料,可采用实际购价计算。如果库房不采用货物标牌制度,可以根据货品库存卡标明的单价，采用先进先出法或最后进价法等方法计价。

本章小结

本章主要阐述了餐饮原材料自采购至验收、储存、发放等诸环节的管理工作要点。通过学习，应重点掌握原材料的采购数量控制、质量控制及价格控制的方法；熟悉验收的程序，正确管理验收过程；了解不同原材料的贮存要求，掌握不同库房的管理工作要点；能够严格遵循发料要求，并能正确划分和统计餐饮用料成本。

思考与练习

一、判断题

1. 餐饮企业的日常运作从总体上可分为三大环节，即进货环节、生产环节和销售环节。（　　）
2. 采购过程运行的好坏将影响资金的使用或流失。（　　）
3. 直接市场采购的方式一是可以保证原材料的新鲜度，二是易取得较低的价格。（　　）
4. 厨房行政总厨（开单）→餐饮总监（审核签字）→采购部经理（审批）→采购员分单是采购具体程序的流程。（　　）
5. 原料的质量要求既包括食品的品质要求，同时还包括使用要求。（　　）
6. 验收过程中，发现原料重量不足或质量不符需要退货时，应填写原料退货单，并取得送货人签字，将退货单随同发票副页退回供货单位。（　　）
7. 验收工作虽然是由验收人员来完成，但作为负责餐饮产品质量控制的部门经理和厨师，应不定期地对验收工作进行督导，以便于验收工作能符合管理的目标。（　　）
8. 良好的库存管理，能有效的控制食品成本。（　　）
9. 干藏库管理要求食品放置要贴紧墙壁，但要远离自来水管道、热水管道和蒸汽管道，热水管和蒸汽管道应隔热良好。（　　）
10. 任何原料的发放都必须通过规定的手续进行，发料人要坚持原则。（　　）

二、选择题

1. 下列哪一项不是按照贮存条件进行分类的库存仓库（　　）。
   A. 干藏库　　　　B. 食品库　　　　C. 冷藏库　　　　D. 冷冻库
2. 下列通常不在冷藏库存放的食品原材料是（　　）。
   A. 蔬菜　　　　　B. 水果　　　　　C. 香料　　　　　D. 鸡蛋
3. （　　）也称订货点采购法或定量订货法，它是通过查阅永续盘存卡上原料的结存量，对达到或接近订货点储量的原料进行采购的方法，一般为大型饭店所采用。
   A. 日常采购法　　B. 定期订货法　　C. 长期订货法　　D. 永续盘存卡订货法
4. （　　）就是对所需购买的原料规定或限定进货价格，这种方法一般适用于鲜活原料。
   A. 招标采购　　　B. 限价采购　　　C. "一次停靠"采购　　D. 供应商报价采购
5. 下列原料库房分类中不是按物品的用途分类的是（　　）。
   A. 食品库　　　　B. 中心库房　　　C. 酒类饮品库　　D. 非食用物品库

三、简答题

1. 简述餐饮原材料采购方式？
2. 简述餐饮原材料采购程序？
3. 简述餐饮原材料采购控制途径？

餐饮经营与管理

4. 简述餐饮原材料验收程序？
5. 简述餐饮原材料库存方法？

四、实训任务

1. 对学校食堂食品原材料的管理工作进行调查，发现问题后进行分析，然后向校方提出改进意见。
2. 到当地某家餐厅，尝试对该餐厅食品原材料的采购、验收、储存、发放等四个环节分别进行实践，并分析其优缺点。

五、案例分析

辽宁省大连王子饭店一向非常重视原材料的采购成本管理工作，采购人员长年坚持勤跑市场，货比三家，做到少量而多次地进货，保证了多品种、不压库。今年，饭店还制定了一周内各种原材料公开价格参考表，有效地降低了原材料采购中的损耗，仅1至4月，费用成本较同期就下降了10多个百分点。

勤跑市场才能发现新品种、应时品种，采购回来就能开发新菜肴，吸引顾客，增加效益。采购员心中都有一条信念，他们不怕路远，不嫌麻烦，多家比较，最后挑选出价位合理、质量优异且适合饭店使用的原材料。负责餐饮部的潘经理每天天不亮就赶到水产品批发市场，逐家问价、看货。有时对价格和新鲜度不满意，潘经理就直奔沿河的渔村从渔民手中直接进货，虽然有时一个品种只有几公斤，但为的就是降低成本、货品新鲜。

饭店采购人员不仅能吃苦，而且责任心特别强。市场经济，商品价格，尤其是鲜活海产品一天会出现几个价儿，哪些货早上便宜，哪些货晚上便宜，采购员都已成竹在胸，从中找出一天中的最佳"买点"，尽可能把成本降到最低限度。五月初，虾爬子在大连开始上市，因为上市量比较少，很多人都争着尝鲜，因而价格较高，500克高达15元。而饭店采购员却能以低于市价近乎一半的价钱采购回又蹦又跳的大虾爬子。原因是每天早上不采第一份货，而是等货主到齐，货源都上足了时再挑着买，还可以把价格讲下来。采购员小刘说，货多货少价格不尽相同，货多时就可以讲价，为饭店把成本降低。另外，有些鲜活商品含水量大，采购环节费时多了就会掉秤。有些贵重的鲜活海产品，如活海参、活鲍鱼、活虾等，运输路上耽搁时间长就会死掉，活海鲜与死海鲜价格相差甚大。

总之，道远的货便宜，而损耗较大，道近的货贵，但损耗小，采购人员总是做到权衡利弊，根据实际的轻重缓急，灵活掌握采购，哪些货先买，哪些货后买，心里都有一本账。从货到手开始，采购人员们就以最快的速度送回饭店，尽量减少损失，为饭店降低成本，提供最好的原材料。

思考：结合本案例，谈一谈你对原料采购方式及采购控制的认识。

11 餐饮产品生产管理

问题引入

1. 你有没有进过星级酒店的餐厅厨房呢?
2. 你知晓端到餐桌上的那些美味食品经历了什么样的制作环节呢?
3. 你了解厨师的工作吗?

内容导读

餐饮产品生产,是产品原料经过烹饪加工处理最终成为成品的过程。餐饮厨房管理工作日益繁杂。厨房的组织安排得是否到位直接影响到餐饮产品的产、供、销一条龙服务工作。

学习任务

1. 了解餐饮生产机构的设置及人员配备
2. 了解餐饮产品生产质量的概念及管理要求
3. 了解餐饮产品成本的概念及构成
4. 熟悉餐饮生产场所的设计与布局的基本要求
5. 熟悉餐饮产品生产业务流程
6. 掌握厨房布局的类型、餐饮产品质量控制的方法
7. 掌握餐饮管理成本控制的方法

开篇案例

频频出现的厨房问题

金士力饭店是一家有一定历史的饭店,厨房设计布局上的问题日渐凸显。首先是厨房的空间过于狭小,一些需要新引进的设备,如大型烤箱等都无法找到合适的位置安装;此外,餐厅的过道过于狭窄,在顾客就餐的高峰期,往往出现厨师相互碰撞的事故;厨房的照明设备也出现老化的现象,由于照明强度不够,发生了多起员工切配菜品的工伤事故;最严重的是原来在设计厨房的时候为了节约空间而没有涉及专门的备餐间,以至于每天开餐时,厨房的油烟和噪音都不可避免得散发到餐厅中,严重地影响了顾客的就餐环境。

带你走进今日课堂

11.1 厨房管理概述

要使餐饮生产活动正常运作展开,首先要建立起合理的餐饮生产组织机构,并本着科学、合理、经济、高效、实用的原则,配置相应的生产工作人员。

11.1.1 厨房组织机构类型

按厨房规模大小可分为:大型厨房,中型厨房,小型厨房等。由于厨房规模不同,所以各厨房组织机构设置不同。

1. 大型厨房组织机构

这种厨房的特点是设立一个集中加工的主厨房(又叫加工厨房),负责所有经营产品的原料加工和切割,甚至配份。包括:总厨师长、总厨助理、主厨房(厨师长)、二炉、三炉、四炉等。它将原料加工成可以直接烹调的半成品,并按产品规格进行配份,然后进行冷藏,随时供各厨房调用。各个烹调分厨房根据各自厨房的供应品种,向主厨房订取半成品,再由主厨房集中向采购部申定原料。这种结构是工业化革命进入饭店行业的标志之一,也是国内饭店业厨房革新的发展趋势之一。大型饭店厨房组织机构如图 11-1 所示。

2. 中型厨房组织机构

中型厨房通常分为中菜和西菜两部分,但厨房的规模要小一些。每个厨房兼有相对独立、全面的多种生产功能。中型厨房的组织机构如图 11-2 所示。

3. 小型厨房组织机构

小型厨房规模小,因此机构也比较简单,可以设置几个主要的职能部门,更小的厨房可不设部门而直接设岗。小型厨房的组织机构如图 11-3 所示。

11.1.2 厨房生产人员配备

1. 厨房生产人员配备

(1) 按比例确定。国外餐饮企业一般以 30 个餐位到 50 个餐位配备 1 名厨房生产人

11 餐饮产品生产管理

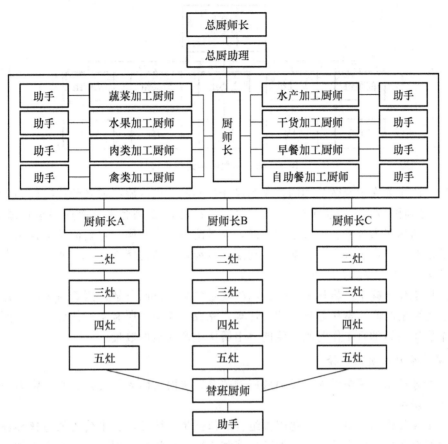

图 11-1 大型厨房组织机构

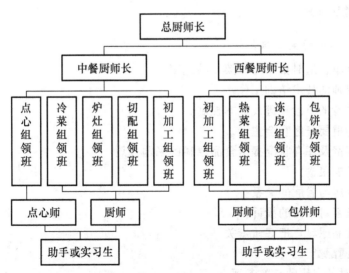

图 11-2 中型厨房组织机构

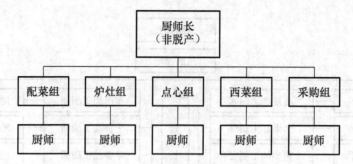

图 11-3　小型厨房组织机构

员,其间差距主要在于经营品种的多少和风味的不同。国内旅游或其他档次较高的饭店一般是 15 个餐位配备 1 名厨房生产人员;规模小或规格高的特色餐饮企业甚至有每 7~8 个餐位就配 1 名厨房人员的。因菜系的不同,人员配备各有不同。重要岗位的比例可作如下参考,炉灶与其他岗位人员(含加工、切配、打荷等)的比例为 1∶4;点心与冷菜工种人员的比例为 1∶1。

(2) 按工作量确定。将规模、生产品种既定的厨房全面分解,测算每天所有加工制作的菜点所需要的时间,累积起来,即可计算出完成当天厨房所有生产任务的总时间,然后除以每个员工规定的日工作时间,便能得出厨房生产人员的数量。

2. 厨房生产人员的选择

(1) 量才适用,因岗设人。要力戒照顾关系、情面、因人设岗,否则,将为厨房生产和管理留下隐患。

(2) 不断优化岗位组合。优化岗位组合的依据是系统的,公平公正的考核和评估。在岗位优化组合形成制度之后,员工的责任感和自律、自觉及其创新意识都会增加。但在优化岗位组合的同时,必须兼顾各岗位尤其是主要技术岗位工作的相对稳定性和连续性。

11.1.3　厨房岗位职责

1. 行政总厨师长的主要职责

(1) 制定菜单,适时推出时令菜、特选菜。
(2) 负责厨师的技术培训工作。
(3) 负责菜肴的质量管理及成本控制。
(4) 亲自为重要宾客宴会主厨。
(5) 根据客情及库存状况提出食品原料的采购计划。
(6) 建立标准菜谱。
(7) 协调厨房与餐厅的关系。
(8) 处理宾客对菜肴的投诉。
(9) 验收食品原料,把好质量关。
(10) 合理调配员工。
(11) 负责对各点厨师长的考评。
(12) 出席部门例会。

2. 各点厨师长的主要职责

(1) 搞好开餐前的准备工作。
(2) 指挥厨房运转。
(3) 安排厨房人员的工作班次,并负责考勤。
(4) 保证食品质量,控制成本消耗。
(5) 组织技术交流和业务竞赛。
(6) 申领物料用品。
(7) 每日抽查下属的个人卫生、饮食卫生及厨房的环境卫生。
(8) 对下属进行考核评估。
(9) 出席部门例会。
(10) 协助行政总厨不断增加菜肴的新品种和更换菜单工作。
(11) 编制成本卡,控制毛利率。

3. 初加工厨师的主要职责

(1) 负责食品原料的清洗、宰杀和加工,保证对客人的正常供应。
(2) 当好切配厨师的助手。
(3) 按规格进行加工。
(4) 注意原料的综合利用,保证出净率,避免浪费。
(5) 做好收尾工作。
(6) 按规定和程序涨发厨房所需的各类干货,如海参、鱼翅、鲍鱼、鱿鱼等。
(7) 负责料头原料的加工,如去蒜皮、葱皮根等。

4. 切配厨师的主要职责

(1) 负责所有菜肴的刀工处理,使原料符合烹调要求。
(2) 负责一切高级宴会、酒会的料头和干货等原料的调配。
(3) 根据点菜单的要求,严格按照标准食谱及时、准确配菜。
(4) 如果宾客点了菜单上没有的菜,尽可能满足要求。

5. 冷盘厨师的主要职责

(1) 按照厨师长工作指令,制定宴会、团队、零点所需的冷菜品种。
(2) 协助拟定成本卡,控制毛利率。
(3) 安全使用和保养本岗位的各种设备。
(4) 对照菜牌和客情,检查冷菜原料的质量和冷盘食品的数量。
(5) 经常检查工作箱的温度,防止存放的食品霉变。

6. 炉头厨师的主要职责

(1) 按照菜单和成本卡烹制菜肴,严格操作程序,把好质量关。
(2) 了解当天宾客流量、要求、特点,备好当天使用的调料和佐料。
(3) 熟悉和掌握各种原料的名称、产地、味型、特点、净料率、用途和制作方法。
(4) 协调厨师长研制新菜牌和季节食品推销。
(5) 正确使用和保养本岗位的各种设备。

7. 点心师的主要职责

(1) 制作宴会、团队、零点所需的各种点心。
(2) 经常更新花色品种，提高竞争力。
(3) 把好点心质量关。
(4) 负责各种生熟馅料的拌制。
(5) 熟悉成本核算，掌握点心售价，控制成品的成本。

11.2　厨房布局与设计

11.2.1　厨房设计与布局基本要求

1. 保证工作流程畅通、连续，避免回流现象

不论中餐还是西餐，生产都要从领料开始，经过加工、切配与烹调等多个生产程序才能完成。因此，厨房的每个加工部门及部门内的加工点都要按照菜肴的生产程序进行设计与布局，以减少菜肴在生产中的受阻现象，减少菜肴流动的距离和单位菜肴的加工时间，同时，降低厨师体力消耗，充分利用厨房的空间和设备，提高工作效率。

2. 厨房各部门尽量安排在同一楼层并力求靠近餐厅

为了方便菜肴生产和厨房管理，提高菜肴生产速度和保证菜肴质量，厨房的各部门应尽量安排在同一层楼。如果厨房确实受到地点的限制，其所有的加工部门和生产部门无法都在同一楼层内，可将其初加工厨房、面点厨房和热菜厨房分开。同时，厨房与餐厅的关系非常密切。首先，菜肴的质量中规定，热菜上菜时一定要保持较高的温度，而冷菜上菜时则要保持凉爽，否则，会影响菜肴的味道和脆嫩度。这样，菜肴的温度会受到厨房通往餐厅距离的影响。其次，厨房与餐厅之间每天进出大量的菜肴和餐具，厨房靠近餐厅可缩小两地之间的距离，减少传菜这一工作环节的人力配备，提高工作效率。

3. 作业点安排紧凑

厨房的各个部门和各部门内的工作点应尽量安排紧凑。同时，每个工作点内的设备和设施也应当以菜肴的加工流程为基础，进行合理的安装和排列，以方便厨师工作，减少厨师的体力消耗，提高厨房的工作效率。

4. 设有分开的人行道和货物通道

厨师在工作中常常接触炉灶、滚烫的菜肴、加工设备和刀具，如果发生碰撞，后果不堪设想。因此，为了厨房的安全，为了避免干扰厨师的生产工作，厨房必须设有分开的人行道和货物通道。同时，传菜通道也应分为出入两条，以免在营业高峰期发生人员碰撞。

5. 创造良好、安全和卫生的工作环境

创造良好的工作环境是厨房设计与布局的基础。厨房工作的高效率来自于良好的通风、温度和照明。同时，低噪音措施和适当颜色的壁墙、地面和天花板都是创造良好的厨房工作环境的重要因素。此外，厨房应当购买带有防护装置的生产设备，充足的冷热水和方便的卫生设施，同时还应配备充足的灭火装置。

6. 留有调整发展空间

厨房在设计布局时要留有发展空间，应考虑到中长期的发展规划和厨房设计出现的新形式，以便在以后的厨房调整中留有余地。

11.2.2 厨房设计

1. 厨房位置的确定

（1）厨房的设计要有利于厨房生产。主厨房最好设在底楼，分厨房应靠近主厨房，这样有利于生产管理，还可节省多种开支，有利于水、电、气等设施相对集中。

（2）厨房要尽量靠近所对应的餐厅，以缩短服务员行走路程和时间。

（3）主厨房要靠近食品贮藏区（冷库、干货杂品库），方便领料和货物运送。

（4）厨房的地势要相对高一些，这样便于通风和采光，便于污水的排放和货物的装卸。

2. 厨房面积的确定

（1）按餐座数计算厨房面积。每类餐厅餐位数所对应的厨房面积对照见表11-1。

表 11-1 每类餐厅餐位数所对应的厨房面积对照表

餐厅类型	厨房面积 m²/餐位	后场总面积 m²/每餐位
正餐厅	0.5～0.8	1～1.2
咖啡厅	0.4～0.6	
自助餐厅	0.5～0.7	

（2）根据就餐人数计算厨房面积。不同就餐人数时每人所需厨房面积对照见表11-2。

表 11-2 不同就餐人数时每人所需厨房面积对照表

就餐人数	平均每位用餐者所需厨房面积（m²）
100	0.697
250	0.48
500	0.46
750	0.37
1 500	0.309
2 000	0.279

（3）餐厅部各部分面积的分配比例，见表11-3。

表 11-3 餐饮企业各部分面积比例表（总面积为100%）

各部门名称	百分比
餐厅	50%
客用设施	7.5%

续表

各部门名称	百分比
厨房	25%
清洗	5.5%
仓库	7%
员工设施	3.5%
办公室	1.5%

(4) 厨房各作业区总面积所占比例，见表 11-4。

表 11-4　厨房生产区域面积比例表

各作业区名称	所占百分比
炉灶区	32%
点心区	15%
加工区	23%
配菜区	10%
冷菜区	8%
烧烤区	10%
厨师长办公室	2%

(5) 厨房所占营业面积比例。营业面积与厨房使用面积对照见表 11-5。

表 11-5　营业面积与厨房使用面积对照表

营业场所面积（m^2）	厨房净面积所占比例
1 500 以下	33%
1 501~2 000	28%+75m^2 以上
2 001~2 500	23%+175m^2 以上
2 501 以上	21%+225m^2 以上

3. 厨房内部环境的设计

厨房内部环境示意图如图 11-4 所示。

(1) 厨房的高度。厨房空间过高，会增大建筑、维修、装修、清扫费用；过低会使厨师产生沉闷压抑感，也不利于透气通风、散热。厨房空间高度应控制在 3.7~4.3 米，既便于清扫，保持良好的空气流通，又比较经济。因为天花板容易积灰尘，热天易滋生蚊虫，因此，厨房天花板的平面应力力求平整，不可有裸露的管道，或凹凸不平，有裂缝；同时，厨房常年湿度大，一般涂料易受潮脱落，因此，天花板应采用光滑防水材料。

(2) 厨房的墙壁和地面。厨房墙面应从墙角至天花板铺满瓷砖，这样既美观，又便于清洁，还能防止霉变，防止藏污纳垢和滋生虫害。厨房墙壁同样忌凹凸不平有裂缝，忌用

图 11-4 厨房内部环境示意图

一般水泥或涂料粉墙,因为厨房常年湿度、油烟较大,普通材料容易脱落、裂缝,易滋生虫害。

厨房的地面应用防滑地砖铺设,且要保持干燥。为使地面不至于积水,可以考虑使地面呈龟背状。每天营业结束时,必须用清洁剂去除地面油渍。

(3) 厨房的照明。从心理学角度分析,照明不足易使内部工作人员产生疲劳感,而且在光线不足的环境下操作,出事故的概率剧增。因此厨房照明应当光线充足。从专业的角度讲,厨房内照明以 200 勒克斯为宜,食品加工烹调区的照明应以 400 勒克斯为宜。照明灯要有保护罩,要考虑光的方向、颜色、覆盖面,颜色不能失真,做到无阴影。

(4) 厨房通风。厨房通风宜采用自然通风与机械通风相结合的方法。自然通风门窗朝向应与夏季主导风向一致,开窗面积不能小于墙面的 1/6。要注意的是厨房油烟不能四处扩散,不能污染餐厅或其他可用区域。厨师开始进行烹制制作时,机械通风系统启动工作,此时厨房为负压区,在把油烟经过机械通风系统抽走的同时,使餐厅和其他设施中空气徐徐流入厨房,以保证厨房空气清新。尤其在夏季,可减轻厨房高温,方便厨师判断菜肴气味。

(5) 厨房温度控制。厨房的温度不宜过高或过低,否则就不利于厨房员工的身心健康,也不利于保证菜肴的出品质量。冬季温度应控制在 22℃~26℃,秋季控制在 24℃~28℃,冷菜间温度不超过 15℃,厨房的相对湿度不应超过 60%。

(6) 厨房设备摆放与工作空间。设备的摆放除了根据工作流程外,还应方便维修和清扫,所以与墙面要留有 30cm 的空间宽度,并尽可能做到距地面 20cm。通常厨师操作时双手横向伸展幅度在 175cm 左右,因此,操作台大小、设备的安防位置,要考虑操作人员人体伸展幅度,既不要超出人体伸展范围以外,又要保证每位厨房操作人员拥有足够的工作空间(厨房工作人员占地面积不得小于每人 1.5m²)。设备高度以方便操作,便于清洁为宜。通常工作台高为 86cm;炉灶高度 81cm,以便利架锅烹炒;放置砧板的切配工作台则需 76cm;其他设备,如蒸箱、醒发箱、烤箱以及烟罩等高度都应充分考虑方便、安全、减轻劳动强度等因素。如果一件设备可以选择安装在符合工作流程的几个不同位置,这时应考虑设备需要的能源和安装成本。

在营业期间厨房人员走动频率很高,因此厨房内各通道应有一定的宽度以避免营业时人员碰撞、拥挤或发生事故。主通道一般不少于1.8米宽,如果通道两旁有操作点或较大机械设备,则宽度应不少于2.5米。

(7) 厨房排水。可在下水道内安装废料粉碎机,将下水道收购价的物料粉碎后排出;在各下水道口安置隔渣网,及时处理堵塞的杂物;当下水管道被堵塞后,还可以采用化学品来分解杂物,再用水冲去,达到疏通的目的。

(8) 厨房能源选择。厨房的能源主要有电、煤气、煤、油料或液化气等。能源的选择取决于厨房生产的需求和菜单的设计。

11.2.3 厨房布局

1. 厨房整体布局

厨房的整体布局是对厨房的整个生产系统的规划。应考虑以下几个方面:① 人流走向。从员工上班到更衣,到进入岗位,这条路线是畅通的;② 物流走向。从原料的进货、验收、贮藏;从领料、发料到加工、切配、烹调直至走菜这条物流线也是畅通的。见下图11-5厨房基本动线流程图;③ 各作业点的位置;④ 厨房与餐厅的连接;⑤ 食品仓库与厨房内的冰箱;⑥ 厨师长办公室。厨师长办公室的位置应尽量设在厨房内,要能便利的观察到每一个作业点的工作状况。其目的是:及时发现问题,及时解决;便于工作的指挥和协调;能有效地控制食品成本;能有效地堵塞各种漏洞。

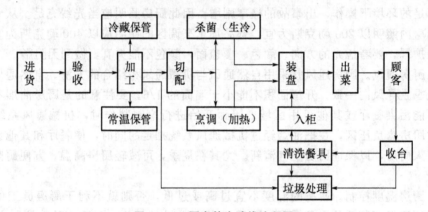

图11-5 厨房基本动线流程图

2. 厨房生产场所区域安排

根据餐饮生产的特点,合理的安排生产先后顺序和生产的空间分布。具体可分为三个区域(见下图11-6厨房生产区域布局示意图);① 原料接受、储藏及加工区域。包括:验收处、干藏库、冷藏库、冰鲜库、冻藏库和初加工办公室;② 烹调作业区域。包括:冷菜间、点心间、配菜间、炉灶间、小型冷藏库和周转库;③ 备餐清洗区域。包括:备餐间、餐具清洗间、餐具储藏间。

3. 厨房的布局类型

厨房布局必须依据厨房结构、面积、高度以及设备的具体规格进行。通常厨房设备布局可参考以下几种类型:

(1) 直线型布局。又称一字型(如图11-7)布局适用于功能综合、设备齐全的大型

11 餐饮产品生产管理

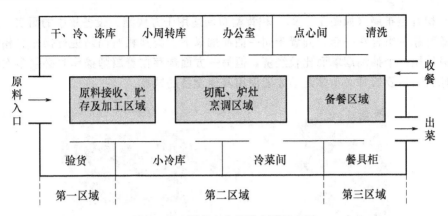

图 11 - 6　厨房生产区域布局示意图

餐馆和饭店的厨房。主要生产作业区的所有加热设备通常是依墙作直线排列布局。并置于一个长方形的通风排气罩下，集中吸排油烟。直线型厨房整洁清爽，流程合理通畅，但厨房中人流和物流的距离较长。

图 11 - 7　"一字型"布局

（2）L 字型布局（如图 11 - 8）。当厨房面积、形状不便于设备作相背型或直线型布局时，往往采用 L 型布局。这种布局方式在一般酒楼或包饼房、面点生产间等得到了广泛应用。L 型布局通常将设备沿墙壁设置成一个 L 形，两边相连成一犄角，集中加热排烟。

图 11 - 8　L 字型布局

(3) 相背型布局（如图 11-9）。相背型布局适用于方块型、设备集中的厨房，把主要烹调设备背靠背组合在一起，同置于同一抽油烟罩下，厨师相对而站进行操作。相背型布局由于只使用一个抽油烟罩而比较经济，但另一方面却存在着厨师操作时必须多次转身取工具、原料，以及厨师必须多走动才能使用其他设备的缺点。

图 11-9 相背型布局

(4) U 型布局。厨房设备较多、生产人员较少、出品较集中的厨房部门，可采用 U 型布局，如点心间、冷菜间、火锅或涮锅操作间等。将工作台、冰柜以及加热设备沿四周摆放，留一出口供人员、原料进出，这样的布局，人在中间操作，取料操作方便，节省跑路距离，设备靠墙排放，既平稳又可充分利用墙壁和空间。厨师、服务人员站中间递送菜品、调节气候、提供服务；宾客围四周涮食，既节省店方用工，也不妨碍服务效率。

11.3 餐饮产品生产部门管理

11.3.1 餐饮原材料粗加工管理

1. 粗加工管理的基本要求

(1) 保证原料营养成分。
(2) 保证原料营养卫生。
(3) 保持原料形状完整美观。

2. 粗加工管理工作

(1) 正确掌握取料标准。食品原材料粗加工主要是通过拣洗、择出、拆卸、削剔和涨发等加工方式，取得一定形状的净料，以供进一步加工使用。为保证合理取料，降低损失浪费，要实行标准化管理。具体情况主要有四种：第一，蔬菜、瓜果等鲜活原料主要是经过拣洗、择除，去掉不宜食用的部分后应取得的重量。第二，干货原料主要是经过择洗、择除，去掉不宜食用的部分后就取得的净料。第三，需要拆卸的整只肉类原料，主要是进行分档取料时格挡原材料应该取得的原料重量；无须拆卸且要保留整体形状的鸡、鸭、鱼、虾等原料，则主要是确定整只原料应取得重量。第四，冷冻原料主要是通过解冻、洗涤、恢复原料原质后应取得的重量。各种原材料的取料标准确定后，还应分档确定原料价格，以便为厨房成本核算提供客观依据。

（2）合理加工，保证质量。具体方法是：第一，蔬菜、瓜果等鲜活原材料一般组织徒工或临时工进行拣洗、择除、去皮、去籽、去茎叶，加工成一定形状，取得净料。第二，需要涨发的干货原料，如海参、鱼翅、木耳等，组织有专业技术的厨师进行初步加工，如鱼翅要退尽沙粒、去尽腥味，燕窝要去尽杂毛和沙粒等。第三，需要拆卸的肉类原料，组织有经验的厨师，按照各档取料标准，分别采用拆卸、削剔等方法取料，保证出料标准和加工质量。第四，无须拆卸的鱼虾，组织人工去鳞、去内脏等不宜食用的部分，为进一步细加工创造条件。

（3）做好冷冻食品解冻。冷冻原料的解冻方法有空气解冻、冰水解冻、盐水解冻、加热解冻、电子解冻和真空解冻6种，但大多采用冷水解冻法。冷水解冻又有浸泡、流水和洒水3种具体操作方法。其中，肉类原料解冻主要是为细加工创造条件。鱼类、海鲜解冻后，一般要先做粗加工，才能为细加工创造条件。

（4）保证加工速度和卫生要求。烹饪原料每天要进行加工，由于加工原料方法不同，边角余料剩余就较多。为了保证加工质量，控制原料损耗率，保证加工速度和原料的清洁卫生，就必须对加工过程进行检查监督，在保证清洁卫生的前提下，要求加工速度和保证出品率。并做好边角余料的归类工作，便于切配、便于烹调、便于创造更大的经济效益。

11.3.2 热菜厨房的运行管理

1. 热菜厨房设备配置

热菜厨房内部主要分为4个功能区，即原料加工间、切配加工间、炉灶间和洗碗间。

（1）原料加工间。它以食品原材料的粗加工为主，包括洗涤、拣洗、拆卸、涨发等。因此，这里的设施、设备主要有三类：一是洗涤设备，如各类水池，大、中、小型洗菜或盛菜的盆具及桶具等；二是案板和刀具，主要用于切菜、拆卸加工等；三是盛器，以盆、箩、筐等为主。

（2）切配加工间（如图11-10）。它以食品原材料的细加工和配菜为主，与炉灶间紧密相连，没有隔断。因此，这里的设备配置是根据食品原料的细加工和配菜需要来安排的，主要有4类：一是案板和刀具，用于菜点的切配加工；二是橱柜和冰箱，用于加工好的食品原料和剩余原料与食品的存放、短时间冷藏；三是配菜设备与用具，如天平秤、原料、菜点的盛器等，主要供配菜师和炉灶使用；四是水池，主要用于洗涤原料，如肉类、鱼类、野味的洗涤等。

（3）炉灶间（如图11-11）。它以炒菜炉灶为主，炉灶的多少根据所对应的餐厅座位按比例设置。为炉灶区的炉灶设备除炒菜炉灶外，一般还要配备蒸锅、烤炉、炸灶、铁扒炉等炉灶。

（4）洗碗间。每个炒菜厨房都会配备一个相应的洗碗间，洗碗间的设备主要有四类：一是洗碗机，主要用于碗具高温洗涤消毒；二是洗涤水池，主要用于餐具洗涤前的冲洗；三是消毒池和消毒箱，主要用于刀叉、筷子等小件餐具的灭菌消毒；四是餐具柜，用于各种餐具的分类存放，便于每餐使用。

2. 热菜食品烹调制作管理方法

（1）做好正式烹调前的准备工作。

（2）严格配菜，按顺序烹调。

(3) 做好炉灶烹制,保证产品质量。
(4) 加强成品出售管理,确保餐厨衔接与协调。
(5) 做好现场指挥,使烹制工作忙而不乱。

图 11-10　切配间

图 11-11　炉灶间

11.3.3　冷菜厨房的运行管理

1. 冷荤厨房设备配置

(1) 洗菜间。它主要用于冷荤食品正式烹制前的洗涤、拣洗、拣除等,其设备设置与热菜厨房的原料加工间基本相同,也分为三类:一是洗涤设备,如水池、水桶、盆具等;二是案板和刀具,用于冷菜上灶前的加工;三是盛器,如盆、筐、箩等。

(2) 加工间。它主要用于冷菜食品上灶前的加工和烹制完成后的刀工处理,这是冷荤厨房的中心,其设备配置主要有五类:一是案板和刀具;二是冰箱与橱柜;三是盛具与用具;四是衡器,如天平秤、量杯、量具等;五是消毒设备,以红外线或紫外线消毒为主。室内要光线明亮,温度不超过15℃。加工过程还要做到生熟分开,荤、素分开。

2. 冷菜食品烹调制作管理方法

购料要严,选料要精,保证原料质量;严格消毒,把好冷菜烹调制作卫生关;提前操作,分类烹制,保证冷菜食品质量;掌握刀工与食雕艺术,拼摆造型美观,及时销售。

11.3.4　面点厨房的运行管理

1. 面点厨房设备配置

西餐又称西点房,以制作各种面包和糕点为主;中餐又称中点房,以生产面点食品为主。

(1) 面点加工区。设备配置主要有三类:一是机器设备,如和面机、包饺子机等;二是案板和厨具,主要用于人工和面、面点造型、馅类制作等;三是存放设备,如橱柜、冰箱、盛器等。

(2) 炉灶烹制区。中餐面点炉灶以蒸锅、煮锅、煎锅等炉灶为主;西餐面点以烤箱、烤炉、微波炉等设备为主。

2. 面点食品烹制制作管理方法

(1) 和面。不管类型和花色品种多复杂,和面是面点烹制的第一关。和面所用的液体原料以水为主,但水的温度、水中所加的拌料各不相同。和面所要求的柔软度、活劲、拉力、弹性也不一样。

(2) 拌料。面点食品尽管有几十个种类,但又大体可分含料和带馅两个大类。前者的配料和调味品大多直接搀和在面粉中,拌料分两类:一是将配料和调味品,如鸡蛋、油、盐、味精、花椒面、胡椒粉、香油、葱花等搀和在面粉中,然后用手工或机器搅拌、揉搓,使其达到能够制作产品的要求。二是配料和调味品单独形成馅料,且多用肉类、海鲜和蔬菜原料制作。

(3) 发面和造型。发面和造型是面点烹调制作管理的前奏。和好的面料,有的要经过一定时间的发酵,方可正式造型。

(4) 烘烤和烹制。烘烤和烹制是面点烹调制作管理的最后一道工序。一般来说,西餐面点以烘烤为主,中餐面点以烹制为主,技法更多更复杂。

11.4 餐饮产品生产质量管理

11.4.1 餐饮产品生产质量概念

餐饮产品的质量,主要来自两个方面,即食品菜肴本身的质量和生产食品的工作质量。

(1) 食品菜肴本身的质量。即提供给客人的食品应该无毒、无害、卫生、营养、芳香、可口;食品的色、香、味、形俱佳;温度、质地适口,客人用后能获得满足。

(2) 生产食品的工作质量。即食品生产过程中的人工技术水平、原料、设备、加工方法和环境等的质量。

> **案例 11-1**
>
> **白灼虾引出的风波**
>
> 晚上10:30,两位客人来到饭店餐厅吃宵夜,客人翻着菜谱,挑选菜肴,他们互相商量着,一位说:"来一道白灼虾怎么样?""好的,我最爱吃虾了。"另一位回答道。他们一共点了四道菜,便吩咐服务员上菜。10:40,四道菜已整整齐齐地摆在客人的餐桌上,客人一边品尝菜肴,一边闲聊着,似乎兴致很好。
>
> "这儿上菜速度真够快的,只要10分钟的工夫,四道菜都上齐了。"
>
> "来来来,先尝尝这道白灼虾,如何?"
>
> 客人笑嘻嘻地吃虾。忽然,客人脸上笑嘻嘻的表情不见了,他们再仔细看看餐桌上的虾,显出很气愤的样子,责问在旁的服务员:"小姐,这虾一点都不热,是不是早就烧好,等我们来吃啊?"另一位也不示弱:"是啊,你看这虾色泽深浅不匀,光泽偏暗,要么是剩虾活虾混在一起,要么是剩菜重烹,这样的虾我们不能接受。"服务员心平气和地说:"先生,我们饭店绝对不会卖死虾的,厨房出来也总是根据菜单配制烹调的,不可能有剩菜,请先生放心。"客人就是不相信,固执地说:"我们点四道菜,前后上齐只用了10分钟,这里肯定有问题,这样的虾你怎么解释?"

服务员耐心地劝说，客人仍然固执已见。这里，值班经理小顾闻讯走了过来，先安慰客人："先生，请息怒，能告诉我是怎么回事吗？我会尽快替你们解决的。"在倾听客人投诉的同时，小顾一面叫服务员为客人换上热手巾，斟上热茶，以缓和紧张气氛，一面观察席上的那盘虾。很快，小顾就意识到问题的关键是客人对活虾烹制后的特征并不了解，要消除顾客的疑问，仅仅靠口头解释难以使客人信服，于是，小顾对客人说："先生，这盘虾是不是活虾烹制的，我先不下结论，请你们随我到餐厅操作台来看看，如何？"征得客人同意后，小顾带客人朝操作台走去，决定以现场操作来解释。小顾叫服务员取来卡式炉，将鸡汤烧开，然后让厨师拿来一只活虾，在客人面前进行现场烹制，再将此虾与桌面的虾比较，结果，各方面都基本相似。

见状，客人的面色开始缓和，已经相信所食的虾并非死虾，但仍有疑惑。善于察颜观色的小顾又热情地对客人说道："观虾秘决在于颈尾，活虾色泽深浅不匀，原因在于生虾本身纹理之粗细。"一番内行话说得客人直点头："原来如此。"小顾接着又说："我们工作中也有疏忽，虾体微温不够热，多谢你们提出宝贵意见，我们一定改正……"听到小顾诚恳的话语，客人也谦恭地说："我们态度也不够好，你们的现场操作让我们开了眼界。"双方之间一片融合的气氛。

11.4.2 餐饮产品生产质量管理基本要求

1. 选料要严

餐饮产品质量是以原料选择为基础的。原料选择要求精细、新鲜、部位要准确，以符合产品的风味和质量要求。如"滑溜肉片"必须用上好的里脊，"水煮牛肉"须用牛腿肉或牛胸肉，"北京烤鸭"必须用饲养56天左右的"北京填鸭"等。

2. 加工要细

原料加工分粗加工和精加工。前者主要通过分档取料保证原料选用部位准确；后者主要运用加工技术使原料形成一定形状，供烹调使用。必须根据不同风味和不同产品的要求采用各种加工技术，做到规格整齐、均匀利落、便于入味、形象美观。

3. 配料要准

要根据不同产品的质量规格，将主料、辅料和调料搭配起来，保证各种原料的规格、数量成比例。

4. 烹调要精

烹调方法很多。烹调要精，就是要根据不同风味和不同产品的技术要求，采用最恰当的烹调方法，掌握好火候，确保产品色、香、味、形俱全。这是饮食产品质量管理的关键环节。

5. 把关要严

为保证产品质量、满足需求、质价相符，在管理中应建立配菜制度和质量检验制度，下一道工序有权将不符合质量要求的产品退回上一道工序。凡是提供给宾客的产品要严格把关，色、香、味、形等不符合质量规格的产品不能出售。

11.4.3 餐饮产品质量管理方法

1. 阶段控制法

厨房生产运转流程，从原料购进产品售出，可分为食品原料、食品生产和食品销售三大阶段。针对三大阶段不同工作特点，分别设计、制定相关作业标准，在此基础上再加以检查、督导和控制，以达到厨房生产及产品的质量稳定，这便是阶段标准控制法。

（1）食品原料阶段控制。原料阶段主要包括原料的采购、验收和贮存。在这一阶段应重点控制原料的采购规格、验收质量和贮存管理方法。

（2）食品生产阶段控制。在申领原料的数量与质量得到有效控制的前提下，食品生产阶段主要应控制菜肴加工、配分和烹调的质量。

（3）食品销售阶段控制。菜肴有厨房烹制完成，即交餐厅出菜服务。这里有两个环节容易出差错，须加以控制，其一是备餐服务，其二是餐厅上菜服务。

2. 岗位职责控制法

利用厨房岗位分工，强化岗位职能，并施以检查督导，对厨房产品的质量亦有较好的控制效果。岗位职责控制法要点：

（1）厨房所有工作均应有所分工落实。厨房生产要达到一定的标准要求，各项工作必须全面分工落实，这是岗位控制法的前提。厨房所有工作只有明确划分，合理安排，毫无遗漏地分配至各加工生产岗位，才能保证厨房生产运转过程顺利进行，生产各环节的质量才有保证。

（2）厨房岗位责任应有主次。厨房各岗位承担的工作责任不应是均衡一致的，进一步明确责任，可有效的减少和防止质量事故的发生。

3. 重点控制法

针对厨房生产与出品某个时期、某些阶段或环节质量或秩序，或对重点客情、重要任务，以及重大餐饮活动而进行的更加详细、全面、专注的督导管理，以及时提高和保证某一些方面活动的生产与出品质量的一种方法。具体表现形式为：

（1）重点岗位、环节控制。

（2）重点客情、重要任务控制。

（3）重大活动控制。

本 章 小 结

通过本章的学习，应了解厨房机构设置及人员配备、餐饮产品生产质量概念。熟悉厨房设计与布局的基本要求、餐饮产品生产业务流程、餐饮产品生产质量管理的基本要求与管理方法。掌握厨房生产人员配备的原则、厨房布局的类型、餐饮产品质量控制的方法。

思 考 与 练 习

一、判断题

1. 国内餐饮企业一般以 30 个餐位到 50 个餐位配备 1 名厨房生产人员，其间差距主要在于经营品种的多少和风味的不同。   (   )
2. 不论中餐还是西餐,生产都要从领料开始,经过加工、切配与烹调等多个生产程序才能完成。
                                                              (   )
3. 为了方便菜肴生产和厨房管理,提高菜肴生产速度和保证菜肴质量,厨房的各部门应尽量安排在同一层楼。   (   )
4. 厨房要尽量靠近所对应的餐厅,以缩短服务员行走路程和时间。   (   )
5. 厨房空间过高,会增大建筑、维修、装修、清扫费用;过低会使厨师产生沉闷压抑感,也不利于透气通风、散热。   (   )
6. 在厨房布局类型中,相背型布局适用于功能综合、设备齐全的大型餐馆和饭店的厨房。(   )
7. 厨房人员在厨房内的占地面积不得小于每人 $0.5m^2$。   (   )
8. 餐饮产品的质量主要是食品菜肴本身的质量和生产食品的工作质量两个方面。(   )
9. 在餐饮生产过程中,原料主要有主料、配料和调料之分。   (   )
10. 热菜厨房内部主要分为 4 个功能区,即原料加工间、切配加工间、炉灶间和洗碗间。
                                                              (   )

二、选择题

1. (   ) 通常分为中菜和西菜两部分,但厨房的规模要小一些。
   A. 大型厨房   B. 中型厨房   C. 小型厨房   D. 特色厨房
2. 厨房自然通风门窗朝向应与夏季主导风向一致,开窗面积不能小于墙面的(   )。
   A. 1/3   B. 1/4   C. 1/5   D. 1/6
3. 厨房设备的摆放除了根据工作流程外,还应方便维修和清扫,所以与墙面要留有 30cm 的空间宽度,并尽可能做到距地面。   (   )。
   A. 10cm   B. 15cm   C. 20cm   D. 25cm
4. 厨房设备较多、生产人员较少、出品较集中的厨房部门,可采用(   )。
   A. 直线型   B. L 字型   C. 相背型   D. U 型布局
5. 下列(   )不属于餐饮产品质量控制方法。
   A. 阶段控制法   B. 岗位职责控制法 C. 重点控制法   D. 远程控制法

三、简答题

1. 简述厨房组织机构类型?
2. 简述厨房设计与布局基本要求?
3. 简述厨房布局类型?
4. 简述餐饮产品生产质量管理基本要求?
5. 简述餐饮产品质量管理方法?

四、实训任务

到星级饭店或社会餐馆厨房进行调查,找出并分析其厨房环境设计和生产过程存在的问题。

五、案例分析

一位餐饮行家应邀去一家酒店指导工作。他在午餐时点了一个豆腐煲,里面有香菇和咸鱼等配料,他觉得很对胃口。晚餐时他继续点用豆腐煲,但上来后他发现与中午的完全不同:颜色差异很大,原因是配料中有西红柿。他找来管理人员,管理人员的解释无法让他满意:中午与晚上的切配厨师换人了!

思考:
1. 那位行家为什么不满意管理人员的解释?
2. 你如何看待这一问题?

12 餐饮服务质量管理

问题引入

1. 你知道哪些获得ISO9002质量体系认证的餐饮企业?
2. 你有让你感到非常满意的就餐经历吗?
3. 你会设计餐饮顾客调查问卷吗?

内容导读

树立全新的质量理念和实施全新的质量管理手段,是我国餐饮业在新形势下得以全面提高和发展的必由之路。目前已经获得ISO9002质量体系认证的餐饮企业已有数家,事实证明,餐饮企业要想取得成功,离不开过硬的、持续稳定的,并且能在稳定中不断提升的产品质量。本章在餐饮产品质量种种要素中以顾客满意为理念,餐饮服务质量管理为主线进行阐述。

学习任务

1. 了解餐饮产品质量的构成要素;
2. 树立顾客满意理念;
3. 学会进行顾客调查;
4. 掌握餐饮服务质量分析方法;
5. 重点掌握对餐饮服务质量的控制。

开篇案例

一碗豆面引出的话题

一天,有10位客人来到餐厅就餐,在进餐即将进入尾声时,客人点了主食,每人一碗豆面。服务员将豆面送到每位客人面前后,客人们并未立即食用,而是继续交谈着。大约10分钟后,有的客人开始吃面,其中一位客人刚吃了一口,便放下筷子,面带不悦地对服务员说:"这豆面怎么这么难吃,还都粘到一起。你知道吗?这顿饭对我来说是很重要的。"服务员连忙解释说:"先生,我们都是现点现做,一般的面条在做出几分钟后就会粘到一起,而豆面的粘性比其他面的粘性大。如果做出来不马上吃的话,必然会影响到面条的口味和口感。我们通知厨房再给每位客人做一碗面好吗?"客人说:"不用了,再做一碗豆面也不能挽回我的损失!"

此时恰逢餐厅经理走了过来,服务员当即向她汇报了情况。餐厅经理让领班为客人送上水果并对客人说:"对不起,先生。由于我们未能及时向您及您的客人介绍豆面的特性,没有让您很圆满地结束用餐。您如果对今天的服务感到不满意的话,我将代表酒店向您及您的客人赔礼道歉。"客人说:"服务态度没问题,不过我希望服务员在上菜时能给我们介绍一下。"

经了解,这位客人是请生意伙伴在饭桌上谈生意的,因生意未谈成,所以心情不好。再加之豆面的"不可口",更增添了客人的不快。服务员在上"豆面"时,如果能够向客人介绍豆面粘性大的特性,并提醒客人要立即吃才会有好口味,那么客人的不快是应该而且能够避免的。服务员在对客人服务的过程中,应把工作做得细致些,不可有半点马虎。

带你走进今日课堂

12.1 餐饮产品质量概述

在不同的社会发展阶段,人们对餐饮产品质量的认定上有一定的差异。质量合格,是人们习惯性对餐饮产品的评定,而这种评定,仅仅满足于对餐饮企业预先规定的标准。事实证明,餐饮产品加工虽然符合规定的标准,达到了饭菜要求的特性,但客人未必一定喜欢,销路也并非看好,其根本原因,就是缺乏对餐饮质量内涵的完整理解和正确认识。

12.1.1 餐饮产品质量的含义

世界著名质量管理专家朱兰博士给质量作出的定义是:产品的适应性。所谓"适应性",是指产品使用过程中成功地满足用户目标需求的程度。假如是在一个声誉颇高的川菜馆就餐,喜欢麻辣味型菜肴的客人,肯定会被川菜那富于激情特色的食肴所感染,认为感觉很好,如果配以优良的服务及典雅的就餐环境,就会赢得客人的好评,其餐饮质量的高水平充分得到承认。然而,如果在同样的情况下,是不喜欢麻辣口味的客人,甚至是视辣如"虎"的客人来川菜馆就餐,即使酒店的装饰、氛围一流,服务也是一流,试想一下客人会是一种怎样的感觉呢?因为川菜不适应客人,所以,对菜肴质量,甚或是对餐饮的整体感觉,是不会满意的。但这并不意味着该餐馆的餐饮质量优劣。这就是餐饮产品对消费者的适应性。显然,其适应程度越高,餐饮产品的质量含量就越高。当然,客人虽然对

12 餐饮服务质量管理

餐饮产品能够接受，而且也完全适应，如果菜肴等实物部分加工很差，环境设施、服务态度等也很恶劣，其质量也不能说是高。

$$实物优劣＋服务好坏$$
$$\downarrow$$
$$消费者的适应程度$$
$$\downarrow$$
$$整体感受$$
$$\downarrow$$
$$客人心理满足的程度$$

餐饮产品质量是指以良好的设施、设备所加工生产的饭菜为依托而提供的劳务，在使用价值（可食用、娱乐等）方面适合和满足客人需要的物质和心理的程度。餐饮质量管理的任务涉及有形部分和无形部分两个方面，有形部分要方便、舒适、安全，无形部分要友谊、好客、相助。

12.1.2 餐饮产品质量的发展

随着人们对餐饮产品质量的需求标准的日益提高，餐饮产品质量在原有水平的基础上，其内涵与外延都会得到相应的发展。人们已经不再把吃东西当作生理的必须活动，到饭店就餐更注重食物以外的因素，从而使餐饮活动能真正成为人们生活中的一种享受。

（1）菜肴、面点的原料配伍更趋于营养搭配的合理化，更与人体对各种营养素的需求量相一致；

（2）注重菜肴食品的卫生安全，这主要是日益恶化的自然环境而言。所以，无污染、无公害、营养优质的"绿色食品"、"环保食品"将成为未来餐饮产品质量的重要内容。

（3）食品的保健功能将越来越受到重视。人们将希望通过就餐对实现身体的各种保健作用，如延年益寿菜肴、减肥瘦身菜肴、养颜美容菜肴、益智健脑菜肴等。

（4）审美功能愈加成为菜品不可缺少的内容。美观好看的菜肴，能振人食欲，能使人兴奋不已，给人以享受和陶冶。所以，增加菜肴食品的艺术魅力也会成为餐饮质量的要素。

（5）科技含量在餐饮食品中将日益增加，它包括多方面的最新研究成果在食品中的应用，尤其是营养学方面。

（6）健身设施的配置是人们就餐后必不可少的内容。人们通过必要的、舒适的、富于活力的健身活动，将多余的热能耗费掉，以起到健身作用。

（7）餐饮的娱乐功能将更多样化。"以乐侑食""以舞侑食"，古代早已有之，现代科学技术的进步，使这种"侑食"的娱乐水平发展到一个很高的程度，它会在未来的发展中向着更广阔、多样化、个性化的方向发展。

（8）个性化的服务将成为餐饮质量中最为重要的内容。饮食文明由裹腹发展到享受，再向更深层次的发展，人们将把服务环节看得很重要，并且不可缺少。尤其是人们不再喜欢那种千篇一律的规格化服务，人们需要的是富有情感意味的个性化服务。

餐饮产品质量的发展空间将是一个无限的、内容更加广泛的，并且随着科学技术的进步更加拓宽其内涵与外延。

12.1.3 餐饮产品质量的构成

餐饮产品质量的构成如图 12-1。

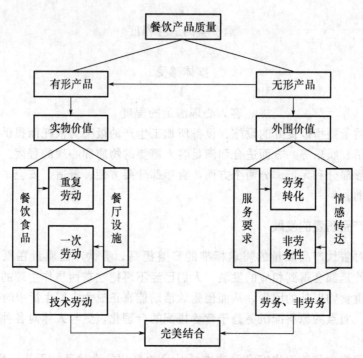

图 12-1 餐饮产品质量构成与形成

1. 实物价值——有形产品

餐饮产品的有形部分形成了餐饮产品的质量的实物价值，它包括餐饮食品和餐厅设施等。

餐厅、酒吧、宴会厅等就餐设施一般通过一次性技术劳动，就可以多次使用，或长期使用，相对而言比较稳定。当然使用中有一个维护和管理的要求，使其能在无数次的使用中保持洁净、整齐和原有的装饰风格等。

餐饮食品与餐厅设施等相比较，它可以说是实物价值中的主体部分，它的好坏优劣直接影响到餐饮产品质量的高低。餐饮食品在于提供给客人的食品种类应该无毒无害、卫生营养、芳香可口且易于消化，食品和各种感官属性指标俱佳，客人食后能获得较高程度的满足。构成餐饮食品质量的要素有如下几个方面：

（1）食品的卫生与营养。卫生与营养是菜肴等食品所必备的质量条件。卫生首先是指加工菜肴等的食品原料本身是否有毒素，如河豚鱼、有毒蘑菇等；其次是指食品原料在采购加工等环节中是否遭受有毒、有害物质的污染，如化学有毒品和有害品德污染等；最后是食品原料本身是否由于有害细菌的大量繁殖，带来食物的变质等状况。这三个方面无论是哪个方面出现了问题，均会影响到产品本身的卫生质量的高低。

食品原料的营养同样是菜肴等自身质量的重要方面。现代科学技术的进步与发达，使得人们越来越将食品营养作为自己膳食的需求目标，鉴别餐饮食品是否具有营养价值，主

12 餐饮服务质量管理

要看三个方面：一是食品原料是否含有人体所需的营养成分；二是这些营养成分本身的数量达到怎样的水平；三是烹饪加工过程是否由于加工方法不科学，而使食品原有的营养成分遭到了不同程度的破坏。

(2) 食品的颜色。食品的颜色是吸引消费者的第一感官指标，许多食者往往通过视觉对食品，如菜肴等进行初步判断其优劣。食品的颜色具有先入为主的特点，给就餐者留下第一印象。

餐饮菜肴、面食、点心等食品的颜色，主要由动物、植物组织中天然产生的色素形成。水果和蔬菜的主要色素有胡萝卜素、叶绿素、花色素苷和花黄色素等种。菜肴等食品的生产烹调加工过程能对菜点成品的的颜色变化发生作用，烹调加工的目的之一，就是通过恰当地处理，使原料转变趋于理想的颜色。菜点食品的颜色还可以通过使用含有色素的调味品来实现，如黄油、番茄汁、酱油等。

菜肴的颜色以自然清新、适应季节变化、适合地域跨度不同、适合审美标准不同、合乎时宜、搭配和谐悦目、色彩鲜明、能给就餐者美感为佳。那些原料搭配不当，或烹调不合理。成品色彩混乱，色泽不佳的菜点，不仅表明营养方面的质量欠佳，而且还会影响就餐者的胃口和情绪。

(3) 食品的香气。香气是指菜肴、面点等食品飘逸出的芳香气味，人们是通过鼻腔上部的上皮嗅觉神经系统感知的。人们就餐时，总是先感受到菜肴的香气，再品尝到食品的滋味。在人们的饮食经验中，之所以将"香"也作为衡量菜点好坏的标准之一，是因为菜肴的香气对增进进餐时的快感有着重要的作用。

当人们嗅到某种久违了的香气时，往往能引起对过去人生经历的回忆。人的嗅觉较味觉灵敏得多，但嗅觉感受比味觉感受更易疲劳或收到其他因素的干扰。另外，人对气体的感受程度，同气体产生物本身的温度高低有关。一般来说，菜肴的温度越高，其散发的香气就越强烈，就易被食者所感受。因此，热制菜肴一定要趁热上桌。如吃北京烤鸭，烫热的时候，肥香馥郁，诱人食欲，催人下箸。如果放凉后再食，则浓香尽失，品质也大为逊色，从而影响食者对食品的期望，对其质量的评价自然不会高。

(4) 食品的滋味。食品的滋味是指菜肴入口后，对人的口腔、舌头上的味觉系统所产生的综合作用，给人口中留下的感受。味是菜肴质量指标的核心，对中国菜肴而言，尤其重要，以"味"媚人，是中国菜的特点。人们去餐厅用膳，并非仅仅满足于嗅闻菜肴的香味，他们更要求品尝到食肴的味道。人们通常所说的酸、甜、苦、辣、咸是五种基本味，五味的艺术调和，形成千变万化的各种复合美味，使菜肴的滋味丰富多彩，更加诱人食欲，这就是味的魅力，并构成餐饮食品质量的重要因素。

(5) 食品的形态。食品的形态是指菜肴的成形、造型。食品原料本身的形态，加工处理后的形状、以及烹制装盘的拼摆都会直接影响到菜点的形态。刀工精美，整齐划一，装盘饱满，拼摆艺术，形象生动，能给就餐者以美的感受。这些效果的取得，要靠厨师的艺术设计和加工制作。热菜造型以快捷、饱满、流畅为主；冷菜、点心的造型则讲究美化手法，使其达到艺术的效果，从而增加菜肴、点心等食品的品质含量。

(6) 食品的质感。质感是指菜肴进食时给食者留在口腔触觉方面的综合感受。质感通常包括这样一些属性，如脆、嫩、滑、软、酥、烂、硬、爽、韧、柔、富于弹性、粘着性、糯性等。菜肴的质感是影响其接受性的一个重要因素，是食品品质的重要内容。如果加工的菜点，其质感偏离了特有的规定标准，便可能由此而成为不合格食品，其质量是极低的。如发了软的脆饼、老韧多筋的蔬菜等。

(7) 食品的盛器。俗话说：美食不如美器。此话虽有些偏颇，但盛器之与菜肴的关系及其重要性却表达得非常清楚。不同的菜肴配以不同的盛器，如果配合得宜，就会相映生辉，相得益彰。盛器与菜肴搭配的一般原则是：菜肴分量与盛器的大小一致，菜肴的形状与盛器的形状相吻合，菜肴的色泽与盛器的色调相对应，菜肴的身价与盛器的贵贱相匹配。只有这样，才能使菜肴锦上添花，更显优雅，质量更佳。尤其是对于用煲、砂锅、铁板、火锅、明炉等制造特定气氛和需要较长时间保温的菜肴来说，盛器对菜肴的质量更有着至关重要作用。当然，对于其他类菜肴，本身质量虽然上乘，如果用残缺不全、不伦不类的盛器盛放，不仅无美感可言，食品的整体质量也会大为降低。

(8) 食品的温度。食品的温度是指菜肴在进食时能够达到或保持的温度。同一种菜肴、点心等食品，食用时的温度不同，口感、香气、滋味等质量指标均有明显差异。所谓"一热胜三鲜"，说的就是这个道理。如蟹黄汤包，热吃时汤鲜汁香，滋润可口，冷后食之，则腥而腻口，甚至汤汁尽失，大为逊色；再如拔丝类菜肴，趁热食之，不仅香甜脆爽，而且拉出金光闪闪的糖丝，令人感觉极佳，若放凉后再食，则糖液粘成一块，干硬无私，质量大为降低。现代科学研究表明，不同温度下的食品，其风味质感是大不一样的。

2. 外围价值——无形产品

餐饮产品质量的外围价值的形成，内容丰富多变，且较为复杂。粗略分析，可归为两大类，一类是靠服务员所付出的各种劳务活动实现的，如周到全面的服务等；另一类无须服务员付出劳务，而是靠服务员的真诚和爱心实现的，如温馨的微笑、和蔼的态度等。前者归为服务要求，虽然对客而言属无形产品，但必须靠员工的有形服务，才能达到。后者归为情感传达或交流，是真正的无形部分，但他所产生的作用往往比有形劳务部分更重要。餐饮产品的外围价值主要有以下几个方面。

(1) 安全。客人在就餐时首先考虑的就是安全感。安全对客人来讲，包括两个方面：一是对所提供菜肴本身的卫生安全，食用后是否因不洁造成食物中毒，或者因食物被感染上了致病菌而食者进食后被传染等，这是人们进食时首要的安全需求；二是就餐环境的安全，包括客人的人身、财物安全，这一方面反映在饭店中是多内容的，如就餐地点的治安、秩序，饭店内部的防火、防盗设施、娱乐设施的无潜在危险保障，以及医疗服务、紧急救生、紧急出口等等。安全感作为餐饮产品质量的组成部分，能满足客人在就餐时安全保障的需求。

(2) 稳定感。餐饮产品质量的稳定一致，不仅指规格和标准的稳定，对服务程度、卫生环境等也应保持始终如一的质量形象。对于餐饮质量而言，要保证做到这一点是很不容易的，因为餐饮产品质量的各项内容都是在不断变化的。菜品的加工烹制、服务程序的运行，都是由手工操作的，所造成的误差往往很大。因此必须在控制食品的稳定性上做得更好。例如餐厅、厨房的卫生是否一直符合标准，室内温度是否时高时低，服务员的态度是否自始至终友善热情，餐桌布置是否始终保持一致，菜肴数量、口味是否稳定不变，等等。所以，餐饮服务与管理必须规范化、标准化，即保持始终如一的水平，才能赢得客人对饭店的持久信赖。

(3) 态度。指饭店与客人之间的关系。服务员态度要好，要多解释多介绍，真诚待客。服务员良好的态度能使宾客在受尊敬、礼遇方面的需求得到满足。例如，餐厅服务员能记住常来就餐客人的姓名或职位，以便称呼问候；餐厅经理应该亲临餐桌询问客人对于菜肴、饮品和服务的意见，及时有效地处理客人的投诉等。当然，服务员的仪容仪表、礼貌用语、文明措辞等也都体现出饭店的待客态度。

（4）周到全面。指服务项目应有尽有和服务设施全面，即服务的系统化。服务的完全性可满足客人对于便利、随意的需求。客人需要的，饭店和服务员都想到了。甚至客人没想到的服务员也想到了，使客人享受到全方位的服务。如菜品、菜式是否齐全，高、中、低档餐厅是否配套，酒品、饮料是否全面，娱乐设施是否齐备，是否设有老年人、婴幼儿、残疾人的专用设施等。虽然，餐厅服务项目的全面性受到饭店类型、规模和等级的制约，但为了满足客人的需求应根据自己的经营特色努力做到服务的系统化、完整化、完全化。

（5）环境气氛。指饭店餐厅服务生产和进餐、娱乐场所等的整体风格。宜人的环境气氛对增进客人的食欲、满足情绪上的轻松愉快至关重要。环境气氛除了与餐厅的建筑、装饰风格有关外，更重要的体现在干净卫生、空间的拥挤与否、卫生间、餐厅、酒吧、多功能厅的宽敞、明亮、通风、设计布局、音响效果、室内字画、植物布置等等。这些都是直接影响餐厅环境气氛的重要因素，也是构成的餐饮产品质量的重要内容。

（6）效率。指饭店所提供的菜肴、面点等食品的制作速度，以及为此而提供服务的工作效率。高效率的生产与服务应该是紧张而有秩序，忙而不乱，很有条理，而一定不要给人一种匆忙混乱的感觉，使人感到餐厅的工作既有效率又没有潜在意外的危机感。同时，速度快，不等于效率高，还要看工作成果的质量。如果速度是有的，但处处出现漏洞、差错，这种效率就不是高效率。为了保证餐饮产品的生产效率和服务效率，就必须对生产工序和服务规范制订具体的量化指标。如零点客人入座后，必须在引座服务员离开的同时，送上茶水并提供点菜单，及时向客人介绍本店的餐饮产品；规定从点菜到上菜所需的准确时间，这样就避免了客人入座后无人理、点菜之后久等不见上菜、招呼服务员长时间不到等现象发生。

（7）方便。指客人享受餐饮服务在地点和时间上的便利程度。例如，餐厅的位置是否有利于客人的交通便利，餐厅、酒吧是否远离客房区，客人就餐是否要穿越露天庭院，营业时间是否能满足客人随时随刻就餐，餐位的设计是否与客人的就餐数量相吻合，使客人一到餐厅就有座位，不用久候。食品品种、酒饮品种是否品类齐全，数量充足，尤其是菜单、酒水单的品种是否有短缺，等等。

（8）适时适量。指餐厅提供的服务在时间上的合适程度与产品的数量适合客人需求的标准。掌握好适时与适量的特性，能满足客人对于支配感的需求，从而增加客人对餐厅的满意度和舒适感。所谓适时，就是服务中掌握好节奏，该快则快，当缓则缓，不能只顾高速度而忽略了进餐的节奏感。例如，到快餐厅进餐的客人，适时对他们来说就是快速提供产品、快速服务，以减少等候时间。当客人在宴会厅就餐时，适时则是指把握最适当的时间为客人上菜斟酒，让客人能在从容不迫的节奏中享受美酒佳肴。所谓适量，是指根据客人进餐的对象提供数量适宜的菜肴酒水。例如在高级雅间就餐的客人，适量就是少而精，使客人感到有品位，以满足其身份地位感的需求。如果是在大众化的餐厅，客人就是为了解决饥渴为主的就餐需求，那么在数量上就应足量。另外，在同一餐厅，用相同的价格，享用同一种菜肴时，彼此的数量则应该相同，否则客人就会因为接受到不公平的待遇而不满意的。

以上几个方面，是以员工通过劳务形式所提供的无形服务的价值部分。除此之外，客人用餐还有心理需求和情感需求。特殊的心理需求如猎奇、享乐、身份地位感等，对不同阶层、不同文化修养的客人们来说，其反映是不一样的。

12.2 顾客满意理念

餐饮产品质量的优劣是由客人对该产品消费过程的综合感受评定的，所以，餐饮企业追求高品质的食品和与之配套的餐饮服务，就要追求顾客满意。问题在于，客人的满意标准也是随着社会文明的进步而在不断提高，即使在同一时期，客人对餐饮质量的满意与否也有不同程度上的差异。这种满意程度的高低一般可分为五个阶段或五种程度，见图12-2。

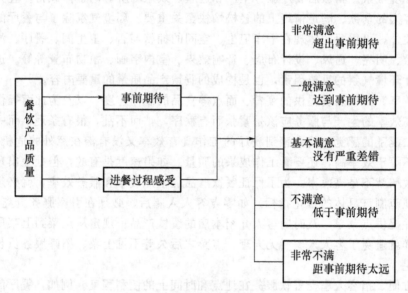

图12-2 顾客满意程度示意图

仔细分析起来，顾客满意度是由消极因素和积极因素两部分组成。消极因素包括价格贵、质量差、供应不及时、服务不到位等；积极因素指价格便宜、质量优于其他同类产品、供应及时、服务优良等。因此，餐厅首先应在保证产品基本质量的前提下，充分考虑顾客满意度的积极性因素。

一般来说，优质的餐饮产品，必然会使顾客满意。所谓优质产品，主要包括如下几个技术指标：上乘的实物产品，合适的产品价格，优良的餐饮服务，供应及时方便。这些因素的整合程度，决定了顾客满意度。

因为餐饮产品质量本身就是由实物部分与无形服务组成，并且包含了供应及时与方便程度。所以，就餐饮产品的满意度而言应该是质量与价格的组合，再加上情感的融洽程度。因此，餐饮顾客满意度可用下面的公式表示：

$$餐饮顾客满意度 = \frac{Q+D+S+F}{P}$$

12 餐饮服务质量管理

其中Q指质量，D指供应及时的程度，S指进餐过程中的服务，F指融入服务过程中的情感因素，P指价格（或是单价）。

由公式可以看出，即使质量上乘的餐饮产品，如果价格昂贵，客人也会抱怨的，而影响了产品的销量。常常有客人抱怨说：五星级的酒店，不是咱去的地方。那意思分明是说，客人对五星级酒店还是追切期待的，但因价格太贵又显得无奈，由此产生了不满意情绪。

12.2.1 顾客满意理念的内涵

1. 顾客满意理念的含义

顾客满意理念，首先是一种经营理念，是指餐饮企业为了使顾客能完全满意的产品，综合而客观地测定顾客的满意度，并根据对消费者调查分析的结果，通过企业内部的有效运行来改善产品、调整产品、不断提高产品质量的一种经营战略。它奉行的是顾客至上的原则，通过使顾客满意而获得理想的经济效益。

顾客满意理念中的"顾客"，主要是指餐饮企业的外部顾客，即一切有消费需求和消费倾向的客人。但从更加广泛的意义上讲，还应包括企业内部顾客，即企业的内部成员，包括企业的员工和投资者，如持股人。因此，实施顾客满意经营的餐饮企业所面临的顾客关系，不仅有企业与员工的关系，而且包括企业中的供、产、销及其他职能部门之间、上下工序之间的关系，同时还包括企业与消费者和客人的关系。所以，顾客满意是一种以广义的顾客为中心的全方位顾客满意质量经营战略。

（1）"顾客第一"的观念。实行顾客满意管理，推行顾客满意经营，餐饮企业必须确立"顾客第一"的观念。企业虽然在激烈的市场竞争中必须保持盈利才能站稳脚跟，这就使决策者往往首先产生"利润第一"的观念。"利润第一"的观念就企业的生存发展而言，本身也是没有问题的，但却忽略了另外的一层更为重要的内容。如果餐饮企业没有人来就餐，如何保持良好的经济效益？实际上，"顾客第一"和"利润第一"在餐饮企业的发展中是完全统一的，两者之间是相辅相成的。所有的企业在经营中都是以追求资本增值盈利最大化为最终目标的。然而，怎样才能实现餐饮企业最佳的经济效益，从根本上说，就是要必须首先满足顾客的需要、愿望和利益，让顾客喜欢你的产品。要做到这一点，企业的出发点只有站在顾客的角度上，事事处处为顾客着想，只有这样，才能获得企业自身的经济利益。

由此看来，"顾客第一"的观念，是市场经济的本质要求，也是市场经济条件下餐饮企业争取顾客信赖、掌握市场主动的法宝。这就要求，餐饮企业在生产经营、质量管理的每一个环节上，都必须着眼于客人，最大限度让客人满意。只有这样，餐饮企业才能在激烈的市场竞争中增加活力，从而获得持久的发展和长期的效益。

（2）"顾客总是对的"意识。顾客满意中蕴含着"顾客总是对的"这一意识。当然，这不是绝对意义上的一种科学判断，也不一定符合客观实际。餐饮行业多年来一直奉行"顾客总是对的"宗旨，然而仅仅是一句口号式的理念，没有把它真正融合在员工的实际行动中。随着餐饮市场激烈竞争的日益白炽化发展，"顾客总是对的"的观念，才被人们得以重新认识，并奉为赢得客人信赖的武器。"顾客总是对的"，是站在尊重客人的角度上，只要客人的过错不会构成对餐饮企业重大的经济损失，不是违犯法律的行为，那就要将"对"让给客人,这就是餐饮企业顾客满意经营意识的重要表现。"得理也要让人""受了委屈也得让客人下台阶",这既是对员工服务行为的一种要求,也是员工素质乃至企业素质的一种反映。所以,顾客满意管理要求员工必须遵循三条基本原则:

① 站在客人的角度考虑问题,使客人满意并成为可靠的回头客。

② 不应把对设施设备、菜点或服务有意见的客人看成是不被员工欢迎的人,或是讨厌的客人,应设法消除他们的不满,获得客人的好感。

③ 应该牢记,同客人发生任何争吵和争论,企业绝不会是最后的胜利者,因为从此企业会失去客人,也就意味着失去了市场和盈利机会。

不过,"顾客总是对的"并不等于顾客在事实上的绝对正确,而是意味着客人得到了绝对的尊重,顾客的自尊心得到最大限度的满足,客人的权益受到了真正的保护。当顾客得到了绝对尊重,品尝到了"上帝"滋味的时候,就是餐饮企业提升知名度和美誉度的时候,也就是企业能拥有更多的忠实客人、更大市场、更大发展壮大的时候。

2. 员工在顾客满意中的地位

顾客是上帝,几乎已经成了餐饮企业决策者们的口头信念。然而,把客人按"上帝"的标准对待,具体体现在员工的服务过程中。员工的一言一行、一举一动,均是传递企业与客人密切关系的因素,而这些因素的集合,反映了"顾客是上帝"的思想。问题在于,让员工把客人当成"上帝",企业首先就要把员工当成"上帝",因为企业的良好形象与信誉、企业的发展与财富的创造均来自于员工的具体劳务活动。所以,美国罗森帕斯旅行管理公司总裁罗森帕斯提出了"员工也是上帝"的理念。这一理念,应该说准确地给了餐饮企业员工一个定位,肯定了员工在企业中至高无上的角色和地位。实际上,这就是顾客满意理念的基础。

"员工也是上帝"的思想告诉我们,一个企业,尤其是服务性企业,只有善待员工,员工才会善待客人。只有满意的员工才能够创造顾客的满意。例如,餐厅要求员工在面对客人时用微笑和富于情感的交谈与客人交流,要做到这点,餐厅的管理者必须首先给员工微笑和富有情感化的交谈,而不是满脸的严肃,动辄就是用训斥的口吻与员工交流,似乎管理者就应该是严肃或严厉的同义词。显然,这是目前餐饮企业管理者在工作中的一个误区。

餐饮企业要想使自己的员工让客人百分之百的满意,成为客人的拥护者和客人问题的解决者,就必须从满足员工的需求开始。

(1) 首先要满足员工对知识的渴求,并在企业内部创造一个能够发挥员工各种才能的机会,以满足他们角色和成就感的需求。

(2) 维护员工的各种权益,使员工感到自己享有权利,满足实现自我价值的需求。

(3) 关心和爱护员工,通过有效的激励手段,调动员工的积极性。激发员工的敬业乐业精神。

(4) 管理层要充分尊重员工,不仅使员工尊重的需求得到满足,而且可以树立员工的自尊心,从而使员工对做好任何事情都有了信心。

简而言之,企业向员工发出什么样的信息和信号,员工就会向客人传递和表达什么样的信息。见表 12-1。

12 餐饮服务质量管理

表 12-1 企业员工/顾客关系

企业对待员工	员工对待客人
你的问题是什么，我们怎样帮助你	我选择帮助你，我能帮助你
我们应该让你知道企业发生的事情	我能帮助你，因为我知道发生了什么
我们是餐饮企业的一员，所以我们应该对这里发生的事情负责	我有义务帮助你，我为自己能够这样做而感到骄傲和自豪
我们以职业上的尊重相互对待	我把你当作独立的人对待
我们拥护相互的决定，相互支持	你可以相信我和我的餐厅会履行承诺

事实证明，餐饮企业滑坡，经营不好，首先是出错率增大，从而影响了餐饮产品质量。这就意味着员工不愉快，接着是员工的不满和抱怨，随后就会出现客人的不满和抱怨。只有做到员工之上，员工才会把客人放在第一位。首先提出"员工也是上帝"的罗森帕斯旅行管理公司根据公司的实际状况，逐步创立了一套人才选拔、培训、和管理的理论和方法，创立了员工之上的企业文化。例如，新员工来公司上班首先要进行培训，头两天安排到公司总部培训，由总裁和高层主管为他们端茶服务，现身说法。同时一杯茶，不同的服务带来的感觉和效果却有天壤之别。员工还轮流参与总裁一天的活动，加深彼此的了解。在这样的一些活动中，员工得到了至高无上的尊重，心理上得到满足，然后他会把这种满足传递给客人，使客人也会得到同样的满足。成功的餐饮企业，无不是用希望员工对待客人的态度和方法来善待自己的员工。

12.2.2 顾客满意要素的构成

顾客满意是由客人对餐厅的理念满意、行为满意和视觉满意三个系统要素构成的。顾客满意在餐饮业中的经营运行，是指这三个要素的协调运作，全方位促使顾客满意的整合结果，这种整合结果可用一个简单的图来展示，见图 12-3。

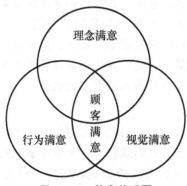

图 12-3 整合关系图

顾客满意经营系统的三个方面不仅有紧密的关联性，而且有很强的层次性，从而形成了一个有序的、纵向的、功能耦合的顾客满意系统结构，见图 12-4。

由此可见，顾客满意的经营理念，是一项十分复杂的系统工程，它的价值取向是以客人为中心，而理念满意、行为满意、视觉满意作为顾客满意的重要组成部分，都必须按照

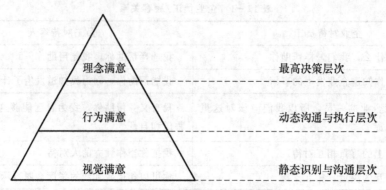

图 12-4 顾客满意系统结构图

这种价值取向去进行整体运作。

客人对餐饮企业的理念满意、行为满意、视觉满意，都必须由企业和企业的员工用实际的工作状态和质量管理体现出来，从而满足客人在就餐过程中最大限度的心里满意。

1. 理念满意

理念满意，英文为 Mind Satisfaction，简称 MS。是指餐饮企业理念带给客人心理满足状态。

企业理念是统合餐饮企业生存和发展的灵魂，是在餐饮质量经营过程中的质量经营理念、质量经营信条、企业使命、质量目标、质量精神、质量文化、企业风格、经营座右铭和质量战略的统一化。通过理念的统一，确定餐厅的本质，突现餐饮企业的质量风格。

例如，遍布全世界的西式快餐店麦当劳，其质量经营理念是"炸薯条和汉堡包，一杯可乐加微笑"。就是这一句简单的话。把麦当劳连锁企业经营的基本风格、经营哲学、价值观念和道德观念等基本特色简练而明确地概括出来，甚至把它获得成功的基本经验也包含在其中了。它不仅成为麦当劳全体员工共同信奉和遵守的行动准则，而且也受到了广大餐饮消费者的欢迎和信赖。

顾客满意的核心是理念满意，它不仅是餐饮企业质量经营的宗旨与方针，而且也是一种鲜明的质量文化、质量价值观。对外它是争取广大客人乃至社会公众理解、信任、关心、支持与爱戴的一面旗帜，对内它是推动广大员工形成共同的目标感、方向感、使命感和责任感的一种崇高的精神力量。因此，餐饮企业理念的建设，必须能够征求广大顾客的意见，争取他们的认同，使客人得到最大限度上的满意。

2. 行为满意

行为满意，英文为 Behavior Satisfaction，简称 BS。是指餐饮企业的全部运行状况带给客人的心理满足状态，包括行为机制满意、行为规则满意和行为模式满意等。

由于理念满意的重心是实现客人的价值观，明确"客人希望怎样"和"我如何做"，它偏向客人心理满足，落脚点是满意，特质是情感传递。所以，当认真对餐厅实际动态进行全面的分析，制定出餐厅的理念满意系统之后，则需要企业的整体经营运行行为，在餐厅的实际运行中来贯彻、落实企业的理念精神，实现行为满意，进而让客人满意。因此，行为满意是顾客满意的操作中心，是理念满意的行为方式，是在餐厅组织制度、管理培训、行为规范、公共关系、营销活动、公益事业中，对内外传播餐饮企业的理念精神和对待员工与顾客的态度。

山东济南的净雅大酒店由于在管理上舍得下功夫，注重人才的使用和建立严格有效的质量运行机制，该酒店通过了中国方圆标志委员会和国际认可论坛多边组织ISO9002质量体系认证。为使ISO9002质量管理体系得以深入贯彻执行，酒店成立了专门的质检部门，质检人员由原来的2人增加到8人，他们负责对体系存在的问题进行审核，由专门的统计人员对工作中产生的不合格项进行统计分析，然后反馈到问题部门，逐一进行解决，使不合格项逐渐减少，员工的质量意识也明显增强。有效地质量控制机制，使该酒店得到良好的回报，员工在具体的劳务中与企业理念保持高度一致，进而使客人也得到了满意。

净雅大酒店的做法为餐饮企业开展行为满意活动提供了十分有价值的经验。实践证明，在餐饮企业的行为满意系统中，员工对企业的满意、客人对餐饮产品质量的满意、客人对餐饮服务的满意，是行为满意运作的重点。

3. 视觉满意

视觉满意，英文为Visual Satisfaction，简称VS。是指餐饮企业所具有的各种可视性的显在形象带给客人的心理满足状态。

视觉满意，是餐饮企业具体化、视觉化的信息传递形式与客人对这种企业传递的信息及方式认同之间的一种有效的协调和沟通，也是顾客满意中项目最多、层面最广、效果最直接的影响客人满意度的系统。

视觉满意又包括基本要素满意和应用要素满意。所谓基本要素是指企业形象的直接体现内容，它包括企业的名称、菜品杂志、品牌标准、象征企业形象的图案、吉祥物企业宣传标语、口号、菜单设计的大小、字体等。也就是客人只要通过这些基本要素，就可以得到对这家餐厅的基本印象。所谓应用要素是指与经营的饭菜有关的设备设施等，它包括餐厅中的各类用品、建筑外观风格、橱窗、室内装饰、员工的衣着、产品本身、菜肴的盛器或外包装、广告宣传、展示陈列样品等。综上所述，顾客满意（CS）是理念满意（MS）、行为满意（BS）、视觉满意（VS）的统一体，是餐饮企业的整体经营战略，是全新的、全方位的质量经营战略。但这种经营战略的实施必须从理念满意、行为满意、到视觉满意形成明确的层次，同时每个层次都有明确的功能，并通过功能的耦合达到最佳运作效果。顾客满意系统功能如图12-5所示。

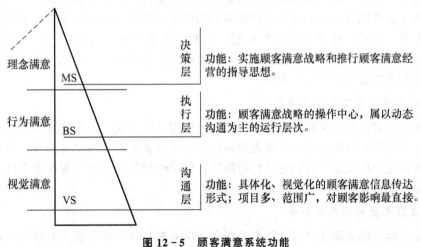

图12-5 顾客满意系统功能

顾客满意经营系统要素的构成，可用下列图表表示出来，见图12-6。

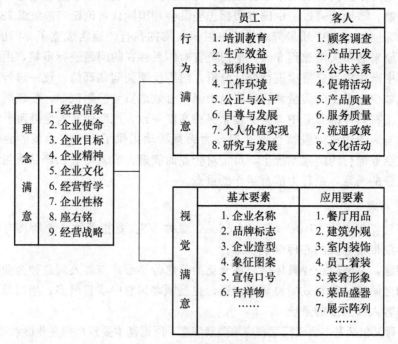

图12-6　顾客满意构成要素

通过对顾客满意要素构成的分析，可以清楚地看出，餐饮企业的成功经营不仅需要树立良好的形象，而且这种良好形象的建立，必须是基于顾客满意的前提下的，离开了顾客满意，企业形象也不复存在。

12.2.3　顾客满意经营的步骤

餐饮企业推行顾客满意战略，进行顾客满意经营的目的就是为了不断提高顾客的满意度，建立良好的企业形象，赢得消费者的信任，从而赢得更大的市场份额，获得更好的经济效益和资本运营能力。但餐饮企业顾客满意经营是一项十分复杂的工作，不是一朝一夕就能很快奏效。而且，由于各餐厅的体制、机制、经营管理方式不同，所处竞争环境不同，因而各餐饮企业在顾客满意经营中所面临的问题也各不相同。但就一般情况而言，实施顾客满意经营主要有以下五个步骤。

1. **餐饮质量经营理念的再建立**

顾客满意经营，是以重视顾客的接触点，定期定量综合测定顾客满意度，由决策者和管理层为主导等三个原则为基础，首先调查员工是否具备使顾客满意的理念，然后将餐厅内不成文的规定形成文化，再经过检讨与确认，使这种理念深入整个餐厅及全体员工，以建立自上而下的自觉确认的餐饮质量经营理念。

2. **顾客满意度的测定与分析**

顾客满意经营理念确立之后，就要分析和掌握顾客与自己餐厅的所有接触点，并针对每个接触点来设定问题，然后制定顾客满意度测定计划，对到自己餐厅进餐的顾客进行调查，对调查进行统计、分析与评估。最后根据调查结果，制定提高顾客综合满意度的改善计划。

3. 餐饮实物产品和无形产品的改善与改革

根据顾客需求消费心理、消费行为的变化，及顾客满意度的测定，定期分别制定菜品与服务的改善计划和改革创新办法，决定重点项目或环节的实施办法，然后付诸行动。菜品的改革出新计划一般可按年度、季度、每月，甚至每周制定，以使产品保持常新和与众不同的特色。

顾客满意经营战略开展后，应持续地定期测定顾客满意度，以确认改善和改革计划是否收到实效。通过对行动结果检测与评价，对好的部分总结经验加以推广，对不理想的部分要继续加强改善，努力创新，实现突破。如果制定的菜品出新与服务改善计划以达到目标，就应该向新的目标挑战。如此反复进行，有组织地、持续地提高顾客的满意度。

4. 顾客满意质量文化的变革

通过以上有序的工程和系统化运营，确立餐厅内部重视顾客接触点的价值与行为规范，建立消除与顾客沟通障碍的组织与方法，进行连续性的菜品更新与服务完善，优化重建餐饮企业的质量文化。

12.3 顾 客 调 查

随着社会生产力的高度发展，人们生活水平的不断提高，人们对餐饮业的要求也越来越高，使现代餐饮业朝着设备舒适、环境优美、产品风味突出、服务高质的方向发展。餐饮行业日益成熟、竞争也越来越激烈，因此各酒店了解顾客对本酒店的满意度也是很有必要性的。顾客的满意度高，必然会有很多的回头客。处理好宾客关系，餐厅的市场客源就会比较稳定，在竞争中的优势就会凸显出来。

12.3.1 顾客调查概要

1. 顾客调查的目的

(1) 发现顾客的满意率及满意的地方；
(2) 发现顾客不满意的地方；
(3) 提高餐饮企业的市场形象；
(4) 让顾客有参与感，关注顾客的期望，寻找顾客的需求；
(5) 直接促进餐饮质量的全面提高。

2. 顾客调查的方法

(1) 顾客调查问卷/反馈卡；
(2) 电话调查（根据就餐顾客档案）；
(3) 面谈/召开顾客座谈会；
(4) 请第三方进行调查；
(5) 顾客就餐时现场口头询问；

(6)新产品试吃、品尝后口头询问；

(7)网上调查。

美国市场营销学专家提出了四种基本的调查方法,见表12-2。

表12-2 四种基本调研方法

	内容	目的	频率	局限
具体事项调查	一次服务冲突之后的顾客满意度调查	获取顾客反馈,迅速行动	坚持不懈	注重顾客的最新体验,而非整体评价;不包含非顾客
顾客投诉评论和查询	对顾客投诉进行分类和发布的系统	找出最常见的服务失败类型,以便纠正;通过与顾客交流来确定改善服务,增进顾客关系的时机	持续不断	不满意顾客往往并不直接向企业投诉;分析投诉可以一窥全貌
全面市场调查	衡量顾客对企业服务的总体评价	参照竞争对手的情况,评估企业的服务业绩;排出优先顺序;跟踪	半年或按季度	检测顾客对企业服务的总体评价,对具体的服务冲突不予理会
员工调查	涉及员工提供或接受的服务及他们的工作生活质量	衡量企业内部服务质量;找出员工认识到的服务改善障碍;跟踪员工士气	按季度	员工从有利于自己的角度看待服务易受个人偏见的影响

3. 进行顾客调查的要点

(1)将调查的结果反馈给每一位相关的员工。可通过报告会议、广告栏、内部报刊等大信息传播给全体员工,以此促进质量的改进。

(2)将调查结果与经营业绩挂钩,从而有助于激励管理人员不断地改进餐饮质量,同时还应奖励那些留住老顾客的员工。

(3)在调查中应寻找到顾客的服务质量期望,也就是要想办法知道顾客想要得到何种服务以及服务质量的标准。

(4)严格对调查结果进行分析。

(5)注意增加开放性的问题。

4. 顾客调查的一般进程

进行有效调查的步骤如图12-7所示。

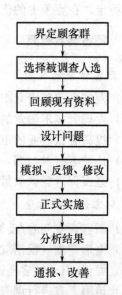

图12-7 顾客调查步骤

12.3.2 顾客调查问卷的设计

1. 明确顾客调查的目的

比如要回答下述问题：
(1) 本酒店的顾客群在哪里？
(2) 顾客需要什么服务项目和服务特点？
(3) 本酒店能提供什么特色菜肴和服务？
(4) 酒店提供的服务与顾客的要求有什么差距？
(5) 如何消除与需求的差距？
(6) 我们的餐饮质量与竞争对手相比如何？
(7) 我们怎样才能赶上或超过他们？
(8) 如果暂时不能超过对手，怎么办？

2. 设计问卷的一般覆盖范围

(1) 我们的服务速度/服务时效怎样？
(2) 菜肴质量是否符合顾客期望？
(3) 服务是否规范、标准？
(4) 餐饮质量与作出的承诺是否吻合？
(5) 接到投诉时，是否及时进行了有效的处理？
(6) 当顾客要求协助时，我们的答复是否让顾客满意？
(7) 和其他餐饮相比，我们的质量是否领先？
(8) 我们还能给顾客提供哪些服务项目？
(9) 我们提供的信息是否及时、准确？
(10) 提供的服务标准是否能充分满足顾客的要求？

3. 问卷设计的三大原则

(1) 简明实用。
① 开场白简短，说明调查目的即可；
② 问题简明，便于回答者完成；
③ 尽量将问题的答案设计成选择项；
④ 将顾客的回答方式简化处理；
⑤ 问题的回答使答题人可以对比度量，例如按从 1 到 5 的顺序来排列得分情况；
⑥ 文字排列宜留足空白，不要造成视觉紧迫，而使人产生"小气"的感觉。
(2) 分清前后，方便回答。
① 将判断题放在前面，自由发挥的题留在后面；
② 将易于回答的题放在前面，难于回答的题放在后面；
③ 将大众化的问题放在前面，涉及个人的问题放在后面。
(3) 充分考虑顾客应得的益处。
① 对答卷顾客表示真诚的感谢；
② 对答卷顾客的益处表达清楚，例如将从答卷中进行抽奖等；

③ 对答卷进行特别处理会有一定的激励效果（如公开表彰等）；

④ 给顾客留下充分发挥个人意见的空间，以使答卷人体会设计者尊重顾客的用心。

12.4 餐饮服务质量分析

服务质量分析是质量管理中的重要内容和手段。通过科学的质量分析方法，可以找出存在的质量问题以及引起这些问题原因，从而采取有效的方法加以解决，以保证同类质量问题不在发生。通常采取 ABC 分析图、因果分析图、PDCA 管理循环、零缺陷质量管理等来进行服务质量分析。

12.4.1 ABC 分析法

ABC 分类法是由意大利经济学家维尔弗雷多·帕累托首创的。1879 年，帕累托在研究个人收入的分布状态时，发现少数人的收入占全部人收入的大部分，而多数人的收入却只占一小部分，他将这一关系用图表示出来，就是著名的帕累托图。帕雷托通过长期的观察发现：美国 80％的人只掌握了 20％的财产，而另外 20％的人却掌握了全国 80％的财产，而且很多事情都符合该规律。

该分析方法的核心思想是在决定一个事物的众多因素中分清主次，识别出少数的但对事物起决定作用的关键因素和多数的但对事物影响较少的次要因素。后来，帕累托法被不断应用于管理的各个方面。它是根据事物在技术或经济方面的主要特征，进行分类排队，分清重点和一般，从而有区别地确定管理方式的一种分析方法。由于它把被分析的对象分成 A、B、C 三类，所以又称为 ABC 分析法。

ABC 分析法以图表形式把许多餐饮质量问题或形成质量问题的因素一一排列出来，并表示出各项问题的累计百分比，使人们清楚地看出有哪些质量问题及造成质量问题的关键所在，以便找准解决质量问题的主攻方向。其分析步骤如下：

（1）收集服务质量问题信息。通过质量调查表，客人投诉表、宾客意见书、内容检查记录等收集质量问题数据，它们是如实反映质量问题的数据。如某饭店餐饮部 2012 年下半年收集有关数据 400 条。

（2）将数据分项统计。将收集到的数据，按项目进行分类，列成分项统计情况表是应用 ABC 分析法最关键的步骤。（见表 12－3）

表 12－3 顾客意见分项情况

项目	意见数
违犯服务规程	152
菜点质量问题	126
设备问题	70
卫生状况问题	36
其他	16

(3) 制作分项统计表。按数据分类统计情况，分别计算出各项的频数、累积频数、频率、累积频率，然后将分类项目按频数从大到小排列，制作出分项统计表（见表12-4）。

表12-4 顾客意见分项统计表

项目	频数	累积频数	频率（%）	累积频率（%）
违犯服务规程	152	152	38	38
菜点质量问题	126	278	31.5	69.5
设备问题	70	348	17	86.5
卫生问题	36	384	9.5	96
其他	16	400	4	100

(4) 绘制帕累托曲线图。根据统计数据，制作帕累托曲线图。此图是一个直角坐标图，它的左纵坐标为频数，即某质量问题出现的次数，用绝对数表示；右坐标为频率，常用百分数来表示。横坐标表示影响服务质量的各种因素，按频数的高低从左到右依次画出长柱排列图，然后将各因素频率逐项相加并用曲线表示。见图12-8。

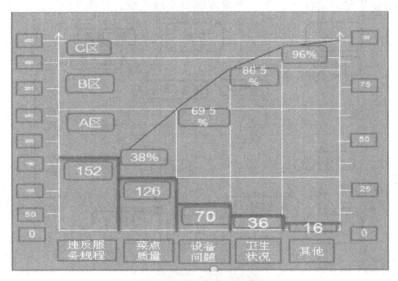

图12-8 帕累托曲线图

(5) 进行分析，找出主要问题。一般情况下，帕累托曲线图上累积频率在0～70%的因素为A类因素，即主要因素；在70%～90%的因素为B类因素，即次要因素；在90%～100%的因素为C类因素，即一般因素。从图12-1中可知A因素是违犯规程及菜肴质量问题，这个主要矛盾一经解决，即可解决问题的67.1%。

(6) 注意事项。在运用帕累托曲线图进行质量分析时，主要因素一般为一至二项，过多就失去突出重点的意义，因为排列图的主要思想就是"关键的是少数，次要的是多数"。关于A、B、C区划分的累积频率的确定可根据具体情况，不一定非按0～70%是A类、70%～90%是B类、90%～100%是C类的标准不行。

12.4.2 因果分析法

因果分析法是通过因果图表现出来，因果图又称特性要因图、鱼刺图或石川图，它是1953年在日本川琦制铁公司，由质量管理专家石川馨最早使用的，是为了寻找产生某种质量问题的原因，发动大家谈看法，做分析，将群众的意见反映在一张图上，就是因果图。用此图分析产生问题的原因，便于集思广益。因为这种图反映的因果关系直观、醒目、条例分明，用起来比较方便，效果好，所以得到了许多企业的重视。

使用该法首先要分清因果地位；其次要注意因果对应，任何结果由一定的原因引起，一定的原因产生一定的结果。因果常是一一对应的，不能混淆；最后，要循因导果，执果索因，从不同的方向用不同的思维方式去进行因果分析，这也有利于发展多向性思维。一旦确定了因果分析图，就应该对之进行解释说明，通过数据统计分析、测试、收集有关问题的更多数据或与客户沟通来确认最基本的原因。确认了基本原因之后，就可以开始制定解决方案并进行改进了。

因果分析图对影响质量的各种因素及其之间的相互关系整理分析，并把原因与结果之间的关系明确地用带箭头的线表示出来。因此，因果分析图是由一条主干线以及一系列带箭头的表示造成质量问题的大、中、小原因的分支线组成。见图12-9。

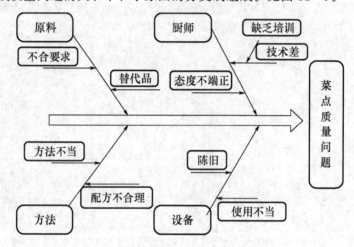

菜点质量问题因果分析图

图 12-9 菜肴质量因果分析图

作因果分析图分析质量问题产生原因的基本程序如下：

（1）确定要分析解决的质量问题。一般是通过 ABC 分析法，找出 A 类问题。

（2）寻找造成质量问题的原因。召集同该质量问题有关的人员参加因果分析会，寻找要解决的质量问题是怎样产生的（原因）。寻找原因要按照由大到小，由粗到细，寻根究源的原则，所找的原因以能直接采取具体措施为止。

（3）根据整理结果，画出因果图。

（4）确定解决质量问题的主攻方向。经过因果图的绘制，然后排除没有直接影响或影响较小的原因，在剩下的原因中再确定 1～2 项需要立即解决的原因。

12.4.3 PDCA 管理循环

PDCA 即 Plan（计划）、Do（实施）、Check（查核）、Action（处置），是从事持续改进（改善）所应遵行的基本步骤。PDCA 犹如轮子一样不断地旋转循环，它由美国戴明博士首创，所以又称戴明轮。PDCA 不断地旋转循环，一旦达成改善的目标，改善后的现状，便随即成为下一个改善的目标，意义就是永远不满足现状，因为员工通常较喜欢停留在现状，而不会主动去改善。所以管理者必须持续不断地设定新的挑战目标，以带动 PDCA 循环。

PDCA 管理循环有三方面要求：一是是完整的循环，即 PDCA 循环的四个阶段必须是完整的；二是逐步上升的循环，即每次循环应当有新的目标和内容；三是大环套小环的循环，即按企业组织层次形成多个包容支持和保证的环。

PDCA 管理循环的工作程序：

（1）计划阶段：其内容包括分析服务质量现状，用帕累托图找出存在的质量问题，并确定需要解决的主要服务质量问题；用因果图分析产生质量问题的原因；找出影响质量问题的主要原因；运用头脑风暴法制定解决质量问题的具体措施和跟进计划，计划要明确具体，切实可行。

（2）实施阶段：餐饮管理者组织有关部门或班组及员工认真执行计划内容，同时做好各种原始记录，及时反馈实施计划过程中出现的各种情况。

（3）检查阶段：餐饮管理者检查计划的实施情况，并与计划目标进行对比分析，从中发现存在的质量偏差。

（4）处理阶段：即总结成功的管理经验，使之标准化，或编入服务规程、形成管理制度，使质量改进的成果得到巩固和扩大。同时，吸取失败的教训，提出本轮 PDCA 循环悬而未决的问题，并把它作为制定新的质量改进方法的依据，转到下一循环的第一阶段，并开始新一轮的 PDCA 循环管理。

PDCA 循环的四个阶段缺一不可，且不断的循环下去。没完成一个循环，管理水平就提高一步，每次循环都有新目标和新内容，质量问题才能不断得到解决，最终趋于零缺点。

12.4.4 零缺陷管理法

被誉为"全球质量管理大师""零缺陷之父"和"伟大的管理思想家"的菲利浦·克劳士比在 20 世纪 60 年代初提出"零缺陷"思想，并在美国推行零缺陷运动。"零缺陷管理"的基本内涵和基本原则，大体可概括为：基于宗旨和目标，通过对经营各环节各层面的全过程全方位管理，保证各环节各层面各要素的缺陷趋向于"零"。

零缺陷管理简称 ZD。亦称"缺点预防"，零缺陷管理的思想主张企业发挥人的主观能动性来进行经营管理，生产者、工作者要努力使自己的产品、业务没有缺点，并向着高质量标准的目标而奋斗。把零缺陷管理的哲学理念贯彻到餐厅管理过程中，使每一个员工都能掌握它的实质和内涵，树下"不犯错误"的决心，并积极地向上级提出建议，就必须有准备、有计划地付诸实施。

要树立零缺点的理念，必需正确理解和把握以下三种观念：一是人们难免犯错误的

"难免论"。一般认为"人总是要犯错误的",所以对于工作中的缺点和出现不合格品持容忍态度,不少企业还设立事故率、次品率等,纵容人们的这种观念。零缺点管理向这种传统观念发出挑战,它抛弃"难免论",认为人都有一种"求全"的基本欲望,希望不犯错误,把工作搞好。二是每一个员工都是主角的观念。在日常的企业管理中,管理者是主角,他们决定着工作标准和内容,员工只能照章办事。零缺点管理要求把每一个员工却当作主角,认为只有全体员工都掌握了零缺点的思想,人人想方设法消除工作缺点,才会有真正的零缺点运动,管理者则是帮助并赋予他们正确的工作动机。三是强调心理建设的观念。传统的经营管理方法侧重于技术处理,赋予员工以正确的工作方法。零缺点管理则不同,它侧重于心理建设,赋予员工以无误地进行工作的动机,认为做工作的人具有复杂心理,如果没有无误地进行工作的愿望,工作方法再好,也是不可能把工作做得完美无缺。

零缺陷管理的具体步骤如下:

(1) 建立推行零缺陷管理的组织。事情的推行都需要组织的保证,通过建立组织,可以动员和组织全体职工积极地投入零缺点管理,提高他们参与管理的自觉性;也可以对每一个人的合理化建议进行统计分析,不断进行经验的交流等。

(2) 确定零缺陷管理的目标。确定零缺陷小组(或个人)在一定时期内所要达到的具体要求,包括确定目标项目、评价标准和目标值。在实施过程中,采用各种形式,将小组完成目标的进展情况及时公布,注意心理影响。

(3) 进行绩效评价。小组确定的目标是否达到,要由小组自己评议,为此应明确小组的职责与权限。

(4) 建立相应的提案制度。餐厅工作人员对于不属于自己主观因素造成的错误原因,如设备、工具等问题,可向组长指出错误的原因,提出建议,也可附上与此有关的改进方案。组长要同提案人一起进行研究和处理。

(5) 建立表彰制度。无缺点管理不是斥责错误者,而是表彰无缺点者;不是指出人们有多缺点,而是告诉人们向无缺点的目标奋进。这就增强了职工消除缺点的信心和责任感。

12.5 餐饮服务质量控制

12.5.1 影响服务质量的各要素

影响服务质量的原因较多,一般把众多的原因归结为五大因素。这就是人(Man)、设施(Machine)、材料(Material)、方法(Method)和环境(Environment),称为4M1E因素。在分析质量问题时抓住这五个因素,往往能起到事半功倍的作用。

(1) 人。首先,餐饮服务工作与顾客的健康、心理等密切相关,这是顾客十分关心的;其次餐饮服务工作是面对人的工作,面对面的服务是它的主要形式,即使不是面对面的服务,也是与顾客需求质量相联系并有很大影响的。因此,作为服务者——员工,对服务工作的质量起着关键性的作用。要特别重视人的因素。

(2) 设施。设施是饭店向顾客提供优质服务的物质基础。设施的完备和完好程度,直接影响到顾客的需求满意程度。

(3) 材料。这里所说的材料是指用于餐饮服务工作的所有材料,包括有形的物质材料

12　餐饮服务质量管理

（如食品材料）和无形的材料（如各种信息）。这些材料对宾客需求满意程度的影响是显而易见的。

（4）方法。服务方法既是有规律的，又是灵活的，它包括服务技能、服务方式、服务程序、服务技巧，以及管理的各种方法等。服务方法是影响餐饮质量的一个重要因素。

（5）环境。服务环境直接影响到顾客的需求满意程度。这种影响是综合性的。环境差，使服务的功能性、经济性、文明性等不能正常发挥，使安全性、时间性不易保障，使舒适性大为逊色。

12.5.2　餐饮服务质量控制的基础

要进行有效的餐饮服务质量控制，必须具备以下若干基本条件：

1. 制定服务规程

服务规程，是餐饮服务所应达到的规格、程序和标准。为了保证和提高服务质量，我们应该该把服务规程视作工作人员应当遵守的准则和服务工作的内部法规。餐饮服务规程，必须根据消费者生活水平和对服务需求的特点来制定。西餐厅的服务规程，要适应欧美宾客的生活习惯。另外，还要考虑到市场需求、饭店类型、饭店等级、饭店风格、国内外先进水平等因素的影响，并结合具体服务项目的内容和服务过程，来制定出适合本饭店的标准服务规程和服务程序。餐厅工种较多，各岗位的服务内容和操作要求各不相同。为了检查和控制服务质量，餐厅必须分别对散客零点餐、团体餐和宴会，以及咖啡厅、酒吧等的整个服务过程，制定出迎宾、引座、点菜、传菜、酒水服务等全套的服务程序。

制定服务规程时，首先要确定服务的环节和顺序，再确定每个环节服务人员的动作、语言、姿态、质量、时间，以及对用具、手续、意外处理、临时措施的要求等。每套规程在开始和结束处，应有与相邻服务过程互相联系、相互衔接的规定。在制定服务规程时，不能照搬其他饭店的服务程序，而应该在广泛吸取国内外先进管理经验、接待方式的基础上，紧密结合本饭店大多数顾客的饮食习惯和本地的风味特点等，推出全新的服务规范和程序。同时，要注重服务规程的执行和控制，特别要注意抓好各服务过程之间的薄弱环节。要用服务规程来统一各项服务工作，使之达到服务质量的标准化、服务过程的程序化和服务方式的规范化。

（1）标准化。标准化，是指在向宾客提供各种具体服务时所必须达到的一定的准绳和尺度。

① 设施、设备的质量标准，必须和餐厅的等级和规格相适应。

② 产品质量标准，必须和价值相吻合，体现质价相符的原则。

③ 服务质量标准，必须以"宾客至上，服务第一"为基本出发点，作出具体规定。制定标准，是一项非常复杂的工作，主要有以下八方面内容：设备设施质量标准、产品质量标准、接待服务标准、安全卫生标准、服务操作标准、礼节仪容标准、语言动作标准、工作效率标准等。

（2）程序化。程序化，是指接待服务工作的先后次序，以标准化为基础，通过服务程序使各项服务工作有条不紊地进行。制定接待程序，应做好下列基础工作：

① 要研究服务工作的客观规律，即在制定标准程序的同时，要分析各项工作的先后次序，使之形成一个整体。

② 要考虑企业的人、财、物，尽量扬长避短。

③ 程序化是规范化而不是公式化，因此要有相对灵活性。

④ 要分析宾客的风俗习惯和生活需求，并根据不同的接待对象和服务项目来制定。

⑤ 各项服务工作程序的制定和执行，要有一个过程。总之，服务程序的制定要以宾客感到舒适、方便、满意为原则，而不能仅以服务人员自己的方便、轻松为基点。因此，程序要经试行，并逐步修改使其完善，最后达到科学合理、提高服务质量的目的。

（3）制度化。制度化，是指用规章制度的形式把餐饮服务质量的一系列标准和程序固定，使之成为质量管理的重要组成部分。餐饮制度分两种：一种制度是指直接为宾客服务的各项规章制度，如餐饮产品检验制度，餐具更新、补充制度等。这些制度全面而具体地规定了各项服务工作必须遵循的准则，要求餐饮工作人员共同执行。制度要责任明确、分工清楚、避免扯皮，便于贯彻执行和检查考核，另一种制度是间接为宾客服务的各项规章制度，如餐饮交接班制度、工作记录制度、客史档案制度、考勤制度等。这类规章制度上要用以维护劳动纪律、保证直接对客服务制度的贯彻执行。

2. 收集质量信息

餐饮管理人员应经常对服务的结果进行评估，即宾客对餐饮服务是否感到满意，有何意见或建议等，从而采取改进服务、提高质量的措施。同时，根据餐饮服务的目标和服务规程，通过巡视、定量抽查、统计报表、听取顾客意见等方式，来收集服务质量信息。包括客人对饭店的表扬、批评、投诉记录，对整体或局部服务质量的评价，对陈设布置的看法和改进建议，客人在报刊杂志上发表的有关饭店餐饮方面的评价文章等内容。

此外，餐饮管理人员还可通过饭店的某些职能部门加强与宾客的沟通来收集质量信息。其渠道有两大类，一类是正式渠道，另一类是非正式渠道。

正式渠道：饭店召集和组织各种座谈会和联谊会，总经理或公关部人员上门拜见客人，饭店给客人寄发信件、传真等等。非正式渠道：有三种常见形式：一是聊天，通过聊天，可以收集有关信息，同时可观察客人的神态、举止、行为、谈吐，了解对方对服务的满意度；二是"旁敲侧击"，通过客人的亲朋或一同前来下榻的伙伴了解客人的背景、近况以及当时的心情等情况；三是细心观察，通过种种蛛丝马迹，收集质量信息。正式渠道的畅通取决于饭店有关制度和服务规范的制定，尤其是公关部，应将这项工作落实到人，明确沟通的对象、频率与内容；非正式渠道则主要取决于有关人员的服务意识。

3. 抓好全员培训

企业之间竞争的实质，是人才的竞争、员工素质的竞争。员工素质的高低，对服务质量的影响很大。只有经过良好训练的服务员才能提供高质量的服务。

因此，新员工在上岗前，必须进行严格的基本功训练和业务知识培训，不允许未经职业技术培训、没有取得上岗资格的人上岗操作；对在职员工，必须利用淡季和空闲时间进行培训，以不断提高业务技术、丰富业务知识，最终达到提高素质和服务质量的目的，使企业竞争更具实力。要让员工树立起一种全新的餐饮服务理念。

12.5.3 餐饮服务质量控制的方法

促使餐厅的每一项工作都围绕着给宾客提供满意的服务来展开，是进行餐饮服务质量控制的目的。根据餐饮服务的三个阶段（准备阶段、执行阶段和结果阶段），餐饮服务质

12 餐饮服务质量管理

量可以相应地分为预先控制、现场控制和反馈控制。

1. 餐饮服务质量的预先控制

所谓预先控制，就是为使服务结果达到预定的目标，在开餐前所作的一切管理上的努力。它也叫事前控制。预先控制的目的是防止开餐服务中所使用的各种资源在质和量上产生偏差。其指导思想是贯彻预防为主的方针，为优质服务创造物质技术条件，做好思想准备。预先控制的主要内容是：

（1）人力资源的预先控制。餐厅应根据自己的特点，灵活安排人员班次，以保证有足够的人力资源。那种"闲时无事干、忙时疲劳战"或者餐厅中顾客多而服务员少、顾客少而服务员多的现象，都是人力资源使用不当的不正常现象。在开餐前，必须对员工的仪容仪表作一次检查。开餐前数分钟所有员工必须进入指定的岗位，姿势端正地站在最有利于服务的位置上。全体服务员应面向餐厅入口等候宾客的到来，给宾客留下良好的第一印象。此外，还应做好服务人员的思想准备，包括岗前培训、班前会及重要接待任务的思想动员。这些工作做的越好、越细、提高服务质量就越有保证。

（2）物资资源的预先控制。开餐前，必须按规格摆好餐台；准备好餐车、托盘、菜单、点菜单、订单、开瓶工具及工作台小物件等。另外，还必须备足相当数量的"翻台"用品如桌布、口布、餐巾纸、刀叉、调料、火柴、牙签、烟灰缸等物品。管理人员还应对设备的安全程度、适应程度和配备的合理程度作一检查。

（3）卫生质量的预先控制。开餐前半小时对餐厅卫生从墙面、天花板、灯具、通风口、地毯到餐具、转台、台布、台料、餐椅等都要作最后一遍检查。一旦发现不符合要求的，要安排迅速返工。

（4）事故的预先控制。开餐前，餐厅主管必须与厨师长联系，核对前后台所接到的客情预报或宴会指令单是否一致，以避免因信息的传递失误而引起事故。另外，还要了解当天的菜肴供应情况，如个别菜肴缺货，应让全体服务员知道，这样，一旦宾客点到该菜，服务员就可以及时向宾客道歉并建议客人改点其他菜肴，避免引起宾客不满。

2. 餐饮服务质量的现场控制

所谓现场控制，是指现场监督正在进行的餐饮服务，使其规范化、程序化，并迅速妥善地处理意外事件。这是餐厅主管的主要职责之一。餐饮部经理也应将现场控制作为管理工作的重要内容。

（1）现场控制的主要内容。

① 服务程序的控制。开餐期间，餐厅主管应始终站在第一线，通过亲身观察、判断、监督、指挥服务员按标准服务程序服务，发现偏差，及时纠正。

② 上菜时机的控制。掌握上菜时间要根据宾客用餐的速度、菜肴的烹制时间等，做到恰到好处，既不要宾客等待太久，也不应将所有菜肴一下子全上上去。餐厅主管应时常注意并提醒掌握好上菜时间，尤其是大型宴会，上菜的时机应由餐厅主管，甚至餐饮部经理掌握。

③ 意外事件的控制。餐饮服务是面对面的直接服务，容易引起宾客的投诉。一旦引起投诉，主管一定要迅速采取弥补措施，以防止事态扩大，影响其他宾客的用餐情绪。如果是由服务态度引起的投诉，主管除向宾客道歉外，还应替宾客换一道菜。发现有醉酒或将要醉酒的宾客，应告诫服务员停止添加酒精性饮料。对已经醉酒的宾客，要设法让其早

点离开，以维护餐厅的气氛。

④ 人力控制。开餐期间，服务员虽然实行分区看台负责制，在固定区域服务（一般可按照每个服务员每小时能接待 20 名散客的工作量来安排服务区域）。但是，主管应根据客情变化，进行第二次分工、第三次分工……如果某一个区域的宾客突然来得太多，就应从另外区域抽调员工支援，等情况正常后再将其调回原服务区域。当用餐高潮已经过去，则应让一部分员工先去休息一下，留下一部分人工作，到了一定的时间再交换，以提高工作效率。这种方法对于营业时间长的餐厅如咖啡厅等特别必要。

（2）现场控制的主要形式。

① 层级控制。即通过各级管理人员一层管一层地进行。它主要是控制重点程序中的重点环节，如饮食产品的生产质量、餐厨连接处的出菜口等。

② 巡视控制。饭店餐饮服务质量的偏差往往是一瞬间发生的，有些偏差需要立即纠正，因此要加强现场控制。各级管理人员要尽可能深入第一线去发现服务质量中的问题，及时处理。如客人投诉要尽可能及时解决，在客人离店前尽量消除不良影响，以维护饭店声誉。

3. 服务质量的反馈控制

所谓反馈控制，就是通过质量信息的反馈，找出服务工作在准备阶段和执行阶段的不足，采取措施加强预先控制和现场控制，提高服务质量，使宾客更加满意。

信息反馈系统由内部系统和外部系统构成。内部系统是指信息来自服务员和经理等有关人员。因此，每餐结束后，应召开简短的总结会，以不断改进服务质量。信息反馈的外部系统，是指信息来自宾客。为了及时得到宾客的意见，餐桌上可放置宾客意见表，也可在宾客用餐后主动征求客人意见。宾客通过大堂、旅行社等反馈回来的投诉，属于强反馈，应予高度重视，保证以后不再发生类似的质量偏差。建立和健全两个信息反馈系统，餐厅服务质量才能不断提高，更好地满足宾客的需求。

事后服务质量控制主要是找出经验教训，这与传统的事后质量检查是相类似的。但它又有更进一步的做法，因为这种事后服务质量控制是面对未来的，它和 PDCA 循环融为一体。对事后控制中发现的问题，必须到下一个 PDCA 循环中去，提出更高的目标，由此不断提高饭店的服务质量。

饭店的服务质量在饭店各项工作中占有重要的地位，服务质量是无形的最好的广告，正如一位著名饭店管理专家所说："饭店出售的只是一个东西——服务"。也正如一句至理名言所说"质量是做出来的，而不是检查出来的"。饭店必须视服务质量为生命，在日常的工作中切切实实把好质量关，创出自己的牌子来。

本 章 小 结

本章主要围绕餐饮服务质量尤其是餐厅服务质量而展开。我们首先应树立正确的质量观念，把质量最终要由顾客评价、通过顾客的满意度来检验牢记在心；同时，要结合实际，学习提高餐饮服务质量的先进经验，深刻体会其中的精神内涵；要掌握质量分析的方法、控制的手段，为今后从事管理工作打下结实的基础。

思考与练习

一、判断题

1. 无污染、无公害、营养优质的"绿色食品"、"环保食品"将成为未来餐饮产品质量的重要内容。（　）
2. 审美功能愈加成为菜品不可缺少的内容，所以，增加菜肴食品的艺术魅力也会成为餐饮质量的要素。（　）
3. 餐饮产品质量的稳定一致，是指规格和标准的稳定，对服务程度、卫生环境等关系不密切。（　）
4. 因果分析法是通过因果图表现出来，它是 1879 年在日本川琦制铁公司，由质量管理专家维尔弗雷多·帕累托首创的。（　）
5. 通过对顾客满意要素构成的分析，可以清楚地看出，餐饮企业的成功经营必须是基于顾客满意的前提下的。（　）
6. 顾客满意的核心是理念满意，它不仅是餐饮企业质量经营的宗旨与方针，而且也是一种鲜明的质量文化、质量价值观。（　）
7. 被誉为"全球质量管理大师""零缺陷之父"和"伟大的管理思想家"的戴明博士在 20 世纪 60 年代初提出"零缺陷"思想，并在美国推行零缺陷运动。（　）
8. 制定服务规程时，首先要确定服务的环节和顺序，再确定每个环节服务人员的动作、语言、姿态、质量、时间，以及对用具、手续、意外处理、临时措施的要求等。（　）
9. PDCA 犹如轮子一样不断地旋转循环，它由美国菲利浦·克劳士比首创。（　）
10. 餐饮服务规程，必须根据消费者生活水平和对服务需求的特点来制定。（　）

二、选择题

1. 餐饮顾客调查的方法（　）。
   A. 顾客调查问卷/反馈卡　　　　　　B. 电话调查（根据就餐顾客档案）
   C. 请第三方进行调查　　　　　　　　D. 新产品试吃、品尝后口头询问
   E. 面谈/召开顾客座谈会
2. 顾客视觉满意，英文简称（　）。
   A. CS　　　　B. MS　　　　C. VS　　　　D. GS
3. 影响服务质量的原因较多，称为 4M1E 因素是指（　）。
   A. 人　　　B. 方法　　　C. 环境　　　D. 材料　　　E. 设施
4. 餐饮服务质量的预先控制包括（　）。
   A. 事故　　　B. 人力资源　　　C. 卫生质量　　　D. 现场　　　E. 物资资源
5. 问卷设计的三大原则（　）。
   A. 分清前后　　　B. 方便回答　　　C. 充分考虑顾客应得的益处　　　D. 简明实用
6. 以下哪些内容属于理念满意的范畴。（　）
   A. 宣传口号　　　B. 经营信条　　　C. 促销活动
   D. 公正与公平　　E. 企业性格

三、简答题

1. 请简答餐饮服务质量控制的方法有哪些。
2. 顾客满意经营分为哪些步骤？
3. 进行零缺陷管理应遵循哪些步骤？

4. 设计餐饮顾客调查问卷一般覆盖哪些范围?

四、论述题

谈谈你是如何理解"顾客总是对的"。

五、实训任务

1. 请依据顾客满意经营系统要素的构成图,以一家本地特色餐饮店为标本完成其内容。

2. 某饭店利用调查表向宾客进行服务质量问题的意见征询,共发出 120 张表,收回 100 张。其中,反映服务员服务态度差的 18 例,安全卫生差的 9 例,菜肴质量较差的 43 例,服务技巧欠缺的 11 例,服务设施问题 13 例,其他问题 6 例。

请运用 ABC 分析法和因果分析图,解决服务质量中出现的问题。

六、案例分析

某三星级饭店一行 15 人由总经理率领慕名来到本市一家餐厅用晚餐。他们此行的主要目的是想学习该餐厅的管理和服务,看看菜肴如何。

晚 7 时他们来到单间"春"厅,虽有预订,因多来了几个人,使得服务员和领班手忙脚乱地加椅子和餐具。人们还没有坐下,一位客人指着墙上那幅字,问服务员写的是什么?服务员答:"不清楚。"又问领班,答:"不知道。"入座后,客人点菜,问:"最近咱们餐厅推出什么特色菜没有?"领班回答:"不清楚,我到厨房问一下告诉你。"客人点完菜,领班把菜牌一收离开了。15 分钟后才开始上凉菜。客人们发现转盘底下爬出一只蚂蚁,叫服务员赶快处理;同时,一位客人从啤酒杯里打死一只小虫子后,让领班换一只杯子,换后,客人觉得更换的这个杯子似乎就是刚才那个杯子,以为发现杯子里有手拿过的痕迹,要求再重新换一个。领班不情愿的拿来一个与原来杯子不同的高脚杯,往桌子上"砰"地一放,客人讲:"怎么是这种杯子?"领班答:"杯子没有了,这才是喝啤酒的杯。"

席间,客人流露出对领班的不满,就对服务员讲:"您服务得不错,你们那个领班真不像话。"后来领班也就没有出现了。结账时客人提出要打折,一位自称是部长的小姐讲:"我做不了主,得上报。"客人中的主人(即总经理)对那个部长小姐开玩笑地讲:"你可得注意,这个人不好惹(指要求打折的同事),他是黑社会的头儿。"部长小姐回敬道:"没关系,我们敢开这么大一个店,就不怕有人来捣乱。" 10 分钟后,部长小姐把投诉客人叫出去了。餐饮部经理(一个老外,会讲中文)出面说:"可以考虑打折,但只能打八五折。"客人讲:"不行,你们服务出现这么多问题,菜肴也不好,怎么也得打六折。"餐饮部经理讲:"我做不了主,得上报。"这样僵持下不,10 分钟又过去了。最后值班经理(是饭店的人力资源总监)来了,听了投诉经过后说:"你们讲的那个领班服务不好我知道,她不代表我们饭店。""你们不能指责服务员,你们是人,他们也是人。"最后,以八折达成协议。可是,客人一看账单觉得价格不对,打折下来应为 3200 多元,怎么是 3600 多?仔细一算,发现将基尾虾和另一个菜按两份结账。这下客人火了,客人说:"本来是想来考察,学习学习,没想到不仅没学到东西,反而让人生气。""钱不在多,关键是要一口气。"

请思考:1. 这家饭店管理和服务质量问题多多,这次服务过程出现了哪些问题?

2. 应该如何提高该餐厅的服务质量?

参 考 文 献

[1] 黄浏英. 餐饮营销广告策划：[M]. 沈阳：江宁科学技术出履社，2000.
[2] 蔡余杰，纪海. 场景营销：[M]. 北京：当代世界出版社，2016.
[3] 李光斗. 事件营销：[M]. 北京：清华大学出社，2012.
[4] 邹益民，刘婷，王亮. 饭店管理概论：[M]. 北京：清华大学出版社，2016.
[5] 檀亚芳，王敏. 餐饮运行与管理：[M]. 北京：北京大学出版社，2011.
[6] 宋春亭，刘志全. 旅游饭店餐饮服务与管理. 2版：[M]. 郑州：郑州大学出版社，2011.
[7] 黄文波. 餐饮管理. 天津：南开大学出版社，2010.
[8] 郭敏文. 餐饮服务与管理；2版：[M]. 高等教育出版社，2006.
[9] 乐盈，姚源. 餐饮服务与管理；2版：[M]. 北京：旅游教育出版社，2013.
[10] 丁应林. 宴会设计与管理：[M]. 北京：中国纺织出版社，2012.
[11] 李晓东. 酒水与酒吧管理：[M]. 重庆大学出版社，2011.
[12] 邓英，马涛. 餐饮服务实训：[M]. 北京：电子工业出版社，2010.
[13] 徐立国. 调酒知识与酒吧服务实训教程：[M]. 北京：高等教育出版社，2010.
[14] 赵庆梅. 餐饮服务与管理：[M]. 复旦大学出版社，2011.
[15] 沈建龙. 餐饮服务与管理实务；3版：[M]. 中国人民大学出版社，2012.
[16] 陈增红. 饭店餐饮管理：[M]. 旅游教育出版社，2010.
[17] 吴克祥. 餐饮经营与管理：[M]. 南开大学出版社，2013.
[18] 李宁. 餐饮服务与管理实训：[M]. 西安：西北工业大学出版社，2010.
[19] 吴吟颗. 饮服务与管理实训教程：[M]. 上海：上海财经大学出版社，2012.
[20] 赵涛. 餐饮店经营管理（修订版）. 北京：北京工业大学出版社，2011.
[21] 江小蓉. 餐饮服务与管理新编：[M]. 北京：旅游教育出版社，2012.
[22] 刘勇. 餐饮服务与管理；2版：[M]. 北京：化学工业出版社，2013.
[23] 吴坚. 餐饮企业经营策略第一书：[M]. 北京：工商联合出版社，2014.
[24] 姚志刚，李晓东. 酒水知识与酒吧管理：[M]. 南京：江苏教育出版社，2014.
[25] 盖艳秋，张春莲. 酒水服务与酒吧运营：[M]. 北京：中国旅游出版社，2017.
[26] 匡仲潇. 酒吧精细化服务与规范化管理指南：[M]. 广州：广东人民出版社，2014.
[27] 费多迪夫思吉（法）. 酒吧圣经：[M]. 上海：上海科学普及出版社，2006.